Jovana Wex

Seele und Sexualität

———————

Jovana Wex

Seele
und
Sexualität

HANS-NIETSCH-VERLAG

Originalausgabe
© 2000 by Hans-Nietsch-Verlag
Alle Rechte vorbehalten

Nachdruck, auch auszugsweise, sowie Verwertung durch Funk, Fernsehen,
photomechanische Wiedergabe, Tonträger jeder Art, elektronische Medien
sind nur mit ausdrücklicher Genehmigung des Verlags zulässig.

Lektorat: Birgit Groll, Ute Orth
Umschlaggestaltung: signature, Freiburg
Satz und Innengestaltung: Hans-Nietsch-Verlag

Hans-Nietsch-Verlag, Poststraße 3, D-79098 Freiburg
E-Mail: info@nietsch.de, Internet: www.nietsch.de

ISBN 3-934647-20-0

Inhalt

Danksagung

Aus tiefem Herzen danke ich allen Menschen, die den Boden für das Wachstum dieses Buches bereitet haben:

- zuallererst *all jenen Menschen, die mir ihre kostbaren und teilweise sehr intimen Rückführungsgeschichten für dieses Buch geschenkt haben*
- den *Gründerinnen des Frauenlandhauses Charlottenberg.* Sie waren die ersten, die mich mit meinem spirituellen Heilungsweg in Kontakt brachten
- *Dr. Rosemary D. Rodewald* auf Hawaii, die mir die Wurzeln meiner Krankheit bewußtmachte und mich in Past-Life-Arbeit mit Rückführungen und Gedankenheilung einweihte und ausbildete.

Ich danke

- *Osho,* in dessen „Buddhafeld" ich Tantra mit all seinen Offenbarungen und Möglichkeiten kennenlernen durfte. In dessen Liebe, Licht, Weisheit und Lachen ich mich selbst erkennen durfte. In dessen „Buddhafeld" ich liebend, lachend, weinend, schreiend, tanzend, still oder ekstatisch zum Leben erweckt wurde
- *Margo Anand Naslednikov, Bijo St. Clair* und *Sunito Plesse,* die mich in Tantra einweihten und mich auf meinem eigenen tantrischen Weg begleiteten, die gemeinsam mit anderen die Werkzeuge des modernen Tantra suchten, fanden, entwickelten und weiterhin lehren
- *Dr. Günter Ammon* und *Maria Berger,* die mich lehrten, noch mehr ins Leben zu tanzen und tanzend meine Seele auszudrücken
- meinen beiden Geliebten *Nike Sangeet* und *Hamido,* die mich durch viele Jahre der Rebellion und der Suche, des Krankseins und der Heilung, der Veränderung und des Lernens, des Chaos und der Kreativität mit Liebe begleiteten.

Schließlich möchte ich allen meinen *Computerengeln, Klaus, Anne, Dietmar, Jina* und *Trevor*, danken, die mir persönlich, telefonisch, per Fax oder gerade im rechten Moment mit dem Motorrad bei mir vorbeirauschend immer wieder geholfen haben, alle technischen Hürden zu überwinden.

Ohne all diese Menschen und unzählige andere, die ich an dieser Stelle nicht namentlich nennen kann, hätte dieses Buch niemals das Licht der Welt erblickt. Ich liebe Euch alle.

Einleitung

Die Seele wird in unserer Kultur wie ein Geheimnis, ein Buch mit sieben Siegeln, behandelt. Zwar werden ständig Begriffe wie „seelisch", „psychisch", „Psyche", „kranke Seele", „die Seele heilen" usw. verwendet, aber damit ist gar nicht *die Seele* gemeint, sondern die Gefühle und Strukturen der Persönlichkeit des Menschen, also *das Ego*. Und auch eine Psychologie, die die krankhaften Gefühle und Strukturen des Menschen studiert und behandelt, ist keine Wissenschaft von der Seele, sondern eine Wissenschaft vom Ego. Sie kümmert sich nicht um das, was seit Ewigkeiten im Menschen ganz, heil und unversehrt ist, sondern um das, was verletzt ist. Davon weichen allerdings neuere Zweige der Psychologie ab, wie die Humanistische oder die Transpersonale Psychologie und die „Psychologie der Buddhas", wie Osho sie nannte, aber auch die Weisheitslehren der Indianer und Schamanen oder die alte Kahuna-Medizin der hawaiianischen Heiler. Sie alle haben eins gemeinsam: Sie gingen und gehen ganzheitlich vor, sehen den Menschen noch als ganzheitliches Wesen – als Einheit von Körper und unsterblicher göttlicher Seele – an.

Wer in unserer Kultur weiß schon, daß wir als Seelen mächtige, göttliche Wesen sind? Ein paar Eingeweihte. Die können reden, soviel sie wollen oder entspannt ins Nirvana zurückkehren. Das hierzulande verbreitete Bewußtsein bleibt lieber bei der beschränkten Sicht des Menschen. Mann/Frau hat sich nun mal darin eingerichtet. Wie schade! Wenn wir wüßten, was wir als Seelen wirklich sind, könnten wir ein kreativeres, gesünderes, mutigeres und erfüllteres Leben führen. Durch den falschen Gebrauch des Wortes „Seele" für alle möglichen traurigen oder schwierigen Gefühle und Befindlichkeiten des Menschen ist es gewissermaßen in Verruf geraten. Und wenn uns das Wort „Seele" im religiösen Bereich begegnet, hat es ganz sicher nichts zu tun mit liebe- und lustvoller Sinnlichkeit, Freude und Weltoffenheit. Ich hoffe und wünsche mir, daß dieses Wort durch mein Buch eine Renaissance, eine Wiedergeburt, erleben wird. Vor allem aber wünsche ich mir, daß dieses Buch ganz vielen Menschen hilft, anzufangen sich als Seelen zu verstehen und wiederzuentdecken und schließlich als Seelen leben zu lernen.

Auch die Sexualität ist in Verruf geraten – nicht nur das Wort selbst, sondern auch vielfach die gelebte Sexualität – und das, obwohl wir angeblich in einer Zeit der sexuellen Aufklärung und Befreiung leben. Aber die Tatsache, daß Sexualität als Thema jetzt enttabuisierter und öffentlicher geworden ist, heißt noch lange nicht, daß es dabei wirklich um Aufklärung und um kulturelle Entwicklung geht. Ich sehe in der derzeitigen Entwicklung eher die Gefahr von massenhafter Verbreitung sexueller Sucht und Unkultur.

Eine sexuelle Kultur muß erst noch entstehen, indem Tantra uns mit Hilfe von Meditation ein tiefes Wissen und tiefe Erfahrungen über Körper und Seele vermittelt und uns die Heiligkeit menschlicher und sexueller Begegnungen wieder näherbringt, indem Tantra uns aus der seelenlosen Sexualität in einen beseelten Raum von Lust, Liebe und Ekstase führt. Dann erst kann der Hunger gestillt werden, der sich in der gegenwärtigen Sexsucht schreiend bemerkbar macht.

Seele und Sexualität kann und soll deutlich machen, wie wir diesen Hunger wirklich stillen können. Das Buch selbst kann den Hunger natürlich nicht stillen, aber es kann ein erstes Verstehen einleiten und zum Aufbruch, zur Suche nach der wirklichen Nahrung einladen. Verstehen ist ein hilfreicher, ein erster Schritt. Darüber hinaus kann das Buch Hinweise geben, in welcher Richtung Menschen wirklich suchen müssen, um diesen Hunger nach Sex zu stillen, was weder durch Nacktaufnahmen von Pin-up-Girls noch durch Pornographie, ja normalerweise nicht einmal durch die Sexualität selbst erreicht werden kann. Dadurch wird die Sexwelle letztlich nur immer schriller.

In unserer Kultur sind Seele und Sexualität irgendwann einmal gespalten worden. Die Folgen davon sind katastrophal, weil sie den Menschen als solchen verstümmeln und ihn davon abhalten, sein wirkliches Potential, sein Seelenpotential, zu leben. Durch diese Spaltung sind wir gewissermaßen körperlich behindert und erst recht als göttliche Wesen. Doch wir sind mehr, viel mehr! Lassen Sie uns auf die Suche nach uns selbst als ekstatische und göttliche Wesen gehen!

Seele und Sexualität ist einerseits ein Geschichtenbuch, eine Art Past-Life-Märchenbuch, aber gleichzeitig ist es auch ein wissenschaftliches Buch. Es ist nicht wissenschaftlich im Sinne der traditionellen, lediglich nach außen orientierten Wissenschaft, sondern in einem ganz neuen Sinne: Die Ergebnisse der wissenschaftlichen Erkenntnisse, die ich in den Past-Life-Geschichten vorlege, entstammen einer nach innen gerichteten Forschungsarbeit. Unser Laboratorium ist der Meditationsraum. Unser Forschungsobjekt ist das Bewußtsein des Menschen. Dies sind zum einen die Bewußtseinsinhalte, die Gedanken und Gefühle von Menschen, und zum anderen die stillen, inhaltlosen Zustände des Bewußtseins, die Seelenzustände.

Dieses Buch kann und soll der Bewußtwerdung vieler Menschen dienen. Es wird im Teil „Die Seele im Körper des Menschen" die genaue Wirkungsweise des Bewußtseins, den Zusammenhang von Körper, Ego (damit sind der Verstand und die Gefühle, d.h. das normale, inhaltlich gefüllte Bewußtsein gemeint) und Seele (höherem Bewußtsein) erläutern und verständlich machen. Aber abstrakte Erklärungen sind oft nicht anschaulich genug. Deshalb wird der größte Teil des Buches Fallgeschichten, also bildliches Anschauungsmaterial darüber enthalten, wie Körper, Ego und Seele im Leben einzelner Menschen zusammenspielen, wie all die Symptome und Probleme entstehen, mit denen wir uns herumschlagen, und wie sie aufgelöst werden können. Die Fallbeispiele werden in vielen Punkten zeigen, wie sehr sich die Seele im Körper dadurch verirrt hat, daß sie sich mit Gedanken und mit Gefühlen identifiziert hat. Und wir bleiben solange verwirrt, wie wir an den alten, uns zutiefst spaltenden Gedanken festhalten. Sich diese Gedanken und Gefühle bewußtzumachen und dann loszulassen, ist der erste Schritt auf dem Weg der Heilung.

Im letzten Teil des Buches werde ich den tantrischen Heilungsweg verdeutlichen und zeigen, wie auf diesem Weg sexuelle, emotionale, Liebes- und Beziehungsprobleme überwunden werden können und wie Menschen Stück für Stück zu ihrer Ganzheit zurückfinden.

Heilung wird dadurch eingeleitet, daß Menschen Gedanken und Gefühle aus ihrem Leben loslassen und sich von der Identifikation mit einschränkendem Denken und Fühlen befreien, daß sie sich sich gewissermaßen entprogrammieren. Wir nennen das „mentales und emotionales Clearing". Dadurch wird der tiefgreifendste Heilungsprozeß ausgelöst, der überhaupt möglich ist, weil nicht einfach die Symptome, die Alarmzeichen, entfernt werden, sondern die Ursachen im Bewußtsein (im unbewußten und identifizierten Bewußtsein des Ego) selbst gelöscht werden. Das ist die tiefste Reinigung, die möglich ist. Dadurch entsteht Freiraum für die Seele, die diesen schließlich in ihrer Ganzheit durchdringen kann.

1. Teil

Gedanken, die krank machen

Wenden wir uns nun den Inhalten des Bewußtseins zu. Es gibt ein paar Gedanken, die in ähnlicher Form auf der ganzen Welt verbreitet sind. Das sind Gedanken wie: Eine Frau ist kein Mann. Ein Mann ist keine Frau. Sexualität aus Lust und Liebe ist Sünde. Der Mensch ist nicht Gott. Ob Sie sich das vorstellen können oder nicht, dies sind Gedanken, die schlimmer sind als der ansteckendste Virus. Dies sind Gedanken, die auf der ganzen Welt schon unendlich viel Leid und Unglück angerichtet haben. Kein Mensch kann sich die Folgen dieser und ähnlicher Gedanken ausmalen. Sie sind höchst zerstörerische Viren im Bewußtsein des Menschen und bewirken nicht nur unglaublich viel individuelles Leid, sondern erzeugen auch die schlimmsten gesundheitlichen und sozialen Phänomene, mit denen Medizin und Politik sich heutzutage auseinandersetzen müssen, wie Krebs, Aids, Armut oder die Gefahr einer atomaren Zerstörung.

Doch was sollen diese scheinbar so jämmerlichen Gedanken mit solch weltweiten Phänomenen zu tun haben? Einfach lächerlich, wer glaubt denn noch solchen Unsinn, daß Sexualität aus Lust und Liebe Sünde ist? Ist doch sonnenklar, ein Mann ist einfach keine Frau, und eine Frau ist einfach kein Mann. Das sind die einfachsten biologischen Fakten. Ein Mensch ist einfach kein Gott! Punkt. Wenn Sie zu den Leuten gehören, die hier einen Punkt setzen, weil Sie denken, das wäre eben einfach die Wahrheit, dann

15

sind Sie schon zum Opfer dieses höchst gefährlichen Virus geworden. Was ist ein Virus? Ein Virus ist ein unsichtbares Lebewesen in winziger, aber materieller Gestalt, das im Extremfall Gesundheit und Leben zerstört. Gedanken sind zwar keine materiellen Lebewesen, aber auch sie sind unsichtbar. Ich verwende das Wort „Virus" hier symbolisch. Die oben angeführten Gedanken wirken wie immaterielle, unsichtbare Lebewesen, die weltweit schlimmer wüten als alle Viren zusammen. Ja, sie sind die Ursache für die Verbreitung vieler materieller Viren und zahlloser anderer Probleme! …

Ich habe Ihnen hier absichtlich eine kleine Pause gelassen, damit Sie diesen Satz in seiner ganzen Tragweite aufnehmen können. Gedanken sind die Ursache, die Identifikation mit Gedanken.

Ich schreibe dieses Buch, um Ihnen bewußtzumachen, wie diese „Gedankenviren" wüten und welches Elend sie in der Regel anrichten: Beziehungsprobleme ohne Ende und die unglaublichsten sexuellen Probleme, die im Grunde alle unnötig sind. Und ich schreibe dieses Buch, um Wege aufzuzeigen, wie wir aus diesem Elend aussteigen können. Wir brauchen nicht zu warten, bis die Medizin die biologischen Viren entdeckt und Gegenmittel auf den Markt gebracht hat. Wir brauchen auch nicht zu kämpfen, damit einzelne oder Politiker nicht mehr zu den Waffen greifen. Wir können gleich bei uns selbst anfangen, bei unseren eigenen Gedanken, bei unserem eigenen Bewußtsein, damit erweisen wir uns selbst, der Gesellschaft und dem gesamten Planeten den größten Heilungsdienst.

Wie, werden Sie sich vielleicht fragen, können so ein paar kleine Gedanken denn so verheerende Folgen haben? Die Antwort ist ganz einfach: weil sie uns spalten. Der Satz „Eine Frau ist kein Mann" spaltet die Frau von ihrer Männlichkeit ab. Der Satz „Der Mann ist keine Frau" spaltet ihn von seiner Weiblichkeit ab. Der Satz über die Sünde der Sexualität spaltet uns von unserem Körper, von unserer biologischen Natur ab. Der Satz über Gott spaltet uns von unserer eigenen Göttlichkeit ab. Dadurch werden Frau und Mann zu derart gespaltenen Persönlichkeiten, daß sie fast keine Chance mehr haben, eine glückliche Beziehung miteinander zu führen. Und alle diese Sätze zusammen trennen uns von unserer Ganzheit, unserer Seele, unserem wahren oder göttlichen Selbst, indem sie uns spalten. So sind wir einfach bewußtlose

Wesen und halten uns noch für aufgeklärt, wenn wir an solchen Glaubenssätzen wie den oben genannten festhalten.

Wenn Sie sich auf dieses Buch einlassen, gehen Sie auf eine abenteuerliche Reise. Sie werden sich fühlen, als würden Sie Sherlock Holmes bei der Aufklärung eines Mordes begleiten. Sie begeben sich auf eine Reise durch die tiefsten Tiefen des Unbewußten. Doch Sie werden nicht Morde am Körper, sondern Morde an der Seele aufdecken. In Wirklichkeit kann die Seele zwar nicht ermordet werden, aber wir haben uns dermaßen in einschränkendes Denken und in Unbewußtheit vergraben, daß wir den Kontakt zu unserer Seele und damit zu unserer wahren Natur verloren haben. Wir haben uns letztlich im Labyrinth des Unbewußten verirrt und halten unsere innere Dunkelheit und Verwirrung, unser Leid und die Gespaltenheit für die Realität. Wir wissen einfach nicht mehr, was wir wirklich sind, daß *wir* selbst die Schöpferinnen und Schöpfer unserer Realität sind. Wir wissen nicht, daß sowohl das Labyrinth unserer inneren Verstrickung als auch unsere leidvollen Erfahrungen *alle* das Ergebnis unserer eigenen Gedanken sind. Selbstmord ist im Grunde für uns alle das alltäglichste Phänomen, denn wann immer wir uns selbst verraten, vergessen, verlieren, haben wir unsere Seele, unser wahres Selbst abgemurkst – uns selbst ermordet.

Damit Sie einen Vorgeschmack darauf bekommen, wie tief und wie weitreichend die „kriminalistische Bewußtseinsreise" in diesem Buch sein wird, will ich Ihnen in diesem 1. Teil eine Heilungsgeschichte erzählen. Wenn Sie einiges darin unverständlich oder unglaublich finden, bitte ich Sie, entweder etwas Geduld zu haben, bis ich im 2. Teil die Wirkungsweise des Bewußtseins erklärt habe, oder aber Sie lesen den 2. Teil vorweg, wenn Sie unbedingt jetzt schon alles verstehen wollen.

Eine Heilungsgeschichte

Eine ganz normale Frau, Lehrerin, heiratete Anfang Dreißig den Mann, den sie liebt und mit dem sie vor der Ehe eine lustvolle Sexualität gelebt hat. Sie dachte, daß nun nichts mehr schiefgehen könnte. Aber kaum waren die beiden verheiratet, ging

wirklich alles schief. Sie bekam eine chronische Blasenentzün-
dung, und beim Liebemachen ging es plötzlich nur noch nach
dem Kopf des Mannes. Alles wurde unglaublich schwierig. Sie
verstanden das beide alles gar nicht, wußten nichts über ihre
Sexualität und fanden keine Worte dafür. All dies spielte sich in
den 70er Jahren ab. Die Frau fing schließlich an, mit allen möglichen Mitteln um ihre Lust zu kämpfen, zettelte ständig Diskussionen an, las Aufklärungsbücher, tratt in den Ehestreik und
schloß sich der Frauenbewegung an. Als die Kluft zwischen ihr
und ihrem Mann immer größer wurde, ließ sie sich scheiden. Viel
Herzeleid, zwei Rechtsanwälte und unendlich viele Tränen.
Nachdem sie ausprobiert hatte, daß es ihr mit anderen Männern
auch nicht besser ging, entdeckte sie, daß sie sich in Frauen verlieben und auch mit Frauen Lust empfinden konnte. Na gut, sagte
sie sich, dann lebe ich eben mit Frauen. Sie genoß es und begann
eine schöne Beziehung. Währenddessen kämpfte sie als Feministin weiter für die Freiheit und Gleichberechtigung der Frau, für
sexuelle Aufklärung, für eine Änderung des Bewußtseins von
Frau und Mann, ja selbst für Frauenliebe, weil das eine so wunderbare persönliche Entdeckung von ihr war.

An einem schönen Sommertag entdeckte sie plötzlich Knoten
in der Brust. Panik. Die Ärztinnen und Ärzte sagten ihr: Brust-
tumor, Fibroadenome. Die könnten schon Metastasen gebildet
haben, das wußte man nicht. Sofort operieren! Die Frau war völlig schockiert. Ihre Brust operieren lassen? Ihr ganzes Wesen
sagte nein dazu. Während alle „vernünftigen" Leute ihr dringend
dazu rieten, sagte ihre innere Stimme nein und noch mal nein.
Nun begann eine Odyssee. Sie fing an, nach anderen Heilungsmöglichkeiten zu suchen. Sie fühlte sich total verloren und hatte
Todesangst. Eine spirituelle Szene wie heute gab es 1979 noch
nicht, und wenn es sie gegeben hätte, hätte sie keinen Bezug dazu
gehabt. Sie lebte in einer ganz anderen Welt, eben in der normalen, seelenlosen Welt.

Aber dann wurde sie von einer Freundin ins Frauenlandhaus
Charlottenberg geschickt. Dort gäbe es Frauen mit spirituellem
Wissen, die ihr vielleicht weiterhelfen könnten. Die Frau war sehr
argwöhnisch. Was sollte da schon dran sein! Spiritualität kam ihr
wie Mumpitz vor. Im Garten des Frauenlandhauses war sie noch

sehr verschlossen, ging sozusagen mit innerlich verschränkten Armen herum. Aber sie liebte Gärten und Pflanzen, und so strolchte sie erst einmal ein wenig durch den Garten. Sie sah mit Gras gemulchte Beete. Oh, dachte sie, die arbeiten ja hier mit natürlichen Mitteln! Wenn das Spiritualität ist, will ich mich mal ein wenig näher heranwagen. Sie ging nun offener ins Haus und traf sehr interessante Frauen, Frauen, die ihr sagten, daß es mehr zwischen Himmel und Erde gäbe, als wir gemeinhin sehen könnten. Sie erzählten der kranken Frau von zwei Freundinnen in München, die gerade von der Amerikanerin Barbara Starrett (der Autorin des Buches *Ich träume weiblich* [1]) gelernt hätten, von der Seele Botschaften über Krankheiten und Probleme abzurufen. Nun gut. Die Frau wollte schließlich nichts unversucht lassen. Sie fuhr also nach München, wurde tatsächlich in einer Phantasiereise zu ihren Fibroadenomen hingeführt und sah sie – zuerst als bedrohliche schwarze Boxhandschuhe. Die machten ihr angst. Dann sah sie sie als kleine rosa Gewebeknötchen, die ihr keine Angst mehr machten. Und sie sah auch, daß sie mit ihrem Auto auf einen Panzer zuraste und fast mit ihm zusammenstieß. Sie wachte vor Schreck auf. Es blieb ungewiß, ob sie noch früh genug bremsen konnte.

Das war die Botschaft ihrer Seele über ihre Krankheit. Die Seele war für die Frau ein Buch mit sieben Siegeln, obgleich ihr Großvater doch Pastor gewesen war, obgleich sie als Kind sonntags in den Kindergottesdienst geschickt und natürlich auch konfirmiert worden war. Gott und die Seele waren ihr fremd geblieben, und so war sie als engagierte Feministin gleich aus der Kirche ausgetreten, als es 1971 mit der Aktion um den Paragraphen 218 losging. Trotz der christlichen Erziehung hatte die Frau also keine Ahnung von ihrer Seele, aber da sie Anglistik und Germanistik studiert hatte, war sie wenigstens geübt im Umgang mit Symbolen. So verstand sie dann auch, was ihre Seele ihr durch die Symbole in der Phantasiereise sagen wollte: Du zerstörst dich durch Kämpfen (die Bedeutung der Boxhandschuhe) und durch Verhärtung (die Bedeutung des Panzers). Nicht die niedlichen rosa Fibroadenome werden dich töten, sondern dein Kämpfen und deine Verhärtung. Es ist höchste Zeit aufzuwachen, wenn du noch rechtzeitig genug abbremsen willst!

Eine einfache, klare Sprache. Deutlich genug, um der Frau den Mut zu geben, die Operation abzusagen. Eine der Ärztinnen tobte. „Woher nehmen Sie den Mut, sich meiner Autorität zu widersetzen?" Die Frau wußte es selbst nicht. Die Ärztin malte ihr den Krebstod in den grausamsten Details aus, doch die Frau blieb bei ihrem Nein und ging weinend vor Angst und Unsicherheit nach Hause. Dann besuchte sie die Ärztin, die die Operation hätte machen sollen, eine Freundin. Die blieb ruhiger, sagte ihr aber auch: „Warte nicht zu lange." Die Frau bat sie darum, ihr ein paar medizinische Fachbücher zu geben. Sie wollte gern mehr über ihren Körper erfahren, dachte: „Wenn ich mich jetzt anders heilen will, muß ich ja mehr darüber wissen, wie es in mir, in meinem Körper, aussieht." Wie rührend! Dies war ein typisches Beispiel für die Verwechslung der Ebenen. Die Frau ahnte schon, daß sie nach innen gehen mußte, um sich zu heilen, aber sie wußte nicht, was dieses Nach-innen-Gehen bedeutet. Sie dachte nur, sie müßte etwas über ihre inneren Organe lernen. Nun, das war auch nicht umsonst, wie sich schnell herausstellte. Während die beiden Frauen in den Büchern stöberten, entdeckten sie, daß Fibroadenome haargenau so aussahen, wie die Frau sie in der Phantasiereise gesehen hatte. Es waren rosafarbene Gewebeknötchen. (Das ist nicht naheliegend, denn Zysten z.B. sehen anthrazitgrau aus.) Das war eine Offenbarung für sie. Medizinisch war sie doch ein absolutes Greenhorn! Woher in ihr konnte also ein so exaktes medizinisches Wissen kommen? *Das war ihre erste Frage nach ihrer Seele.* Durch dieses Erlebnis bekam sie eine Ahnung davon, daß es *etwas* in ihr gab, das mehr wußte als ihr Verstand, ihr normales Bewußtsein. Von einem Begreifen der Zusammenhänge war sie jedoch noch weit entfernt, aber sie beschloß zu ergründen, was dieses Etwas in ihr war, das so viel wußte.

Dennoch war sie völlig ratlos. Durch die Phantasiereise hatte sie nun zu der medizinischen Diagnose auch noch eine psychische Diagnose bekommen, die ihr genau sagte, was sie krank machte, und sogar den Heilungsweg andeutete. Aber *wie* sollte die Frau sich selbst heilen? Freiheit, Gleichheit, Autonomie, Selbstverwirklichung waren hohe Ziele für sie. Wie sollte sie sie jemals erreichen, wenn sie nicht kämpfte und hart war?

Einige Monate lang hing sie in der Luft mit all ihren Ängsten, bis sie durch ein Buch zu einer Heilerin auf Hawaii geführt wurde. Es war das Buch *Magie, Heilen und Menstruation* von Rosemary D. Rodewald, einer amerikanischen Psychologin. Und nun begann für sie der wirkliche Weg nach innen. Frau Rodewald erklärte sich bereit, mit der Frau zu arbeiten, sagte ihr aber von Anfang an, die Heilungsmethoden, die sie in dem Buch geschildert hätte, seien inzwischen veraltet und gegenüber ihren neuesten Entdeckungen nur wenig wirksam. Sie arbeitete nun mit anderen Mitteln – mit Rückführungen in Erlebnisse aus diesem und früheren Leben. Für unsere Frau war das zunächst ein Schock. Sie hatte zwar gerade Elisabeth Haichs Buch *Einweihung* gelesen, was da stand, war ihr aber nicht ganz geheuer erschienen. Frühere Leben? Das war ihr viel zu esoterisch. So hatte sie das Buch mehr wie einen Roman aufgefaßt. Frühere Leben sollten nun etwas mit *ihrer* Wirklichkeit, mit *ihrer* Krankheit und *ihren* Problemen zu tun haben? Das kam ihr ziemlich unglaublich vor und machte ihr angst. Die Bedeutung ihrer Phantasiereise war Frau Rodewald natürlich völlig klar. Sie konnte sie deuten und sah, daß die Frau ihr Kampfverhalten am besten dadurch auflösen konnte, daß sie es als zentrales Thema durch Erlebnisse in diesem und in früheren Leben zurückverfolgte. Sie bot ihr Rückführungen zu den Themen „Kampf mit Männern", „Mein Vater", „Meine Brüder" und „Schmerz und Unbewußtheit" an. Diese Rückführungen sollten verbunden sein mit einer tiefen mentalen und emotionalen Entprogrammierung von alten Glaubenssätzen und Gefühlen.

Unsere Frau konnte sich zu jener Zeit absolut nicht vorstellen, wie solche Bewußtseinsarbeit ihre Tumore heilen sollte. Frau Rodewald konnte ihr dafür zwar auch keine Garantie geben, aber die Erklärungen, die sie über die Wirkung des Bewußtseins abgab und mit einem Kirlian-Foto belegen konnte, wirkten auf die Frau sehr überzeugend. Und schließlich war sie auf der Suche nach Heilung nun schon bis ans andere Ende der Welt geflogen. Es gab kein Zurück mehr! Und die Tarotkarten, die sie seit einigen Monaten begleiteten, sagten ihr immer wieder: Geh nach Hawaii! Du wirst dort ein Geschenk bekommen! Mach weiter! Als die Frau Hawaii nach acht Monaten wieder verließ, war sie zwar nicht geheilt, aber sie hatte begriffen, was es heißt, nach innen zu gehen. Sie hatte angefangen zu meditieren, weil ihre innere Stimme ihr plötzlich gesagt hatte: Ich will meditieren lernen. Sie hatte angefangen, sich in den Rückführungen selbst zu erforschen und kennenzulernen. Sie hatte erkannt, daß sie in ihrem Kern, als Seele, ein unsterbliches Wesen war, das schon viele Leben auf der Erde gelebt hatte und durch vieles gegangen war. Sie hatte erfahren, daß sie schon in vielen Leben als Frau mit Männern gekämpft und um ihre Identität gerungen hatte. Stück für Stück hatte sie ihr Kampfprogramm losgelassen – trotz der Angst, dann als Frau nicht mehr geschützt zu sein. Sie hatte die Rückführungsmethode von Dr. Rodewald gelernt, denn schon bald war ihr klar geworden, daß sie mit ihrer Selbsterforschung weitergehen wollte, daß sie damit weitermachen wollte, wenn die Arbeit mit Dr. Rodewald beendet war.

Doch während der ganzen Zeit auf Hawaii weigerte sie sich, sich selbst in einem früheren Leben als Mann zu erkennen. Sie, die eingefleischte Feministin, sollte ein Mann gewesen sein? Nein, niemals! Dieser Schritt der Selbsterkenntnis kam erst an einem Abend, als sie arglos mit anderen Frauen mit dem Channeln herumexperimentierte. Damals, zu Beginn der 80er Jahre, war Channeln noch kein Thema, wenigstens nicht in Europa. Wieder waren es die Charlottenberger Frauen, die ihr die ersten Anstöße gaben. Hm, sie war also doch ein Mann gewesen? Unsere Frau brauchte Monate, bis sie es wagte, ihr einstiges Männerleben zu erforschen und zu erleben. Als sie es endlich tat, war es eine sehr tiefe Erfahrung für sie. Sie erlebte, daß sie als Mann einen ganz anderen Körper gehabt hatte – stärker und mit Fähigkeiten, die sie von ihrem jetzigen Körper nicht kannte. Sie konnte als Mann aus dem Stand auf ein Pferd springen! Die Frau spürte den Körper des Mannes und staunte. Aber das Wichtigste an diesem Erlebnis war, daß sie fühlte: *In meiner Essenz bin ich immer gleich. Es ist ganz egal, ob ich in einem Männer- oder in einem Frauenkörper lebe.* Sie fühlte, daß sie in ihrer Essenz etwas war, was mit der Spaltung in Frau und Mann nichts, nicht das Geringste zu tun hatte. Damit hatte sie wieder eine wichtige Erfahrung über sich als Seele gemacht. Von den tiefgreifenden und heilenden Auswirkungen, die diese Erfahrung haben sollte, ahnte sie damals noch nichts. Langsam, ganz langsam nahm ihr Heilungsprozeß seinen Lauf. Die Frau wurde allmählich offener. Ihre Freundin verliebte sich in eine andere Frau, und sie trennten sich. Ehe sie sich versah, verliebte sie sich in einen Mann, machte neue Erfahrungen mit Männern und Frauen, in denen ihre Heilung Schritt für Schritt voranging. Ganz gleich, welche Erlebnisse sie hatte, sie beobachtete und entprogrammierte sich weiter, bis sie sich drei Jahre später in einen Mann verliebte, mit dem sie eine lange, glückliche Beziehung begann. Wer weiß, ob diese Beziehung überlebt hätte, wenn beide sich nicht immer weiter von alten Gefühlen und Glaubenssätzen entprogrammiert hätten, die sich immer wieder ihrer Liebe in den Weg stellten – schon seit vielen Jahrtausenden, wie sie nach und nach herausfanden.

In ihren Begegnungen mit Frauen und Männern, in ihren Erlebnissen mit Sexualität und in ihrer Begegnung mit einer großen Seele, dem geliebten Meister Osho, näherte sie sich mehr und mehr ihrer vollständigen Heilung. Natürlich hatte sie auch gegen ihn ihre Widerstände, besonders als alte Feministin und als Amazone, die sie in einem früheren Leben gewesen war, wie sie inzwischen wußte. „Na, so einen Macker hänge ich mir doch nicht um den Hals!" hatte sie zunächst entrüstet von sich gegeben. (Damals trugen Oshos Schüler noch rote Kleidung und eine Mala, eine Kette mit dem Bild von Osho.) Aber eines Tages war es dann doch soweit. In einer Tantragruppe von Margo Naslednikov, einer Schülerin von Osho, bekam sie so wunderbare Lichterlebnisse geschenkt, daß sie nach und nach begriff: In dieser Begegnung mit Osho ging es nicht mehr um die Begegnung von Frau und Mann, sondern um die zweier Seelen – zweier Lichtwesen. Er war ein Lichtwesen, eine im Körper verwirklichte Seele, die ihrer Seele helfen konnte, die Spaltung von Frau und Mann zu überwinden und sich selbst als Lichtwesen zu erfahren und anzunehmen. Osho zeigte ihr den Weg aus dem Labyrinth der Verwirrung über Frausein, Mannsein und Sexualität. In seinem Energiefeld begegnete sie erstmals Tantra, der Wissenschaft von der mystischen, der inneren Vereinigung, der Überwindung der Polarität von Frau und Mann, der Überwindung überwiegend genital orientierter Sexualität, der Wissenschaft von der Erleuchtung des Menschen, die Sexualität nicht aus-, sondern einschließt in den Heilungsweg des Menschen.

Unsere Frau hatte auf ihrem Weg ihre Tumore nicht vergessen. Im Gegenteil, es wurde ihr immer klarer, daß diese Tumore ihr materialisierter Kampf zwischen Frau und Mann waren und daß sie sich damit selbst zerstörte. Doch nach etwa zwei Jahren hörte sie auf, sich um die Tumore Sorgen zu machen. Sie hatte keine Angst mehr. Zur Kontrolle machte sie ab und zu Phantasiereisen, um von ihrer Seele zu erfahren, ob es ihr gelang, ihre selbstzerstörerischen Verhaltensweisen zu ändern. Dabei erhielt sie immer weichere, sanftere Bilder. Das letzte Bild war: Zwei rote Kirschen aus einer Art Gelee, wie Wackelpeter, zerplatzten in einer roten Explosion. Das war 1982, zu einer Zeit, als sie zwar schon das erste Tantra-Buch von Osho in die Hände bekommen und verschlungen hatte. Sollte sie sich aber wirklich mit diesem Haufen Rotgekleideter und einem Mann als Meister einlassen? Nein, davon, so meinte sie, war sie weit entfernt. Sie weigerte sich noch ein Jahr lang, sich auf die „rote Explosion" einzulassen, kaufte aber bereits heimlich die ersten kleinen roten Sachen, wie einen Ring mit einer winzigen roten Koralle. So schlich sich die „rote Explosion" eben doch allmählich ein. Das Rot, der Magnetismus der Liebe, siegte schließlich über all ihre Widerstände. Durch Oshos Meditationen, Schriften, Videos und sein „Berliner Energiefeld" bekam sie auch viele Impulse, die Rückführungen, die sie anfangs als Einzelsitzungen für andere angeboten hatte, nun als Gruppenprozeß zu gestalten und zu entwickeln. Osho war für sie wie Rückenwind auf ihrem Weg der Heilung und in ihrem Prozeß der Selbstfindung und Verwirklichung. Eines Tages hatte sie sogar den Mut – gegen ihre eigenen Widerstände und gegen die anfänglichen Widerstände ihres Mannes –, sich mit einem Meditationszentrum für Tantra und Past-Life-Arbeit im erzkonservativen westfälischen Münsterland selbständig zu machen. Damals wirkte ihr Vorhaben eher wie Wahnsinn. Aber schon nach fünf Jahren war der „Lotus Hof" zu einem Markenzeichen geworden und erwies sich als ein sich bestens entwickelndes Unternehmen.

Und eines Tages, es hört sich schon fast wie ein Märchen an, ein Jahr nach der Gründung des „Lotus Hofes", entdeckte die Frau das Wunder: Die Tumore waren aus ihrem Körper verschwunden ... und sind es bis heute. Sie ist geheilt! *Wirklich geheilt*. Eine Operation hätte lediglich die Symptome entfernt. Die Heilung, die diese Frau erlebt hat, änderte ihr Bewußtsein, und das neue Bewußtsein veränderte die Materie, veränderte die Wirklichkeit in ihrem Körper und natürlich in ihrem ganzen Leben. Von einer selbstzerstörerischen, kämpfenden Amazone war sie zu einer freien, selbstbestimmten Frau geworden, die mit Frauen und Männern leben und glücklich sein kann. Sie hat die Frau und den Mann in sich immer weiter befreit, lernte, ihre Weiblichkeit und Männlichkeit neu zu leben, und obwohl dieser Prozeß auch heute noch nicht beendet ist, konnten die Tumore sich bereits entmaterialisieren.

Nun ist es sicherlich schon klar geworden: Die Frau war ich selbst. Dieser wunderbare Heilungs-, Selbsterkenntnis- und Entwicklungsprozeß wurde mir durch Brusttumore gewissermaßen geschenkt. Natürlich kann ich das heute alles einfacher und heiterer erzählen, als der Prozeß in allen Einzelheiten war. Ich mußte so viel Unwissen, Existenz- und Todesangst, Finsternis und Schwere, so viel Leid und Verzweiflung und noch mehr Angst überwinden. Das läßt sich gar nicht beschreiben. Aber all das ist vorbei! Ich bin geheilt, und ich bin bei mir selbst angekommen, bei mir als Seele. Das war all die Mühe wert, und ich habe so unglaublich viel geschenkt bekommen, daß ich mich jeden Tag, wenn ich daran denke, darüber freue, daß ich auf meine innere Stimme gehört habe, mich nicht operieren zu lassen. Daß ich auf die Stimme und die Botschaften meiner Seele gehört habe, obwohl ich damals noch gar nicht wußte, was ich als Seele bin: ein ewiges, wissendes, unzerstörbares, ein unendlich kreatives Wesen – einfach Bewußtsein und Licht und damit göttlich. Daß ich auch in meiner Verkörperung als Frau auf keinen einzigen Seinsaspekt von mir als Seele, z.B. meine Männlichkeit, verzichten muß. Als Seele bin ich zwar geschlechtsneutral, verfüge aber über die Fähigkeiten beider Pole, über die weiblichen und männlichen Kapazitäten. Und das kann ich in jedem beliebigen Körper leben, ganz gleich ob ich körperlich eine Frau oder ein Mann bin. Nun, da die Spaltung kein Problem mehr für mich war, konnte auch mein Körper die Spaltungssymptome aufgeben. Das ist in Wirklichkeit kein Wunder, sondern die Macht des Bewußtseins, der Seele. Und um zu dieser Macht zurückzukehren, ist es nötig, daß wir all die Spaltungsgedanken und Gefühle aufgeben, die wir seit Jahrtausenden oder Millionen von Jahren angesammelt haben und an denen wir noch immer festhalten. Durch meine Krankheit habe ich gelernt, diese uralten Spaltungen zu überwinden, die ich als Seele meinte annehmen zu müssen, wenn ich mich als Mensch und auf der Erde inkarniere – die Spaltungen in Frau und Mann, Mensch und Gott, Mensch und Tier, Gut und Böse, Licht und Dunkel, usw.

Denn obwohl ich mich für einen weiblichen Körper entschieden habe, bin ich in Wirklichkeit doch alles. Als ganzheitliches Wesen, als Seele, enthalte ich animalische, menschliche, weibliche, männliche, helle und dunkle Aspekte, und ich kann am meisten damit bewirken, wenn ich all diese Aspekte in mir zulasse und kreativ miteinander fließen lasse.

Spaltende Gedanken, behauptete ich zu Anfang dieses Buches, sind gefährlicher als der ansteckendste Virus. Sie sind so etwas wie eine Krankheit von ungeheuerlichem, weltweitem Ausmaß. Sie sind eine der gefährlichsten Bedrohungen des Menschen und der gesamten Welt.

Krebs ist ein Spaltungsproblem, das zeigt einerseits meine eigene Heilungsgeschichte, andererseits drückt sich dies auch im Erscheinungsbild der Krankheit auf zellularer Ebene symbolisch aus: Die Krebszellen teilen sich unaufhaltsam wild wuchernd und entziehen dem Körper die Proteine. Der krebskranke Mensch verhungert so buchstäblich. Bei Krebskranken drückt sich verstärkt aus, worunter wir alle leiden: Wir verhungern energetisch, weil wir uns von unserer Ganzheit, unserer Seele mit so dummen Glaubenssätzen wie denen über Frau und Mann abspalten. Im Sterben an Krebs drückt sich die Verzweiflung und Todessehnsucht darüber aus, daß die Ganzheit trotz der eifrigsten Versuche nicht gefunden werden kann oder darf, weil der größte Teil der Menschheit an diese aberwitzigen Glaubenssätze glaubt und sich damit herumquält, daß ein Mann keine Frau und eine Frau kein Mann sein soll.

Die Gefahr der atomaren Bedrohung ist ein weiteres Spaltungsproblem. Auf der Suche nach dem kleinsten unteilbaren Teilchen haben Atomwissenschaftler mit immer ausgeklügelteren

Methoden die atomaren Teilchen immer weiter gespalten. Sie haben dabei sehr viel gelernt und Energien freigesetzt, mit denen wir uns entweder weiterentwickeln oder zerstören können. In der atomaren Bedrohung drückt sich unbewußte Todessehnsucht und Verzweiflung darüber aus, daß die Ganzheit, das kleinste unteilbare Teilchen, die Seele, nicht gefunden werden kann. Hätten die Atomwissenschaftler nicht außen, sondern innen gesucht, hätten sie meditiert, sie hätten das Unteilbare gefunden. Es kann gefunden werden. Ja, es ist sogar ganz einfach!

Wir alle, nicht nur Atomwissenschaftler, haben die Ganzheit überall gesucht: in der Materie, in unseren Beziehungen, im Heiraten, in der sexuellen Vereinigung. Es ist so aberwitzig, das Ganze überall außen zu suchen, während es die ganze Zeit über in uns ist und nur darauf wartet, daß wir es endlich bemerken, daß wir erwachen. Unsere Seelen verlassen uns nie! Sie rufen uns immer wieder mit der leisen inneren Stimme. Ich bin sicher, daß auch Sie diese Stimme kennen, die vielleicht zu Ihnen sagt: „Mensch, eigentlich wolltest du doch ganz anders leben! Deine wirklichen Kräfte hast du doch noch gar nicht entfaltet! Warum funktioniert das eigentlich nicht?" Unsere Seelen mit all ihrer Kraft warten auf uns. Religionen lehren uns nicht, mit der Seele in Kontakt zu kommen, Schulen und Universitäten lehren es nicht, und die Psychologie lehrt es auch nicht. All diese Einrichtungen lehren keine Meditation, lehren nicht den Weg nach innen. Und während wir uns im Labyrinth des Unbewußtseins verloren haben, warten unsere Seelen geduldig darauf, daß sie von uns gehört, gefühlt, gesehen, wahrgenommen, erkannt und gelebt werden. Und immer wieder rufen sie uns, mit der inneren Stimme, mit Träumen, Büchern, Filmen … ja manchmal sogar mit Notrufen wie Krankheiten.

Wenn wir unsere Seele, unsere Ganzheit, unser wahres Selbst leben, betreten wir ein Land voller Wunder. Aber in Wirklichkeit ist es gar kein Wunderland. Es ist das Land der Naturgesetze des Bewußtseins genauso wie das Land der physikalischen, chemischen und biologischen Naturgesetze. Wenn meine Tumore durch Bewußtseinsveränderung verschwinden, sich ohne Eingriff von außen entmaterialisieren, ist das nur für das alte Bewußtsein ein Wunder. Aber mein Heilungsprozeß geschah nach den

Naturgesetzen des Bewußtseins, und diese Gesetze sind so mächtig, daß sie die biologischen, chemischen und materiellen Prozesse bestimmen! Es ist ein Jammer, daß die Gesetze des Bewußtseins in weiten Teilen noch so unbekannt sind. Die Folgen dieses Unwissens sind unübersehbar: Not, Kummer, Schmerz, Krankheit, Verzweiflung, Armut, Hunger, Mord, Krieg, Tod ... all der Wahnsinn.

Meine Heilung mag wunderbar oder unglaublich erscheinen, aber sie ist längst kein Einzelfall mehr. Manche Leute möchten sie gern wegrationalisieren, indem sie behaupten: „Na ja, Tumore können immer mal verschwinden!" Aber ich habe diesen Heilungsprozeß von innen, bewußt und im Detail erlebt und kann im nachhinein nur sagen: Er ist mit größter Präzision abgelaufen. Er hat mich gelehrt, daß das Bewußtsein des Menschen und alles Seienden die alles gestaltende Kraft ist. Er hat mich gelehrt, daß *mein Bewußtsein* meine gesamte Wirklichkeit, die Materie meines Körpers, meine Gesundheit oder Krankheit, meine Beziehungen, meine Erfolge oder Mißerfolge, mein ganzes Schicksal bis ins kleinste Detail hinein bestimmt. Und so hat mein Heilungsprozeß mich letztendlich gelehrt, die Spaltung zu überwinden, ganz zu sein und mein Schicksal selbst in die Hand zu nehmen, indem ich mich täglich für mehr Bewußtsein einsetze. Das gilt sowohl für mich als auch für andere.

2. Teil

Die Seele im Körper des Menschen

*Für Millionen Menschen
ist die Seele
nur eine Möglichkeit,
nicht eine Realität.
Nur einige wenige
waren mutig genug,
seelen-voll zu sein.*

OSHO[2]

Ich habe Jahre gebraucht, um die anfangs beschriebenen Zusammenhänge klar zu sehen und zu begreifen. Das möchte ich Ihnen erleichtern und zunächst den theoretischen Hintergrund erläutern, ehe ich in den Teilen 3 bis 6 mein Past-Life-Material zum Thema „Seele und Sexualität" vor Ihnen ausbreite und interpretiere.

Der Ursprung der Seele ist das *Nichts*, der Ozean des reinen, gedankenleeren Bewußtseins, der Ort der Stille, der Ort, an dem wir alle eins sind. Da wir ständig denken, können wir uns ein leeres, gedankenfreies Bewußtsein schwer vorstellen, es sei denn, wir meditieren und erleben dabei Momente zeitloser Stille. Wenn mir solche Momente in der Meditation geschenkt wurden, waren sie jedesmal eine Offenbarung für mich. Diese Momente der tiefen, gedankenleeren Stille, andere Meditationserlebnisse und

29

meine Rückführungsarbeit der letzten 15 Jahre halfen mir, das Sein der Seele, des höheren Bewußtseins, seine Gesetze und Funktionsweise zu begreifen.

All das ist für unser materialistisches Denken nicht so einfach nachzuvollziehen. Meditation oder Eingeweihte können uns aber helfen, das Nichts zu verstehen:

„Der Osten hat schnell erkannt, daß der Verstand einerseits nur ein Stück Körper ist und andererseits ein Stück gesellschaftliche Erziehung. Das Gehirn ist der natürliche Teil, und der Verstand ist der Teil, den die Gesellschaft euch gegeben hat – die Verhaltensweisen, die Philosophien, die Religionen, alles Anerzogene. Dieser kleine Denkapparat, der nur aus Biologie und sozialer Konditionierung besteht, kann die riesige Wahrheit nicht kennen, die geheimnisvolle Weite des Ewigen. Es ist absolut notwendig, den Verstand zu transzendieren. Und merkwürdigerweise verstehst du in dem Moment, wo du den Verstand transzendierst, den Verstand zum ersten Mal. Denn um etwas zu verstehen, mußt du daneben stehen, ist ein kleiner Abstand nötig. Ein Meditierer kann den Verstand verstehen und kann den Nichtverstand verstehen, weil er abseits steht, unbeteiligt, als Zeuge. Er kann Gedanken sehen, und er kann die Abwesenheit von Gedanken sehen, und er kann verstehen, daß beide wesentlich sind. Das Denken ist für das Begrenzte da, und das Nicht-Denken für das Unbegrenzte."[3]

Nun fragen Sie sich sicherlich, wie etwas aus dem Nichts kommen kann? Hat Bewußtsein denn nicht immer mit Denken zu tun? Doch im Nichts des gedankenleeren Meditationszustands ist trotzdem Bewußtsein da. Es ist leer, einfach seiend. Es kann alles wahrnehmen und beobachten. Ja, dieses höhere Bewußtsein ist sogar viel wacher und präsenter als das normale, denn es wird nicht durch Gedanken und Gefühle gestört und kann deshalb über die fünf Sinne des Körpers sogar mit erhöhter Intensität wahrnehmen. Dieser Zustand des ruhigen, leeren Bewußtseins wird immer wieder mit der glatten Oberfläche eines Sees verglichen, der durch keine Welle getrübt wird. Das Wasser erhält dadurch eine erhöhte Klarheit. Auch unser Bewußtsein ist viel klarer, wenn wir innerlich leer und bewußt sind. Das leere, beobachtende Bewußtsein in diesem Nichts kann sich jederzeit entscheiden, doch zu denken und sich mit irgend etwas zu identifizieren.

Darauf antwortet unser rational und materialistisch getrimmter Verstand wahrscheinlich: Das ist alles schön und gut, aber ich bin nun mal ein Körper, und das ist die einzige Realität, die ich wahrnehmen kann. Wie soll denn mein Körper aus dem Nichts kommen? Mit einem solchen Denken halten wir den Körper für etwas Festes, Stabiles und damit Reales. Das ist jedoch ein Irrtum, denn der Körper, die Materie an sich, besteht hauptsächlich aus Nichts!

Das hat selbst die moderne Physik bereits erkannt. Was wir als feste Materie wahrnehmen, ist in seiner atomaren Struktur in Wirklichkeit nur ein hauchfeines Gewebe, das weniger als 10 % dieser Struktur ausmacht. Die restlichen 90 % sind leerer Raum. „Materie ist hauptsächlich leerer Raum mit einigen Teilchen, die in ihm herumflitzen. Wenn diese Teilchen nichts anderes als Wirbelbewegung sind, dann sieht die Sache wohl so aus, daß es in der Materie außer Bewegung nicht viel gibt."[4]

Zudem kommt auch die Materie letztendlich aus dem Nichts, das aber gar nicht leer ist, weil es die Möglichkeit für alles enthält. So schreibt Fritjof Capra in *Der kosmische Reigen*: „Die Unterscheidung zwischen Materie und leerem Raum mußte endgültig aufgegeben werden, als entdeckt wurde, daß virtuelle Teilchen spontan aus der Leere entstehen und wieder in die Leere verschwinden können ohne Anwesenheit irgendwelcher Nukleonen oder anderer stark wechselwirkender Partikel. (…) Wie die östliche Leere ist das ‚physikalische Vakuum', wie es in der Feldtheorie genannt wird, kein Zustand des bloßen Nichts, sondern enthält die Möglichkeit für alle Formen der Teilchenwelt. Diese Formen sind wiederum keine unabhängigen physikalischen Einheiten, sondern nur vergängliche Manifestationen der zugrundeliegenden Leere. (…) Die Beziehung zwischen den virtuellen Teilchen und dem Vakuum ist eine im wesentlichen dynamische Beziehung. Das Vakuum ist in der Tat eine ‚lebende Leere', die in endlosen Rhythmen von Erzeugung und Vernichtung pulsiert. Viele Physiker halten die Entdeckung der dynamischen Eigenschaft des Vakuums für eine der bedeutendsten in der modernen Physik."[5]

Mir gefällt dieses Bild von der „lebenden Leere" sehr gut. Unser leeres Bewußtsein ist nicht nur unsere Essenz, der Stoff, aus dem unsere Seele besteht, sondern auch die Essenz des Lebens selbst.

Der Weg in die Materie

■ Bewußtseinsinhalte gestalten die Energie

Irgendwann haben wir angefangen zu denken. Das ist noch nicht weiter tragisch. Gedanken können auch durch das stille Bewußtsein ziehen – wenn wir tief genug in der Stille sind –, ohne sie zu stören oder zu zerstören. Auch das habe ich schon erlebt. Wir gehen erst dann aus der Stille heraus, wenn wir beginnen, uns mit Gedanken, Wahrnehmungen und Gefühlen zu identifizieren. Jetzt fangen wir an, uns zu unterscheiden, weil wir uns mit unendlich vielen verschiedenen Dingen identifizieren können. Sobald wir uns mit unseren Gedanken identifizieren, ist das so, als würden wir mit ihnen verkleben. Dieses Verklebtsein spüren wir normalerweise gar nicht. Es wird erst vom Zustand des leeren, beobachtenden Bewußtseins aus spürbar und dadurch bewußt.

Der Gedanke ist der Schritt aus dem Nichts in die erste Art von Form. Diese erste Form ist noch locker und leicht. Sie ist Energie oder Licht, das alle Informationen enthält. Ich will das noch einmal anders formulieren: Unsere Gedanken nehmen ihre erste Gestalt an, indem sie dem Licht, je nach Art des Inhaltes oder der Information, eine bestimmte Schwingung geben. Wenn wir die Gedanken obendrein mit Gefühlen verbinden, können wir die energetische Ladung der Schwingung erhöhen. Das unten abgebildete Kirlian-Foto[6] soll Ihnen dies anschaulich machen. Auf diesem Foto ist ein Gedanke bzw. die energetische Wirkung eines Gedankens dokumentiert. Sie sehen darauf zwei Lichtfelder, die Auren von zwei nebeneinanderliegenden Daumen. Diese Felder umgeben den Rand der auf dem Fotopapier aufliegenden Daumen. Sie gehören zwei verschiedenen Versuchspersonen. Die rechte Person hat in dem Experiment den Auftrag bekommen, sich in Gedanken und visuell vorzustellen, daß sie die andere

Person mit einer Nadel in den Daumen sticht. Die Visualisation verstärkt dabei den Gedanken. Die linke Person weiß nichts von der Versuchsanleitung.

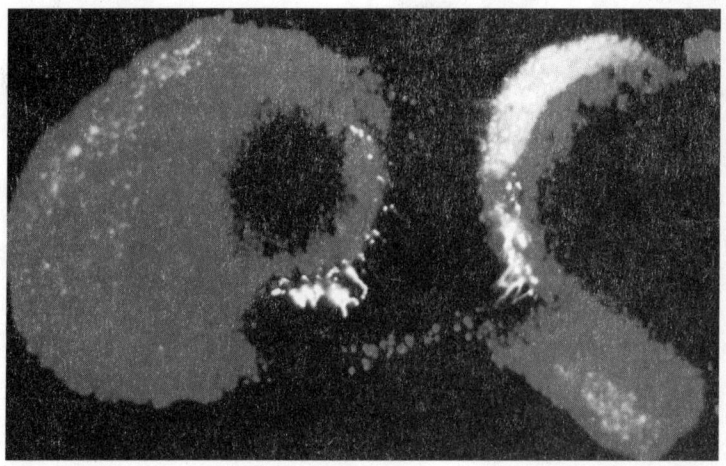

Sie sehen auf dem Foto, wie ein Gedanke im Energiefeld eines Menschen Gestalt annimmt und welche Wirkung er hat: Von dem Energiefeld um den rechten Daumen geht ein Strahl aus und verursacht im Energiefeld um den linken Daumen ein Loch. Aus diesem Foto können wir zwei Erkenntnisse ableiten:

1. Gedanken sind nicht einfach etwas Abstraktes, das sich in unserem Gehirn abspielt, sondern sie haben eine energetische Realität und Gestalt.
2. Gedanken sind wirkende Kräfte, die die energetische Wirklichkeit gestalten.

Na ja, aber das geht doch nicht bis in die Materie, denken Sie vielleicht jetzt. – Doch, es geht bis in die Materie! Am Beispiel meiner Heilungsgeschichte will ich Ihnen das einmal vor Augen führen: Ich mache als Seele in einem Körper Erfahrungen, die in mir den Eindruck hinterlassen, daß ich mit Männern kämpfen muß, um frei und selbstbestimmt zu sein. Dann kämpfe ich bis zur Selbstzerstörung, d.h. nach außen gegen Männer und gleichzeitig nach

innen gegen mich selbst, denn ich bin ja auch Mann. Die Selbstzerstörung nimmt in verschiedenen Leben unterschiedliche
Gestalt an. Nach endlosem Kampf mit einem Mann um die
Führung in einem Nomadenstamm bekam ich epileptische An-
fälle, wurde in der Wüste ausgesetzt und verdurstete. In einem
Zweikampf mit einem Mann, der mich zwanzig Jahre lang mit
seiner Liebe verfolgt hatte, stürzte ich auf Hawaii schließlich in
einen Abgrund. Als Amazone schnitt ich mir selbst eine Brust ab,
um besser schießen zu können, und kam dann im Kampf mit
römischen Soldaten um. Tumore in eben jener Brust treten in diesem Leben auf. Zum Glück bekomme ich jetzt das Alarmzeichen
meiner Seele mit, lerne es zu verstehen und finde einen Weg, mein
Bewußtsein und damit mein Energiefeld von all diesen Informationen des Kämpfenmüssens zu reinigen, und, siehe da, die
Tumore entmaterialisieren sich wieder! Meine Gedanken und
Gefühle hatten die Materie – die Tumore – also erschaffen. Als
ich schließlich lernte, die Informationen zu löschen, mein
Bewußtsein davon zu entleeren, verschwand auch der materielle
Ausdruck dieses Bewußtseins wieder. *Bewußtseinsinhalte gestal-
ten also die Energie.*

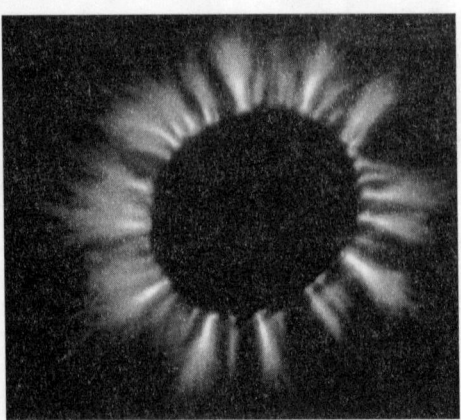

Ich will Ihnen noch
weiter veranschau-
lichen, *wie* dies
geschieht:
Dieses Kirlian-Foto
zeigt uns die Korona,
das Lichtfeld um die
Fingerspitze eines
Menschen mit Heil-
kraft. Sie hat eine
kräftige, klare Aus-
strahlung.

Das folgende Foto zeigt die Aura um die Fingerspitze eines kranken Menschen.

In diesem Lichtkranz können Sie viele Erscheinungen erkennen, die ich mal „Störungen" nennen will. Menschen, die gelernt haben, ein Kirlian-Foto zu analysieren, können daraus genaue Krankheits- oder Problemdiagnosen ableiten.

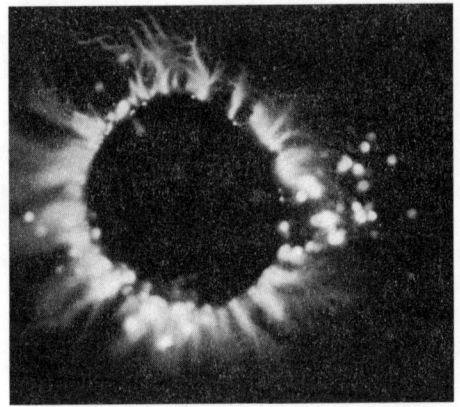

Auf dem dritten Foto wird die Interaktion zwischen der Person mit der Heilkraft und dem kranken Menschen sichtbar. Sie sehen, daß der Mensch mit der Heilkraft die Störungen des kranken Menschen übernimmt, die Störungen also gewissermaßen abzieht.

Die Person mit der Heilkraft kann sich nach dem Kontakt reinigen, kann ihr Energiefeld durch Meditation von den Störungen befreien.

Es wurden ähnliche Fotos vor und nach der Meditation gemacht. Vor einer Meditation kann unsere Aura verworren, schwach und unklar sein, danach ist sie wieder stark und klar.

Die Aura des Menschen funktioniert wie ein Sender. Das Licht enthält die gesamten Informationen eines individuellen Bewußtseins und strahlt diese Informationen aus. Weil das so ist, wird die Kirlian-Fotografie heute nicht mehr nur für Diagnostik, sondern auch für die Früherkennung von Krankheiten genutzt, die sich noch gar nicht materialisiert haben. Zuerst prägen unsere Bewußtseinsinhalte unseren Energiekörper. Dieser übersetzt die Information dann in die Materie.

▉ Energie gestaltet die Materie

Diese Kirlian-Fotos zeigen uns also, daß Bewußtseinsinhalte die Qualität des Lichts bestimmen, das unsere Körper ausstrahlen. Die Energie, das Licht, ist der Träger dieser Informationen. Forscher, die am Beweis dieser Thesen arbeiten, stoßen aber noch immer auf großen Widerstand und Unverständnis in den Reihen der konventionellen Wissenschaft. Ich denke da etwa an Rupert Sheldrake, der mit seinen Erkenntnissen über die morphogenetischen Felder großes Aufsehen erregte, aber auch beträchtliche Ablehnung in der Wissenschaft erfahren hat.[7] Das verwundert mich nicht sonderlich, weil diese Erkenntnisse ein Weltbild sowie religiöse Ideologien in Frage stellen, die seit einigen tausend Jahren existieren und dem heutigen Stand der Erforschung des Bewußtseins längst nicht mehr entsprechen.

Wichtige Axiome dieses alten Weltbildes sind: *Bewußtsein existiert nur im Menschen. Pflanzen, Tiere und Materie haben kein Bewußtsein. Bewußtsein ist abhängig vom Gehirn. Bewußtsein ist abhängig von der Materie. Das Bewußtsein schwindet, sobald der Mensch stirbt. Bewußtsein, das ohne Materie existiert, ist nicht möglich. Es gibt einen Gott, der die Menschen und die Welt erschaffen hat.*

Diese Axiome sind in unserer Gesellschaft fest etabliert und bestimmen das Bewußtsein der meisten Menschen. Sie anzugreifen bedeutet, den Menschen gewissermaßen den Boden unter den Füßen wegzuziehen. Deshalb der ganze Aufstand. Aber schließlich hat die Menschheit es ja auch geschafft zu begreifen, daß die Erde keine Scheibe ist, obwohl Galilei für diese Behauptung zunächst ins Gefängnis geworfen wurde. Und die Menschheit wird es auch diesmal schaffen. Und so wird uns die Entdeckung des Neulands in uns – die Entdeckung der Funktionsweise des Bewußtseins unserer göttlichen Seele – ein großes Wachstumspotential bringen.

Inzwischen ist die wissenschaftliche Forschung weiter fortgeschritten in ihren Erkenntnissen und bestätigt die Annahmen der Mystiker darin, daß alle Materie Bewußtsein hat, daß das Bewußtsein vor der Materie und unabhängig von der Materie existiert und daß die Energie der Träger ist, der das Bewußtsein in die Materie bringt. Eigentlich dürfte es in der Wissenschaft schon lange keine Zweifel mehr daran geben, daß Materie Energie ist, seit Albert Einstein die Formel $E = mc^2$ gefunden hat, denn diese Formel bedeutet letztlich, daß Masse Energie ist. Und sehr interessant für unsere Erforschung der Seele als unsterbliches, göttliches Wesen in unserem Körper ist der Schluß, zu dem Fritjof Capra kommt: „Wird Masse erst einmal als Energieform betrachtet, so muß sie nicht länger unzerstörbar sein (um ewig sein zu können, die Verfasserin), sondern kann in andere Energieformen umgewandelt werden."[8] Damit sich unser Kopf nicht gleich wieder festbeißt an der Vorstellung von Masse als etwas Festem, Stabilen, fährt Capra mit der Feststellung fort: „In der modernen Physik hat Masse keine materielle Substanz mehr, und man ist daher nicht mehr der Ansicht, daß Teilchen aus irgendeinem ‚Grundstoff' bestehen, sondern sie sind Energiebündel."[9]

Wenn also Energie die Basis aller Materie ist und Energie der Träger des Bewußtseins ist, heißt das dann, daß alle Materie Bewußtsein hat? – Ja, genau das heißt es! Natürlich machte ich dazu gleich selbst ein kleines Experiment, das in dem Buch *Das geheime Leben der Pflanzen*[10], einem meiner Lieblingsbücher zu diesem Thema, erwähnt wird: Ich pflückte zwei Blätter von einem Busch und legte sie auf eine Fensterbank. Das eine streichelte ich, das andere ließ ich links liegen. Welches der beiden Blätter, meinen Sie, hielt sich länger frisch? Na klar, natürlich das, welches ich gestreichelt hatte. Sie können also telepathisch Kontakt zu Ihren Zimmerpflanzen aufnehmen, da auch Pflanzen ein Bewußtsein haben. Aber denken Sie nun nicht: Na ja, Pflanzen, das ist ja schon belebte, organische Materie. Aber Steine haben doch sicher kein Bewußtsein! Das stimmt nicht! Von Kristallen ist relativ gut bekannt, daß sie Wissen haben. „Der Speicherkristall ist einer der heiligsten Kristalle, denen man je begegnen bzw. mit denen man arbeiten kann. Unendliche Weisheit kann in solch einem Kristall gespeichert sein, und wenn man sich richtig auf ihn einstimmt, kann er ältestes Wissen und die tiefsten Geheimnisse des Universums enthüllen", schreibt Katrina Raphaell in ihrem Buch *Wissende Kristalle*.[11]

Nun, was für Kristalle gilt, gilt im Prinzip für jede andere Form unbelebter Materie auch, aber da liegt noch ein weites unbekanntes Feld vor uns.

Auch Tiere sind Bewußtsein, das eine Gestalt angenommen hat. Schon ganz zu Anfang meiner Rückführungsarbeit machte ich diese Erfahrung mit einer Frau, die in einem früheren Leben ein Bär gewesen war. In mir schrie alles nach Hilfe. Was sollten wir denn mit dieser Information anfangen? Zum Glück hielt ich mich zurück und wartete erst mal ab. Die Frau erkannte sich so sehr in dem Bären wieder, daß die Frage, ob sie nun wirklich ein Bär gewesen war oder nicht, für sie keine Bedeutung hatte. Sie konnte das Material bearbeiten, sich von belastenden Gefühlen und ihren Schlußfolgerungen befreien wie in jeder anderen Rückführung auch. Im Laufe der Jahre wurden mir diese Zusammenhänge noch klarer. Heute ist es kein Problem mehr für mich, daß Bewußtsein in allem und überall ist. Wenn ich es mir als Seele nur stark genug wünsche, kann ich jede beliebige materielle oder nichtmaterielle Gestalt annehmen. Auch von den Energiekörpern von Tieren und Pflanzen gibt es natürlich schon Kirlian-Fotos.

Die ersten beiden Axiome also, *daß es Bewußtsein nur im Menschen, nicht aber in Pflanzen, Tieren und der Materie gäbe*, sind vor dem Hintergrund unserer heutigen wissenschaftlichen Erkenntnisse nicht mehr haltbar. Wenn wir uns die Ergebnisse der Delphinforschung anschauen, dann können wir nur zu dem Schluß kommen, daß unser begrenztes westliches Denken in Anbetracht der Tatsache, daß das Bewußtsein der Delphine dem unsrigen weit überlegen zu sein scheint, doch äußerst snobistisch ist. So schreibt Lana Miller in *Der Ruf der Delphine*: „Kommen die Delphine jetzt so stark auf den Plan, um uns zu lehren, wie wir überleben können, wie wir unsere eigene ‚zerstörerische Brillanz' überleben können? Als Archetypen des kosmischen Bewußtseins könnten sie uns zeigen, wie wir unsere intellektuelle Kraft und unser High-Tech-Wissen durch die Weisheit und das Mitgefühl unseres Herzens nutzen, zügeln und balancieren können."[12]

Genausowenig ist das Axiom haltbar, *daß Bewußtsein und Denken vom Gehirn abhängig sind und Funktionen sind, die nur ein Gehirn erfüllen kann.* Dies trifft weder für den menschlichen Körper noch für jegliches biologisches Leben zu. Auch hier ist die Forschung mittlerweile so weit vorangeschritten, daß wir uns auf recht sicherem Boden bewegen. Nicht nur Gehirnzellen haben Bewußtsein, sondern jede einzelne Körperzelle – auch die nicht menschlicher Lebewesen. Mit einfachen Worten ausgedrückt, enthält unser Lichtkörper Millionen oder Milliarden von Informationen, die durch die Schwingungen des Lichts in den materiellen Körper übertragen werden – in jede einzelne Körperzelle, nicht nur in die Gehirnzellen. Dazu schreibt Peter Mandel: „... jede Zelle bedarf der Information, empfängt und gibt Informationen ab. (...) Informationen müssen aber getragen werden, sie brauchen ein Vehikel, das sie benützen können, um in jeder Sekunde das Zusammenspiel aller Teile unseres Lebens zu bewältigen. Die Energie scheint dieses Vehikel zu sein. (...) Das Wesentliche alles Lebendigen ist die Information. Information allein ist aber nicht möglich. Erst durch die beiden Größen Information und Energie wird Leben möglich. Den Forschungen von Dr. F.-A. Popp verdanken wir die Erkenntnis, daß unsere Zellen eine ultraschwache Strahlung besitzen. Diese Strahlung besteht aus Lichtquanten und Photonen. Die Photonen sind masselos, bewegen sich mit Lichtgeschwindigkeit. Sie übertragen ihre Energie auf freie Elektronen und beschleunigen diese. Man geht heute davon aus, daß das Zusammenspiel von Photonen und Elektronen für das Informationsgeschäft in unserem Organismus verantwortlich ist."[12]

Die Biophotonenforschung hat herausgefunden, daß das DNS-Molekül jeder Körperzelle der Lichtspeicher der Zelle ist und daß Tumorzellen eine geringere Lichtspeicherfähigkeit als andere Zellen haben.[14] Dazu fällt mir ein Traum aus der Zeit ein, als ich den Krebs entweder schon in mir hatte oder auf der Kippe dazu stand. In jenem Traum wollte ich eine Unterrichtsstunde geben. Der Klassenraum hatte keine Fenster, war wie ein Physiksaal mit in Stufen ansteigenden Bänken. Die Kinder und der Schuldirektor waren da und zudem noch der Schulrat. Ich sollte eine Probestunde geben. Doch die ganze Stunde über – eine ganze qualvolle Stunde lang – fand ich den Lichtschalter nicht. Ich suchte und suchte. Die Klasse wurde immer lauter, ich immer nervöser und verzweifelter. Licht war die Grundbedingung! Ohne Licht konnte ich nicht unterrichten. Es war absolut qualvoll. Erst beim Schellen am Ende der Stunde fand ich endlich den Schalter. Sie sehen, mein wahres Selbst, meine Seele, wußte ganz genau, was mir fehlte: Licht, Bewußtsein. Und sicher sind es nicht nur Krebszellen, die einen solchen Bewußtseinszustand auf energetischer und materieller Ebene widerspiegeln, denn bei allen Krankheiten fehlt es an Bewußtsein. Darüber hinaus wollte meine Seele mir mitteilen, daß mir ohne Bewußtsein die Grundvoraussetzung für meine Tätigkeit als Lehrerin fehlte. Wie wahr das ist, begreife ich erst so richtig von meinem jetzigen Bewußtseinsstand aus und vor dem Hintergrund meiner heutigen Tätigkeit als spirituelle Lehrerin.

Wenn die Qualität des Lichts, die Information des Lichts, den Unterschied zwischen Gesundheit und Krankheit ausmacht, dann kann man kranke Menschen, so schloß Peter Mandel, doch gezielt mit Lichtgaben behandeln und heilen. Also erfand er die Farbakupunktur, durch die der Lichtkörper kranker Menschen gezielt andere Informationen erhält. Tatsächlich erzielte er damit erstaunliche Ergebnisse.[15]

Über den Zusammenhang von Biophotonen und Bewußtsein liefert u.a. die Gehirnforschung mögliche Antworten: „Wie die Biophotonen anderer Zellen können auch die Biophotonen des Gehirns verschiedene Grade der Kohärenz aufweisen. Besonders stark nimmt die Kohärenz des Biophotonen-Feldes des Gehirns zu, wenn die Versuchspersonen Erfahrungen hochgeordneter Bewußtseinszustände durchlaufen, wie sie von Methoden des Alpha-Trainings, des Yoga oder bestimmter Meditationstechniken angestrebt werden. (…) Die Biophotonen der Nervenzellen eignen sich nicht nur besonders gut für Informationsübertragungen (hohe Lichtspeicherfähigkeit), sondern scheinen geradezu prädestiniert zu sein, Informationen über größere Strecken hinweg zu befördern (große Kohärenzlänge). Biophotonen des Gehirns können sich mit denen anderer Zellen und Organe überlagern, können sie durchdringen und beeinflussen. Daraus folgt: Ein ‚geordneter', harmonischer Bewußtseinszustand (…) steht nicht nur in Wechselwirkung mit einer kohärenten Funktionsweise in den Hirnzellen, sondern kann auch einen heilsamen Einfluß auf die Kohärenzfähigkeit aller anderen Körperzellen ausüben."[16]

Hier wird endlich auch von der Wissenschaft anerkannt, daß Meditation ein wunderbares, tiefes Heilmittel ist. Unter Meditation verstehe ich: im Zustand der Stille zu sein. Viele der heute bekannten und verbreiteten Meditationstechniken sind Versuche, zu dieser Stille zu gelangen. Man kann aber noch weitreichendere Schlußfolgerungen ziehen: Was uns hier vorgelegt wird, zeigt, daß der menschliche Körper so etwas wie ein Bio-Computer ist. In diesem Bio-Computer sind – in jeder Körperzelle, nicht nur im Gehirn – Millionen und Abermillionen von Informationen gespeichert. Diese werden in der Aura des Menschen ständig ausgestrahlt und erschaffen so unsere Wirklichkeit.

Als mir diese Zusammenhänge erstmals auf Hawaii von Dr. Rodewald nahegebracht wurden, war es für mich als Feministin unglaublich schwierig, das alles zu begreifen und in mein Weltbild einzufügen. „Aber wir leben doch nun einmal in einer patriarchalischen, männerbestimmten Gesellschaft", sagte ich, „das können Sie doch nicht einfach abstreiten!" „Das tue ich auch gar nicht", antwortete sie, „aber ob diese Gesellschaftsstrukturen dich betreffen, das bestimmst du selbst!" Inzwischen hat sich all dies für mich bestätigt. Als ich begriff, daß ich selbst die Schöpferin meiner Wirklichkeit bin, konnte ich aufhören, mit der Außenwelt zu kämpfen, weil das vollkommen sinnlos ist. Meine Außenwelt ist das exakte Spiegelbild meiner Innenwelt. Ich muß nicht länger mit der Außenwelt kämpfen, wenn ich meine Realität anders haben will, ich brauche nur meine Innenwelt, meine Bewußtseinsinhalte, zu ändern. In meinen Gruppen höre ich immer wieder den Aufschrei: „Aber die armen Kinder, die in aller

Welt verhungern! Die Frauen in Bosnien! Die haben sich das doch nicht gewünscht!" – Fatalerweise trifft dies auf einer unbewußten Ebene doch zu! Ihr Körper als Bio-Computer sendet Informationen aus, die ein solches Schicksal erschaffen. Das wird Ihnen im Verlauf dieses Buches noch deutlicher werden.

Ich habe aus diesen Erkenntnissen für mich sehr weitreichende Schlüsse gezogen. Wenn also das Bewußtsein die Kraft ist, die alles bestimmt,

- dann lohnt es sich zu meditieren, sich um innere Stille zu kümmern, weil die Stille die Schwingungen des Bewußtseins beruhigt und harmonisiert. In einem ruhigen See von Schwingungen hat ein bewußt ausgesandter Gedanke eine viel größere Wirkung als in einem wild aufgewühlten See voller widersprüchlicher Gedanken, die sich in ihrer Wirkung gegenseitig behindern

- dann lohnt es sich, daß ich in Rückführungen in mein Unbewußtes hinabtauche und all das ans Licht des Bewußtseins bringe, was in meinem Bio-Computer gespeichert ist und dafür sorgt, daß meine Aura einen Wirrwarr von widersprüchlichen Gedanken und Gefühlen aussendet, die mein Leben behindern und einschränken.

Ist dieses Material einmal im Licht des Bewußtseins, dann lohnt es sich vor allem, es aus dem Bio-Computer zu entfernen. All das wird Ihnen im Verlaufe des Buches immer deutlicher und verständlicher werden.

Lassen Sie mich hier nun noch einen indisch-amerikanischen Wissenschaftler zitieren, der Arzt und ayurvedischer Heiler ist. Dr. Deepak Chopra emigrierte 1971 in die USA und leitet dort eine amerikanische Klinik. Er ist Präsident der American Association of Ayurvedic Medicine. Er berichtet in einer Vortragsserie davon, daß in wissenschaftlichen Experimenten ermittelt wurde, daß ein Mensch täglich durchschnittlich 60 000 Gedanken denkt. 95 % dieser Gedanken sind gewissermaßen Gedanken von gestern. Als ich zu meditieren begann, wurde mir, während ich meine Gedanken beobachtete, schmerzhaft bewußt, daß ich mit meinen Gedanken entweder in der Vergangenheit oder in der Zukunft weilte. Im Hier und Jetzt war ich so gut wie nie. Die

Erkenntnis, daß ich so eigentlich immer am Leben vorbeiging, wirkte auf mich wie ein Schock.

Statistisch gesehen würde das bedeuten, daß die meisten Menschen 95 % ihres Lebens am Leben vorbeigehen. Dr. Chopra beschreibt den Körper als Bio-Computer, der die gesamte Vergangenheit eines Menschen gespeichert hat. Das Nervensystem ist in diesem Modell die Hardware. Die biochemischen Prozesse sind die Software. Die Programmierung, also das Programm, das den Computer steuert, sind die Gedanken, die Gefühle und die Wünsche (also das Ego). Der Programmierer ist das innere Selbst, die Seele. Der Körper ist der Ausdruck, das Ausgedruckte. Wenn wir nicht in Kontakt mit der Seele sind, bleibt es dem Ego überlassen, den Körper zu steuern. Wenn wir uns aber als Seelen bewußt werden, haben wir die Möglichkeit, Programme zu löschen oder neu zu schreiben. Dieser Bio-Computer ist ein ungeheuer mächtiges Instrument. Es überträgt alles in physikalische Realität, was wir denken!

Werfen wir nun die Ausgangsfrage noch einmal auf: Wie kann das Bewußtsein aus dem Nichts heraus etwas materialisieren? Dazu hat Dr. Chopra einiges zu sagen, was uns zeigt, daß die Wissenschaft endlich am Ball ist. Ich will das Wesentliche hier in Kürze wiedergeben: „Die Leere ist nicht nichts, sondern eine Fülle, ein Reservoir nichtmaterieller Intelligenz oder Bewußtheit, die letztendlich für den materiellen Ausdruck von Verstand und Körper verantwortlich ist." Und schließlich beschreibt Chopra die Seele mit den Worten eines indischen Weisen: „Die Seele, das Bewußtsein, ist das, was kein Feuer verbrennen, kein Wind austrocknen, kein Wasser naßmachen und keine Waffe töten kann."

Bewußtsein ist unabhängig von der Materie

Nehmen wir uns nun das nächste Axiom des westlichen Denkens vor: *Bewußtsein ist abhängig von der Materie. Das Bewußtsein schwindet, sobald der Mensch stirbt.* Auch dieses Axiom ist nicht länger haltbar.

Ich habe schon viele Menschen in frühere Leben begleitet und ihnen dadurch u. a. die Chance gegeben zu erforschen, was nach dem Tod passiert. Manche sind auf ihrer Phantasiereise dann eingeschlafen oder konnten nichts erleben, weil ihre Glaubenssätze oder Ängste sie zu fest im Griff hielten. Aber viele konnten ihrem Bewußtsein folgen, das den Körper verließ und in körperlose oder sogenannte „transzendentale" Zustände überging. Ich wäre mir dieser Erkenntnisse, die ich mit Hilfe der weiblich-meditativen Wissenschaft gewinnen konnte, vielleicht gar nicht so sicher, aber durch häufig auftretende Parallelen in zahlreichen Rückführungen hatte ich viele Möglichkeiten, die gewonnenen Informationen zu überprüfen und Gemeinsamkeiten herauszuarbeiten. So erkannte ich, daß die transpersonalen Seinszustände der Seele trotz der Subjektivität des einzelnen objektiv sind. Es stellte sich heraus, daß bei verschiedenen Menschen immer wieder gleiche Zustände auftraten: Leichtigkeit, Klarheit, Licht, grenzenlose Liebe, Unendlichkeit, Frieden, unendliche Freiheit usw.

Für diesen Bereich meiner Erforschung innerer Welten gibt es allerdings schon ein gutes Vergleichsmaterial in der „außenorientierten" westlichen Forschung. Mehr und mehr Menschen sind mit ihren Nahtod-Erlebnissen an die Öffentlichkeit getreten. Sie konnten zum Erstaunen der Ärzte und des Pflegepersonals genau beschreiben, was sich bei dem Unfall oder der Operation abspielte, als sie bereits klinisch tot waren. Ihre Seele hatte den Körper schon verlassen und beobachtete alles ruhig und gelassen von außen. Ein amerikanischer Arzt stieß immer wieder auf derartige Phänomene, was ihn schließlich dazu veranlaßte, über 100 Menschen systematisch zu befragen, was sie dabei erlebt hatten. In seinem Buch *Leben nach dem Tod* legt Raymond Moody uns die Ergebnisse dieser Interviews vor. Aus den subjektiven Berichten seiner Probanden ergaben sich bestimmte Stadien oder Stufen, welche die Seele nach dem Tode durchschreitet oder durchschreiten kann, die dem ähnlich sind, was schon im Tibetanischen und im Ägyptischen Totenbuch beschrieben wurde. Ich erlebte Professor Moody im Herbst 1982 bei einem Vortrag über sein Buch in Köln und erinnere mich gut daran, wie bescheiden er auftrat. Er sagte sinngemäß: „Ich bin nur Wissenschaftler. Ich kann Ihnen dieses erstaunliche Material nur vorlegen. Was es bedeutet, das kann ich Ihnen nicht sagen. Aber irgend etwas in mir treibt mich an, der Welt dieses Material zu präsentieren." Für seinen rein wissenschaftlich geschulten Verstand war das Material tatsächlich nicht zu deuten. Zum Glück hielt ihn das nicht davon ab, der Öffentlichkeit seine Erkenntnisse vorzulegen. Vielleicht hat er ja inzwischen entdeckt, was ihn angetrieben hat: seine Seele.

Ein ähnliches Forschungsprojekt enthüllt Erkenntnisse über körperlose und besonders vorgeburtliche Seinszustände der Seele. In ihrem Buch *Leben vor dem Leben*, das mittlerweile auch schon fast ein „Oldtimer" auf dem Buchmarkt ist, berichtet die amerikanische Psychologin Helen Wambach von ihren systematischen Untersuchungen zu diesem Thema. Sie führte Menschen zurück in vorgeburtliche Zustände und ließ sie anschließend einen Fragebogen ausfüllen. Dieses sehr wissenschaftlich angelegte Buch ist leider manchmal etwas trocken zu lesen, aber es liefert uns die spannendsten Informationen darüber, wie Seelen ihr Geschlecht, ihre Eltern oder Zwillingsgeschwister ausgewählt haben, ob sie Lust hatten, auf die Welt zu kommen oder nicht, in welchem Monat sie sich darauf einließen ganz oder teilweise in den Embryo zu gehen usw. Diese „alten Bücherfreunde" bestätigen von der Seite der männlich-rationalen Wissenschaft her, was ich über die Seele im Körper des Menschen berichtet habe, und machen deutlich, daß auch weitere Axiome aus der angeführten Liste nicht haltbar sind.

Das Bewußtsein ist in Wirklichkeit vom Gehirn und von der Materie unabhängig. Es existiert bereits, bevor ein Mensch geboren wird, und ist auch nach dem Tod noch da.

Es gibt noch mehr Beweismaterial dafür, daß die Seele auch ohne Körper sehr wohl existieren kann, denn es gibt Menschen, die ihren Körper bewußt verlassen können, wie beispielsweise der griechisch-zypriotische Heiler Daskalos, dessen Biograph, ein amerikanischer Wissenschaftler zypriotischer Abstammung, voller Staunen Bücher darüber geschrieben hat.[17] In ihrem Buch *Mein Erwachen* schildert die Wienerin Renate den Prozeß, in dem sie lernte, ihren Körper bewußt zu verlassen, und wie sie dadurch zur Heilerin wurde. Sie leitet inzwischen Workshops, in denen sie Menschen vermittelt, wie sie diese Fähigkeiten im normalen Alltagsleben besser entfalten können. In einem dieser Workshops begegnete ich vielen Menschen, die das Phänomen, den Körper bewußt zu verlassen, längst kannten und in die Gruppe gekommen waren, um damit nicht länger allein zu sein. In den USA gibt es sogar schon ein Schlaflabor, das ein Geschäftsmann, Robert A. Monroe, zur Erforschung außerkörperlicher Erfahrungen eingerichtet hat. Dort können Menschen in eine Schlafkabine gehen und unter Überwachung ihren Körper während des Schlafs verlassen, um anschließend über ihre Erfahrungen zu berichten.[18]

Bewußtsein ist die schöpferische Urkraft

> *Der Mensch, wie er seit Jahrhunderten existiert hat,*
> *(...) ist mechanisch.*
> *Nicht mehr mechanisch zu leben*
> *gelingt nur mit Hilfe des Bewußtseins.*
> *Das ist die wahre Geburt, so wird der Mensch wiedergeboren.*
>
> OSHO[19]

■ Der Schöpfungsprozeß

Betrachten wir unseren Schöpfungsakt vor dem Hintergrund des vorgelegten wissenschaftlichen Materials noch einmal etwas genauer, so stellt sich dieser Prozeß nach dem gegenwärtigen Stand des Wissens folgendermaßen dar:

- Als Seele, also vor jeder Art von Identifikation, sind wir Teil der Stille – des Nichts, des kosmischen, leeren Bewußtseins. In diesem Sein herrscht vollkommene Freiheit. Wir sind da, einfach präsent und können uns jederzeit zu irgendeinem Gedanken entschließen und uns damit identifizieren.

- Sobald wir uns identifizieren, wenn wir diese Gedanken also mit genügend Energie aufladen, nehmen wir Gestalt an. Dieser Prozeß setzt auf der Schwingungsebene ein und geht bis zur Verdichtung in materieller Gestalt, wenn wir das wollen.

- Bei unserem Sprung aus dem leeren Bewußtsein in die Identifikation scheinen wir die Gesetze des Bewußtseins noch nicht zu kennen, obwohl wir alle Teil des unendlichen Ozeans des Bewußtseins und damit potentiell allwissend sind. Ahnungslos identifizieren wir uns mit diesem und jenem und vergessen dabei völlig unseren Ursprung. Aber wir vergessen ihn nur oberflächlich – nur in unserem Alltagsbewußtsein, in unserem Verstand –, nicht aber in unserem Seelenbewußtsein, das ewig ist. So ist es möglich, daß unser Seelenbewußtsein uns immer wieder Botschaften in unser normales Bewußtsein senden kann. Die Seele kann uns Träume schicken. Sie kann durch unsere Innere Stimme in Kontakt mit uns bleiben, wenn wir auf sie hören. Sie kann uns auf der äußeren Ebene durch einen anderen Menschen (etwa durch eine Meisterin oder einen Meister) entgegentreten und uns an etwas, an uns selbst, erinnern. Sie kann sich in unseren Wünschen und Sehnsüchten und unserer sehnsuchtsvollen Suche nach Erfüllung ausdrücken.

- Sobald wir in der Welt der Formen unseren Ursprung vergessen, und das tun wir fast alle mehr oder weniger, verwickeln wir uns in der Welt der Formen und in der Materie immer mehr, häufen immer mehr Identifikationen und Gefühle an. Diese sammeln sich nicht nur in der jeweiligen Gestalt an – ganz gleich ob es sich um ein Licht, einen Stein, eine Pflanze, ein Tier oder einen Mensch handelt –, sondern werden von der Seele auch in die nächste Gestalt mitgenommen.

- Diese Identifikationen werden im materiellen Körper *und* im Lichtkörper gespeichert, dadurch ist es der Seele möglich, die Informationen aus der einen Gestalt mit in die nächste zu nehmen.

- Der menschliche Körper ist ein Bio-Computer. Die DNS im Zellkern jeder Körperzelle ist der Speicher, in dem alle diese Informationen enthalten sind. Was die Biologie bisher „genetische Eigenschaften" oder „Erbanlagen" genannt hat, ist in Wirklichkeit ein Teil all der Millionen und Abermillionen von Gedanken und Gefühlen, die wir als Seelen mit in unseren Körper gebracht haben. Wir sind also im Grunde nicht Opfer von Erbanlagen, Eltern oder sozialen Verhältnissen, obwohl sie uns natürlich geprägt haben, sondern von unseren eigenen Identifikationen.

- Aus unseren Identifikationen und Gefühlen bauen wir uns im Laufe der Zeit das Ego auf. Dieses Ego besteht aus nichts anderen als den gesammelten Identifikationen unseres Verstandes und den damit verbundenen Gefühlen. Es ist im Grunde nichts anderes als eine Sammlung von kleinen, ängstlichen Strategien, die wir uns auf unserer Wanderung durch die Welt der Formen zurechtgelegt haben, um zu überleben. Deshalb reagieren wir auch mit Angst, wenn wir davon etwas aufgeben sollen, wenn wir uns verändern und wachsen wollen. Aber die Überlebensstrategien des Ego sind sehr beschränkt und werden mit der Zeit unsere Gefängnisse. Sie bieten uns zwar Sicherheit, aber erlauben uns nicht, wirklich lebendig zu sein.

- Neben dem Ego-Bewußtsein, dem Verstand, bleibt uns aber immer das Bewußtsein unseres wahren Selbst – unserer Seele – erhalten, auch wenn wir völlig vergessen haben, was wir in Wirklichkeit sind.

- Das Ego-Bewußtsein, das uns eigentlich zum Überleben dienen sollte, hat sich selbst zum Herrn in unserem Haus ernannt. Mit anderen Worten: Das Ego, also die in unserem Bio-Computer enthaltenen Programmierungen, steuern über das Zellbewußtsein unser Leben, nicht wir. Das Ego bestimmt die Substanz sowie Gesundheit oder Krankheit unseres Körpers, und es bestimmt genauso die äußeren Ereignisse und Verhältnisse in unserem Leben – bis ins kleinste Detail hinein.

- Der Körper als Bio-Computer funktioniert mit allergrößter Präzision. Ein DNS-Molekül hat eine unglaubliche Speicherkapazität. Es kann Gedanken und Gefühle aus vielleicht Hunderten oder Tausenden von Existenzformen speichern, wozu kein Computer jemals imstande wäre. Doch der Körper als Bio-Computer ist nicht das Problem für unser Seelenbewußtsein, der Körper ist nämlich eigentlich ein Wunderinstrument der Seele. Das eigentliche Problem ist der Input – alte Gedanken und Gefühle, mit denen wir uns identifiziert haben –, der den Körper und unser Leben in Bahnen steuert, die dem höheren Bewußtsein, der Seele, nicht entsprechen.

- Der Körper ist aber nicht nur ein Bio-Computer, der zumeist von alten, einschränkenden und hemmenden Informationen gesteuert wird, sondern er ist gleichzeitig ein Sender. Über die Aura sendet er alle internen Informationen nach außen. Andere Menschen und schlichtweg alles, was existiert, empfängt diese Informationen, versteht sie und verhält sich unseren Wünschen entsprechend.

Nach allem, was ich Ihnen nun dargelegt habe, können Sie vielleicht schon selbst erkennen, daß auch die beiden letzten Axiome *Es gibt einen Gott* und *Gott hat die Menschen und die Welt erschaffen* nicht haltbar sind. Meine Forschungsreise nach innen, in die Landschaften des Bewußtseins, und Vergleiche mit dem Stand der äußeren Wissenschaft zeigen mir, daß alles sich selbst geschaffen hat und sich ständig weiter selbst gestaltet. Das, was die Religionen als Notbehelf – nach menschlichen Vorstellungen – „Gott" oder „Göttin" genannt haben, ist das ewige leere Bewußtsein, unser eigentlicher Kern und unser Ursprung. Dieses göttliche Bewußtsein ist weder weiblich noch männlich, ist weder Mutter noch Vater, trägt aber die Möglichkeiten für all dies in sich. Wenn wir solche Vorstellungen von „Göttin" oder „Gott" auf das Göttliche übertragen, verlagern wir unsere eigene innere Spaltung auf die Vorstellung vom Göttlichen. Dann ist unsere „Göttin" oder unser „Gott" ebenso krank, gespalten und ohnmächtig wie wir. Zudem gibt es im ewigen leeren Bewußtsein keinen Anfang und kein Ende. Als göttliches Bewußtsein sind wir alle ewig. Einen Anfang unserer persönlichen Schöpfungsgeschichte finden wir da, wo wir angefangen haben, uns zu identifizieren, und uns immer mehr identifizierten, bis die Schwingungen unserer Gedanken über die energetische Gestalt hinaus materielle Form annahmen. Und das gleiche gilt ebenso für jede andere Form im Universum – für rein energetische genauso wie für materielle Formen.

Bei der Erforschung meiner eigenen Identifikationen bin ich auf viele Erdenleben gestoßen, aber auch auf Formen wie farbige Lichter, eine Schneeflocke, einen Planeten auf seiner Umlaufbahn. Anfangs war mir das alles sehr unheimlich, weil ich die Gesetze des Bewußtseins noch nicht kannte. Aber mit der Zeit vertiefte sich die Wirkung der Kirlian-Fotos, bis mir schließlich klar wurde, *wie* Bewußtsein Gestalt annimmt. Und das Nützliche an diesen ganzen Erkenntnissen für mein gegenwärtiges Leben ist, daß ich sehen und fühlen kann, wie längst vergangene Erlebnisse meine Gegenwart noch immer prägen und steuern.

Als Feministin verhielt ich mich im Prinzip noch genauso wie jener Planet vor Abermillionen von Jahren, der sich selbst zerstörte. Ururalte Identifikationen schleppte ich von Existenzform zu Existenzform mit mir herum. Sie zu erkennen war der erste Schritt, um mich zu befreien. Sie aufzugeben, mich von ihnen zu lösen, der zweite. Und das war dann der nützlichste Schritt! Von da an bekam mein Leben gewissermaßen Flügel. Nun kann ich all die Dinge und Seinsweisen leben, die ich mir immer gewünscht habe. Die Seele wird nicht umsonst in vielen Kulturen als Vogel oder Schmetterling dargestellt. Ein Mensch, der aus seinen gesammelten Glaubenssätzen und Ängsten heraus lebt, bei denen es immer nur um Überleben geht, aber nie um Leben, ist wie eine bleierne Ente. Ein seelenorientierter Mensch dagegen hat eine Kraft, die das Leben enorm beflügelt.

Um diese beflügelnde Kraft aber zu bekommen, müssen wir bereit sein, uns selbst als die Schöpferinnen und Schöpfer all unserer Leiden zu erkennen, bereit sein, für *alles*, was uns widerfährt, die Verantwortung zu übernehmen, weil dies alles das Produkt unseres eigenen Bewußtseins ist.

■ Eine Schöpfungsgeschichte: Eine Energiekugel wird Frau

Um Ihnen einen solchen Schöpfungsakt eines Menschen anschaulich zu machen, will ich Ihnen die Geschichte einer Frau erzählen, die vor Jahren zu mir kam. Ihr Thema waren eigentlich Vaginalschmerzen beim Koitus. Am Ende einer ganzen Kette von Rückführungen kam ihr aber folgendes Ereignis ins Bewußtsein:

Sie erlebte sich in der Rückführung als Kugel aus Energie und Licht, die sich leicht und schnell durch das All bewegte. Sie sah die Erde und begann, sich für die Erde und ganz besonders für die menschlichen Wesen auf diesem Planeten zu interessieren. Sie beobachtete, daß die Menschen auf der Erde leiden, daß sie Schmerzen und Gefühle haben. Da sie sich so etwas gar nicht vorstellen konnte, entschließt sie sich, ein Mensch zu werden. Sie will Schmerz erfahren. Bei der Menschwerdung wird sie beraten, von wem oder was, kann sie nicht genau sagen. Und schon entstehen die ersten Glaubenssätze:

- Ich muß ein Mädchen/eine Frau werden.
- Jemand anderes sagt mir, was ich sein soll und was ich zu tun habe.

Ich mache ihr bewußt, daß sie diese beratende Instanz höchstwahrscheinlich selbst ist, ein Teilaspekt ihres Selbst, der ihr hilft, so effektiv wie möglich ein schmerzhaftes Leben zu gestalten, wie es dem Wunsch der Lichtkugel entspricht.

Die nächsten Glaubenssätze entstehen aus dem inneren Konflikt, den sie erlebt, als sie Gestalt annimmt:
- Einmal im Körper, kann ich nicht lange voller Leichtigkeit und glücklich bleiben.
- Ich kann nicht Frau und Mann gleichzeitig sein.
- Ich kann nicht sein, was ich am liebsten wäre, nämlich ein Mann.
- Als Frau bin ich schwach, verletzlich, ohnmächtig und muß mehr Schmerzen erleiden als der Mann.
- Um den Schmerz der Menschen auf der Erde verstehen zu können, muß ich selbst ganz tief in den Schmerz hineingehen.

Als Mädchen fühlt sie sich noch wohl. Sie hat eine schöne Kindheit. Aber dann verlangt man von ihr zu heiraten. Und schon sind die nächsten Glaubenssätze da:
- Ich muß heiraten.
- Ich muß Sex haben.
- Sex ist seltsam, ist mir fremd. Ich habe keine Gefühle dabei.

Sie erlebt ihre erste Sexualität als reine Penetration. Der Mann liegt auf ihr und dringt in sie ein. Sie mag das alles nicht und beschließt:
- Nie wieder soll ein Mann auf mir liegen und in mich eindringen.
- Der Mann verletzt und erstickt mich nur. Ich werde nie wieder einem Mann trauen.
- Um meine Freiheit und Leichtigkeit muß ich kämpfen.

Ihre Yoni, das ist unser poetisches tantrisches Wort für das Genital der Frau, fühlt sich brennend und zerrissen an. Der Samen des Mannes kommt ihr wie Schmutz vor. Sie ekelt sich:

- Wenn der Mann in mich eindringt, verbrennt und zerreißt er mich. Es tut nur weh.
- Der Mann spritzt etwas in mich hinein, was nicht zu mir gehört. Ich muß es wieder loswerden. Es ist schmutzig.
- Der Mann nimmt mir meine Yoni, sie wird nie wieder wirklich meine sein. Der Mann ist ein Räuber.
- Er fragt nicht mal um Erlaubnis, ob er mich besitzen darf.
- Ich bin einfach nicht reif für das, was der Mann mir antut.
- Nur wenn ich den Mann verlasse und allein lebe, ohne Kontakt zu ihm oder der Gesellschaft, kann ich ich selbst sein.

Erst jetzt, vor dem Hintergrund dieser Geschichte aus ihrer ersten Inkarnation auf der Erde, wird ein späteres Leben im 16. Jahrhundert verständlich, in der diese Seele ein Mann war. Sie war ein Räuber, der eine Kutsche überfiel und die Frau darin ausraubte und vergewaltigte.

In diesem Räuberleben hat unsere Frau also das erworbene Männerbild umgesetzt, für sich bestätigt und verfestigt. All unser Leid geschieht nur durch die Identifikation mit unseren Gedanken! Die Yoni dieser Frau reagiert also mit den Vaginalschmerzen auf uralte Identifikationen, obwohl sie in diesem Leben glücklich verheiratet ist.

Durch Gedanken und Wünsche erschaffen wir nicht nur uns selbst, so geht auch die gesamte Schöpfung vor sich. Lassen Sie mich dazu noch eine ungewöhnliche Geschichte erzählen:

Vielleicht haben Sie schon einmal von dem indischen Meister Sai Baba gehört. Er ist ein sehr engagierter, moderner Meister, hat einen großen Ashram um sich herum entstehen lassen und fördert zur Zeit den Bau eines internationalen Krankenhauses, in dem Medizin und Spiritualität zusammenfließen sollen. Er ist ein Mann, der viele Menschen, die zu ihm kommen, mit schönen Geschenken überrascht. Er greift in die Luft und läßt kostbaren Schmuck aus dem Nichts entstehen. Als Kind konnte er schon Bonbons in seiner Jackentasche materialisieren. Vor einigen Jahren brachte die Zeitschrift *esotera* ein Foto, auf dem er ein Bonbon in der Luft entstehen ließ. Man versucht immer wieder, ihn mit Kameras zu entlarven, und ihm Taschenspielertricks nachzuweisen. Ich glaube eher, daß er ein Mensch ist, der eine solch starke Bewußtseinskraft hat, daß er auf der Stelle materialisieren kann, was er möchte. Er selbst sagt dazu: „Mentale Schöpfung. Ich denke, stelle es mir vor, und dann ist es da."[20]

Nun können Sie sich natürlich fragen, warum *Sie und ich* noch immer nicht im Lotto gewonnen haben, obwohl wir es uns doch so sehr wünschen! Nun, wenn in unserem Bio-Computer so viel Gedankensalat dagegen ankämpft, dagegen ansendet, z.B. weil wir glauben, daß nur Arme zu Gott kommen oder weil wir Kapitalisten für Ausbeuter halten, dann kann unser Wunsch sich nicht durchsetzen. Ganz einfach! Aber wir alle haben diese Fähigkeiten auch, weil auch wir Seelen sind. Die Heilung meiner Tumore beispielsweise, ihre Entmaterialisierung durch meine Bewußtwerdung im Verlauf von neun Jahren, hat mir bewiesen, daß auch ich grundsätzlich dazu in der Lage bin – nur ein bißchen langsamer als Sai Baba. Und dabei bin ich nicht einmal etwas Besonderes. Was ich kann, das können Sie auch!

„Wenn (…) ein menschliches Wesen offensichtlich geheimnisvolle Kräfte besitzt, könnte dies auf eine Fähigkeit hindeuten, die in uns allen latent vorhanden ist. Haraldsson und Osis fragten Sai Baba, wie er aus dem Nichts heraus schöne und kostbare Objekte produzieren konnte. Warum konnte er es und sie nicht? Er antwortete, daß wir alle wie Zündhölzer sind – der Unterschied sei, daß er entflammt ist."[21]

Was meint er mit diesem Vergleich? Nun, die Flamme seines Bewußtseins brennt. Wir haben dasselbe Potential zu brennen. Nur: Wir müssen eben bewußt werden.

Ich hoffe, ich konnte ihnen anschaulich machen, daß unsere Gedanken und Gefühle die Wirklichkeit gestalten – die Wirklichkeit unseres Körpers, die Wirklichkeit der sozialen und materiellen Bedingungen, in denen wir leben – einfach alles. Oder wie Buddha sagt:

„Wir sind, was wir denken. Alles, was wir sind, entspringt unseren Gedanken. Mit unseren Gedanken machen wir die Welt."

Osho führt dies weiter aus: „Die Worte Buddhas kommen aus der ewigen Stille. (…) Man hat euch immer wieder gesagt, die Mystiker des Ostens glaubten, die Welt sei Illusion. Es stimmt: Sie glauben nicht nur, die Welt sei illusorisch, maya – sie wissen, daß sie maya ist, eine Illusion ist, ein Traum ist. (…) Sie meinen nicht die Welt der Bäume und der Berge und der Flüsse – nein, absolut nicht. Sie meinen die Welt, die ihr in euren Gedanken erschafft, webt und spinnt – das Rad der Gedanken, das sich fortwährend weiterspinnt. (…)

Stell dir mal einen einzigen Augenblick lang vor, daß alle Gedanken aufgehört haben (…) Wer bist du dann? Wenn alle Gedanken einen einzigen Augenblick lang aufhören, wer bist du dann? Keine Antwort wird kommen. Du kannst nicht sagen: ‚Ich bin Katholik‘, ‚ich bin Protestant‘, ‚ich bin Hindu‘, ‚ich bin Mohammedaner‘ – du kannst das nicht sagen. Alle Gedanken haben aufgehört, also ist der Koran verschwunden, die Bibel, die Gita (…) Alle Worte haben aufgehört! Du kannst noch nicht einmal deinen Namen aussprechen. Jegliche Sprache ist verschwunden, also kannst du nicht sagen, zu welchem Land, zu welcher Rasse du gehörst. Wenn die Gedanken aufhören, wer bist du? Eine vollkommene Leere, ein Nichts, eine Nicht-Etwas-heit. (…)

Wenn du tatsächlich wissen willst, wer du in Wirklichkeit bist, wirst du lernen müssen, als Verstand zu verlöschen, das Denken anzuhalten. Genau darum geht es in der Meditation. Meditation bedeutet, den Verstand zu verlassen, das Denken zu verlassen und den Raum des Nicht-Denkens zu betreten. Und im Nicht-Denken wirst du die eigentliche Wahrheit (…) erfahren.“[22]

So beschreiben die Mystiker, die Buddhas, das, was ich in diesem Kapitel von wissenschaftlicher Seite zu erklären versuche.

Wenn wir diesen Osho-Text vor dem Hintergrund der wissenschaftlichen Erkenntnisse an uns heranlassen, werden wir begreifen, daß alles, was wir im Westen für Realität halten, in Wirklichkeit aus demselben Stoff wie unsere Träume ist – aus Gedanken und Gefühlen. Unsere Realität ist verdichtete Projektion, Gestalt gewordene Träume. Das Tröstliche, ja Phantastische an dieser Erkenntnis ist, daß wir die leidvollen Projektionen von Gedanken und Gefühlen auch zurücknehmen können. Genau das tun wir mit dem, was ich „Gefühls- und Gedankenheilung“ oder „Clearing“ oder „Entlernen“ nenne. *Seele und Sexualität* wird Ihnen dieses Verfahren immer wieder vorführen und Sie darin einbeziehen. So lädt das Buch Sie ein, in Ihrem Alltagsleben – gleich heute – selbst damit zu beginnen.

Aber Achtung! Gedanken aufzugeben und loszulassen bedeutet keineswegs, daß wir diese Gedanken ablehnen! Das wäre schon wieder Kampf, würde urteilen bedeuten. Nein, wir haben uns mit diesen Gedanken entweder aus eigener, freier Entscheidung oder zum Selbstschutz identifiziert, oder andere haben sie in uns eingepflanzt – mit den sogenannten „besten Absichten", aus Liebe oder Fürsorglichkeit und vermeintlich zu unserem Schutz. Wenn wir nun erkennen, daß uns diese Gedanken und Gefühle zum Gefängnis geworden sind, dann können wir sie einfach loslassen – ohne zu urteilen –, damit unser Bewußtsein so klar und rein wird wie ein strahlend blauer Himmel, der von keiner Gedanken- oder Gefühlswolke mehr getrübt wird. Wenn wir aus diesem Zustand heraus unser Bewußtsein auf einen Gedanken oder Wunsch richten, dann wird er sich schneller und mit größerer Kraft erfüllen als aus unserem gewohnten Gedankensalat heraus. Und so liegt der Sinn der Rückführung mit Gefühls- und Gedankenheilung darin, die unbewußten Gedanken und Gefühle bewußtzumachen, um sie schließlich loszulassen. Auf diese Weise kann der Raum entstehen, in dem die Seele in uns erblüht.

Karma und Schuld

Ja, der Mensch lädt sein eigenes Unglück ein
und beschwert sich dann über die lästigen Gäste,
weil er vergessen hat,
wie, wann und wo er die Einladung
ausschrieb und verschickte.

MIKHAIL NAIMY[23]

▧ Der Karmabegriff neu definiert: Es gibt keine Schuld

In den vergangenen zwanzig Jahren ist viel über Reinkarnation geschrieben worden. In diesem Zusammenhang taucht oft der Begriff „Karma" auf. Leider wird Karma meist moralisch aufgefaßt als Zusammenhang von Schuld und Sühne. In der esoterischen Tradition hat Karma aber gar nichts mit Schuld und Sühne zu tun. Es gibt niemand, der uns richtet, sondern Karma ist das Produkt unserer Identifikationen. Was als karmisches Rad der Wiedergeburten bezeichnet wird, ist ein Versuch der weiblich-intuitiven Wissenschaft zu beschreiben, daß wir in Zyklen von ständigen, zwanghaften Wiederholungen gefangen sind. Heute können wir den Mechanismus dieser zwanghaften Wiederholungen auch rational-wissenschaftlich beschreiben und damit das Konzept von Schuld und Sühne aufheben: Wenn wir uns mit irgend etwas stark identifizieren und diese Gedanken noch dazu mit Gefühlen aufladen, wird dieses Programm im Körper gespeichert und mit entsprechender Energie ausgesandt. Dadurch wird die entsprechende Wirklichkeit in der äußeren Realität erschaffen.

Diese Art von Erlebnis wiederholt sich immer wieder und wird tragischerweise durch jede Wiederholung noch tiefer einprogrammiert. So verfestigt sich unsere Überzeugung, daß die Wirklichkeit unumstößlich so ist, wie wir sie wahrnehmen, wie sie uns immer wieder bestätigt wird.

John Lilly ist der einzige, bei dem ich auf eine aufgeklärte Auffassung von Karma gestoßen bin. Er vergleicht Karma mit einer Endlosschleife auf einem Tonband.[24] Es ist sehr wichtig, daß wir uns die Bedeutung dieser modernen Auffassung von Karma bewußtmachen. Die Konsequenz dieser Definition ist nämlich, daß es gar keine Schuld gibt! Jedem Wesen passiert genau das, was es aussendet.

Natürlich widerfährt uns viel scheinbar ungewolltes Unglück, denn wer wünscht sich schon mit seinem bewußten Verstand, Unglück zu haben. Aber der größte Teil unseres Verstandes ist eben unbewußt, ist der Inhalt all der Millionen und Abermillionen von Gedanken und Gefühlen in unserem Bio-Computer. Wenn ich ermordet werde, hat mir mein Mörder also im Grunde nur einen unbewußten Wunsch erfüllt. Das ist ein harter Brocken, nicht wahr? Sie müssen mir nicht einfach alles glauben, warten Sie einfach, bis Ihr Bewußtsein sich dafür geöffnet hat und Sie selbst Erfahrungen gemacht haben, die Ihnen diese Annahme bestätigen.

Ich will Ihnen an dieser Stelle mein Erlebnis erzählen, das mir die soeben geschilderte Wahrheit deutlich machte:

▍Tätersätze

1986 oder 1987 kam Jabrane Sebnat, ein Sufi-Meister, nach Berlin, wo ich damals lebte, und bot ein Feuerlauf-Wochenende an. Ich fühlte mich magisch davon angezogen und ging schließlich hin. In einer vorbereitenden Meditation erlebte ich plötzlich noch einmal meinen Tod auf dem Scheiterhaufen im Mittelalter. Dabei machte ich einige für mich sehr wichtige Entdeckungen: Ich spürte die Hitze des Feuers und hörte sein Prasseln, aber es tat nicht weh! Das war meine erste wichtige Erkenntnis. Da ich alles von außen wahrnahm, schloß ich daraus, daß meine Seele den Körper bereits verlassen haben mußte und das ganze Drama in aller Seelenruhe von außen betrachten konnte. Dann stieg plötzlich ein Gedanke in meinem beobachtenden Bewußtsein auf: Nur wenn ich vollständig verbrenne, kann ich wieder frei, leicht und Seele sein. Ich nenne diese Sätze „Tätersätze". Dann tauchte noch eine weitere Information aus meinem Unbewußten auf: ein früheres Leben in Indien. Die zweite wichtige Erkenntnis war, daß ich aus einem vormittelalterlichen Leben den Wunsch mitgebracht hatte, vollständig zu verbrennen, weil ich dachte, nur so könnte ich mein Sein als Seele wieder erreichen. Man spricht ja selbst heute noch davon, Karma zu verbrennen. Da der Bio-Computer aber nicht zwischen seelischer und materieller Ebene unterscheiden kann, sondern alles wörtlich nimmt, wurde mir dieser Wunsch mit dem Scheiterhaufen erfüllt.

Unsere Schuldgefühle sind aber dennoch eine Realität, auch wenn es gar keine Schuld gibt. Wir brauchen ja auch nur daran zu glauben, und schon hat die Schuld für uns eine persönliche oder sogar kollektive Realität. In Wirklichkeit sind Schuld und Sühne belastende Konzepte. Selbsterforschung und daraus resultierend die Einsicht, daß alle diese Dramen aus nichts anderem als ständigen Mißverständnissen entstehen, helfen uns, diese Lasten abzuwerfen. Es ist sogar gefährlich in Begriffen von „Schuld" und „Sühne" zu denken, weil genau das dann zu unserer Wirklichkeit wird. Dann könnten wir auch gleich in den ohnmächtigen Denkmodellen der Religionen verbleiben, die uns zu schuldbeladenen Wesen herabwürdigen, deren Vertreter oft nicht einmal selbst ihre Schuld wiedergutmachen können. Nur Gott oder Jesus können uns erlösen. Wenn Sie jetzt anstelle von Gott oder Jesus einfach Bewußtsein setzen, dann wissen Sie, was Sie erlösen kann: Ihre eigene Bewußtwerdung! Ich will Ihnen dazu eine Geschichte erzählen, die Ihnen all das anschaulich macht und zu den schönsten Heilungserlebnissen gehört, durch die ich gegangen bin:

In meiner Berliner Zeit, als ich anfing mit Gruppen Rückführungen zu machen und diese Arbeit dann auch noch mit Tantra verband, traten immer wieder körperliche Symptome auf, die mich sehr behinderten. Eins davon war, daß manchmal mein Knie einfach abknickte. Dann konnte ich zum Teil tagelang vor Schmerz nicht auftreten. Die Leute, die mit mir zusammenlebten, lachten und sagten: „Du siehst aus wie eine Hexe!" Damit hatten sie den Nagel auf den Kopf getroffen. Die Tatsache, daß ich meine tiefe Selbstheilungsarbeit an andere weiterzugeben begann, löste in mir große Angst und tiefe Schuldgefühle aus. Das Mittelalter und der Scheiterhaufen – Angst und Schuldgefühle – saßen tief in meinem Zellbewußtsein. Mit diesem Knie hatte ich schon viele Erfahrungen gemacht, aus denen ich viel über Krankheit gelernt hatte. Es konnte innerhalb von Sekunden, Minuten oder einer halben Stunde wieder aufhören zu schmerzen, wenn ich den Punkt in meinem Unbewußten fand, der den Schmerz verursacht hatte. Nun, diesmal in der Berliner Zeit war da aber einfach nichts zu machen. Der Schmerz wollte nicht aufhören. Ich forschte in meinem jetzigen Leben nach Ursachen. Ich ließ mich ins Mittelalter zurückführen und suchte nach Schuld, weil ich dachte: Wenn ich verbrannt wurde, muß ich ja irgend etwas angestellt haben. Ich muß Schuld gehabt haben! Einfach so konnten sie mich doch nicht verbrennen! Und natürlich sollten mir in der Folter ja auch die phantastischsten Schuldgeständnisse abgepreßt werden, die die christliche Phantasie sich damals ausmalen konnte. Ich suchte und suchte, fand aber keine Schuld. Schließlich war ich von der Humpelei so genervt, daß ich eines Abends ein Stoßgebet an Osho schickte mit der Bitte, mein Bewußtsein, meine Seele, zu unterstützen, weil ich selbst nicht durchkam. Ich hoffte, ich würde in der Nacht einen Traum empfangen. Als ich am nächsten Morgen erwachte, konnte ich mich aber an keinen Traum erinnern, und mein Knie schmerzte noch immer. Ich war sehr enttäuscht und quälte mich zum Auto, um zu einer Massage in die Stadt zu fahren. Während der Fahrt wurde eine alte Schnulze von Frank Sinatra gespielt. Er himmelte darin eine Frau an, in die er verliebt war und die ihn verzaubert hatte. Der Refrain des Liedes war „You are the nicest witch I've ever seen!" Als ich das hörte, ging plötzlich ein Energiestoß wie ein Blitz durch meinen Körper, und ich wußte: Das war's! Das war die Botschaft für mich. Sie sagte mir: „Du hast keine Schuld! Du kannst aufhören, nach Schuld zu suchen!" Gleichzeitig passierte eine Art spontane Heilung. Ich wußte, wenn ich jetzt aussteige, ist mein Knie frei von Schmerz, und ich kann wieder richtig gehen. So war es auch, und darüber hinaus habe ich seitdem keinen Ärger mehr mit dem Knie gehabt.

Ja, stellen Sie sich ruhig die Auswirkungen solcher Erkenntnisse vor! Je konkreter Sie dies tun, um so schneller wird sich Ihre Entwicklung auf die Befreiung zubewegen! Wenn wir aus diesem Bewußtsein heraus leben würden, daß wir immer selbst die Täter sind, bräuchten wir keine Gerichte und Gefängnisse mehr. Statt dessen könnten unsere Regierungen diese Millionen für Bewußtwerdungsarbeit ausgeben, damit jeder Täter seine Mißverständnisse erkennen und aus dem Kreislauf seines ohnmächtig-aggressiven Handelns aussteigen kann. Statt der Gefängnisse bräuchten wir so etwas wie „lebendige Klöster" für Bewußtseins- und Energiearbeit. In diesen Klöstern dürfte es aber keine Zellen für Straftäter geben, sondern Meditation, Rückführungen, Gefühls- und Gedankenheilung, tanzen, lachen, weinen, lernen – alles, was ein Mensch braucht, um sich zu ändern, um heil zu werden und die Verantwortung für sein Tun zu übernehmen. Wo bekämen die Opfer dann aber ihre Täter her? Auch sie müßten ihr Bewußtsein verändern!

Wir leben in einer technologisch weit entwickelten Kultur, aber über die Gesetzmäßigkeiten des Bewußtseins und der Seele wissen wir nur wenig. Ich wünsche mir, daß viele Professionelle – PsychologInnen, ÄrztInnen, Menschen aus allen möglichen Heilberufen, einschließlich der Massage und Körperarbeit – Past-Life-Trainingseinheiten absolvieren, um die Macht des Bewußtseins zu erfahren, sich selbst zu befreien und gleichzeitig zu lernen, wie sie anderen Menschen wirklich helfen können – von der Wurzel her. Diese Wurzel ist das Bewußtsein!

Nachdem ich Ihnen nun deutlich gemacht habe, daß es keine Schuld gibt, muß ich noch hinzufügen, daß ich natürlich Vergehen und Verbrechen keineswegs befürworte. Ich höre geradezu Ihren Aufschrei! Was, vergewaltigen, quälen, foltern oder töten soll keine Schuld sein? Damit sollen den Opfern nur ihre unbewußten Wünsche erfüllt werden? Unmöglich! Das kann nicht sein!

Doch so ist es! So unglaublich es auch klingt. In unserer Rückführungsarbeit suchen wir seit Jahren immer wieder nach dem sogenannten „Tätersatz", dem unbewußten Gedanken oder Wunsch, der dem Opfer erfüllt wurde. Oft reagieren Betroffene erst einmal mit Schock und Ablehnung auf die Frage nach ihrem Tätersatz. Aber es ist immer wieder erstaunlich, wie schnell diese Sätze dann aus dem Unbewußten aufsteigen. Oft haben sie eine tiefgründige Bedeutung, die dem Opfer aber gar nicht bewußt ist.

In einer Frauen-Tantragruppe bearbeitete eine Frau ein früheres Leben, in dem sie von einem Mann grausam ermordet wurde. Als ich sie schließlich nach dem Tätersatz fragte, wurde sie richtig böse: „Das soll ich mir gewünscht haben? Nie im Leben!" Das war zuviel für sie als Feministin. Erbost verließ sie den Raum. Am Abend kam sie aber dann zu mir und gestand, daß sie den Tätersatz sofort, geradezu blitzartig gewußt habe. „Ich war nur zu stolz, es zuzugeben."

Ich möchte an dieser Stelle noch einmal betonen, daß wir Gewalt keineswegs hinnehmen sollten! Doch das Problem ist nicht damit gelöst, daß wir auf der Opferrolle beharren und lediglich dem Täter die Schuld zuschieben, denn dann bleiben wir weiter ohnmächtige Opfer. Verantwortung für den unbewußten Wunsch zu übernehmen bedeutet dagegen, die Ohnmacht, aus der letztlich alle Gewalt entsteht, aufzugeben und die Macht der Selbstbestimmung zu gewinnen. Das ist die eigentliche und größte Macht, die wir suchen. Die wirkliche Lösung, die Heilung, vollzieht sich durch das Bewußtwerden. Um Ihnen das wirklich anschaulich zu machen und Sie für diese neue Dimension des Seins zu öffnen, dafür schreibe ich dieses Buch. Vielleicht spricht *Seele und Sexualität* auch ein lange verborgenes Wissen oder eine Ahnung in Ihnen an, und Sie atmen jetzt auf und spüren: „Endlich! Irgendwie habe ich das schon immer gewußt." Stimmt! Ihr höheres Seelenbewußtsein hat all das schon immer gewußt.

Goldene Schlüssel für den Ausweg aus dem Labyrinth

Es ist naheliegend, daß Sie jetzt fragen: „Ja, und wie kommen wir nun aus dem ganzen Durcheinander wieder heraus? Das hört sich so an, als wären wir im Labyrinth des Unbewußten ver-lorengegangen und würden jetzt, durch das Ego gesteuert, wie Roboter leben – total unfrei." Auch das stimmt in einem schockierenden Ausmaß! Aber das ist kein Grund zur Verzweif-lung, denn wenn wir einmal wirklich verstanden haben, wie wir uns die Lebensumstände und das Leid in unserem Leben selbst erschaffen, wenn wir die Mechanismen des Bewußtseins durch-schaut haben und den Ruf unserer göttlichen Seele wirklich hören wollen, dann werden wir keine Mühe scheuen und unser Leben endlich bewußt in die Hand nehmen.

Unser verzweifeltes, zerrüttetes Ego-Bewußtsein hat zwar dafür gesorgt, daß die Welt am Rand der globalen Zerstörung steht. Aber parallel zu der verzweifelten und verirrten Sucht nach Selbstzerstörung ist auch etwas Schönes gewachsen. Viele von uns haben schon kurz vor ihrer eigenen Zerstörung Halt gemacht und haben auf ihrer Suche Alternativen gefunden. Und so ist in dieser Zeit ganz viel Wunderbares aufgeblüht, das uns den Weg aus dem Labyrinth des Unbewußten und der Verzweiflung wei-sen kann. Viele Menschen haben goldene Schlüssel für die Tore in die Freiheit und in eine wundervoll kreative und göttlich-ekstati-sche Wirklichkeit gefunden, die für uns alle da ist. Seit Urzeiten haben Menschen danach gesucht. Jetzt erleben wir einen großen Aufbruch! Jetzt finden wir, wonach wir so lange gesucht haben!

Meine goldenen Schlüssel sind die Rückführungen mit Gefühls- und Gedankenheilung, die Erkenntnis der eigenen Ver-antwortung und das Übernehmen von Verantwortung, Medita-tion und Tantra. Es ist ein wunderbarer Weg, Bewußtwerdung mit Tantra, also mit Liebe, Lust und Ekstase, zu verbinden. Weil dieser Weg so heilsam für mich war und ich so unglaublich viel dabei gelernt habe, gebe ich Teile davon heute mit der größten Begeisterung und meiner ganzen Liebe und Dankbarkeit an andere Menschen weiter.

Der erste Schlüssel ist, die *Verantwortung* für alles zu übernehmen, was uns geschieht. Statt mit dem, was uns behindert oder mit irgendwelchen äußeren Widersachern zu kämpfen, brauchen wir nur in uns selbst zu forschen. Alle Figuren, die auf der Bühne unseres äußeren Lebens auftauchen, sind unser Gestalt gewordenes Bewußtsein. Es ist sinnlos, mit ihnen zu kämpfen. Sie werden so lange wiederkommen, bis unser Bewußtsein sich geändert hat. Wenn wir Verantwortung übernehmen, führt uns das zu den nächsten Schlüsseln.

Meditation ist der zweite Schlüssel auf unserem Weg in die Freiheit. Wenn wir Verantwortung übernehmen wollen, brauchen wir Mittel, die uns lehren, unsere Gedanken und Gefühle genauer zu beobachten, mit dem Bewußtsein ganz und gar im Hier und Jetzt zu sein. Es ist wichtig, daß wir beobachten lernen, und nach und nach erkennen, wie wir uns Leid, Einschränkungen, Krankheiten und andere Schwierigkeiten immer wieder selbst erschaffen. Doch wie schaffen wir es, aus diesem Verhalten herauszukommen? Der bloße Entschluß dazu nützt meist wenig. Wie oft haben wir uns, nicht nur zum Jahreswechsel, schon geschworen, dies und jenes nicht mehr zu tun und haben doch nicht durchgehalten? Das liegt an den tiefen Programmierungen in unserem Bio-Computer.

Um aus den ständigen Wiederholungen herauszukommen, brauchen wir den nächsten Schlüssel: *Rückführungen mit Gefühls- und Gedankenheilung*. Erlebnisse aus diesem oder aus früheren Leben zu kennen reicht meist noch lange nicht aus. Wir müssen uns auch von den einst einprogrammierten und gespeicherten Gefühlen und Schlußfolgerungen befreien, um einen Weg aus der ständigen karmischen, zwanghaften Wiederholung zu finden.

Die Heilung von den alten Gefühlen geht so vor sich, daß diese in den Rückführungssitzungen so lange wiederholt werden, bis sie schließlich verschwinden. Die Spannung geht dabei verloren wie in einem Film, der langweilig wird, wenn wir ihn immer wieder ansehen. Wir bekommen mehr und mehr Distanz von den Gefühlen. Und die Heilung von den alten Gedanken erfolgt dadurch, daß wir sie loslassen, uns nicht länger mit ihnen identifizieren, sondern sie im Wissen um ihre Beschränktheit aufgeben. Dazu habe ich ein Ritual erfunden, mit dem wir das Loslassen symbolisch ausagieren können: Wir schreiben unsere Glaubenssätze auf ein Blatt Papier und verbrennen es. So habe ich für mich einen Weg gefunden, mich – mein altes Ego – ohne Scheiterhaufen zu verbrennen! Auf diese Weise entfernen wir die Glaubenssätze aus unserem Bio-Computer. Dies ist ein sehr tiefgreifender Prozeß der Entprogrammierung. Je mehr ein Mensch sich traut, dabei in die alten Gefühle hineinzugehen und sie aufzugeben, desto schneller können Heilung und Wachstum vonstatten gehen. Wir können diesen Prozeß der Reinigung von Gefühlen und Gedanken auch in der Terminologie von Chris Griscom „Emotional- und Mentalclearing" nennen.

„Wir sind zu sehr mit dem Verstand identifiziert, der aber nur etwas sehr Kleines ist, ein sehr kleiner Bio-Computer. Und wir hängen auch sehr an unserem Körper, sind zu sehr mit dem Körper identifiziert. Der Körper ist nur eine kleine Hütte. Leb darin, halt sie sauber, halt sie schön. Benutze deinen Bio-Computer, pflege ihn, wie man jeden Mechanismus pflegen sollte – aber identifziere dich nicht mit diesen Dingen. Das wäre, wie wenn ein Autofahrer sich mit seinem Auto identifizierte. Natürlich ist er in dem Auto, aber er ist nicht das Auto. (…)

Meditation bedeutet, nicht mehr identifiziert sein. Du erinnerst dich nur noch, daß du Bewußtsein bist, daß du Aufmerksamkeit bist, daß du Bewußtheit bist, daß du Zeuge bist. In diesem Zeugesein löst sich das Ego auf; und wenn das Ego sich auflöst, dann ist das die größte Revolution. Plötzlich wirst du von einer kleinen, häßlichen Welt in eine weite und schöne Welt getragen, von der Zeit in die Ewigkeit und vom Tod in die Unsterblichkeit."[25]

Beim Schreiben dieses Buches habe ich mich öfter gefragt, ob es wirklich gut ist, all die Glaubenssätze, die die Menschheit lange genug eingeengt und gequält haben, in diesem Buch noch einmal abzudrucken. Sie sind von ihren einstigen Besitzern doch schon verbrannt worden, und es ist an der Zeit, daß sie ganz aus dem Bewußtsein der Erde verschwinden. Sollte ich sie wirklich noch einmal schwarz auf weiß drucken lassen?

Doch nur so – am exakten Material – kann ich Ihnen die Gesetzmäßigkeiten des Bewußtseins und den Mechanismus, nach dem die Gedanken unsere Wirklichkeit bis in die kleinsten Details gestalten, deutlich vor Augen führen und wie bei den Rückführungen ins Bewußtsein kommen lassen. Ich bin mir aber im klaren darüber, daß Gedanken ansteckend sind. In Wirklichkeit sind es nicht die Viren, mit denen wir uns anstecken, sondern die Identifikation mit den Gedanken und Gefühlen des Krankseins hat ansteckende Folgen!

Damit Sie sich also nicht anstecken und diese Gedanken schneller aus den Köpfen der Menschen verschwinden können, möchte ich Sie, liebe Leserin, lieber Leser, in den Heilungsprozeß einbeziehen: Nach jeder Fallgeschichte, die ich in diesem Buch erzähle, werde ich Ihnen ein Angebot machen und Ihnen eine Übung ans Herz legen, mit der Sie Ihr eigenes unbewußtes Denken durchforschen, Ihre eigenen Glaubenssätze aufschreiben und dann aufgeben können. So werden Sie dieses Buch nicht nur passiv lesen, sondern auch gleich damit anfangen, Ihre eigene Wirklichkeit zu verändern.

„Und wie verschwindet diese Wirklichkeit, die durch meine Gedanken ausgelöst wird, denn nun aus meinem Leben?" werden Sie sich fragen. – Nun, indem Sie sich selbst die Frage stellen: Bin ich bereit, diese Glaubenssätze aufzugeben? Wenn Sie dann entschlossen JA sagen, befreien Sie sich von ihnen. Durch Ihr bewußtes „Ja, ich bin bereit, diese Glaubenssätze aufzugeben", informieren Sie Ihren Körper, Ihren Bio-Computer, das entsprechende Programm loszulassen. Dann hört der Körper auf, die Information auszusenden, und Ihre Umwelt, Ihre Welt wird sich schließlich verwandeln.

Das geschieht meist nicht von einem Tag auf den anderen, sondern eher in einem schrittweisen Prozeß. Dieser Transformationsprozeß läßt sich folgendermaßen beschreiben: Ihr JA fällt wie ein Stein in den See Ihres Bewußtseins. Dadurch entstehen Wellenringe im See. Die äußern sich in Ihrem Leben zunächst durch Wiederholung des altbekannten Verhaltensmusters, aus dem Sie aussteigen wollen. Diese Wiederholungen nenne ich „Aktivierung des Programms". Wie bei dem Wellenmuster im See werden aber die Abstände immer größer, die Wellen immer schwächer. Manchmal werden Sie in einem solchen Heilungs-prozeß direkt beobachten können, wie von Welle zu Welle, von Wiederholung zu Wiederholung, erst mehr Distanz und dann durch die Distanz nach und nach mehr Handlungsspielraum entsteht, bis es Ihnen gelingt, Schritt für Schritt ein alternatives Handeln zu entwickeln. Am Ende verschwindet das Muster ganz aus Ihrem Leben, so wie die Wellenringe im Wasser schließ-lich auslaufen. Sie brauchen sich nach einer solchen Entpro-grammierung und Umwandlung nicht mehr wie ein Roboter zu verhalten, werden frei von den uralten Programmen Ihres Ego. Sicher, diese wurden ursprünglich zu Ihrem Schutz eingerichtet, behindern Sie nun aber um so mehr. Manche dieser Programme lösen sich nach dem Entprogrammieren still und leise auf, man-che schlagen noch einmal ordentlich Wellen. Das ist von Fall zu Fall verschieden. Wenn Sie nur Gedanken aufgeben, nicht aber die dazugehörigen Gefühle, geht der Heilprozeß in der Regel langsamer vonstatten. Da die Gedanken im Bio-Computer „Körper" mit Gefühlen, ja mit allen Sinneseindrücken des ursprünglichen Erlebnisses gespeichert sind, müssen auch die Gefühle gelöscht werden, damit wir uns von der einengenden Vergangenheit befreien können.

Während Sie nun Gedankenheilung, mentales Clearing, leicht allein machen können, beispielsweise während Sie dieses Buch lesen, rate ich Ihnen nicht dazu, Rückführungen und Gefühls-clearings allein zu machen, solange Sie diese Techniken nicht unter fachlicher Anleitung erlernt haben und solange Sie nicht gelernt haben zu meditieren, um die nötige Distanz zu den Gefühlen zu wahren, und schließlich solange Sie nicht gelernt haben, wie Sie auch die Gefühle loslassen können. Wenn Sie erfahren im Umgang mit einer kathartischen, von Gefühlen reini-genden, dynamischen Meditation – wie der Dynamischen Medi-tation von Osho – sind, können Sie auch Gefühle selbst aus ihrem Bio-Computer entfernen. Wenn nicht, dann sollten Sie sich unbe-dingt fachkundige Hilfe holen!

Sich von alten Gefühlen und Gedanken zu befreien ist wie Zaubern. Wenn Sie es einmal erlebt haben, werden Sie verstehen, warum Eingeweihte immer wieder sagen: „Der Kosmos erfüllt dir alle deine Wünsche." In Wirklichkeit ist es aber keine Zauberei, sondern ein Vorgang, der uns nur so vorkommt, weil wir die Gesetze des Bewußtseins nicht kennen und nicht wissen, daß es diese Gesetze sind, die letztendlich die materiellen und nichtmateriellen Erscheinungen bestimmen. Im Grunde brauchen wir nur die hemmenden Gedanken und Gefühle aus unserem Bio-Computer zu entfernen, damit sich alle unsere Herzenswünsche erfüllen. Niemand anderes verhindert die Erfüllung unserer Herzenswünsche als wir selbst! Ist es nicht zu traurig, daß wir dauernd negative „Wünsche" erfüllt bekommen, die wir uns eigentlich gar nicht wünschen, nur weil wir die Gesetze des Bewußtseins nicht kennen?

Und schließlich gibt es noch einen ganz großen goldenen Schlüssel, und der heißt *Tantra*. Dabei arbeiten wir nach Margo Naslednikov (Margo Anand), einer großen Tantra-Meisterin unserer Zeit, mit Atmung, Bewegung und Stimme. Mit diesen Mitteln bringen wir Lebensenergie in den Körper zurück, der durch unsere reduzierte Lebensweise mittlerweile mehr tot als lebendig ist.

Benutzen wir Tantra im Zusammenhang mit Rückführungen und Gefühls- und Gedankenheilung, dann haben wir dem tantrischen goldenen Schlüssel noch einen weiteren hinzugefügt, nämlich mehr Bewußtsein. Und dann passiert folgendes: In der Entprogrammierung läßt unser Körper jahrtausende- oder jahrmillionenalte Konditionierungen los. Schwere Lasten werden einfach abgeladen, was oft als große körperliche Erleichterung wahrgenommen wird. Dadurch entsteht in unserem Körper Raum für mehr Lebensenergie. Die strömt dann entweder von selbst in den von alten Gefühlen befreiten Raum in unserem Inneren, und/oder wir erwecken sie mit tantrischen Mitteln. Dann entsteht eine Lebensenergie und ein Hochgefühl, die nicht nur während des Zusammenseins mit der Tantragruppe wirken, sondern oft noch lange Zeit danach. Praktizieren wir Tantra in unserem Privatleben weiter, so können wir mehr und mehr Energie und Bewußtsein in unseren Körper bringen und auch viele Fähigkeiten wieder erwecken, die längst eingeschlafen waren. Schritt für Schritt werden wir und unser Körper aufnahmefähiger, sensibler und gewandter in vielen Bereichen des praktischen Lebens. Ein frisches, klares Bewußtsein, ein energiegeladener, leichter Körper und ein heiteres Herz machen einen Menschen auch im Alltags- und Berufsleben tüchtiger und kreativer.

Doch in diesem Prozeß der Selbstentfaltung geschieht noch viel mehr! Nach und nach entwickelt sich der Körper wieder zu dem ekstatischen Wunderinstrument unserer Seele, das er in Wirklichkeit ist. Indem wir den Ballast der Vergangenheit abwerfen, können die höheren Fähigkeiten und ganz wunderbare Seinszustände der Seele in unseren Körper Einzug halten. Durch unsere Identifikation mit Leid, Schmerz, Schuld, Schwäche, Krankheit und Tod haben wir den Körper eher zu einem Leidensinstrument gemacht und das wundervolle Potential unserer Seele blockiert und verschwendet. So haben wir uns die Erde eher zu einer Hölle statt zum Paradies gemacht, wie es uns in Wirklichkeit zusteht. Ich glaube, ich könnte inzwischen ein ganzes Buch mit Geschichten über all die ekstatischen Zustände füllen, die ich und andere Menschen in und außerhalb von Tantragruppen erlebt haben. Ich kann auch in diesem Moment ekstatisch sein – einfach so –, während ich am Computer diesen Text schreibe. Ich kann die Süße der Liebe in meinem Herzen und bis in alle Körperzellen hinein fühlen. Und wenn ich gerade ein besonders schönes Musikstück höre, kann ich auch einfach aufstehen und voller Freude tanzen – right now.

In Wirklichkeit gibt es gar keine Energiekrise, sondern nur eine Bewußtseinskrise. Weil wir lieber an alten, beschränkenden Glaubensmustern festhalten, leben wir meist mit stark reduzierter Energie. Statt in der Weite, Leichtigkeit, Klarheit und unerschöpflichen Energie unserer Seele, unseres göttlichen Selbst – eines kosmischen Starkstromwerks – zu leben, ziehen wir es vor, auf der klitzekleinen Batterie unseres Ego dahinzuvegetieren. Wie schade!

Die Reise zu mir selbst, auf die meine Krankheit mich geschickt hat, ist für mich zu einer Reise in die Freiheit geworden. Auf dem Weg dorthin entdeckte ich die *Verbindung von Rückführungsarbeit und Tantra*. Mit der Rückführungsarbeit tauchen wir sehr tief in unser Inneres ein, um uralte Konditionierungen zu löschen. Mit der Körper- und Energiearbeit, wie sie im modernen Tantra des 20. Jahrhunderts entstanden ist, können Menschen sich schließlich mit ihren Körpern in Liebe und andere Seinszustände versetzen, nach denen sie sich so lange gesehnt haben. Dieser Selbstheilungsweg ist sehr vielschichtig und tief-greifend zugleich, weil wir bis zu den Wurzeln in unserem Unbe-wußten hinabsteigen. Für 98 % der Menschen in meinen Grup-pen ist es überhaupt kein Problem, sich an frühere Leben zu erinnern, weil die Methode, mit der ich arbeite, so einfach ist und ohne Hypnose funktioniert. Es gibt Menschen, die ihrer Intui-tion einfach nicht trauen, weil wir ihr in unserer rational orien-tierten Gesellschaft einen niederen Stellenwert zugeordnet haben und dadurch zu einseitig geworden sind. Aber das ist korrigier-bar, weil jeder Mensch zwei Gehirnhälften hat, eine rationale und eine intuitive. Und die intuitive Seite ist unsere Verbindung zu unserem Seelenbewußtsein oder anders ausgedrückt: *Unsere Intuition ist der Schlüssel zum kosmischen, göttlichen Bewußt-sein.* Können Sie sich den Verlust vorstellen, wenn wir einen sol-chen Schlüssel einfach wegwerfen?

Weiterhin ist die Kombination von Past-Life-Arbeit und Tan-tra ein sehr schneller Selbstheilungsweg. Mit der Rückführungs-arbeit räumen wir die Blockaden weg, die zwischen uns und unserem Seelenpotential stehen. Damit wird der Weg für die phantastischen Fähigkeiten unseres wahren Selbst frei. Und mit der hochenergetischen Arbeit des Tantra bekommt der Körper viel Energie zugeleitet, die ihm hilft, Altes loszulassen und sich für das Neue zu öffnen. Da dieser Prozeß im Tantra mit Liebe und Verstehen, mit Nähe, Zärtlichkeit, Verspieltheit, Tanzen, mit vielen verschiedenen Meditationstechniken, Sinnlichkeit, Lachen, Liebe und nochmal Liebe einhergeht, fällt es leichter, sich zu öff-nen, die Angst vor dem Neuen zu überwinden. Was passiert denn, wenn ich die Kontrolle aufgebe? Was geschieht, wenn ich ohne Grund minutenlang lache und einfach nicht aufhören kann? Bin ich dann verrückt? Was geschieht mit mir, wenn ich stunden-lang in einem sanft schwingenden Talorgasmus einfach still daliege und vor Wonne bebe und das vielleicht gänzlich ohne Sexualität? Bin ich noch funktionstüchtig für ein normales Leben, wenn ich erst einmal von der Wonne und Ekstase gekostet habe? – Machen Sie sich keine Sorgen! Mit Liebe und Freude im Herzen, mit Lust und Leichtigkeit im Körper, mit Klarheit und Weisheit im Bewußtsein werden Sie in Ihrem gesamten Leben viel effektiver sein, als Sie es jetzt sind!

Ehe ich diesen Teil nun mit einer Botschaft Ihres wahren Selbst an Sie abschließe, möchte ich Ihnen noch etwas gestehen: Es gibt gar keine früheren Leben. Rhea Powers beginnt ihr Buch über Reinkarnation mit den Sätzen: „Vergangene Leben sind eine Lüge. Es gibt keine vergangenen Leben."[26] Aber warum schreibt sie dann ein Buch über Reinkarnation, und warum tue auch ich es? Die Antwort lautet, weil Zeit kein chronologisches, lineares Phänomen ist. Alle Zeiten und Leben passieren gleichzeitig. Für unseren chronologisch denkenden Verstand ist das schwer zu begreifen. (Nun, ich bin bereit, diesen Glaubenssatz aufzugeben!) Es sieht so aus, als blendeten wir als Seele alle anderen gleichzeitigen Leben, Wahrnehmungsformen und Bewußtseinsebenen aus, wenn wir in einem Körper sind, so daß wir statt der multidimensionalen Wirklichkeit dann nur noch die chronologische Abfolge *eines* Lebens erfahren, weil unser Verstand, das „kleinere Bewußtsein", eben so denkt und wahrnimmt. Menschen mit Nahtod-Erlebnissen schildern, daß unser Seelenbewußtsein anders funktioniert. Sie berichten, daß nach dem körperlichen Tod ihr ganzes Leben in Sekundenschnelle mit allen Gefühlen an ihrem inneren Auge vorüberzog. Dazu kamen manchmal auch noch frühere Seinszustände.

Das amerikanische Medium Jane Roberts, deren Geistwesen Seth ihr diese Zusammenhänge immer wieder erklärt hat, schreibt in ihrem Seth-Material dazu:

„Ihr sät euch gewissermaßen selbst in der Zeit aus. Aber ihr könntet euch dazu entscheiden, 1940 fünfmal geboren zu werden, UND JEDE EXISTENZ WÜRDE VÖLLIG GESONDERT GEFÜHRT WERDEN, während ihr die wahrscheinlichen Realitäten erforscht, die für euch in den Variationen dieser Periode existieren. (…)

Stellt euch vor, daß ihr Romane schreibt und einen Charakter erschafft. Diese Persönlichkeit ist so unabhängig, lebendig und real, daß sie ihrerseits ANDERE Charaktere erschafft – und jeder davon schreibt sein eigenes Buch oder formt seine eigene Realität. Das ist ein korrekteres Bild von eurer Lage."[27]

Wer Lust hat, zum Thema der Gleichzeitigkeit verschiedener Leben ein leichtverständliches, ja sogar unterhaltsames und lustiges Buch zu lesen, der/dem empfehle ich den Roman *Überseele Sieben*. Jane Roberts erzählt darin die Geschichte einer jungen

Seele, die etliche Leben gleichzeitig lebt und dabei manchmal so ungeschickte Materialisierungsfehler macht, daß im alten Ägypten z. B. Flugzeuge aus dem 20. Jahrhundert auftauchen.

Channelbotschaft der Seele an die Leserinnen und Leser

Nun möchte ich Ihnen aber die Botschaft, die Ihre Seele an Sie hat, nicht länger vorenthalten. Meine Freundin Nike Sangeet Büchel hat sie heute für dieses Buch empfangen. „Wie aber ist es denn möglich", fragen Sie sich jetzt vielleicht, „daß meine Seele ausgerechnet durch dieses Buch zu mir spricht? Damit kann ich doch gar nicht persönlich gemeint sein." Oh doch, es ist möglich! Ihre Seele kennt viele Wege, mit Ihnen Kontakt aufzunehmen. Durch ein Buch kann das genausogut geschehen wie durch einen Traum. Auch Bücher kommen nicht zufällig zu uns, sie entsprechen unserem Bewußtsein, und manchmal entsprechen sie sogar unserem höheren Bewußtsein, das zu uns durchdringen will. Hier also der gechannelte Text:

„Dein wahres Selbst ist in dir. Es lebt ewig und ist allgegenwärtig. Es ist, als ob du einen Geliebten oder eine Geliebte ständig in dir trägst und niemals verlassen wirst. Wenn du die Augen schließt, hast du vielleicht manchmal das Gefühl, nicht allein zu sein. Das ist ein wunderbares Gefühl, ein Gefühl von Getragen- und Geborgensein. Es ist das Gefühl, eine Heimat zu haben. Ja, das wahre Selbst ist eine Heimat, eine wirkliche Oase, in der du dich immer und beständig ausruhen kannst.

Dein wahres Selbst schläft nie, es ist ständig wach. Weil es wach ist, selbst wenn du schläfst, kann es dich beschützen.

Dein wahres Selbst wertet nie, es urteilt nie, und es hat keine Meinung über dich, es ist völlig gedankenlos! Vielleicht kannst du manchmal spüren, daß es etwas in dir gibt, das lacht über all deine Missetaten. Es ist etwas, was du ‚Verstehen' und ‚Verzeihen' nennen kannst.

Dein wahres Selbst ist reine Liebe, und diese Liebe und das Licht, das es ausstrahlt, sind beständig in dir und um dich. Vielleicht spürst du diese Liebe und das Licht, wenn du dich verliebst oder eine Blume betrachtest oder wenn du dem Gesang eines Vogels lauschst. Diese Liebe kannst du auch in dir fühlen. Und dieses Fühlen geht tiefer, es ist nicht nur ein Prickeln auf der Haut. Es durchdringt dich ganz. Und du spürst die Süße in deinem Herzen und überall im Körper. Du spürst die Seligkeit, das Lachen und die Ekstase. Vielleicht hast du dies schon einmal beim Tanzen erlebt oder wenn du Musik gehört hast, die dich tief berührte, oder beim Liebesakt. Ja, es ist wie ein ganz tiefes Berührtsein von innen! Ja, es ist, als würde dich ein zweiter Körper durchströmen und beleben mit vielen Düften und sinnlicher Energie!

Das wahre Selbst ist deine innere Stimme. Es sendet dir unaufhörlich selige Botschaften, ohne Unterlaß. Oft hörst du sie nicht, denn ihr Menschen schlaft gerne oder seid bei anderen Menschen und Plätzen und wälzt Probleme. Aber das ist dem wahren Selbst egal, völlig egal, es ist einfach da und gibt dich nie auf. Es will dir sagen: ‚Wenn du in Gefahr bist, kannst du mich rufen. Du kannst mir einen geheimen Namen für deine Gespräche oder Kontakte mit mir geben, damit kannst du mich dann herbeirufen. Oder du rufst einfach Komm!‘ Natürlich ist dein wahres Selbst schon längst da, nur du nicht. Das Rufen ist einfach ein Spiel, in dem du dich an es erinnerst. Und dann wirst du staunen, wie sich das Bild verändert, wie sich eine gefährliche oder schwierige Situation völlig verändert und sogar in Luft auflöst. Ein tiefes ‚Oh!‘ dringt dann aus deiner Brust, und du spürst Freude und tiefe, tiefe Dankbarkeit.

Dein wahres Selbst ist klare Energie und klares Bewußtsein, wie ein kristallklarer See. Wenn du in es eintauchst, fühlst du dich erfrischt, neu und jung. Ja, das wahre Selbst altert nie, es ist ewig jung, neu und frisch. Es ist völlig unberührt und unschuldig. Vielleicht hast du dieses Gefühl schon einmal gespürt beim Baden im Meer oder wenn du auf eine klare, türkisblaue Stelle im Meer hinabschautest und den Grund sehen konntest.

Und die Stille! Vielleicht hast du in diesem Moment der Klarheit oder sonst irgendwann diese Stille gespürt, so als würde die Welt für einen kurzen Moment lang völlig angehalten, als stünde plötzlich alles still: Mensch und Tier und Bäume und Blumen. Ja, diese Stille geht vom wahren Selbst aus, und es ist die Stille der Ewigkeit, der Unendlichkeit, der Zeitlosigkeit. Nichts hat Eile, alles ist einfach gut so, wie es ist. Es ist, als ob ein hoher Berg sich in den Himmel streckt. Du kannst diese Ewigkeit darin spüren.

Und das wahre Selbst ist ein Clown, ein Spaßmacher, ein lachender Spieler. Manchmal, wenn du über irgend etwas Verrücktes oder über etwas eigentlich Todernstes aus vollem Herzen lachst und du dieses Vibrieren in deinem Bauch spürst, wenn das Lachen dich erfaßt, in diesen Minuten kannst du den Humor in allen Dingen sehen – das Spiel, den Tanz, die Leichtigkeit und den Witz. Dieses Lachen entspringt deinem wahren Selbst. Es hat große Kraft. Lachsalven können deine Mitmenschen anstecken. Ja, du kannst ganze Säle voller Menschen damit zum Lachen bringen. Stell dir vor, wie die Leute lachen, sich freuen, sich vor Lachen biegen. Alles ist so leicht!

Das wahre Selbst ist frei, vollkommen frei. Oft kommst du dir so abhängig vor, so gefangen und versklavt. Aber du bist es nicht! Dein wahres Selbst – und du bist dein wahres Selbst – ist frei, vollkommen frei. Es kann gehen, wohin es will und wann immer es will, ganz nach Lust und Laune. Weil es einfach frei ist. Es ist so frei, daß es überall gleichzeitig sein kann und keine Grenzen kennt, keine Einschränkungen, keine Schranken! Wenn du dich eingeschränkt und unfrei fühlst, kommt alles, womit du gefesselt bist, aus deinem Verstand, aus deinem Ego.

Das wahre Selbst ist in seiner vollkommenen Freiheit unendlich schöpferisch. Es kann alles gestalten – ohne Ausnahme. Manchmal denkst du, daß du vieles in deinem Leben nicht machen kannst, nicht haben und sein darfst. Das ist nicht wahr, alles ist in dir!

Das wahre Selbst ist auch das vollkommene Wissen und die Wahrheit. Wenn du die Augen schließt, kannst du vielleicht Worte, Botschaften, Bilder empfangen, die dir etwas Tiefes vermitteln, und du spürst: Das kommt aus einer anderen Quelle, nicht aus meinem Verstand. Wenn du dich von dieser inneren Wahrheit führen läßt, wenn du ihr folgst, wirst du wahre Wunder erleben. Wunder sind nichts weiter als die Lichtpunkte am Himmel der Wahrheit des wahren Selbst. Die Wahrheit erfüllt sich in diesem Moment!

Du kannst immer in deinem wahren Selbst sein – rund um die Uhr! All deine Handlungen können aus dem wahren Selbst kommen, dich beständig bereichern und schöpferisch sein lassen. Und immer können wahre Wunder geschehen. Dein Handeln, dein Leben und dein Erleben können von vollkommener Seligkeit durchdrungen sein, ganz gleich, was gerade passiert. Dein Leben kann ohne die geringste Anstrengung sein, frei und gelassen.

Du hast sicher oft das Gefühl, daß das Leben schwer und hart ist, daß du dich durchkämpfen, ackern mußt, um ans Ziel der Seligkeit zu gelangen. Das ist nicht nötig! Du kannst von einer Sekunde zur nächsten die Seligkeit haben, fühlen, sein und dich von Liebe durchströmen lassen. Weißt du, was zwischen dir und dieser Seligkeit steht? Nur deine Zweifel, dein Unglauben!

Deine Zweifel sind wie eine Sackgasse, eine Wand, an der es nicht weitergeht. Es kann auch gar nicht weitergehen, denn die zweifelnden Gedanken und Gefühle spalten dich, trennen dich für kurze oder lange Zeit von deinem wahren Selbst, deinem wirklichen Sein ab.

Aber du bist nicht deine Zweifel, du bist dein wahres Selbst! Du mußt wissen, daß du, wenn du in dein wahres Selbst eintauchst, keine Zweifel mehr hast. Dann ist nur noch das Sein – gerade in diesem Moment. Dann zählt nur der Moment, das Gestern ist nicht mehr da, und das Morgen wird schon von selbst kommen.

Das wahre Selbst ist ständig für dich da. Es wird nur von deinen Gedanken und Glaubenssprüchen davon abgehalten, in dir lebendig zu sein. Aber es ist niemals zu spät, das wahre Selbst kann so spontan, so plötzlich zu dir kommen, daß du dich wunderst, staunend dastehst und dich fragst: ‚Wie ist das möglich? Vorhin war alles grau in grau, so ganz ohne jeden Ausweg, und plötzlich ist alles leicht und klar, und ich frage mich, was das für Probleme waren?‘ Das wahre Selbst ist immer da. Es liegt ganz an dir, es zuzulassen oder seine Existenz anzuzweifeln! Hab den Mut, es anzunehmen, es ist ein kostbares Geschenk!

So hab nun Vergnügen, Liebe, Spaß und Schönheit mit deinem wahren Selbst, das immer für dich da ist und dich befruchtet und bereichert. Wann immer du willst!

Ganz in Liebe, dein wahres Selbst.“[28]

Finden Sie das alles unglaublich und zu schön, um wahr zu sein? Es ist wahr! Menschen, die in Todesgefahr geraten, erleben ihr wahres Selbst manchmal ganz unvermittelt. Plötzlich ist da ein Bewußtsein und eine Kraft, die so schnell und richtig handeln können, daß die Todesgefahr wie durch ein Wunder abgewendet wird. Wenn Sie so etwas schon einmal erlebt haben, kennen Sie Ihre Seele, dann wissen Sie aus eigener Erfahrung, worum es in dieser Botschaft geht.

Den Kontakt mit der Seele im Alltag leben

Ihre Seele hat als Ihre innere Stimme vorgeschlagen, daß Sie jederzeit Kontakt mit ihr aufnehmen können. Das können Sie wirklich!

Hawaiianische Heilerinnen und Heiler, die in ihren Behandlungen ganzheitlich vorgehen, lehren diese Übung, damit Menschen wieder Kontakt zu ihrer Essenz, ihrer Seele, ihrer inneren Stimme bekommen. Ich will Ihnen gern die einzelnen Schritte dieser Übung zeigen:

Übung:

1. **Finden Sie einen Namen.** Dieser Name soll nicht der Name irgendeiner Person sein, die Sie kennen. Person bedeutet Ego, und das ist zu wenig. Wählen Sie einen Namen, der etwas Magisches hat, oder einen Namen aus der Mythologie. Sie können sich auch aus Silben einen Namen zusammensetzen. Es soll ein Name für Ihr göttliches Selbst sein.
2. **Halten Sie diesen Namen geheim.** Er gehört nur Ihnen. Dieser Name ist wie eine geheime Telefonnummer zu Ihrer Seele. Er ist ein Geheimcode zu Ihrem inneren, kosmischen Bewußtsein.
3. **Rufen Sie diesen Namen in jeder Lebenslage.** Wann immer Sie sich in eine andere, bessere Stimmung versetzen wollen, wann immer Sie in Schwierigkeiten sind, wann immer Sie Hilfe brauchen, wann immer Sie bewußter oder liebevoller sein wollen oder wann immer Sie eine schöne Situation noch mehr genießen wollen: Rufen Sie innerlich diesen Namen!

4. **Warten Sie auf den Kontakt mit Ihrer Seele. Sie können ihn spüren.** Beobachten Sie alle Ihre Sinne – die körperlichen Sinne wie Sehen, Hören, Riechen, Schmecken, Fühlen. Warten Sie darauf, daß sich Ihre sinnliche Wahrnehmung in irgendeiner Form verändert. Wenn Sie sich beispielsweise plötzlich wacher fühlen, wenn Ihnen förmlich die Augen aufgehen, sich Ihr Horizont erweitert, die Nebelschwaden verschwinden und alles klarer, farbiger oder leuchtender aussieht, wenn Sie plötzlich alle Geräusche um sich herum bewußt wahrnehmen, wenn Sie Wärme im Körper spüren, wenn sich der Körper plötzlich gerade aufrichtet usw., dann sind Sie in Kontakt mit Ihrer Seele. Sie können vielleicht auch ganz andere Veränderungen spüren. Was immer es ist, verstehen Sie es als Signal, daß der Kontakt zu Ihrer Seele jetzt hergestellt ist.

5. **Bitten Sie Ihr göttliches Selbst um das, was Sie brauchen.** Nutzen Sie jede Gelegenheit für diese Kontaktübung. Denken Sie nicht, irgendein Anlaß wäre zu klein, nichtig oder gemein! Im Alltag spielt sich das Leben ab, nicht sonntags in der Kirche. Nutzen Sie die normalsten, alltäglichsten Anlässe, um die Kraft Ihres göttlichen Selbst im täglichen Leben kennenzulernen. Sie können um einen Parkplatz bitten. Sie können um einen Platz in der U-Bahn bitten. Sie können um den Anruf einer Person bitten. Sie können um die Lösung eines Problems bitten. Sie können um Seelenbegleitung in einer schwierigen Situation, Verhandlung oder Prüfung bitten. Sie können um mehr Wachheit und Schutz beim Autofahren bitten. Sie können nachfragen, ob eine Person, die sich verspätet hat, wirklich kommt oder nicht. Sie können um Hilfe in einem Streit bitten. Sie können um Schutz in einer dunklen Straße oder gefährlichen Situation bitten Wenn Sie das einmal erlebt haben, wissen Sie, daß Sie kein Karate mehr lernen müssen. Sie können um mehr Wachheit und dadurch mehr Genuß bei einer Massage oder in einer Liebesbegegnung bitten …

6. **Seien Sie kreativ. Spielen Sie mit dieser Übung in jeder Lebenslage.** So können Sie spielend und zunächst an leichten Aufgaben die wunderbaren und erstaunlichen Kräfte Ihrer Seele kennenlernen. So lernen Sie, wie Ihre Seele im praktischen Leben all ihre Seinszustände einbringen kann: Klarheit,

Leichtigkeit, Humor, Lachen, Liebe, Freiheit, Kreativität, Wissen und Wahrheit. Diese Kräfte wirken auf uns nur deshalb so wunderbar und erstaunlich, weil wir oft den Zugang zu ihnen verlieren. Sie schlummern in uns, und wir sind es nicht mehr gewohnt, mit Ihnen zu leben. Geben Sie sich täglich eine Chance, Ihre Seele kennenzulernen!

7. **Beobachten Sie in der realen Situation, was passiert.** Lassen Sie die Dinge geschehen. Folgen Sie Ihren inneren Impulsen, denn nur so kann die Seele Sie von innen lenken.

8. **Freuen Sie sich und spüren Sie Ihre Dankbarkeit für die Hilfe, die Sie bekommen haben.** Machen Sie sich bewußt, daß nicht Sie es waren, die/der die Situation gerettet hat, sondern daß die wundersame Wende aus einer höheren Instanz, aus Ihrem Seelenbewußtsein, gekommen ist.

9. **Bedanken Sie sich bei Ihrer Seele.** Die Freude und die Dankbarkeit vertiefen den Kontakt zu Ihrer Seele. Ihre eigenen Erfahrungen werden Ihr Vertrauen wachsen lassen. Sie brauchen nun nicht mehr zu glauben, was Religionen früher von Ihnen verlangt haben, sondern Sie können im Alltag selbst kleine göttliche Erfahrungen machen, die Sie nach und nach lehren, was Sie in Wirklichkeit sind. Durch diese Erfahrungen werden Sie schließlich zur/zum Wissenden. Das ist mehr als Glauben! Wissen aus Erfahrung bringt Bewußtheit.

3. Teil

Das ewige Drama: Frau und Mann

Den Phönix-Menschen
verkünde ich,
der zu frei ist,
um nur Mann zu sein,
zu veredelt,
um nur Frau zu sein.

MIKHAIL NAIMY[29]

Über das Frausein und Mannsein herrscht eine heillose und gründliche Verwirrung. Oft machen wir uns gar keine Vorstellung davon, wie tief diese Verwirrung in uns allen sitzt.

Da wir mit einem weiblichen oder männlichen Körper auf die Welt kommen, werden wir, je nach Kultur verschieden, entsprechend den herrschenden Vorstellungen über die weibliche oder männliche Rolle erzogen. Das hat oftmals verheerende Folgen. Eine tiefe Spaltung entsteht, weil wir meinen, daß die Frau ihre angeborenen männlichen Eigenschaften ablegen muß und der Mann die weiblichen. Damit verlieren wir unsere Ganzheit und die Möglichkeit, alle unsere Fähigkeiten in einem kreativen Zusammenspiel zu nutzen.

Männer müssen ihre Gefühle, ihre Weichheit, ihre Intuition, ihr Herz, das Fließen, Passivsein und vieles mehr abwerten und verdrängen, ja sogar verachten. Das hindert sie nicht nur, sich auszudrücken, sondern führt auch dazu, daß sie unter typischen Männerkrankheiten wie Herzproblemen, Magenproblemen und Streßsymptomen leiden und in erhöhtem Maße daran sterben.

Frauen müssen ihre Stärke und Kraft drosseln, mehr auf Gefühle eingehen und sich unterordnen. Sie werden geradezu darauf abgerichtet, dem Mann die Liebe zu geben oder zu ersetzen, die er von sich abgespalten hat. Damit werden sie zu abhängiger, aufopfernder Liebe erzogen – die aber keine Liebe ist.

Wenn wir versuchen, uns diesen Klischees anzupassen, ist das immer eine Selbstvergewaltigung. Manche Menschen wollen sich jedoch nicht in diese Klischees einsperren lassen und rebellieren bewußt oder unbewußt dagegen. Doch Rebellion bedeutet, aus Protest in den Gegenpol zu gehen. Dieser ist dann zwar selbstgewählt, aber dennoch unfrei. Wirkliche Freiheit, Glück und Zufriedenheit gibt es erst da, wo wir *ganz* sind, wo wir beide Pole in uns vereinen. Doch eigentlich gibt es gar nichts zu vereinen, weil wir als Seelen immer ganz geblieben sind. Wir brauchen „nur" die Spaltung in unserem Denken und Fühlen aufzuheben. Das bedeutet jedoch, an uns selbst zu arbeiten und damit die Grundlage dafür zu schaffen, daß das allgemeine Bewußtsein sich verändert.

Stellen Sie sich die Verwirrung eines Babys vor. Es ist als Seele in einen Körper gekommen. Während es noch im Bauch der Mutter ist, geht das Drama schon los. Wird es ein Mädchen? Wird es ein Junge? In welche unvorstellbaren Schwierigkeiten stürzt die Seele, wenn sie sich bereits als Ungeborenes auf eine Geschlechterrolle festlegen soll, nur weil die Gesellschaft, das allgemeine Bewußtsein, das so für richtig hält? Dies sollen die Rückführungsgeschichten des 3. Teils veranschaulichen.

Es ist verständlich, daß wir aus den physischen und biologischen Unterschieden des weiblichen und des männlichen Körpers auch ein inneres Anderssein ableiten. Weil die körperlichen Unterschiede augenfällig sind und die biologischen Funktionen der Körper von Frau und Mann klar unterschieden sind, hält die Gesellschaft Frau und Mann für verschieden. Damit wird die Androgynität[29], die Zweigeschlechtlichkeit des Menschen, übersehen. Seit Jahrtausenden wird die Tatsasche, daß jeder Mensch über weibliche und männliche Fähigkeiten verfügt, in unserer

Kultur ausgeklammert, obgleich es in unserer Geschichte und in vielen anderen Kulturen Zeugnisse davon gibt, daß einige Menschen die Androgynität immer gesehen haben.[30] Aber dieses Verständnis vom Menschen hat sich nicht durchgesetzt, statt dessen haben wir uns immer tiefer in Frau und Mann gespalten, was sich über die Jahrtausende auch in Machtzuordnungen ausgedrückt hat. Expertinnen und Experten der Matriarchatsforschung[31] behaupten sogar, über Tausende von Jahren hätte der weibliche Aspekt des Menschen im Vordergrund gestanden, bis sich in den letzten zwei Jahrtausenden vor Christi Geburt allmählich eine Verlagerung in den Gegenpol vollzog. Mit der christlichen Religion und dem wissenschaftlich-rationalen Denken wurde die Herrschaft des Männlichen im Westen endgültig besiegelt. In den Matriarchaten wurde zum Teil das Männliche abgewertet oder war noch unentwickelt[32]. In den patriarchalen Gesellschaften wird nun das Weibliche abgewertet und gedrosselt.

Die Folgen dieser Spaltung sind dramatisch, denn durch die Geschlechtertrennung wurde etwas von uns abgeschnitten, was wir auf die eine oder andere Weise wieder zurückzubekommen versuchen. Kein Mensch hat Lust, als halbes Wesen zu leben. Alle Menschen fühlen den Mangel, haben Sehnsucht danach, wieder ganz zu sein.

Über die Jahrtausende hinweg haben wir viele Lösungsversuche unternommen, mit denen die Spaltung überwunden werden sollte: Die leidenschaftliche Liebe zum anderen Geschlecht und sexuelle Vereinigung sollten die Ganzheit zurückbringen; Heiraten sollte zur Einheit führen; Macht über das abgespaltene Geschlecht sollte die verlorene Selbstbestimmung ersetzen. Der Geschlechterkampf, gescheiterte Liebesbeziehungen, Liebesleid, Herzkrankheiten, sexuelle Probleme, die heutige Sucht nach Sex, zerbrochene Ehen, zerrüttete Familien, all das sind Ergebnisse mißlungener Lösungsversuche. Und nicht zuletzt haben wir immer wieder in anderen Körpern versucht, es „ diesmal" hinzukriegen. In einem Leben waren wir vielleicht eine Frau. Dann gefiel uns das nicht, weil dies, das und jenes danebenging und fehlte. Das nächste Mal haben wir es als Mann probiert. Wieder ging alles mögliche unerwarteterweise schief. *In jedem Fall* aber litten wir an der Halbheit. Wir haben auch alle möglichen Formen von Sexualität ausprobiert, mit einem Menschen, mit mehreren Menschen, mit dem anderen Geschlecht, mit dem eigenen Geschlecht …

Was wir auch taten, wir konnten das Problem nicht lösen. Statt dessen häuften wir immer mehr negative Gefühle und Gedanken und viele unerfüllte Wünsche und Sehnsüchte in unserem Bio-Computer an. Der zeichnete brav alles auf, denn darin ist er perfekt. Die Seele nahm dann all das Gesammelte mit, von Körper zu Körper, bis einige von uns sich so sehr in widersprüchlichsten Gedanken, Gefühlen und Wünschen verwickelt hatten, daß wir nur noch sterben wollten.

Krebs ist eine Spaltungskrankheit. Auf der körperlichen Ebene signalisieren die sich wild spaltenden Krebszellen, daß wir mit der Spaltung nicht mehr klarkommen, völlig die Kontrolle verloren haben.

Aids als Sexualseuche zerstört das Immunsystem des Körpers. Dieser körperliche Ausdruck des Bewußtseins signalisiert in meinen Augen Hoffnungslosigkeit und Resignation. Der Körper streckt die Waffen, gibt die Selbstverteidigung auf: „Ich habe keine Lust mehr. Ich habe alles versucht. Ich weiß nicht, warum all der Sex es nicht bringt. Es geht nicht. Ich kann nicht mehr. Ich will nicht mehr. Ich gebe auf."

Alkoholismus und Drogenkonsum sind Formen der Selbstzerstörung, die viel mit Liebe und Sexualität zu tun haben. Dabei schimmern sogar noch unbewußte Seelenwünsche durch: die Sehnsucht nach Ekstase und Bewußtseinserweiterung. Doch eine chemisch herbeigeführte Veränderung des Bewußtseins reicht nicht. Eine bewußte Bewußtseinsveränderung muß stattfinden, damit Ekstase mit heilender Wirkung geschehen kann.

Sowohl die globale Verbreitung dieser Selbstzerstörungsstrategien als auch die globale Gefahr der Zerstörung durch Atomwaffen (das Ergebnis von Kern-Spaltung!) deuten darauf hin, daß die Verzweiflung über das Verlorensein im Labyrinth des Unbewußten und über all die vergeblichen Versuche, die Gespaltenheit zu überwinden, viel größer ist, als wir ahnen. Auch der Wunsch, das Problem mit einem bewußt oder unbewußt gewählten Tod zu lösen, scheint viel größer zu sein, als wir ahnen.

Aber Sterben ist keine Lösung! Selbstmord, egal ob durch bewußte Selbstzerstörung oder durch Krankheit, Unfall, Krieg oder Holocaust, ist keine Lösung. Ja, richtig, alle Todesarten sind Selbstmord! Unser Bewußtsein bestimmt alles, auch den Tod.

Selbstmord ist ein unbewußter Flucht- oder Lösungsversuch, und all die anderen Todesursachen ebenfalls. Sie führen zu keiner Lösung, sondern nur dazu, daß wir in einem Menschenkörper zurückkommen müssen, um es noch einmal zu versuchen. Nicht, weil uns irgend jemand richtet, verurteilt, bestraft und zurückschickt! Es gibt weder einen Gott noch eine Göttin, noch andere derartig richtende Wesen – es sei denn, wir erschaffen sie durch unsere Phantasie. Dann verurteilen wir uns selbst. Wir sind wirklich Meister darin, uns selbst klein und fertigzumachen!

„An jedem Tag ist das ‚Jüngste Gericht'. Die Konten jedes Geschöpfes werden jeden Augenblick ausgeglichen. Nichts bleibt verborgen. Nichts bleibt ungewogen. Es gibt keinen Gedanken, keine Handlung, keinen Wunsch, die nicht im Denker und im Handelnden und im Wünschenden aufgezeichnet werden."[33]

Mit anderen Worten: Der Bio-Computer zeichnet alles auf, und wir stehen dann unter den Gesetzen, die wir selbst aufstellen. In diesem konkreten Fall, im Kontext von Frau und Mann, bedeutet das: Alles, was wir über Frau und Mann, Liebe, Lust, Beziehungen und Sexualität denken, gilt immer auch für uns selbst. Und wir kommen solange in den Körper zurück, bis wir dieses Rätsel gelöst haben.

Mit all unseren Gedanken, mit all unseren Identifikationen bleiben wir an das Menschsein gebunden. Mit Selbstmord, welcher Art auch immer, haben wir keine einzige Identifikation gelöst, deshalb zieht unser eigenes Denken und Fühlen uns auf die Erde zurück. Und ob wir die Erde dann als eine Hölle oder wie den Himmel erleben, wird auch von unserem eigenen Denken und Fühlen bestimmt. Da gibt es niemanden, die oder der uns erlösen kann, keinen Gott, keine Göttin, kein noch so erleuchtetes Wesen. Nur wir selbst können unser Unbewußtes erforschen und erlösen.

Da unsere eigenen Identifikationen uns auf die Erde zurückbringen, ist es bei der Geburt wie zu Sylvester: Wir nehmen uns alles mögliche vor für das neue Leben, wissen aber nicht, daß wir wie Roboter sind, denn wir verhalten uns nach den alten Mustern und sind schlußendlich über das Leben und uns selbst frustriert. Was ist los? Sind wir irgendwie nicht richtig?

Doch, wir sind goldrichtig. Wir wissen nur nicht, wie wir als Seelen mit unserer Ganzheit in einem Frauen- oder Männerkörper leben können. Ich will Ihnen eine Geschichte erzählen, wie ich bei meiner jetzigen Geburt versucht habe, alles besser zu machen: Ich wollte endlich einmal Frau und Mann in Licht und Liebe, in Wohlstand und Frieden vereint haben. Also inkarnierte ich mich bei einem jungen, frisch verliebten Ehepaar in Afrika, wo mein Vater eine indische Sisalfarm leitete. Also war Liebe da, viel Licht und genug Wohlstand, Frieden, Entwicklungsmöglichkeiten. Im Äußeren hatte sich alles gut ausgewählt. Nur kannte ich die Gesetze des Bewußtseins nicht gut genug, ich hatte meine Programme vergessen!

Die sorgten dann dafür, daß ich mich in Windeseile an solchen äußeren Orten widerfand, die meinen Bewußtseinsinhalten entsprachen. Noch während ich im Mutterleib war, brach der Zweite Weltkrieg aus. Wir wurden von den Engländern nach Deutschland geschickt. Krieg entsprach meinen Kampfprogrammen. Als nächstes wurde das Liebespaar getrennt. Meine Mutter lebte mit den Kindern in Deutschland, mein Vater zog in den Krieg. Das entsprach meiner inneren Spaltung und dem Bild, das ich von Frau und Mann hatte: Mutter und Hausfrau als Opfer auf der einen Seite, der Vater als Kämpfer und Krieger auf der anderen. Am Ende des Krieges kam mein Vater todkrank zurück und starb. Das entsprach meinem Widerstand gegen das Männliche, Väterliche. Ich landete in Not und Armut, was ebenfalls meinem Bewußtsein entsprach, das ich mitbrachte. Aufgrund meiner eigenen Bewußtseinsinhalte konnte mein Traum vom Leben in Licht und Liebe, von der Ganzheit und Einheit von Frau und Mann, von Wohlstand und Frieden sich nicht erfüllen.

Zu sterben und dann doch wieder mit den alten Programmen zurückzukommen ist also keine Lösung. Die Lösung ist: *inneres Aussteigen!* Das heißt, die Identifikationen aufzugeben, denn erst dann kann die äußere Realität sich ändern.

Mit den Rollendefinitionen von Frau und Mann haben wir recht willkürliche Gefängnisse für beide Geschlechter geschaffen. Wären die Rollen umgekehrt definiert, dann wären die Männer klein, zart, niedlich und häuslich und die Frauen groß und stark und gingen auf die Jagd. In einer solchen Kultur sind dann die Männer schüchtern, schminken sich, richten sich nett her, ölen und parfümieren sich, um den Frauen zu gefallen, hüten und versorgen die Kinder usw. Ich glaube, ich brauche das nicht weiter auszumalen.

Die Geschichten des 3. Teils sollen Ihnen zeigen, wie tief ins Unbewußte hinein die Spaltung und die Verwirrung über Frau und Mann reicht, wie viele Probleme, Kummer, Schmerz, körperliche Leiden, Krankheit usw. diese Spaltung verursacht, wobei Wahnsinn und Tod in diesen Geschichten noch nicht einmal vorkommen. Aber in den Bildern und Gefühlen, die bei den Rückführungen ins Bewußtsein kommen, zeigt sich immer wieder, wie stark die Verwirrung und tief die Verzweiflung sind.

Die Auswirkungen der Rollenerziehung

■ Wer bin ich?

In einem menschlichen Körper auf das Frausein beschränkt zu sein und in patriarchalischen Verhältnissen zu leben kann von einer Seele als ein Gefühl großer Verlorenheit erlebt werden. Eine Frau aus einer türkisch-deutschen Familie empfing die folgende Information über dieses Gefühl des Verlorenseins:

> *Ich bin im Jahr 1713. Ich kann nur eine Gestalt im Nebel wahrnehmen, sehr schwach. Sie wirkt wie eine hypnotisierte Puppe, von kalter, schwerer Männerhand gesteuert. Sie weiß nicht, wer sie ist.*

Selbst wenn in einer Rückführung nur so wenig Material in das gegenwärtige Bewußtsein durchkommt, umreißt es mit wenigen Worten das Drama dieser Seele in einem Frauenkörper. Diese Seele hat in der Verkörperung als Frau ihr Seelenbewußtsein verloren. Als Mensch wandelt sie „im Nebel", in getrübtem Bewußtsein. Sie weiß nicht mehr, wer oder was sie ist.

Der mittlere Satz beschreibt ihre Lage als Frau mit ergreifender Präzision: Diese Frau fühlt sich wie eine „hypnotisierte

Puppe, von kalter, schwerer Männerhand gesteuert". Daß diese Frau aus einer türkischen Familie stammt, heißt nicht, daß Frauen aus mitteleuropäischen Familien nicht auf den Mann fixiert und hypnotisiert sind. Per Rollendefinition geschieht das den meisten Frauen.

Wir werden dazu erzogen, uns mit einem Frauenbild zu identifizieren, das uns unter Umständen völlig verstört und uns ganz vergessen läßt, was wir wirklich sind. Diese junge Frau gab nach der Rückführung folgende Glaubenssätze auf:

- Frausein bedeutet, eine hypnotisierte, von kalter, schwerer Männerhand gesteuerte Puppe zu sein.
- Ich bin im Nebel verloren, ich kann meine „Gestalt" nicht erkennen.
- Ich weiß nicht, wer oder was ich wirklich bin.

Am Ende einer jeden Geschichte aus meiner Rückführungspraxis werde ich Ihnen, liebe Leserin, lieber Leser, nun Gelegenheit geben, an Ihren eigenen Glaubensvorstellungen zu arbeiten und sich parallel zu dem, was Sie lesen, selbst ein wenig zu entprogrammieren. Lesen Sie dieses Buch von nun an immer mit einem Block neben sich, und dann schreiben Sie zu dem jeweiligen Thema Ihre eigenen Glaubenssätze auf.

Übung: Welche Glaubenssätze fallen Ihnen zum Thema Frausein ein? Was bedeutet Frausein für Sie – auch wenn Sie ein Mann sind? Schreiben Sie sie alle auf das Blatt. Lassen Sie sich von der Liste der jungen Frau inspirieren. Am Ende, wenn Ihnen nichts mehr einfällt, fragen Sie sich selbst, ob Sie bereit sind, diese Glaubenssätze aufzugeben. Wenn ja, antworten Sie sich selbst mit einem deutlichen Ja und verbrennen Sie das Blatt. So löschen Sie einige Ihrer einschränkenden Programmierungen zum Thema Frausein.

Sie können diese Übung auch als Partnerübung mit einer Person, mit der Sie leben oder die Ihnen nahesteht, machen. Dabei können Sie sich in einem Gespräch gegenseitig über Glaubenssätze inspirieren. Danach können Sie sich gegenseitig fragen, ob Sie bereit sind, die Glaubenssätze aufzugeben. Anschließend können Sie Ihre Ernte gemeinsam verbrennen.

Eine junge Frau kam zu mir, weil sie Beziehungsprobleme mit ihrer Freundin hatte. Sie ist eine schöne, androgyne Frau, stylt sich aber sehr männlich.

Sie hatte eine sorgenfreie Kindheit und genoß viel Freiheit. Als Mädchen fühlte sie sich wohl, und schon im Alter von sieben Jahren empfand sie eine große lustvolle Anziehung zum Vater, einem Mann mit starken sexuellen Bedürfnissen. Der Mutter war das zu viel, und deshalb gab es zwischen den Eltern nachts oft Streit.

Als das Mädchen neun Jahre alt war, versuchte der Vater, es zu verführen. Aber es war damals schon innerlich sehr stark, so daß der Verführungsversuch nicht gelang. Dennoch führte dieses Erlebnis zu einem Bruch bezüglich ihres Mädchen- und Frauseins. Sie fühlte sich entsetzlich allein und traute sich nicht, ihrer Mutter etwas zu erzählen, weil sie Schuldgefühle hatte. Durch ihre eigene Erfahrung und durch das Vorbild der Mutter und des Vaters hat sie nun folgende Glaubenssätze gelernt:

- Ich will kein Mädchen sein.
- Ich will keine Frau sein.
- Frausein heißt, für den Mann sexuell zur Verfügung stehen müssen, abhängig sein, ohnmächtig sein.
- Allein dadurch, daß ich eine Frau bin, bin ich schon schuldig.
- Schöne Gefühle für meinen Vater/einen Mann zu haben macht mich noch schuldiger.
- Ich bin ganz allein mit meinen Problemen.
- Ich kann sie nicht lösen.
- Ich kann mich als Frau nur zurückhalten und zurückziehen.

Bei dieser Vorgeschichte ist es kein Wunder, daß die erste Menstruation für dieses Mädchen ein Schock ist. Sie ist ganz traurig darüber und möchte die Menstruation und das Frausein ungeschehen machen, kann es aber nicht. Sie beschließt:

- Niemand soll sehen, daß ich eine Frau bin.

Als erwachsene Frau hat sie eine Liebesbeziehung mit einer sehr verletzten Frau, die als Kind vergewaltigt wurde. Diese Frau spiegelt ihr eigenes unbewußtes Frauenbild wider. Jetzt ist sie der

„gute Mann", der bis zur Selbstaufgabe alles für die Frau tut, auch wenn sie gar keine Lust dazu hat. „Sonst würde auffliegen, daß ich gar kein Mann bin", sagt sie. Sie gibt dazu noch folgende Glaubenssätze auf:

- Als Frau bin ich kein Mann.
- Es darf nie herauskommen, daß ich kein Mann bin.

Übung: Lassen Sie sich auch von dieser Geschichte inspirieren und erstellen Sie eine weitere Liste mit Glaubenssätzen zum Thema Frausein. Beginnen Sie mit einem Satz wie: „Frausein heißt …" Dann schreiben Sie einen Kettensatz über alles, was Ihnen dazu einfällt. Auch Sätze wie: „Als Frau muß/soll ich …" oder „Als Frau darf ich nicht …" gehören dazu. Achten Sie darauf, daß Sie den Satz „Als Frau bin ich kein Mann" oder umgekehrt „Als Mann bin ich keine Frau" unbedingt mit dabei haben. Am Ende fragen Sie sich, ob Sie bereit sind, diese Sätze aufzugeben. Wenn Sie Ihre Frage mit Ja beantworten konnten, verbrennen Sie das Blatt.

Auch diese Übung können Sie zu zweit machen. Lassen Sie sich Zeit für einen wirklichen Dialog. Sie werden staunen, wieviel Sie über sich selbst erfahren, und Sie werden vielleicht schon jetzt beginnen, bestimmte Schwierigkeiten in Ihrer Beziehung in einem neuen Licht zu sehen, Sie werden die Mißverständnisse hinter den Problemen erkennen und werden anfangen, sie aufzulösen.

■ Die Frau ohne Mann

Marilyn ist 52 Jahre alt und eine vielbeschäftigte Psychologin. Sie ist recht beleibt, aber schön und attraktiv. Seit zehn Jahren lebt sie ohne Mann. Sie ist traurig, daß die Männer nicht erkennen können, was für eine schöne, kostbare Frau sie ist. Weil sie nicht mehr übersehen werden will und es satt hat, ohne Mann zu leben, ist sie in die Tantragruppe gekommen. Zwar ist sie eine imposante Erscheinung, aber sie nimmt sich in der Gruppe und in ihren Äußerungen so zurück, daß wir sie glatt übergehen und auslassen würden, wenn wir nicht aufpassen würden.

In der Rückführung in ein früheres Leben zum Thema Männlichkeit erlebt sie sich als zarten jungen Pharao von 18 Jahren.

Sein Vater ist früh gestorben, so daß er schon in jungen Jahren inthronisiert wurde. Aber er fühlt sich zu jung für diese Aufgabe und hat auch gar keine Macht, denn seine Mutter und die Politiker haben die ganze Macht. Er kann nicht einmal selbst bestimmen, welche Frau er heiraten will. Seine Mutter sucht ihm eine schöne Frau aus, aber zwischen den beiden springt kein Funke über.

Der junge Pharao möchte gerne eine Gesetzesreform durchführen, weil sein Volk unter den Herrschenden sehr leidet. Aber er ist zu machtlos. Als er es trotzdem versucht, wird er umgebracht. Vier Männer, Politiker, die sich in sein Vertrauen geschlichen haben, geben ihm einen Trunk, der ihn bewußtlos macht, und erstechen ihn dann.

Marilyns Glaubenssätze zeigen, daß sie heute, als Psychologin, erneut versucht, den Leidenden zu helfen, und sich dabei aufopfert. Ihre Glaubenssätze aus dem Pharaonenleben machen deutlich, daß der junge Pharao sich durch seine üblen Erfahrungen vom Männlichen und auch von einer erfüllten Weiblichkeit abgeschnitten hat. Möglicherweise hat er diese Glaubenssätze auch schon aus einem früheren Leben mitgebracht:

- Ich bin zu zartbesaitet, um meine Macht als Mann leben zu können.
- Ich darf Männern nicht vertrauen.
- Wenn ich mich auf Männer einlasse, lullen sie mich ein und bringen mich um.
- Ein Mann muß kämpferisch, brutal, bestimmend, ohne Rücksicht, ohne Liebe und ohne Gefühl sein; er muß über Leichen gehen.
- Ich passe nicht zu Männern.
- Als Mann werde ich nicht ernst genommen, und was ich sage, zählt nicht. Ich kann mich nicht verständlich machen.
- Freundliche Männer sind hinterhältig und töten mich.
- Wenn ich meine Macht annehme, bin ich den Intrigen nicht gewachsen.

Diese Glaubenssätze zeigen klar, warum Marilyn sich die Männer vom Leibe hält: zu ihrem eigenen Schutz, als unbewußte Selbstverteidigung. Nun aber braucht sie eine solche Art von Selbstverteidigung nicht mehr, und sie kann lernen, das Männliche in und um sich zuzulassen, zu lieben und damit in Freuden und kreativ zu leben. Und inzwischen lebt sie eine glückliche Beziehung mit einem Mann.

Aber die Pharaonengeschichte gibt auch einiges an Glaubenssätzen über Weiblichkeit her, an denen wir sehen können, daß Marilyn auch ihre weibliche Seite nicht ungehindert leben konnte:

- Ich darf mir meine Frau nicht selbst aussuchen.
- Meine Frau liebt mich nicht, ich bin ihr egal.
- Meine Frau läßt mich kalt. Ich kann sie nicht lieben.
- Zwischen mir und meiner Frau springt kein Funke über.
- Ich und meine Frau sind Marionetten in den Händen anderer, ohne Selbstbestimmung.

Übung: Welche Glaubenssätze aus diesen Listen zu den Themen Frausein und Mannsein erkennen Sie als Ihre eigenen wieder? Schreiben Sie sie auf Ihr Blatt und alle weiteren dazu, die Ihnen in diesem Zusammenhang einfallen. Geben Sie die Glaubenssätze dann auf und verbrennen Sie sie.

Wenn Ihnen Ihre Liste zu mager erscheint, dann können Sie die Übung erweitern: Erinnern Sie sich an eine Situation aus Ihrer Kindheit, in allen Details, als Sie genötigt wurden, die Definitionen des anderen Geschlechts von sich abzuspalten. Welche Glaubenssätze haben Sie damals angenommen oder aufgezwungen bekommen?

■ Ich will kein Mann sein

William ist ein großer, stattlicher Mann. Trotz seiner augenfällig männlichen Erscheinung wirkt er weich und oft auch unsicher. Beruflich ist er passiv, wie gelähmt, arbeitslos. Er weiß, was er machen und wie er arbeiten möchte, ist von seinen Ausbildungen her vielleicht sogar überqualifiziert, aber „irgendwie" ist er gehemmt, seine Wünsche zu verwirklichen.

Bei der Rückführung in ein früheres Leben erhalten wir zwar eine Zeitangabe, die das Jahr 1850 betrifft, aber es kommen keine Bilder, nur verwischte Eindrücke: Er weiß nicht, ob er ein Mann oder eine Frau ist, er kann nur nebelhaft wahrnehmen, daß etwas davonläuft. Über die damit verbundenen Gefühle gelangen wir zu folgenden Glaubenssätzen:

- Ich weiß nicht, ob ich Mann oder Frau bin.
- Ich muß mich für eins entscheiden, Mann oder Frau.
- Immer soll ich was anderes sein, als das, was ich gerade bin.
- Ich bin nicht o.k., nie genug.
- Ich habe Schwierigkeiten, mich für das Männliche zu entscheiden. (Im gegenwärtigen Leben wünschte sich sein Vater ein Mädchen.)

Dabei fällt ihm ein, daß er in diesem Leben mit eingezogenen Hoden geboren wurde. Ein Hoden wurde operativ hervorgeholt, der andere nicht gefunden. Jetzt ist er aber fühlbar, und so will William ihn demnächst operativ herausholen lassen.

„Warum wolltest du kein Mann sein?" frage ich ihn. „Das ist zurückzuführen auf ein anderes früheres Leben, in dem ich kein Mann sein durfte", sagt er. Damals wurde er kastriert.

- Als Mann muß ich mich schützen, verstecken.
- Als Mann werde ich kastriert.
- Ich darf kein sexuell aktiver Mann sein.
- Ich will kein Mann sein!
- Mannsein und sexuell sein ist zu gefährlich für mich.
- Wenn ich meine Männlichkeit zurückhalte, nicht zeige, dann können sie mich nicht ganz kastrieren, und dann kann ich wenigstens ein bißchen Frau sein.

Ihm fällt ein, daß sein eingezogener Hoden ein bißchen vergleichbar ist mit den Eierstöcken einer Frau und daß er sogar eine Art Menstruation hat: „Meine Güte, mit meinen Hämorrhoiden habe ich mir ja eine Art Menstruation erschaffen, um doch irgendwie Frau zu sein!"

Neben seiner beruflichen Situation hatte William weitere heftige Symptome, die mit der Erfahrung der Kastration in einem früheren Leben zusammenhingen: starke Probleme mit Harnverhalten auf der einen Seite und einen starken Drang nach Sexualität mit Frauen auf der anderen. Die Kastration hatte ihn also noch mehr gelehrt:

- Als Mann muß ich meine männliche Energie, meinen Sex und mein Fließen zurückhalten.
- Ich darf meine Sexualität als Mann nicht frei leben und genießen.

Der starke sexuelle Drang war also das Resultat aus dem sehr schmerz- und angstbeladenen Verbot. Das Harnverhalten und seine berufliche Hemmung, kraftvoll nach außen zu gehen, waren ebenfalls Angstreaktionen und unbewußte Versuche, sich als Mann und als sexuelles Wesen zurückzuhalten. So hatte die Kastration eine durchschlagende Wirkung auf viele Bereiche von Williams Männlichkeit gehabt. Als Mann war William im Beruf, im Sex und sogar im Urinieren qualvoll lahmgelegt.

Übung: Machen Sie nun eine Liste mit Glaubenssätzen zum Thema Mannsein, egal, ob Sie ein Mann oder eine Frau sind. (Da Sie von Natur aus androgyn sind, sind Sie immer auch von den Rollenklischees des anderen Geschlechts betroffen, in sich selbst und in den Menschen des anderen Geschlechts, denen Sie begegnen oder mit denen Sie Beziehungen haben.) Dann geben Sie diese Sätze auf und verbrennen Sie sie.

Sie können auch diese Übung erweitern, indem Sie sich an eine schmerzhafte Situation aus Ihrer Pubertät erinnern, in der Sie extrem in die weibliche oder männliche Identifikation gedrängt wurden. Erinnern Sie sich in allen Details und machen Sie sich Ihre Schlußfolgerungen (Glaubenssätze) bewußt und geben Sie sie auf.

■ Wer ist ein Mann?

John ist ein ruhiger, feingliedriger und doch männlich aussehender Mann, der aber so viel Weichheit in sich hat, daß er wahrscheinlich mehr weibliche Anteile lebt als manche Frau und auch als seine Frau. Ich begleite ihn schon eine ganze Weile in seinem Prozeß: Von einem beruflich unzufriedenen Mann entwickelte er sich zu einem kreativen, erfolgreichen, selbständigen und mehr und mehr authentischen Menschen, der weibliche und männliche Eigenschaften in sich vereint.

Auf diesem Weg beschließt er eines Tages, an einer Männergruppe teilzunehmen. Er freut sich sehr darauf und erwartet ein nahes und sinnliches Zusammensein mit den Teilnehmern. Statt dessen ist er danach völlig fertig und niedergeschlagen und braucht mehrere Rückführungen und ziemlich viel Zeit, um sich von diesem Erlebnis zu erholen.

Was war passiert? Nun, statt der sinnlichen Nähe hatte es eher Konkurrenz, Machtspiele und Verurteilung gegeben, und John hatte dabei in der Sicht der Männer und in seinen eigenen Augen als Mann sehr schlecht abgeschnitten.

Er war zwar mit seinem Mercedes zur Gruppe gefahren, hatte aber z. B. sein Kuscheltier mit in die Männergruppe genommen und zu allem Überfluß auch noch frei und offen aus der Reisetasche herausschauen lassen. Das löste schon bei seiner Ankunft Befremden bei den Männern aus. Ein Mann mit einem Kuscheltier?

In den Gruppenübungen der folgenden Tage ging es immer wieder um das Thema Männlichkeit: Einmal sollte ein Mann zum Führer der Gruppe gewählt werden, ein anderes Mal wurde jeder Mann von der Gruppe als männlich oder unmännlich eingestuft. Nicht zum führenden Mann der Gruppe gewählt zu werden war schon schmerzlich für John. Aber zudem auch noch von *allen* Männern als unmännlich eingestuft zu werden, was keinem anderen Mann der Gruppe passierte, das war entschieden zuviel.

Offensichtlich aktivierte die Gruppe noch einmal lauter alte Klischees von Männlichkeit, die John tief in sich ablehnte. Nun war er heftig mit der „gesellschaftlichen" Reaktion der Männer und mit seinen alten Minderwertigkeitsgefühlen, die er eigentlich überwunden zu haben glaubte, konfrontiert.

Aber es geht noch weiter. Es entsteht eine Gruppensituation, in der ein Mann seine Gefühle äußern soll, aber große Schwierigkeiten damit hat. John bietet ihm an, ihm als ein provozierendes Gegenüber dabei zu helfen. Als die Gefühle hochschäumen, schlägt der Gruppenleiter ihnen vor, miteinander zu kämpfen. Sie können zwischen Boxen und Ringen wählen. Die beiden Männer entscheiden sich fürs Ringen. Johns Partner ist kleiner, aber stärker. Ob John wohl eine Chance hat? Er tut sein Bestes. Irgendwann kniet Johns Partner auf seiner Brust. John bekommt Atemnot. Die Atemnot löst Todesangst bei ihm aus, die er aber nicht kommunizieren kann. In seiner Not tut John etwas, was unter Männern natürlich verpönt ist: Er greift dem anderen Mann in die Weichteile und drückt zu – in seiner Todesangst auch nicht mehr kontrolliert. Er greift wirklich fest zu. Der andere Mann schreit laut vor Schmerz, und nun ist Johns Image als Mann in der Gruppe völlig hin.

Dieses Erlebnis liefert haufenweise Glaubenssätze, wovon hier nur einige stehen:

- Wenn ich als Mann weibliche oder kindliche Züge zeige, bin ich kein richtiger Mann.
- Ein Mann muß hart sein und sich durchsetzen.
- Ein Mann muß führen.
- Ich muß beweisen, daß ich ein richtiger Mann bin.
- Die andern beurteilen, ob ich ein richtiger Mann bin oder nicht.
- Männlichkeit zeigt sich daran, daß ich einen Mann besiege.

Mit diesem letzten Satz sitzt John ganz schön in der Zwickmühle, wie viele andere Männer übrigens auch, denn mit diesem Gedanken müssen sie auch das Männliche in sich selbst besiegen. Das aber ist unmöglich, denn wenn er es besiegt, dann ist er kein Mann mehr. Also kann er *nie* beweisen, daß er ein Mann ist. Der Körper als Bio-Computer nimmt alle Sätze wörtlich. Alles, was ein Mann über Männer denkt, betrifft ihn dadurch selbst! Gefährlich, nicht?

- Der andere ist von Anfang an stärker als ich.
- Gewinnen ist für mich nicht drin.
- Wenn ich gewinne und ein richtiger Mann bin, muß ich mich mit einer Frau einlassen.
- Wenn ich mich wirklich mit einer Frau einlasse, dann kann ich kein richtiger Mann mehr sein.
- Um ein richtiger Mann zu sein, brauche ich eine Frau.

Johns Lage ist verzwickt, sie scheint aussichtslos. Und so ist es ganz folgerichtig, daß er folgende Tätersätze hat, mit denen er die Todesgefahr herausforderte:

- Wenn ich sterbe, bin ich nicht der Verlierer.
- Wenn ich sterbe, bin ich aus dem Labyrinth von Mann und Frau raus.

Nun hat diese Männergruppe John zwar nicht das gegeben, was er erwartet hatte, aber sie hat ihn einen Schritt in seiner Bewußtwerdung und Selbstverwirklichung weitergebracht. Sie hat ihm gezeigt, in welchem Labyrinth männlicher Identifikationen er sich hoffnungslos verfangen hatte, und sie hat ihm geholfen, sich weiter daraus zu befreien.

Anderthalb Jahre später kommt John wieder zu mir. Sein innerer Prozeß war in der Zeit nach der Männergruppe gut vorangeschritten, und gerade erst vor kurzem hatte er mit einem neuen geschäftlichen Projekt großen Erfolg gehabt. Er war sehr glücklich darüber gewesen. Zwei Wochen später entdeckte er jedoch Verhärtungen in seinem rechten Hodensack. Er geriet in Panik. Waren das etwa Tumore und wenn ja, in welchem Stadium? John fühlte sich aufgerüttelt.

Um die Botschaft dieser Verhärtungen zu verstehen, machen wir eine Phantasiereise in seinen Körper, hin zu der Schwellung. Er sieht sich in einer Höhle. Zuerst jedoch steht er vor einem großen eisernen Tor, das verschlossen ist. Er ruft ganz laut, damit ihm geöffnet wird, doch er erhält keine Antwort. Aber dann entdeckt er neben dem Tor eine Wölbung. Als er darauf drückt, geht die Tür auf, eine dicke eiserne Tresortür. Hinter der Tür, am Ende eines dunklen Ganges, erscheint ihm die Geschwulst als erloschener Vulkan mit schwarzer Oberfläche voller Mulden, in denen Wasser steht. Nichts ist mehr von der Hitze zu spüren, die vorher da drin war. Das Bild macht ihn traurig.

Neben dem erloschenen Vulkan, der den Durchgang blockiert, befindet sich wieder eine Tür. Sie geht leicht auf, und John gelangt in einen Urwald mit Wasser. Darin ist eine Insel, und auf dieser lauert ein Krokodil mit weit aufgerissenem Maul. Es gibt bedrohliche Laute von sich, als ob John es nicht wagen sollte, sich einen Weg durch den Sumpf zu bahnen. John hat Angst vor dem Krokodil. Aber er findet eine Lösung, wie er durch das morastige Wasser waten kann. Er steigt auf hohen Stelzen durchs Wasser, damit das Krokodil ihn nicht verletzen kann. Es läßt ihn vorbei.

Auf den Stelzen fühl ich mich sicher. Es ist schön im Urwald, da gefällt es mir. In der Höhle mit dem Vulkan war's kalt und unfreundlich, tot. Hier draußen ist Leben. Vor mir liegt ein großer Berg mit dichtem Wald. Ich verlasse den Urwald und besteige durch den Wald hindurch den Berg.

Die Informationen, die wir mittels dieser Phantasiereise von der Seele über die Ursachen des Symptoms bekommen, sind nicht allein auf das Thema Männlichkeit beschränkt. Sie zeigen uns zudem, daß hier männliche Energie als Lebensenergie gebremst wird durch Mißverständnisse, die mit der Bewußtwerdung dieses Mannes als Seele zusammenhängen.

Trotz seiner Entwicklung erlebt John seine männliche Energie noch immer so weitgehend blockiert, daß er sie hinter einer eisernen Tresortür verschlossen sieht. Nachdem er diese Tür geöffnet und durchschritten hat, begegnet er seiner männlichen Kraft als erloschenem Vulkan. Dazu findet John folgende Glaubenssätze:

- Ich muß meine männliche Energie hinter einer eisernen Tür verschließen.
- Meine Glut, meine männliche Kraft und meine Lebenskraft sind erloschen.
- Ich bin kein Vulkan mehr, will keiner sein.
- Wenn ich meine ganze Lebensenergie und männliche Kraft zulasse, dann explodiert sie, dann zerstört sie mich und andere.

John ist ein Mann, der sich im Alter von 35 Jahren sterilisieren ließ. Er wollte keine Kinder in die Welt setzen, denn er dachte:

- Die Menschen sind schrecklich und werden sich nie ändern.
- Ich muß mich unfruchtbar machen, verschließen, damit ich nicht noch zusätzliche Lebewesen dieser Welt ausliefere und damit die Frauen nicht ständig Angst haben und Schmerzen erleiden und Kinder gebären müssen.
- Ich will als Mann nicht mehr fruchtbar sein.

Nachdem der Arzt ihm nach der Sterilisation versichert hatte, daß er nun nicht mehr fruchtbar sei, legte er sich noch den Glaubenssatz zu:

- Als Mann kann ich nicht mehr fruchtbar sein.

Das Fatale an diesem Satz ist, daß der Bio-Computer ihn wie alles andere wörtlich nimmt, und damit ist Johns gesamte männliche Aktivität in der Welt gehemmt, nicht nur das Zeugen von Kindern. Auch Johns berufliche Aktivitäten waren immer von diesem „Fluch" beeinträchtigt. John konnte sogar spüren, daß dieser Satz sich mit der Zeit zu solchen Gedanken ausgeweitet hatte wie:

- Ich bin saft- und kraftlos.
- Der Fluß der Lebensenergie ist unterbrochen.

John hatte diese Aspekte seiner „Entmannung" aber schon vor Jahren bearbeitet und, so dachten wir, weitgehend aufgelöst. Warum zeigte sich dann jetzt dieses Symptom? Was brachte ihn dazu, sich für seinen kürzlich erzielten Geschäftserfolg zu bestrafen? John bekommt von seiner Seele eine sehr exakte Antwort auf diese Frage. In der Phantasiereise watet er durch den Schlamm des Unbewußten. Darin lauert das Krokodil als Symbol für Wesen, die ihn auffressen könnten. Das Krokodil ist ein starkes Symbol für Johns eigene Glaubenssysteme, die ihn verschlingen könnten:

- Wenn ich in den Urwald, den Sumpf meines Unbewußten gehe, werde ich verschlungen. In meinem Unbewußten lauern Monster.
- Wenn ich in meine männliche Kraft gehe, werde ich so wild und ur-wüchsig, daß ich dafür bestraft werde.
- Ich muß mich beschneiden.

Der Sumpf als Bild für das Unbewußte enthält aber auch eine weibliche Symbolik. Wenn John sich weiter in die Bilder und Informationen des Unbewußten vorwagen will, muß er sich noch mehr mit seinen weiblichen Anteilen beschäftigen. Ist er dann noch ein Mann? Bleibt von ihm als Mann noch etwas übrig, wenn er sich noch mehr auf das Weibliche einläßt? Auch in der Beziehung zu seiner Frau hatte er jahrelang Schwierigkeiten, sich wirklich einzulassen. Das Weibliche macht ihm angst. Schließlich hat er ja schon so viel davon, wird schon jetzt nicht mehr als Mann akzeptiert und entspricht auch nicht mehr dem Rollenklischee. Dieser Sumpf mit seinen Krokodilen könnte ihn womöglich noch ganz verschlingen.

Die Phantasiegeschichte gibt ihm jedoch genaue Botschaften, wie er die Probleme bewältigen kann: Da sind zum einen die Stelzen. Sie sagen auf einer symbolischen Ebene: Gehe auf einen höheren Standpunkt, in ein höheres Bewußtsein, dann kannst du sicher durch den Sumpf gehen! Ja, mit dem höheren Bewußtsein kannst du es wagen, durch das pulsierende, gefährliche Leben (den Urwald) zu gehen, und am Ende kannst du den Berg, den höchsten Gipfel des Bewußtseins besteigen. So kannst du das Weibliche und Männliche in dir vereinen und lernen, als Seele im Körper zu leben. Ein Mann, der erleuchtet werden will, hat Osho einmal gesagt, müsse zuerst eine Frau werden. Ja, er muß sich in den „Sumpf" des Weiblichen vorwagen, es erforschen und durchqueren, um in seiner Ganzheit anzukommen und sich als Seele im Körper zu verwirklichen.

Nun, da die Bedeutung von Johns Symptom verstanden worden ist, kann es wohl wieder verschwinden, mit oder ohne ärztliche Hilfe. Sollte es nicht vergehen, auch das kann passieren, dann will Johns Seele, daß er noch mehr über sich lernt, indem er das Symptom als Geschenk sieht, das ihn zu einer weiteren Bewußtwerdung führt. Die Schwellung war nach wenigen Tagen abgeklungen.

Übung: Schreiben Sie Ihre Glaubenssätze zum Thema Männlichkeit auf, die Ihnen zu dieser Geschichte einfallen. Dann geben Sie sie auf und verbrennen Sie sie.

Erweiterte Übung: Erinnern Sie sich an eine extreme Situation in Ihrem Leben, als Ihr Männerbild drastisch geformt wurde, egal, ob Sie eine Frau oder ein Mann sind. Arbeiten Sie damit nach dem bekannten Verfahren, allein oder zu zweit.

■ Frau und Mann im Gefängnis

Kate ist 38 Jahre alt und Heilpraktikerin. Sie ist beleibt und hat einen sehr weichen weiblichen Körper, wie eine mütterliche Venus. Sie ist sehr lieb, fast zu lieb, zu sehr auf der weiblichen Seite mit ihrer Identifikation. Sie lebt seit vielen Jahren allein. Irgendwie klappt es nicht, daß sie einen Mann findet. Dafür lebt sie besonders ihre mütterlich fürsorgliche Seite. Doch ihr großer Wunsch ist, eine Beziehung zu einem Mann zu haben.

Während der Rückführung in ein früheres Leben sieht sie nur Nebel. Sie weint aber heftig dabei, große Kullertränen rinnen ihr die Wangen hinunter. Ich weiß, daß wir an einem wichtigen Punkt sind.

„Hast du Angst vor etwas?" „Ja." – „Was ist das, wovor du Angst hast?" „Weiß nicht." „Zuviel Schmerz?" „Ja, vielleicht." Ich schlage ihr vor, einige Blockadesätze aufzugeben:
- Ich kann den Nebel in meinem Bewußtsein nicht durchdringen.
- Wenn ich alles klar in mein Bewußtsein kommen lasse, wird es zu schmerzhaft.
- Ich verstehe das alles nicht.

Dann sieht sie vage Gestalten durch den Nebel huschen. Aber sie kann nicht ausmachen, was das für Gestalten sind.

… Ja, doch, das eine ist eine Frau. Das andere ist ein Mann.

Die nächsten Worte, fast druckreife Glaubenssätze, sprudeln zum Teil nur so aus ihr heraus, und die ganze Zeit weint sie weiter dabei:
- Ich weiß gar nicht, was Frau und Mann miteinander machen, was sie miteinander zu tun haben.
- Ich kann den Nebel um das Problem zwischen Frau und Mann nicht durchdringen.

Vorgestern noch lehnte sie es ab, den Satz „Eine Frau kann kein Mann sein" aufzugeben. „Eine Frau hat eben einen Busen und eine Vagina", sagte sie. „Ich bin gerne eine Frau!"

Ich versuche, ihr weiterzuhelfen. „Wer bist du", frage ich sie, „der Mann oder die Frau?" Es geht weiter mit druckreifen Glaubenssätzen:
- Ich muß die Frau sein.
- Den Mann kann ich nicht sehen.
- Er ist nicht da. Ich muß ihn suchen.
- Ich kann ihn nicht erreichen.

Dann sieht sie plötzlich Bilder dazu, der Nebel lichtet sich:

Ich lebe in einer Hütte, aber da lebt kein Mann mit mir. Ich gehe jetzt mal in die Stadt, ihn suchen. Ich weiß, er muß irgendwo sein.

Sie kommt an eine Stadtmauer mit verschlossenem Tor und einem Wachsoldaten davor.
- Ich darf nicht an den Ort, wo der Mann lebt. (Sie weint wieder heftiger.)
- Der Mann darf nicht mehr zu mir.
- Der Mann ist gefangen, im Gefängnis.
- Er kommt da nicht raus.
- Es ist zu spät, etwas zu versuchen.

Sie versucht, mit dem Wachsoldaten zu verhandeln, vergeblich.
- Ich kann mich anstrengen, wie ich will, ich kann den Mann nicht mehr erreichen.
- Ich bin total durcheinander mit Frau und Mann.
- Ich weiß nicht, was ich bin.
- Wenn ich zu sehr männlich bin, bin ich falsch, wenn ich zu sehr weiblich bin, bin ich falsch.
- Eine Seite fehlt mir immer.
- Der Mann kann nicht bei der Frau bleiben.
- Ich weiß nicht, ob ich Frau oder Mann bin.
- Ich soll meinen Bruder ersetzen.

Mit diesem letzten Satz fällt ihr ein, daß ihr etwas älterer Bruder früh gestorben war und sie ihn für ihre Eltern ersetzen sollte.

Vielleicht denken Sie, liebe Leserin oder lieber Leser, daß wir einen Gedanken wie „Eine Frau kann kein Mann sein" doch nicht aufgeben können. Schließlich ist ein weiblicher bzw. ein männlicher Körper ein biologisches Faktum. Aber mit einem solchen Denken werden Sie nicht einmal Ihrem Körper gerecht, ganz zu schweigen von Ihrer Seele.

Wenn wir also einen Glaubenssatz wie „Eine Frau kann kein Mann sein" aufgeben, heißt das, daß wir unserem Unbewußten den Auftrag geben, sich von der beschränkten Vorstellung, daß ein Mann nur ein Mann und eine Frau nur eine Frau ist, zu lösen. Dann entsteht Raum für unsere Seele, im Körper beide Seiten der allgemein menschlichen, androgynen Fähigkeiten zu entfalten.

Die Bilder und Glaubenssätze von Kate veranschaulichen sehr klar und einfach, in welche Verwirrung wir als Seelen gestürzt werden, wenn wir auf die Geschlechterrollendefinition festgelegt sind. „Ich muß die Frau sein" heißt für Kate (und viele andere Frauen), daß sie das Männliche ausklammern muß, was Kate in ihrer überbetonten Weiblichkeit auch tut.

Schon diese innere Abspaltung ist ein Jammer. Aber damit nicht genug. Viele der darauffolgenden Glaubenssätze zeigen, daß dieses Denken noch weitere Folgen hat. Es stört die Beziehungen unter den Geschlechtern: „Ich kann ihn nicht erreichen." „Ich darf nicht an den Ort, wo der Mann lebt."

Das trifft bei Kate innerlich und äußerlich zu. Sie kann weder ihre eigene Männlichkeit leben, noch kann ein Mann sie von außen erreichen. „Der Mann darf nicht mehr zu mir", hat sie gesagt. Sie könnte einen Mann treffen, der sie von Herzen liebt, ja alle Männer der Welt könnten sie von Herzen lieben, doch keiner würde sie erreichen.

Es ist daher kein Wunder, daß diese Frau keine Beziehung zu einem Mann herstellen kann. Umgekehrt sitzt der Mann „im Gefängnis". Die Männer empfangen die Botschaften dieser Frau aus ihrer Aura, aus dem, was ihr Körper an Informationen aussendet, und erfüllen ihr ihre „Wünsche". Natürlich sind auch die Männer in ihren Rollen gefangen. Aber ausschlaggebend für diese Frau ist das Gefängnis ihrer eigenen Gedanken. Das sieht ihre Seele sehr genau, die uns diese Erinnerungen, Bilder und Gefühle in der Rückführung ganz gezielt als Informationen geschickt hat.

Wir brauchen uns über die emotionale Qualität von Kates Bildern und Glaubenssätzen nicht zu wundern. Dahinter steckt vielleicht eine jahrtausendealte Verzweiflung. Bestimmt hat sie, wie viele von uns, über verschiedene Leben hinweg immer wieder versucht, diese Geschlechtertrennung irgendwie zu überwinden. Dabei haben wir uns zu sehr als körperliches, materielles Wesen gesehen. Die Seele blieb uns unbekannt oder ein Mysterium, und deshalb haben wir dieses Problem der Spaltung nicht überwinden und unsere Ganzheit nicht leben können.

Kate hat die Rollenspaltung sehr tief verinnerlicht, so sehr, daß sie in der Gruppe praktisch alles tut, um das Männliche, nach dem sie sich sehnt, im Gefängis eingesperrt zu halten. Nicht nur kann sie die Dynamische Meditation, in der es eine laute kathartische Phase gibt, wegen eines Wirbelsäulenschadens nicht mitmachen, sie weigert sich sogar, dabei nur anwesend zu sein, weil sie alles Laute und Aggressive als männlich ablehnt. Als ich zumindest ihre Anwesenheit verlangte, reiste sie empört ab und versuchte mich hinterher zu verklagen, weil ich sie, wie sie meinte, zu männlich-aggressivem Verhalten genötigt hätte, indem ich lautes Schreien und Wutausbrüche bei den Frauen förderte. (Natürlich findet eine solche Arbeit immer in einer geschützten Atmosphäre statt, damit es keine Verletzungen gibt.) Der Wachsoldat vor dem Gefängnis des Mannes ist sie selbst.

Übung: Erinnern Sie sich an eine Situation, in der Sie sich belastende Urteile gegen das andere Geschlecht zugelegt haben, so daß Sie das andere Geschlecht heute vielleicht eher abstoßen als anziehen, obwohl Sie sich vielleicht etwas anderes wünschen. Machen Sie sich Ihre Schlußfolgerungen aus jenem Erlebnis bewußt und befreien Sie sich davon.

■ Frau und Mann ohne Existenzberechtigung

Helen ist dreißig Jahre alt und hat schon sechs Jahre Therapie hinter sich. Sie ist sehr zurückhaltend, hat einen schönen weiblichen Körper, wirkt aber dennoch männlich. Ihr Gesicht hat oft einen traurigen, enttäuschten Ausdruck. Wenn sie einmal lacht, zeigt sich ihre Sinnlichkeit, aber davon darf offensichtlich nicht zuviel gezeigt werden. Ihr Körper wirkt, als sei in ihm viel aufgestaute, ungelebte Energie. Sie hat große Schwierigkeiten mit Beziehungen und Sexualität, hat Angst, jemanden an sich heranzulassen. Deshalb ist sie in die Frauen-Tantragruppe gekommen.

Die jahrelange Therapie hilft ihr, die Gruppe durchzustehen. Sie ist so scheu, daß sie sicher in den ersten zwei Tagen nach Hause gefahren wäre, wenn sie nicht schon einen Teil ihrer Vergangenheit aus diesem Leben in der Therapie bearbeitet hätte, z.B., daß sie als kleines Kind von ihrem Vater vergewaltigt wurde. Aber bei den Rückführungen in Erlebnisse in diesem Leben kommt auch noch Material, das bisher im Dunkeln lag: Einmal hat ihr Vater sie in den Swimmingpool geworfen. Sie war noch ganz klein, konnte nicht schwimmen. Sie hatte das Gefühl, daß er sie umbringen wollte. Sie schrie um Hilfe, und ihre Mutter hat sie aus dem Wasser herausgeholt.

Im Jahre 1615 erlebt Helen sich als achtjährigen Jungen. Sie sieht ein Lagerfeuer. Viele Frauen sind versammelt. Sie ist mit ihrer Mutter unter den Frauen. Die Mutter leitet den Stamm. Weil Helen ein Junge ist, soll sie umgebracht werden. Die Frauen beraten darüber, aber die Mutter beschließt ihren Tod am Ende selbst.

Ich habe keine Möglichkeit zu flüchten. Ich bin noch zu klein in der wilden Umgebung. Ich bin den Frauen im Weg.

Helen ist schockiert über die Wiederholung ihres Dramas, aber ich kann sie beruhigen, weil jetzt ihr Thema klar auf dem Tisch liegt und sie sich emotional entlasten und entprogrammieren kann.

Natürlich hatte sie schon zu der Geschichte mit ihrem Vater solche Glaubenssätze aufgegeben wie:
- Als Mädchen darf ich nicht da sein. (Der Vater wollte einen Jungen.)
- Ich muß ein Junge sein. – Als Mädchen bin ich zu klein, schwach und hilflos. Mein Vater/der Mann vergewaltigt mich.
- Mein Vater tötet mich.

Aber das Leben als unerwünschter Junge, der nicht existieren darf, bewirkt in ihr Glaubenssätze über das Mannsein. Sie zeigen, in welcher verzweifelten Pattsituation ihre Seele ist:
- Als Junge/Mann werde ich umgebracht.
- Ich will kein Junge/Mann sein.
- Ich bin den Frauen im Weg.
- Ich habe keine Möglichkeit, mich zu retten.
- Ich habe keine Berechtigung zu leben.
- Auf Männer kann ich mich nicht verlassen, die sind gar nicht da.

- Ich muß mich ergeben, habe gar keine Chance zu leben.
- Ich muß mir Gewalt antun.
- Andere bestimmen über mein Leben und mein Sterben.
- Es ist mir alles zuviel. (Sie weint.)
- Ich finde keinen Ausweg.
- Ich kann nur noch verrückt werden.
- Ich bin völlig zerrissen, kann mich mit *nichts* identifizieren.

An dieser Stelle werde ich hellhörig. Wir betrachten in den Rückführungen ja nicht nur die Opferseite, sondern wir suchen auch immer nach dem Bewußtseinsinhalt, der den unbewußten Wunsch ausmacht, *warum* ein solches Schicksal geschaffen wurde. Welcher unbewußte Wunsch sollte damit erfüllt werden? Oft steckt hinter diesen Wünschen das unbewußte Wissen der Seele und die Sehnsucht, die ursprünglichen Seinszustände der Seele wieder zu erreichen. Aufgrund dieses Wissens konnte ich der Frau helfen, ihren Tätersatz zu finden:

- Um ins Nichts zu kommen, darf ich nichts mehr sein, weder Frau noch Mann.

Nun hoffe ich, daß diese Frau Schritt für Schritt lernt, Frau und Mann in sich zu leben, erfüllte Beziehungen zu haben und mit Hilfe von Meditation zu erfahren, daß sie auch in ihrer körperlichen Existenz leeres Bewußtsein sein kann, bis sie eines Tages von dem Spiel auf der Erde und mit den Menschen genug hat und ganz ins Nichts zurückkehrt. Aber vorher kann sie, wenn sie will, lernen, glücklich und als *ganzes* Wesen, mit ihren weiblichen und männlichen Anteilen zu leben.

Übung: Holen Sie sich wieder die Glaubenssätze aus dieser Geschichte, die zu Ihnen passen oder die Ihnen dazu einfallen. Befreien Sie sich davon nach der bekannten Methode.

Erweiterte Übung: Haben Sie selbst einmal ein Erlebnis gehabt, das es Ihnen unmöglich gemacht hat, das Geschlecht Ihres Körpers zu leben? Dann erinnern Sie sich noch einmal ganz genau an dieses Erlebnis und machen Sie sich Ihre Schlußfolgerungen bewußt. Danach verabschieden Sie sich wieder davon.

Diesmal will ich von einer ganzen Kette von Rückführungen berichten, indem ich bei dem frühesten Leben beginne und dann in die Gegenwart komme. Auf diese Weise wird sichtbar, wie sich eine Verirrung und sogenannte Verhaltensstörung chronologisch aufbaut.

Doretta ist eine attraktive, charmante, ja feurige Frau in den Dreißigern. Sie wirkt lebensfroh, aber sie hat einen tiefen Kummer: Sie hat so viel Angst vor Nähe, daß sie weder Beziehungen mit Frauen, zu denen sie sich manchmal hingezogen fühlt, noch mit Männern, zu denen sie sich auch manchmal hingezogen fühlt, leben kann. Immer kommt irgend etwas dazwischen.

Im Jahre 1614 erlebt Doretta sich als Frau, die allein lebt und auf einem Markt Waren verkauft. Eines Tages kommen Reiter und werfen ihren Stand übermütig und aggressiv um. Die Marktfrau ist eine starke und selbstbewußte Frau, die keine Lust auf so rauhe Sitten und harte Zeiten hat. Sie gibt das Leben als Marktfrau auf.

Ich treffe mich mit sechs oder acht anderen Frauen am Fluß und werde die reine Lebenslust. Wir spielen im Wasser und haben Freude und Lust. Aber es gibt auch einen Reiter, zu dem ich mich hingezogen fühle. Ich denke schließlich, daß es vielleicht einfacher ist, mit ihm zu leben, als mich so hin- und hergerissen zu fühlen. Als ich ihn eines Tages treffe, steige ich auf sein Pferd, reite vor ihm sitzend mit. Gleichzeitig denke ich aber schon: Was machst du da? Du willst das gar nicht! Das ist Selbstverrat! Du reitest freiwillig ins Gefängnis! Zu spät. Ich kann nicht zurück. Jetzt bin ich freiwillig-unfreiwillig in der Gefangenschaft des Mannes. Er hat eine so totale Machtausstrahlung, daß er nichts sagen oder tun muß, um mich zu bekommen. Es ist eine völlig nonverbale Macht. Wieder fühle ich mich schrecklich zerrissen, genau wie vorher bei den Frauen.

Ihre Glaubenssätze, die sie gern aufgibt, sind:
• Wenn ich mich einmal dem Mann zuwende, ist es aus, dann muß ich mit ihm und bei ihm bleiben.

- Es ist ein Befehl, dem ich mich nicht widersetzen kann.
- Obwohl die Gewalt unsichtbar ist, bin ich gezwungen, dem Mann zu folgen.
- Damit ich nicht ständig kämpfen muß, muß ich mich selbst verraten.
- Als Frau kann ich nicht ohne Kampf selbstbestimmt leben.
- Mit einem Mann zu leben ist Selbstverrat und heißt, freiwillig ins Gefängnis zu gehen.
- Jetzt bin ich in der Gefangenschaft des Mannes!
- Als freie Frau bin ich für Männer eine Provokation. Sie stören mich, sind aggressiv und lassen mich nicht eher in Ruhe, bis ich mich unterwerfe.
- Als freie Frau muß ich ein Doppelleben führen: das gesellschaftliche Leben kann ich nur in der vorgeschriebenen Frauenrolle leben, und meine Lust und Lebensfreude kann ich nur heimlich mit den Frauen leben.
- In der Gesellschaft muß ich mich ernst und erwachsen verhalten, spielen ist da nicht drin.
- In der Gesellschaft kann ich nur leben, wenn ich mich selbst verrate und hinter einer Fassade lebe.
- Der Mann hat die totale Macht, ich kann mich ihr nicht entziehen.
- Entweder muß ich mich für den Mann entscheiden oder für die Frau, entweder für die Lust oder für die Macht.

Dies ist eine sehr interessante Geschichte. Sie zeigt den Konflikt einer Seele, die zwar in einem Frauenkörper ist, das Gefühl von Stärke, Autonomie und Freiheit aber noch fast ungebrochen in sich trägt. Außerdem hat sie eine starke Neigung, mit der Stärke, Autonomie und Freiheit auch noch Liebe, Lust und Verspieltheit zu verbinden. Mit anderen Worten: Doretta möchte die Spaltung zwischen weiblich und männlich überwinden und beides leben. Diese Seele hat sich aber in eine Zeit, in der Männer erbittert um die Vorherrschaft kämpften, inkarniert. In jener Zeit war eine freie Frau wirklich eine Provokation. In einer Ausstellung über die Hexenverfolgung habe ich in einem Bericht der Ulmer Stadtchronik gelesen, daß eine Frau, die frei lebte und mit ihrem Bündel und ihrem Hund über Land zog, als Hexe verurteilt wurde.

In jener Zeit war Gewalt gegenüber Frauen schon so weit verbreitet, daß der Glaubenssatz über die Unsichtbarkeit der Gewalt fast verwunderlich ist. Ich finde aber auch diesen Glaubenssatz interessant, denn der Zwang, in die Geschlechterrollen hineinzuwachsen, kann ja auch ganz wortlos geschehen, z.B. durch Rollenvorbilder oder durch eine bestimmte gesellschaftliche Realität. Diese wortlose Gewalt funktionierte auch schon in Zeiten, als es noch keine Medien gab, die die Rollenvorbilder noch tausendfach mehr manipulieren.

In dem nächsten Leben, dessen Bild Dorettas Seele ihr ins Bewußtsein schickt, sieht sie sich als Hausfrau im Trachtenkleid, die Mann und Sohn versorgt. Die einstmals freie Frau ist jetzt domestiziert, Dorettas Seele hat das „Gefängnis" des vorigen Lebens gleich mit in ein anderes genommen. Aber weil unser Wunsch nach Freiheit ein Seelenwunsch ist, läßt er sich in uns nicht töten oder auslöschen, so wenig wie die Seele nicht getötet oder ausgelöscht werden kann. Sie ist ewig, ohne Anfang und Ende.

Eines Tages also schaut diese Frau während der Hausarbeit aus dem Fenster und sieht eine stattliche, herrschaftliche Frau vorbeireiten. Ein Blickwechsel genügt, und es funkt zwischen den beiden. Es ist Liebe auf den ersten Blick. Obwohl das alles eigentlich unmöglich ist, treffen die beiden Frauen sich heimlich. Einmal haben sie sich im Wald verabredet.

Ich denke mit ganz viel Liebe an sie, pflücke Blumen für sie und stelle sie an einen schönen Platz für uns. Ich freue mich so auf sie, aber eine Stimme in mir sagt schon:

- Das darf ich nicht!
- Die freie Frau, die ich liebe, mit der darf ich gar keinen Kontakt haben.
- Eine schöne, freie, selbstbewußte Frau ist eine Hexe.

So weit reicht die Programmierung aus dem vorigen Leben schon, daß sie diese herrschaftliche, freie Frau gar nicht mehr selbst ist. Sie ist die Hausfrau in dem Trachtenkleid, und die freie Frau ist nach außen gerückt. Aber die Sehnsucht und Liebe für die freie Frau ist noch da. Kein Wunder, daß der Liebesfunken sofort überspringt.

An diesem Tag kommt die Freundin nicht. Statt dessen kommen Männer und nehmen sie gefangen.

Ich werde in einen Keller geworfen und gefoltert. Die Männer wollen wissen, was wir gemacht haben. Ich werde dann zwar freigekauft, aber auf eine einsame Insel, eine Strafinsel, verbannt. Dort werde ich zu den niedrigsten Arbeiten herangezogen, ich muß das schmutzige Geschirr waschen. Ich bin bodenlos traurig, entsetzt, enttäuscht, einsam, verloren. Mein Herz ist zentnerschwer.

Aus diesen Erlebnissen nimmt Dorettas Seele folgende Glaubenssätze mit:
- Ich darf nicht so hoch greifen.
- Ich darf die Frau gar nicht lieben.
- Das ist die gerechte Strafe.
- Wenn ich mich auf etwas einlasse, was ich gar nicht darf, werde ich bestraft.
- Ich bin der Situation ausgeliefert.
- Ich muß einen Panzer um mich herum aufbauen, um mich zu schützen.
- Wenn ich eine Frau liebe, werde ich isoliert und erniedrigt und kann nicht mehr so leben, wie ich will.

Aber eine Frau, die keine Frau lieben darf, kann sich selbst auch nicht lieben, denn Sätze über das Frausein gelten im Bio-Computer natürlich auch für die Frau selbst. Solche Glaubenssätze haben eine unglaublich selbstzerstörerische Wirkung.

Aber es geht noch weiter mit den Glaubenssätzen:
- Ich kann mich nur noch unterordnen.
- Männer hindern mich am Leben, nehmen mir die Freiheit, erlauben mir nicht, eine Frau zu lieben, müssen mich ganz für sich haben, sind total besitzergreifend, sie sind eine tödliche Gefahr für mich.
- Meine schöne unschuldige Liebe zu einer starken Frau ist etwas Schlechtes und wird von den Männern verfolgt.

- Die schöne, freie und starke Frau ist unerreichbar für mich. Sie gehört einer höheren Kaste an, zu der ich keinen Zugang habe. Wenn ich die Grenze überschreite, werde ich bestraft.
- Eine Frau, die selbstbewußt, stark und frei ist und die sich Freiheiten nimmt, zu denen sie Lust hat, ist eine Hexe.
- Feste Beziehungen zu Männern, aber auch die Liebe zur Frau sind tödlich für mein Leben.
- Ich kann Männern nicht mehr trauen, nicht mal denen, die mir am nächsten stehen. (Sie hatte das Gefühl gehabt, daß ihr Mann und ihr Sohn sie verraten hatten.)

Das nächste Erlebnis spielt in diesem Leben. Mit 17 hat Doretta sich in einen Jungen verliebt. Sie hat ihn schon eine Weile angehimmelt, aber erfährt keine Gegenliebe. Sie fühlt sich ganz einsam und traurig und denkt, irgendwie sei er der Richtige. Aber es wird wohl nichts draus, obwohl sie sich manchmal unterhalten. Er bleibt distanziert.

Eines Abends ist irgendwo ein Fest, wo wir ein bißchen trinken. Plötzlich ist da Nähe, wir schmusen, gehen zusammen in den Garten. Ich bin völlig hingerissen und erlaube, daß er mich am Busen anfaßt. Es ist wunderbar lustvoll für mich. Am nächsten Morgen sagt er „Hallo“ und geht an mir vorbei. Ich bin verletzt, fühle mich abgestellt und gedemütigt, zweifle an meiner Wahrnehmung, wage es aber auch nicht, ihn anzusprechen, verhalte mich cool, aber innen tut's total weh, mein Herz, mein Hals, mein Bauch. Eigentlich wußte ich das vorher. Meine erste Reaktion auf die Annäherung war: Nee, da lasse ich mich nicht drauf ein! Gleichzeitig hatte ich aber Angst, daß ich dann keine Liebe und Lust abkriege. Also habe ich mich doch drauf eingelassen.

Wir arbeiten mit Dorettas Gefühlen, und danach gibt sie folgende Glaubenssätze auf:
- Männer verletzen mich immer.
- Wenn ich mich auf einen Mann einlasse und auf das, was im Moment da ist, dann werde ich süchtig, dann werde ich gedemütigt und verlassen.

- Ich kann das nicht ertragen, wenn es dann wieder aufhört.
- Wenn ich Liebe und Nähe zulasse, dann wird es zuviel, ich kann das nicht aushalten.
- Der Mann meiner Träume ist als Freund unerreichbar, er ist nur für ein kurzes Abenteuer zu erreichen.
- Der Mann bestimmt, wann und wo Liebe gelebt wird.
- Ich behalte jetzt die Liebe bei mir, damit ich nicht mehr verletzt werde.
- Auf Liebe lasse ich mich nicht mehr ein, hinterher kommt doch nur Schmerz.
- Nie ist es der richtige Mann!
- Andere sind doch mehr wert als ich.
- Der Mann achtet mich nicht.

Bei dem nächsten Erlebnis ist Doretta 27 Jahre alt, es dauert nur ein paar Augenblicke. Es könnte auch ein Traum gewesen sein: Sie geht durch eine nächtliche Stadt, durch eine Gasse, allein. In einem Fenster ist Licht, und sie kann in eine Wohnung schauen. Eine Frau und ein Mann lieben sich, es dauert nicht lange. Danach steht die Frau auf und macht Kaffee in der Küche.

> *Diese Szene macht mich sehnsüchtig, aber gleichzeitig habe ich ganz klar das Gefühl: So will ich nicht leben! Die Szene wirkt so mechanisch, unbewußt und langweilig. Die beiden haben sich arrangiert, es wird nicht mehr bewußt wahrgenommen, gestaltet oder genossen. Es macht mich ganz traurig.*

Doretta gibt folgende Glaubenssätze auf:
- Zwischen Frau und Mann läuft alles nach festen Regeln ab.
- Da ist kein Raum für Phantasie und Kreativität, Spiel und Überraschungen, Bewußtsein und Freude und Glückseligkeit.
- Ich bin nicht kreativ genug.
- Die Frau muß den Mann bedienen.

Was Doretta da sieht, spiegelt bis in alle Einzelheiten hinein ihre Situation: Durch ihre früheren Erlebnisse ist sie so gebrochen und geprägt, daß es selbst den Raum, wo Frau und Mann sich begegnen, nicht für sie gibt. Andererseits will sie ihn auf diese

Weise auch gar nicht, denn ihr Seelenbewußtsein sagt ihr, daß hier etwas nicht stimmt.

In der nächsten Rückführung erlebt Doretta eine Szene aus ihrem Berufsleben noch einmal. Sie geht mittags mit zwei Männern essen. Als sie einen Tisch und ihre Plätze wählen, möchte sie einen Platz mit „viel Raum" bekommen. Sie fühlt sich den Männern gegenüber klein, was körperlich auch zutrifft, und sie hat das Gefühl, sich den Männern gegenüber behaupten zu müssen. Vor Angst zieht sich ihr Solarplexus zusammen. Also genau das Chakra, das die ganzen sogenannten männlichen Fähigkeiten ausdrückt, um die es Doretta jetzt geht, macht Dorettas männliche Ausstrahlung klein. Wir arbeiten mit Dorettas Gefühlen, danach gibt sie folgende Glaubenssätze auf:

- Weil ich eine Frau bin, muß ich um meinen Platz kämpfen.
- Ich muß beweisen, daß ich mir meinen Raum nehmen kann.
- Weil ich eine Frau bin, muß ich beweisen und demonstrieren, daß ich den gleichen Wert habe und genauso stark bin wie ein Mann.
- Eine Frau kann niemals die Größe eines Mannes erreichen, sie ist von Natur aus kleiner, schwächer, zarter, dümmer und weniger wert als der Mann.
- Eine Frau kann sich mit Männern nicht messen.
- Eine Frau ist kein Mann.
- Meine männliche Seite macht mich unattraktiv für Männer.

Es lohnt sich, diesen letzten Glaubenssatz näher zu betrachten. Es passiert ja tatsächlich, daß Frauen, die gegen die einseitig weibliche Konditionierung rebellieren, manchmal ein ganz unattraktives Erscheinungsbild entwickeln oder einen verklemmten Abklatsch des Männerbildes leben.

Und auch umgekehrt passiert es, daß Männer sich insgeheim gegen die Abspaltung des Weiblichen wehren und aus ihrer Sehnsucht danach eine völlig tuntige, überzogene Weiblichkeit nachspielen. Dennoch sind das unbewußte Befreiungsversuche. Aufgrund solcher Beobachtungen werden viele Leute sagen: Aber genau so ist es! Eine Frau, die männlich ist, ist einfach nicht mehr attraktiv. Ja, das ist so, weil diese unbewußte Art von Selbstbefreiungsversuchen im Rahmen der gespaltenen Rollendefinitionen bleiben. Hier wird nicht wirklich integriert, sondern lediglich versucht, in die Rolle des anderen Geschlechts zu wechseln. Es findet keine Bewußtseinserweiterung statt, und auch die Rollenklischees werden beibehalten, man paßt sich nur der Definition des Gegenpols an. Und wird dazu noch das eigene oder das andere Geschlecht abgelehnt, was bei lesbischen Frauen und homosexuellen Männern manchmal passiert, dann sitzen solche Menschen in einer selbstgeschaffenen Hölle. An Dorettas Glaubenssätzen wird das klar sichtbar: Um Frau zu sein, nimmt sie ihre männliche Ausstrahlung zurück, der Solarplexus zieht sich zusammen. Und gleichzeitig beginnt sie, um ihre Gleichberechtigung zu kämpfen, anstatt einfach das zu sein, was sie ist.

Damit wir das Weibliche und das Männliche integrieren und in uns leben können, müssen wir aus allen Definitionen von weiblich und männlich aussteigen, uns entprogrammieren, sozusagen entzaubern, um dann *alle* unsere Fähigkeiten zu leben und alles, wozu wir Lust haben.

Als letztes Bild bekommt Doretta kein reales Erlebnis mehr, sondern eine Art Phantasiebild.

Da ist eine affenähnliche Person, wie ein Orang-Utang, schnell und gewandt, aber gleichzeitig auch irgendwie männlich-tolpatschig. Sie klettert aus einem Fenster und über Dächer, ist unheimlich schnell, wie Tarzan. – Das bin ich! – Irgendwann läßt sie sich fallen. Unten liegt eine Frau. Das affenähnliche Wesen möchte mit seinem Kopf in ihren Bauch, aber zärtlich, nicht aggressiv. Die Frau ist ohnmächtig, verletzt und in Lebensgefahr. Das affenähnliche Wesen packt sie, legt sie über seine Schultern und will sie retten. Irgendwie weiß es, daß sie erschossen werden soll. Kurz bevor es mit ihr in Sicherheit ist, wird sie ihm abgenommen. Jetzt fühlt sich das Wesen verletzt, verlassen, ohnmächtig und traurig, und der Schmerz zieht ihm den Solarplexus zusammen.

Doretta bekommt mit diesen Bildern und ihren damit verbundenen Gefühlen also die Information, daß ihr Innerer Mann noch so wild, stark, geschickt, schnell, liebevoll und gewandt sein kann, er kann die Frau weder erreichen noch retten. Außerdem zeigen sie, daß sie jetzt endgültig das Bild der völlig gebrochenen Frau und des Mannes als Ritter, Held und Retter verinnerlicht hat. Aber nur positiv ist das Männerbild auch wieder nicht, denn es erscheint als wild und animalisch. Demgegenüber ist das Weibliche schwach, ohnmächtig, verletzt, in Lebensgefahr. Es nützt nichts, die beiden, so wie sie sind, zusammenzubringen. Sie sind gegeneinander konditioniert. Das Männlich-Animalische kann noch so sehr versuchen, in das Weibliche hineinzukriechen, der Mann wird nicht bekommen, was er sucht!

Dieser Irrtum, daß der Mann denkt, er muß die Frau besitzen oder in sie hineinkriechen, passiert in der Heterosexualität dauernd. Die Frau ihrerseits versucht, den Mann in sich aufzunehmen, manchmal versucht sie sogar, ihn zu „verschlingen". Diese beiderseitige Gier macht ihnen angst und wird sie immer unerfüllt lassen, bis sie lernen, die Vereinigung auf der richtigen Ebene herzustellen, nämlich auf der inneren Ebene. Osho schreibt hierzu:

„Das Wort ‚Sex' ist sehr schön. Die ursprüngliche Wurzel des Wortes Sex bedeutet Teilung. Sex bedeutet Teilung. Wenn du in dir gespalten bist, dann bist du es auch im Sex. Wenn du eine Frau oder einen Mann begehrst, was passiert dann? Ein Teil von dir möchte dem anderen begegnen, aber er versucht diese Begegnung von außen.

Außen können die beiden sich einen Moment lang begegnen, aber du bleibst allein, denn außen kannst du keine ewig dauernde Begegnung haben. Sex ist auf eine momentane Begegnung beschränkt, denn der andere bleibt der andere.

Wenn du jedoch deiner Inneren Frau oder deinem Inneren Mann begegnest, in dir, dann kann diese Begegnung ewig sein. Und dann lösen sich alle Trennungen auf, diese Begegnung hat den Erfolg, den du dir wünschst.

Das ist eine alchemistische Transformation, deine Frau und dein Mann begegnen sich in dir, und du bist eins. Und wenn du eins bist, dann wirst du auch die Liebe haben."[34]

Dorettas Bild von dem Orang-Utan der in den Bauch der Frau kriechen möchte, spricht Bände. Er versucht seinen Wunsch nach Vereinigung auf der äußeren Ebene zu verwirklichen. Dabei ist

111

das Bild, von der inneren Ebene her betrachtet, absolut präzise und zeigt, daß Dorettas Seele genauso wie die Seelen all der Männer, die in die Frau kriechen wollen, haargenau wissen, was nötig ist. Der Bauch ist das Symbol der Weiblichkeit. Der Orang-Utan weiß also, daß er in die Weiblichkeit hineingehen muß. Er müßte lernen, seinen Wunsch innerlich zu verstehen und zu verwirklichen.

Doretta jedoch ist jetzt an einem Punkt der Bewußtwerdung angekommen, wo sie aus dieser jahrtausendealten Konditionierung aussteigen und sich befreien kann. Die Geschichte vom Orang-Utan liefert ihr dazu noch ein paar sehr schöne Glaubenssätze zum Aufgeben:

- Frausein bedeutet: schwach, verletzt, ohnmächtig, Opfer und in Lebensgefahr sein.
- Mannsein bedeutet: ungehobelt sein, wild, stark, animalisch, wissen was richtig ist, der Retter sein, in den Bauch der Frau zurück wollen, nicht so gut zeigen können, wie sensibel man(n) ist.
- Der Mann ist der Beschützer für die Frau.
- Die weibliche Seite ist ungeschützt.

Übung: Schreiben Sie alle Glaubenssätze aus Dorettas Geschichten, die auch zu Ihnen passen, und die, die Ihnen zusätzlich einfallen, auf Ihren Block und geben Sie sie auf.

Erweiterte Übung: Sie können auch noch einen Fernsehfilm anschauen und alle Glaubenssätze über Mannsein und Frausein, die Sie darin erkennen, aufschreiben, aufgeben und verbrennen. Viel Spaß! Sie werden staunen, denn jetzt ist Ihr Bewußtsein ja schon darin geschult, die Klischees in der Dauerberieselung und Dauerprogrammierung zu erkennen, als Glaubenssätze herauszufiltern und sich davon zu befreien.

Der ganze Mensch

Statt einen Konflikt zu schaffen,
ist meine ganze Arbeit die,
dir den Weg zu weisen,
wie du aus allen Eigenschaften
zusammengenommen
ein Orchester gestalten kannst:
Das wird deine Gesamtheit
als Mensch sein.

OSHO[35]

Der neue ganze Mensch, wird alle Eigenschaften, die von Natur aus im Körper vorhanden sind, in sich vereint leben. Sie/er wird sich von den alten Geschlechterrollen befreien, sich davon ent-zaubern. Genauso wie unsere äußeren Vorstellungen von Frau und Mann durch die Klischees verseucht sind, sind es auch unsere Innere Frau und unser Innerer Mann.

Das neue Wesen Mensch wird eine Ganzheit leben, die wir uns noch nicht so recht vorstellen können, weil nur wenige Menschen wie Jesus und Buddha sie vorgelebt haben – und auch da sind sie weitgehend mißverstanden worden und werden es noch bis heute.

Gerade an der letzten Geschichte von dem Orang-Utan wird einiges deutlich, was ich über die Spaltung und über die Heilung des Menschen noch erklären möchte.

Im Körper führt die Spaltung beispielsweise dazu, daß die Frauen die Energie im Solarplexus drosseln (selbst wenn sie bewußt hineingehen, wie Doretta es tat). Probleme mit Macht und Ohnmacht und mit der Fähigkeit, aktiv nach außen zu gehen, drücken sich immer im Solarplexus aus. Das lernte ich durch die Rückführungsarbeit. Immer wieder wurde mir von Druck im Bereich des Solarplexus berichtet. Oft dachten die Menschen, sie hätten ein Problem mit ihrem Magen. Und bei Männern materialisiert sich der hohe Druck bezüglich Aktivität und Leistung und Nach-außen-Gehen auch häufig in Magenproblemen. Solche Beobachtungen haben mich dazu veranlaßt, mir über das Chakra[36] im Solarplexus meine eigene Theorie zu machen. Nach unserer gesellschaftlichen Definition von weiblich oder männlich, können wir den Solarplexus auch das männliche Chakra nennen, das aber im weiblichen wie im männlichen Körper gleichermaßen vorhanden ist.

Die Männer andererseits, die per Rollendefinition gezwungen sind, sich von vielen Gefühlen abzuschneiden, drosseln ihr Nabelchakra, das sogenannte Hara. Harakiri gehört zu den heldenhaftesten Taten, die ein Mann begehen kann. Aber diese Heldentat spricht für sich selbst: Ein Mann, der die weibliche Seite in sich besiegt, sie ganz abtötet ... ist ein toter Mann. Ebenso wäre ich eine tote Frau gewesen, wenn ich weiter in das sogenannte männliche Kämpfen gegangen wäre und dadurch auch noch die restlichen zehn Prozent meiner Weiblichkeit geopfert hätte.

In der Geschichte mit dem Orang-Utan verhält sich Dorettas Innerer Mann so, wie viele Männer sich auf der äußeren Ebene verhalten: Weil sie sich von ihrer Weiblichkeit abgeschnitten haben, entsteht in ihnen der Wunsch, „in die Frau hineinzukriechen". Das ist aber nicht die Lösung! Weder Sex noch Macht über die Frau sind die Lösungen. Die Lösung ist Reintegration des abgespaltenen Weiblichen.

Osho hat diesen Zusammenhang einmal in einem Diskurs so ausgedrückt: Ein Mann, der erleuchtet werden will, muß erst eine Frau werden. Was ist damit gemeint? Muß er sich erst als Frau reinkarnieren? Nein, natürlich nicht. Damit ist gemeint, daß ein Mann erst wieder lernen muß, das Weibliche in sich zu befreien, zu entkonditionieren, zu lernen, welche Kostbarkeit das Weibliche ist, und das zu leben. Und dies gilt gleichermaßen für die Frauen: Eine Frau, die erleuchtet werden will, muß auch erst mal eine Frau im innerlich befreiten Sinne werden. Einen Frauenkörper zu haben genügt noch lange nicht. Zu meinen, ein Frauenkörper sei schon eine Garantie dafür, daß wir die besseren, heileren und weiblicheren Menschen wären, ist ein weitverbreitetes Mißverständnis in der Frauenbewegung.

Dadurch, daß das Weibliche in den letzten 4 000 Jahren systematisch abgewertet wurde, ist auch das Nabelzentrum, das Hara, in seiner Funktion beeinträchtigt worden – bei beiden Geschlechtern. Die Folgen davon sind vielfältig. Eine Folge davon sehen wir bei dem Orang-Utan, der die Sexsucht vieler heutiger

Männer verdeutlicht: Im Mann entsteht eine ungeheure Sehnsucht danach, „in den Bauch der Frau zu kriechen". Die Seele, die die Sehnsucht als Information schickt, weiß noch, was der Mann braucht. Aber die Männer verstehen diese Informationen nicht, interpretieren sie nur auf der äußeren Ebene. Sie mißverstehen sie also und denken, sie bedeuten Sex oder die Frau besitzen wollen.

Aufgrund dieses Mißverständisses projiziert der Mann die Weiblichkeit nach außen, statt sie in sich selbst zu suchen und zu finden. Wenn wir anfangen, das Weibliche in uns zu suchen, Männer und Frauen gleichermaßen, dann werden wir etwas ganz Kostbares entdecken: die passive Kreativität! Ja, das Hara ist das Zentrum der passiven Kreativität, der weiblichen Kreativität, die aus dem Sein und dem Empfangenkönnen erwächst. Haben Sie sich nicht auch schon darüber gewundert, daß manche Buddhastatuen einen riesigen dicken Bauch haben? Dieser Bauch symbolisiert, was Osho gemeint hat, als er sagte, ein Mann muß erst eine Frau werden, ehe er erleuchtet werden kann.

Das Nabelzentrum ist verbunden mit Gefühlen, mit Wasser, mit dem Mond, der Intuition, mit Passivität, mit Introversion, also mit all den Eigenschaften, die in unserer Gesellschaft weiblich genannt werden.

Der Solarplexus, das Sonnengeflecht, ist verbunden mit Aktivität, Ratio, Feuer, Sonne und Extravertiertheit, also mit all den Eigenschaften, die in unserer Gesellschaft männlich genannt werden.

Wenn wir also durch die Rollendefinition den einen oder den anderen Teil von uns abspalten, werden diese Zentren in ihrer Funktion behindert.

In den patriarchalen Kulturen ist nun das Männliche überbewertet worden, was dazu führt, daß die meisten Männer und auch viele Frauen glauben, Leistung sei nur über die männliche Seite zu erbringen. Das ist nicht nur ein Denkfehler, sondern ein großer Schaden für die Menschheit, weil dadurch das Wissen von der passiven Kreativität verlorengegangen ist.

Was ist passive Kreativität? Wir können das Rätsel, das in dem Buddhabauch symbolisch gegeben ist, dadurch lösen, daß wir uns einmal klarmachen, was in dem Bauch einer schwangeren Frau passiert. Schwangerschaft ist eine Form von passiver Kreativität:

Die Frau gibt sich hin, empfängt den Samen, und dann übernehmen ihr Körper und die Seele des Kindes die Arbeit. Die Frau macht das Kind in dem Sinn nicht, alles passiert von selbst.

Nun denken Sie vielleicht: Ein Mann kann aber doch kein Kind austragen! Das ist eine biologische Unmöglichkeit! Also hat auch nur die Frau, und nicht der Mann, die Fähigkeit, passiv kreativ sein. Das stimmt zwar hinsichtlich der biologischen Funktionen, aber Frau und Mann sind beide mehr als ihre Biologie! Sie sind Seelen, und diese Seelen verfügen über ein weibliches und männliches Potential. Durch die Entwicklung des Patriarchats ist uns nur das Wissen von diesen Fähigkeiten verlorengegangen, die Fähigkeiten selbst stehen uns nach wie vor zur Verfügung.

Wie sieht passive Kreativität aus, wenn sie nicht in Schwangerschaft ausgelebt wird? Nun, jeder Mensch kann sich erst einmal hingeben. Damit ist weder die sexuelle Hingabe noch eine Unterwerfung gemeint, sondern Hingabe an unsere innere Stimme, die Stimme der Seele. Wenn wir in der Meditation wie im Leben lernen, auf diese innere Stimme zu hören, werden wir befruchtet, wir empfangen Ideen, Samen. Diese Ideen können wir aktiv umsetzen, das ist der männliche Ansatz. Diese Ideen können wir aber auch „von selbst wachsen lassen". Das ist der weibliche Ansatz.

In der weiblichen Konditionierung haben wir Passivität oft negativ erlebt – ohnmächtig, träge, unkreativ, unproduktiv. Wer von uns kennt nicht die Aufforderung: Sitz hier nicht so rum, tu lieber was! Osho, der das Geheimnis der sogenannten weiblichen, passiven Kreativität kennt, hat diesen Satz umgekehrt in: *Don't just do something, sit here!*

Da Märchen und Mythen oft spirituelles Geheimwissen enthalten, soll das Märchen von den Kölner Heinzelmännchen uns helfen, das Rätsel von der passiven Kreativität zu entschleiern. In den sogenannten guten alten Zeiten, als wir noch nicht vom rationalen, kontrollierenden Verstand beherrscht wurden, geschahen die Dinge, die geleistet werden mußten, von selbst, sozusagen im Schlaf. Nun war die Schneidersfrau aber neugierig und wollte wissen, was da vor sich ging, während sie im Schlaf, in einem unbewußten Zustand war. Dabei beging sie einen Fehler. Sie entschied sich nicht für ein bewußtes passives Beobachten, ohne

Eingreifen und Kontrolle, sondern wählte statt dessen ein Eingreifen durch die Erbsen. Sie wußte also nicht, wie sie erwachen konnte, ohne Lärm zu machen und aktiv zu werden. Das hatte zur Folge, daß die Heinzelmännchen ihren Dienst quittierten, bzw. das Phänomen der passiven Kreativität verschwand.

Die Motivation der Frau, wissen zu wollen, war in Ordnung, nur der Rückgriff auf den Verstand, das sogenannte männlich-rationale, kontrollierende Denken und Handeln war der Fehler, weil sie damit in den stillen, passiven Prozeß eingriff.

Ich will Ihnen dazu mein erstes bewußtes Erlebnis mit der passiven Kreativität erzählen, das mich staunen ließ. Ich lebte damals in Berlin und hatte schon ein paar Jahre lang die Rückführungsarbeit angeboten. Nun war ich dabei, mit Hilfe von Oshos Meditationen auch Gruppenarbeit zu gestalten. In diesem Prozeß kam ich schließlich an den Punkt, wo ich dachte, ich müßte die Menschen in den Gruppen eigentlich systematisch in Todeserlebnisse und durch sie hindurch in transzendentale Zustände führen, damit sie selbst erforschen und erleben könnten, daß mit dem Tod des Körpers das Leben der Seele nicht zu Ende ist.

Dafür wollte ich mir eine Kassette mit einer Phantasiereise herstellen, die auch mit Musik untermalt sein sollte. Ich suchte irgendeine Musikkassette aus, die ich für passend hielt, legte sie ein und begann nun, meine Reise in den Tod zu erfinden.

Nun geschahen eigenartige Dinge. Ich erzählte etwas von einem Fluß, auf dem wir fahren sollten ... schon erklang ein Klavierstück mit einer Klimper-Plätschermelodie. Ich freute mich und dachte: Was für ein netter Zufall! Dann kamen wir an einen Strand, setzten uns hin, und ein großer Vogel sollte vor uns landen. Mit nur einer Sekunde Verzögerung hörte ich ein „Plopp"! Ich bekam eine Gänsehaut. Das war kein Zufall mehr. Endlich, nach dem Todesmoment, wollte ich gar nichts mehr erzählen, weil ich überhaupt keine Vorgaben machen wollte über das, was nach dem Tode kommt. Ich sagte nur noch: Und jetzt geht deine Seele in die Freiheit. In dem Augenblick begann die Musik eine in Kreisen schwingende Melodie zu spielen, und da mußte ich vor Glück und Freude einfach weinen. Die Menschen, die schon einmal klinisch tot waren, berichten ja immer wieder, wie sie durch einen Tunnel getragen werden, einen Tunnel von Energie in Spiralbewegung, die sie forttrug. Dies war nun absolut kein Zufall mehr, und so fühlte ich mich in meinem Forschungsprojekt ungeheuer von meiner Seele gefördert, unterstützt, ermutigt und beschenkt.

Die Produktion dieser Kassette mit der Reise in den Tod war „passive Kreativität". Sicher, ich habe auch aktiv meinen Beitrag geleistet, aber daraufhin ist etwas mehr oder weniger von selbst entstanden, was ich über die männlich-aktive Seite weder mit derselben Effektivität noch in so kurzer Zeit hätte herstellen können.

Seit jener Zeit habe ich schon viele und immer stärkere Erlebnisse mit dieser passiven Kreativität gehabt, die mir zeigen, welch ungeheure Kraft die passive Kreativität ist. Und da sie immer wie ein Wunder wirkt, was sie aber gar nicht ist, weil sie den Gesetzen der Seele folgt, bringt sie mich jedesmal zum Staunen und beglückt mich. Dennoch habe ich riesige Angst davor. Ich kann diese Angst fühlen und auch beobachten, wie sie als bremsende Energie im Leben wirkt. In meinem Körper verursacht sie manchmal Symptome und Schmerzen und in meinem Leben alle möglichen Blockaden. Aber all diese Erscheinungsformen gehören zu den Programmen des Ego, das auf Alarm schaltet, weil ich mehr und mehr in den Seinszustand der Weiblichkeit, der weiblichen Kreativität und der Buddhanatur gehe. Ich beobachte das „Theater" zu meinem „Schutz", und während ich beobachte, gebe ich mehr und mehr von den Blockadegefühlen und den damit verbundenen Glaubenssätzen auf.

4. Teil

Liebes- und Beziehungsprobleme

Mit unseren Vorstellungen davon, was eine Frau und was ein Mann sein soll, spalten und verstümmeln wir nicht nur den einzelnen Menschen, sondern wir errichten auch die unmöglichsten Barrieren zwischen den Geschlechtern.

Wenn ein Junge lernt, sich mit dem männlichen Rollenideal zu identifizieren, lernt er auch gleichzeitig, das Weibliche abzulehnen. Ja, die Geschlechtererziehung hat einen geheimen Lehrplan! Wenn alles, was weiblich ist, für den Mann schlecht ist, dann gilt das nicht nur für seine eigene Persönlichkeit, seine Innere Frau, sondern auch für die äußere Frau. Der Bio-Computer unterscheidet das nicht. Frau ist Frau.

Ebenso ist es auf der weiblichen Seite: Wenn alles, was männlich ist, für ein Mädchen schlecht ist, sich nicht gehört,. dann gilt diese Konditionierung für ihren eigenen Inneren Mann genauso wie für den äußeren Mann.

Die Folgen dieser Bewertung und Verdrängung zeigen sich in einer tiefen Sehnsucht nach dem Abgespaltenen. Wir sehnen uns danach, das, was wir selbst nicht sein dürfen, wenigstens in einer Beziehung zu bekommen.

So verlieben wir uns zwanghaft in das andere und wünschen uns, mit ihm zusammenzusein. Und in der Sexualität sehnen sich Frau und Mann danach, die Spaltung zu überwinden und sich zu vereinigen. Aber wie soll diese äußere Vereinigung

119

jemals genügen, wenn eigentlich eine ganz andere, eine innere gemeint ist?

Abgesehen davon sind wir jedoch heimlich gegen eine Vereinigung. Uns ist beigebracht worden, das andere Geschlecht in uns selbst abzulehnen. Wie wollen wir dann diese „Liebe" und die Sehnsucht nach Vereinigung leben? Wie sollen wir mit etwas leben, das wir im Grunde ablehnen müssen?

Die folgenden Geschichten sollen dieses ganze, komplexe Geschehen verdeutlichen.

Liebe auf Distanz

▪ Warum entscheidet mein Geliebter sich nicht für mich?

Mit dieser Frage kommt eines Tages eine gute Freundin zu mir. Sie ist eine zarte schöne Frau, die gerade beginnt, in einem neuen Beruf Karriere zu machen. Sie ist eine wunderbar einfühlsame Künstlerin und eine ausgezeichnete Lehrerin, obgleich sie noch recht jung ist. Ich will sie Kim nennen.

Ihr großes Herzeleid ist, daß sich ihr Liebster nicht für sie entscheidet. Wenn sie zusammen sind, ist es traumhaft, Liebe und Lust sind intensiv, aber dann *muß* es wieder auseinandergehen. Er muß seine Freiheit haben. „Und", sagt sie, „ich wünsch mir doch so sehr, daß wir ganz zusammenleben und daß diese Angst und Eifersucht und das viele Alleinsein zu Ende ist." Nach einigem Überlegen wählt sie als Thema für die Rückführungen: Als ich neben einem starken Mann ohnmächtig war. Zuerst bearbeiten wir ein Erlebnis vor ein paar Jahren.

Wir gehen in ein Geschäft, um Fotokopien zu machen. Ich habe das Gefühl, ich mach den ganzen Tag Sachen für ihn, ich habe damit gar nichts zu tun. Es sind seine Fotokopien. Er ist sehr charmant zu der Verkäuferin, und die fliegt natürlich auf so einen attraktiven Mann. Ich steh wie überflüssig daneben, fühl mich klein, kindisch, ohnmächtig, wertlos. Ich habe keine Worte, um das auszudrücken. Mein Herz wird wie von einer Eisenfaust zusammengedrückt. Meine Augen brennen wie kurz vorm Weinen. Aber ich halte aus, weil sonst alles noch schlimmer wird. Es ist ja alles nur eine Bagatelle, doch meine Gefühle sind riesengroß. Er kriegt von dem Ganzen nichts mit.

Beim zweiten Durchgehen durch dieses Erlebnis verstärken sich die Gefühle noch mehr. Kim erlebt jetzt eine verzweifelte Wut und Haß, Prickeln und Schauer.

Ich stoße gegen Wände, reiße mich aber zusammen. Dieses Leiden hat auch was Genüßliches. Es ist Intensität, Leben, Kraft.

Nachdem die Gefühle abgeklungen sind, wenden wir uns ihren Schlußfolgerungen zu:
- Ich bin abhängig vom Mann.
- Wenn ich abhängig bin, leide ich.
- Leiden hat was Genüßliches. Leiden ist Intensität, Leben und Kraft.
- Ich muß Dinge tun, die ich gar nicht tun will, damit ich was für mich krieg, damit Zeit für mich da ist.
- Ich habe nichts zu sagen, meine Meinung ist nicht gefragt.
- Ich bin wertlos, nicht so wichtig.
- Ich muß für jede Aufmerksamkeit, die ich kriege, noch dankbar sein.
- Ich habe keine Worte, um meine Gefühle auszudrücken.
- Die Situation ist so banal, da habe ich nicht das Recht, meine Gefühle auszudrücken.
- Ich muß logisch argumentieren und belegen können.
- Wenn ich ihn wütend mache, werde ich nicht mehr geliebt.
- Ich muß stillhalten, weil sonst alles noch schlimmer wird.
- Ich bin klein und ohnmächtig.
- Wenn ich weine, wird alles noch schlimmer.
  Und dann zum Schluß noch der Tätersatz:
- Wenn ich diese leidende Intensität nicht habe, wird mir langweilig.

Aber auf die Dauer war es mit dem Leiden dann doch zuviel, und so haben die beiden sich vor kurzem getrennt. Kim ist darüber sehr unglücklich, kann nicht loslassen, zumal sie teilweise zusammen arbeiten. Wir bearbeiten also nachträglich noch ihre Trennung.

Kim und ihr Liebster haben zusammen Urlaub gemacht. Es waren traumhaft schöne Wochen, mit ganz viel Nähe, Liebe, Lust und tiefem Verstehen. Doch als sie nach Hause kommen, soll wieder alles vorbei sein, wochenlang kein Kontakt, andere Engagements.

Er bringt mich noch zur Haustür, muß aber gleich weg. Arbeit. Er ist so schnell weg. Ich fühl mich total verlassen und abgelehnt, wie ein Kind:

- Er muß immer bei mir sein.
- Er soll nicht weggehn!
- Wenn er weggeht, ist er entfernt, und unsere schöne Nähe ist weg, dann vergißt er mich, ist mir nicht treu.
- Wir finden keinen Weg, zusammen zu leben, zu lieben, zu lachen und zu arbeiten.
- Damit wir Zeit zusammen haben, muß ich meinen ganzen Stundenplan nach ihm richten, muß ich mich ganz wegtun.
- Nur, wenn ich mich ganz wegtue, geht es.

Ich frage sie, wozu sie das braucht:
- Ich brauche einen mächtigen Mann, der über mir steht, nur das macht mich an.
- Wenn der Mann souverän, stark und mächtig ist, zieht mich das magisch an.
- Die Frau ist der Gegenpol.
- Als Frau darf ich niemand sein.

Jetzt frage ich sie, warum sie niemand sein möchte:
- Ich möchte niemand sein.
- Wenn ich „jemand" bin, muß ich perfekt sein, dann versage ich bestimmt, mache mich lächerlich, und die Leute verachten mich.

An dieser Stelle bitte ich sie, einmal alles zu sagen, was sie über Frausein und Mannsein denkt, alles, was ihr gerade so einfällt.

- Die Frau muß die Dienerin des Mannes sein. (Sein Ausspruch!)
- Der Mann erniedrigt sich und macht sich lächerlich, wenn er an den Ort der Frau geht. Dann ist er nicht mehr der große, mächtige Mann.
- Ein Mann muß seinen Mann stehen.
- Um seinen Mann stehen zu können, muß er gegen die Frau kämpfen, muß sie klein machen.
- Die Macht des Mannes ist es, der Frau nicht nachzugeben.
- Der Mann muß nein zum Weiblichen sagen, damit er ein richtiger Mann ist.
- Ich verachte weiche Männer und Männer, die machen, was ich will.
- Ein Mann, der weich und weiblich ist, hat keinen Willen, kein Rückgrat, ist ein Schlappschwanz.
- Ein Mann ist keine Frau.
- Frau und Mann sind nicht gleichberechtigt.
- Wir können unsere tiefe Liebe, Nähe und Harmonie nicht auf Dauer leben. Wir können uns nur trennen, Abschied nehmen, das andere ist nicht auszuhalten.

„Gibt es einen Teil in dir, der sich wünscht", frage ich sie, „daß ihr lieber gar nicht bzw. nicht auf Dauer zusammenseid?"
- Wenn wir noch näher bzw. ganz zusammengehen, das kann niemals gutgehen.
- Wenn ich nah und verbindlich mit einem Mann lebe, dann verleidet mir das die Beziehung, und die sexuelle Lust ist dahin.

Das sind schon starke Gründe, warum Kim eine Beziehung insgeheim ablehnt. Es ist ein richtiges Aha-Erlebnis für sie, sich so auf die Schliche zu kommen, und eine Freude, diese bisher unbewußt gegen ihre bewußten Wünsche wirkenden Gedanken aufzugeben. Aber es geht noch weiter:
- Ein freier, starker Mann braucht viele Frauen. Nur mit vielen Frauen ist er ein richtiger Mann, hat Selbstbewußtsein. Deshalb kann ich ihn nicht für mich haben.
- Unsere Liebe ist in der konkreten Form nicht lebbar, nicht in diesem Leben.

- Wenn ich stark, autonom und erfolgreich werde, verläßt mich der Mann. (Kim kämpft sehr stark mit ihrem Geliebten um ihre Autonomie, aber das ist, wie wir sehen, ein Scheingefecht. Er soll und muß ja der Größere bleiben, damit sie ihn lieben kann.)
- Wenn ich cool bin, zieht das den Mann an.
- Meine Liebe wird nicht angenommen.
- Mein Liebster ist so von Frauen umworben, daß meine Liebe nicht zählt.
- Je tiefer meine Gefühle sind, desto mehr erstarrt der Mann.
- Ich habe keine Chance im Kampf der Frauen um meinen Geliebten.
- Die Frauen intrigieren gegen mich.
- Ich schaffe es nicht. Wir schaffen es nicht.
- Wir können die Kluft nicht überwinden.
- Ich kann ihn weder loslassen noch bekommen.
- Ich darf nicht die Frau sein, für die er sich entscheidet.

„Warum nicht?" frage ich sie. „Kannst du dafür irgendwelche Gründe sehen oder fühlen?"
- Ich kann nicht sicher sein, daß er mich wirklich will.
- Ich kann ihm nie glauben, daß ich die Frau bin, mit der er ganz leben will.

Und schließlich erzählt sie noch, daß eine Astrologin ihr Horoskop gedeutet und ihr gesagt habe:
- Dieser Mann ist nicht gut für mich.
- Ich muß ihn gehen lassen.

Aber Vorsicht! Die Sterne bestimmen nicht unser Schicksal! Statt blind an Horoskope zu glauben, sollten wir sie nutzen, um uns darüber bewußt zu werden wie wir unsere Wirklichkeit verändern wollen. Sie drücken nur unsere bewußten und unbewußten Identifikationen aus, unsere *inneren* Konstellationen, die sich dann in die äußere Wirklichkeit projizieren können.

Als nächste Erinnerung taucht bei Kim eine Geschichte aus der Pubertät auf, die zeigt, wie klar vorprogrammiert ihr Dilemma ist. Sie erlebt sich noch einmal als 15jährige, die für einen ihrer Lehrer schwärmt. Sie ist eine gute Schülerin und strengt sich gerade auch in seinem Fach sehr an, um seine Aufmerksamkeit zu bekommen. Bei einem Sportfest will sie besonders gut sein. Beim Staffellauf stellt sie sich ans Ende der Reihe, um beim Endspurt zu glänzen. Ihre Riege ist schon abgeschlagen, als sie den Stab bekommt. Sie wirft sich ins Zeug ... und stürzt, bricht sich das Bein. Aber trotz der Schmerzen läuft sie weiter! Sie muß die Leistung bringen! Damit ist es jetzt natürlich vorbei, und sie wird von den Jugendlichen der Gegenpartei verhöhnt. Doppelte Schande. „Danach wurde ich schlecht in der Schule, besonders bei diesem Lehrer", erzählt Kim. „Ich verstehe das alles nicht. Wollte so gern gut für ihn sein. Ich hatte Angst, daß er denkt, ich sei dumm." Etwas in ihr hat nach dem Sturz resigniert.

Aus diesem schmerzhaften Erlebnis resultieren viele Glaubenssätze und leider auch ein sehr verletztes Bein, das große Narben zurückbehält.

- Ich muß gut für den Mann sein.
- Wenn ich gut bin, bekomme ich Aufmerksamkeit, werde geliebt.
- Ich muß Eindruck machen.
- Ich muß die Schnellste und die Beste sein.
- Ich muß erst was leisten, damit ich geliebt werde.
- Egal, wie ich mich anstrenge, ich versage, wenn's drauf ankommt.
- Ich bin immer die Letzte. Ich schaff's einfach nicht.
- Der Mann meines Herzens und meiner Träume ist unerreichbar für mich.
- Mein Lehrer kann nicht mein Geliebter sein. (Ihr jetziger Liebster war auch mal ihr Lehrer, inzwischen ist sie aber auch manchmal seine Lehrerin gewesen. Trotzdem zählt noch das alte Programm! Sie glaubte wirklich noch fest daran.)
- Mein Lehrer steht zu hoch über mir, da gibt es keine Gleichheit.
- Das kann nie gutgehen, wenn Lehrer und Schülerin zusammenkommen.
- Als Frau muß ich mich dem Mann unterordnen.
- Einer muß sich immer unterordnen, anders geht's nicht.

Bei diesen Glaubenssätzen fällt ihr ein, daß sie einmal einen Freund hatte, der ihr zu Füßen lag. Aber sie wollte ihn nicht, sie hat ihn abgelehnt:

• Ein Mann, der mir zu Füßen liegt, ist ein Dreck.

Was Kim als 15jährige nicht wußte, war, daß sie ein inneres Programm hatte, nach dem sie nur einen überlegenen Mann lieben zu können glaubte. Für ihren Lehrer zu gewinnen stand im Widerspruch dazu, der Beinbruch mußte ihren Sieg also programmgemäß verhindern.

Es fallen ihr aber auch Ereignisse ein, die ihrem Geliebten passierten, als sie begonnen hatte, ihre Kraft und Autonomie zu leben:

• Wenn ich aus der Schwäche rausgehe, was für mich tue und wachse, dann verletzt das den Mann, das bricht ihm (als Mann) das Rückgrat. (Der Mann hatte einen schweren Unfall mit verletzter Wirbelsäule, als Kim anfing, ihre eigenen Wege zu gehen.)
• Wenn ich was leiste, werde ich zurückgewiesen.
• Wenn ich stark werde und Karriere mache, verläßt mich mein Liebster.
• Ich als Frau bedeute für den Mann den schrittweisen physischen Tod. (Er hatte einen zweiten schweren Unfall, als sie weiter an ihrer eigenen Karriere arbeitete.)

Sehen Sie den roten Faden? Ein Mann, der sich wirklich auf eine lebendige Frau einläßt, auf eine Frau, die an ihrer Selbstentfaltung arbeitet, kann leicht Panik bekommen. Sein altes Männerbild muß sterben. Aber d.h. zum Glück nicht, daß er sterben muß. Allerdings waren beide Unfälle lebensgefährlich. Daran sieht man, wie bedrohlich sich diese Rollenkonditionierungen auswirken können.

Nun kommen wir zu einem Kindheitserlebnis mit dem Vater, der für das Mädchen Kim ein mächtiger Mann war. Sie erlebt noch einmal eine Szene beim Mittagstisch. Sie sitzt ihm immer gegenüber. Wenn es um Geld für neue Schuhe oder irgendwas geht, wird er aggressiv. Die Stimmung ist hochexplosiv.

In meinem Nacken zieht sich alles zusammen. Hinter mir ist die Wand, vor mir der Tisch mit dem wütenden Vater. Ich mache mich ganz klein und unsichtbar und habe das Gefühl, ich werde angekotzt. Gleichzeitig soll ich essen. Es würgt mich. Ich habe solche Angst, ich falte mich ganz klein zusammen.

Nun hat ihr ein „mächtiger" Mann schon seinen Stempel aufgedrückt:

- Ich habe keine Chance gegen meinen Vater. (Im Bio-Computer steht das Wort „Vater" für alle Männer.)
- Er drückt mich an die Wand.
- Ich muß mich klein und unsichtbar machen und alles runterschlucken, damit Vaters Zorn mich nicht trifft. Sein Zorn ist übermächtig.
- Wenn der Zorn mich trifft, schlägt er mich, und vor allem kriege ich keine Liebe mehr, dann zieht er sich von mir/uns zurück.
- Ich brauche die Liebe von meinem Vater.
- Liebe muß mir von jemandem/einem Mann gegeben werden.

Nachdem Kim all diese Glaubenssätze aufgegeben hat, kommen wir zu einem Erlebnis, als Kim sieben Jahre alt ist:

Wir machen Ferien mit der Familie, Vater, Mutter, meine Schwester und ich. Ein angegessener Apfel ist auf dem Dachboden gefunden worden. Vater verhört uns, meine Schwester und mich. Eine von uns soll oder muß es gewesen sein. Wir waren es beide nicht. Nun werden wir in getrennten Zimmern eingeschlossen. Ich fühle mich absolut verzweifelt und ohnmächtig. Ich war's doch nicht! Wut. Ich schüttle wie wild meinen Kopf und meine Fäuste und fühl mich sehr einsam.

- Ich bin absolut ohnmächtig.
- Mein Vater hat die Macht, mich zu Unrecht zu beschuldigen und zu bestrafen.
- Meine Schwester wird gegen mich ausgespielt.
- Ich kann nirgendwohin mit meinen Gefühlen.

- Auch wenn ich meinem Vater nur Liebe gebe und nur Liebe will, bekomme ich nur Ärger zurück.
- Selbst wenn ich ganz, ganz rein und unschuldig bin und selbstlos, werde ich zurückgestoßen.

Da ich mich über das Wort „rein" wundere, erzählt Kim mir, daß rein sein für sie ein ganz, ganz hoher Wert ist. Ich bitte sie, mal alle Assoziationen, die ihr dazu einfallen, auszusprechen. Das Wort „rein" erweist sich als Fundgrube. Mit folgenden Glaubenssätzen liegen unüberwindliche Hindernisse vor ihrer Selbstverwirklichung und vor jeder Beziehung:

- Um rein zu sein, muß ich distanziert und unerreichbar sein.
- Um rein zu sein, muß ich alle Menschen annehmen und lieben.
- Um rein zu sein, darf ich nicht auf mich bezogen, nicht ich selbst sein, das ist egozentrisch.
- Ich muß mehr für andere da sein.
- Wenn ich nicht selbstlos bin, bin ich nicht rein.
- Ich kann gar nicht alle Menschen lieben.

Als nächsten Schritt führe ich Kim zurück in frühere Leben. Kim sieht eine Szene aus dem Jahr 1703, ein Gelage.

Es sieht aber eher aus wie in der Römerzeit. Es ist ein Gelage mit wahnsinnig viel Essen und Trinken. Ein großer, starker, dicker Mann in weißer Tunika tummelt sich mit vielen Mädchen, faßt ihre Brüste und Schenkel an. Er lebt sich aus. Ich bin seine Frau, hübsch, zierlich, schwarzhaarig, aber nicht genügend. Ich muß alle bedienen. Er macht auch Sex mit einem Mädchen, ich muß zuschauen und bedienen. Er erniedrigt mich, peitscht mich auch aus. Ich erlebe dabei Schmerz und Lust. Ich lasse mich benutzen und verachte ihn und mich. Mein Herz ist ganz kleingeschrumpft. Ich bin wie ein geprügelter Hund, der bei seinem Herrchen bleibt. Ich bleibe, weil ich zu faul bin, aber auch weil mich etwas an dem Mann magisch anzieht: seine Macht, seine Selbstherrlichkeit und die Selbstverständlichkeit, mit der er macht, was er will, und seine Rauhheit und Männlichkeit. Als der Mann stirbt, ersteche ich mich an seinem Sterbebett.

Kims Seele hat die Chance der Rückführung gut genutzt. Die Bilder aus den früheren Leben können die Schleier wegreißen, die wir so gern vor unsere Wahrnehmung hängen. Obwohl auch dies eine Opfergeschichte ist, schildert Kim trotzdem haargenau, warum sie, diese Frau, sich die ganze Erniedrigung antut. Zu faul und zu wenig Mut. Aber wir bekommen auch eine glasklare Analyse davon, wie Frauen ihre Macht abgeben: indem sie die Macht, Selbstherrlichkeit, Männlichkeit usw. im Mann bewundern und sich unterwerfen, statt sich selbst zu leben.

- Wenn ich von meinem Mann weggehe, habe ich keine Chance, gesellschaftlich bin ich dann kaputt, nichts.
- Wenn der Mann geht, ist mein ganzes Leben dahin.
- Ich kann nicht mehr leben, wenn die Qual, Folter und Erniedrigung aufhören, weil ich nichts anderes kenne.
- Als Frau muß ich fein und zierlich sein und kann selber keine Macht, Selbstbewußtheit, Selbstbestimmung, Wildheit und Männlichkeit haben.
- Wildheit und Männlichkeit sind plump, brutal und primitiv.
- Als Frau habe ich eine jämmerliche Existenz.
- Als Frau muß ich dem Mann dienen, mich erniedrigen und quälen lassen, denn ich bin hilflos und muß wie ein geprügelter Hund bei meinem Herrchen bleiben.
- In meiner gesellschaftlichen Stellung und wirtschaftlichen Existenz und auch in meinen Gefühlen und meiner Sexualität bin ich vom Mann abhängig.
- Der Mann kann sich ausleben, die Frau nicht.
- Er kann alles mit mir machen, wenn er nur bei mir bleibt.
- Wenn der Mann Sex mit anderen Frauen/Mädchen macht, muß ich dabei sein und ihn bedienen.
- Als Frau bin ich nicht schön genug.
- Egal, wie gemein er ist und wie er mich mit anderen Frauen quält, ich bin an ihn gebunden, liebe ihn, und die Erniedrigung macht mir Lust.
- Ich vergehe vor Scham. Vor Scham über mich und mein Leben muß ich sterben.

Schließlich kommen wir zu den Tätersätzen:
- Negative Zuwendung ist immer noch besser als gar keine.

- Wenn ich mich so abhängig mache, ist der Mann auch von mir abhängig.
- Wenn ich mich erniedrigen und quälen lasse, wenn ich leide, bin ich rein und komme zu Gott.

Auch hier wieder eine „religiöse" Vorstellung, die in so viel Leid führt.

Nun gehen wir noch weiter zurück. Kim erlebt sich als Frau im Jahre 1201. Sie ist eine junge, starke und schöne Frau, lebt mit einem Fischer, einem starken, schönen Mann mit Bart in den mittleren Jahren.

Wir sind glücklich miteinander. Einmal kommt mein Mann aus der Stadt zurück und hat dort einen Propheten getroffen, von dem er sich sehr angezogen fühlt. Nun verändert er sich sehr, hat immer weniger Zeit für mich. Schließlich leben wir gar keine Sexualität mehr, weil ihm das zuviel Energie wegnehmen würde. Ich verstehe ihn, versuche nicht, ihn von seinem Weg abzubringen, aber ich leide entsetzlich. Ich habe riesige körperliche Lust, ich fühl es in der ganzen Haut, meine Yoni hat große Lust auf ihn. Er ist zum Greifen nahe, und doch kann ich meine Lust nicht mehr mit ihm leben. Sie verwandelt sich in brennenden Schmerz und Hilflosigkeit. Ich bin völlig frustriert und weiß nicht, wohin mit meiner Wut und Aggression, denn ich liebe und verstehe ihn ja. Schließlich zieht er von mir weg in den Wald, als Einsiedler.

Wir lösen nun erst einmal all ihre Gefühle dazu auf, danach findet Kim folgende Glaubenssätze und gibt sie auf:
- Ich kann dem Mann mein Verstehen und meine Weisheit nicht begreiflich machen. Er setzt sich mit *seiner* Vision durch.
- Wenn mein Geliebter mich verläßt, stirbt mein Herz, und mein Körper bekommt nicht mehr genug Liebe, Lust und Ekstase.
- Obwohl der Mann zum Greifen nahe ist, kann ich ihn nicht erreichen.
- Um zu Gott zu kommen und die Mission zu erfüllen, muß man auf Sex verzichten.

- Sex nimmt dem Mann Energie weg.
- Am Schluß habe ich nicht mal mehr Tränen, weil alles nichts nützt, kein Gedanke, kein Gefühl, keine Handlung nützt was.
- Ich schaffe das *nie*, aus dem Muster rauszukommen.
- Die Wirklichkeit beweist es mir ja immer wieder, daß es unabänderlich ist.

Diese beiden letzten Glaubenssätze aufzugeben ist Kim sehr schwer gefallen, weil es ja wirklich so ist. Ist ein Programm einmal im Bio-Computer, dann bestätigt die Wirklichkeit diese Art von Realität immer wieder. So entsteht dann der Eindruck, daß diese Realität unveränderbar ist, doch in Wirklichkeit ist alles nur das Produkt unseres Denkens und Fühlens.

Ich konnte Kim also gut verstehen, bat sie dennoch, die Glaubenssätze einmal versuchsweise aufzugeben, sozusagen als Experiment, und dann abzuwarten und zu sehen, wie ihre Wirklichkeit sich verändert. Ich ermutige alle Menschen dazu, gegenüber dem, was ich lehre, eine beobachtende Haltung einzunehmen, mir also erst einmal nichts zu glauben, sondern abzuwarten, bis sie die Beweise dafür in ihrem Leben sehen.

Nach der letzten Rückführung kam für Kim erst einmal eine Phase, in der sie erkennen mußte, daß *sie* selbst sich gar nicht binden wollte, und in der sie sich von der alten, schmerzhaften Liebe distanzierte. Heute lebt sie in einer neuen Liebesbeziehung.

Übung: Wenn Sie selbst in einer ähnlichen Situation sind, wo der Mann oder die Frau Ihres Herzens sich nicht für Sie entscheidet, und wenn Sie darunter leiden, dann erforschen Sie Ihr Unbewußtes: Erinnern Sie sich an eine Situation, wo Sie unbewußt beschlossen haben, bloß keine feste Beziehung mit einem Mann oder einer Frau einzugehen oder nie, nie, nie zu heiraten. Vergegenwärtigen Sie sich diese Situation noch einmal in allen Einzelheiten, finden Sie dann Ihre eigenen Glaubenssätze und geben Sie sie auf.

Selbst bei heterosexuellen Beziehungen ist es möglich, daß Sie schon als Kind beschlossen haben, nie zu heiraten. Sie haben vielleicht die Schwierigkeiten Ihrer Eltern schmerzhaft miterlebt. Eine Freundin von mir entschied als kleines Mädchen: „Ich will nur ein Kind haben, aber keinen Mann!", weil ihr Vater ein für sie unerträglicher Despot war. Nun hat sie zwei Kinder, aber keinen Mann, heute sehr zu ihrem Leidwesen.

Diese Übung ist aber auch für gleichgeschlechtliche Beziehungen geeignet. Erinnern Sie sich an eine Situation, wo Sie gelernt haben, daß Lesbischsein oder Homosexualität etwas Schlechtes sei. Erinnern Sie sich an alle Details, finden Sie Ihre Glaubenssätze und entprogrammieren Sie sich davon.

■ Warum gehen meine Liebesbeziehungen immer wieder auseinander?

Während der zwölf Jahre, seit ich beruflich mit Rückführungen arbeite, habe ich viele herzergreifende Geschichten gehört. Eine der berührendsten Geschichten kam ganz am Anfang meiner Karriere auf mich zu, als mir einige Dinge längst noch nicht so klar waren, wie sie es heute sind. Diese Geschichte machte mir sehr anschaulich, wie die Seele Informationen in den Körper trägt. Genauer gesagt, bildet die Seele den neuen Körper nach den Informationen, die sie aus früheren Leben mitbringt.

Richard war ein attraktiver, eleganter, sowohl männlich als auch weiblich wirkender Mann, der an einer meiner ersten Tantragruppen teilnahm. Richard war in diese Gruppe gekommen, weil er sich immer wieder verliebte und schöne Beziehungen mit Frauen anfing, die aber nach kürzester Zeit in die Brüche gingen. Ihm schien alles völlig unerklärlich.

An dem Abend, als ich zum Thema Liebe in ein früheres Leben zurückgeführt hatte, war Richard nach der Rückführung beim Vorlesen der Glaubenssätze kreidebleich. Ich fragte ihn, was geschehen sei. Er erzählte folgendes Liebesdrama: Er hatte sich in einem früheren Leben als Mann erlebt, der leidenschaftlich in eine schöne Frau verliebt war. Sie erwiderte seine Gefühle auch, und soweit war alles gut. Aber – es gab einen Rivalen! Nun spielte jene Geschichte in den Zeiten, als Männer sich noch um Frauen duellierten. Die beiden Helden arrangierten also ein Duell, in dem unser Freund Richard erschossen wurde, die Kugel ging mitten durch sein Herzchakra.

„Jetzt", sagte Richard, immer noch kreidebleich, „weiß ich auch, warum ich eine Trichterbrust habe." Er öffnete sein Hemd und zeigte uns eine große Vertiefung in seiner Brust. Sein Brustkorb hatte ein tiefes Loch, genau auf der Höhe des Herzchakras.

Damit war auch klar, warum seine Liebesbeziehungen immer wieder in die Brüche gingen. Die Gefahr war zu groß. Sein Ego, seine Gefühle und Glaubenssätze aus jenem Erlebnis, beschützten ihn jetzt davor, sich noch einmal so weit in eine Liebesbeziehung hineinzuwagen. An jenem Abend gab er viele Gefühle und Glaubenssätze auf und wurde, so hoffe ich, frei für längere Beziehungen.

Übung: Kennen Sie eine ähnliche Situation wie die dieses Mannes aus ihrem eigenen Erleben? Dann forschen Sie nach einem Schlüsselerlebnis, wo Sie beschlossen haben, daß Sie sich vor Liebe schützen müssen. Erinnern Sie sich an eine Situation, in der Sie irgendwie gelernt haben, daß Liebe gefährlich ist. Vielleicht haben Sie als Kind erlebt, daß mütterliche oder väterliche Liebe Sie „auffrißt"? Weil man ja so lieb zu Ihnen ist, können Sie sich nicht wehren, Sie „müssen" einfach tun, was von Ihnen erwartet wird, auch wenn Sie es gar nicht wollen. Und das tun Sie dann heute immer noch.

■ Frau und Mann leben in zwei Welten

Nell ist eine sehr selbständige Frau, die lange allein gelebt hat. Nun hat sie eine Beziehung mit einem ungewöhnlichen, interessanten Mann begonnen und ist sogar mit ihm zusammengezogen. Sie lieben sich, haben aber im Alltag eine Kette von Auseinandersetzungen, weil Nell die sexuelle Lust weniger genießt und haben will als er. Weil er jedoch denkt, daß er mehr braucht, geht er immer wieder zu anderen Frauen und ist auch sehr um seine Freiheit besorgt. Also gibt es immer wieder Schmerz, Tränen, Szenen. Nachdem wir einige dieser Szenen durchgearbeitet haben, gehen wir in frühere Leben, um an die Wurzel des Dramas zu kommen.

In einer Rückführung erlebt Nell dabei folgende Szene: Es ist das Jahr 1789. Ein Mann ersticht eine Frau mit einem Schwerthieb in den Bauch. Nell fühlt sich gleichzeitig als der Mann und als die Frau.

- Ich kann nichts wirklich ganz sein, immer bin ich gespalten.
- Ich kann weder ganz Mann noch ganz Frau sein.
- Ich kann entweder das eine oder das andere sein, nicht beides.
- Zwischen Frau und Mann gibt es nichts als Aggression, Leid und Zerstörung.

Ich möchte mehr über ihre Gefühle hören, aber sie hat keine wahrgenommen:
- Um das Leid zu ertragen, kann ich nur mit dem Bewußtsein aus den Gefühlen weggehen.
- Es gibt kein friedliches Fließen miteinander.
- Der Mann ist der Täter, die Frau das Opfer.
- Der Mann dringt in den Bauch der Frau ein, verletzt und zerstört sie.
- Ich bin dem Eindringen absolut schutzlos ausgeliefert.
- Als Mann kann ich mich nur durch die Aggression fühlen.
- Als Frau kann ich mich nur durch Leid und Schmerz fühlen. Das will ich nicht. Also muß ich als Frau dauernd das Fühlen vermeiden.
- Ich muß total zumachen, um den Schmerz nicht zu fühlen.
- Wenn der Mann in mich eindringt, muß ich sterben.

Anhand dieser Past-Life-Geschichte und dieser Glaubenssätze wird nun sichtbar, warum diese Frau weniger Lust bei der Sexualität hat. Sie hat Todesangst und hält sich deshalb krampfhaft zusammen. Dadurch hat sie Orgasmusschwierigkeiten. Aber sie erkennt auch, was sie mit dem Schmerz insgeheim macht, den sie weggedrückt hat. Schlagartig wird ihr bewußt, daß sie ihren Schmerz in Druck nach außen, in Kontrolle, Bitterkeit und Vorwürfe verwandelt.
- Das alles ist eine Endlosspirale.
- Ich komme da nicht raus.
- Der Mann verletzt mich immer wieder.
- Ich muß mich vor ihm schützen, mich verschließen, ihn abwehren.
- Ich muß ihn kontrollieren, damit ich nicht immer wieder verletzt werde.

Diese Frau hat sich in Rückführungen schon so viel Leid angesehen, daß sie sich nun wünscht, einmal etwas Positives in ihr Bewußtsein zu holen. Ihre Seele beschert uns eine Art Fortsetzungsroman, denn nun kommt sie an den Anfang von ihrer dramatischen Beziehungsgeschichte aus dem Jahr 1789. Sie erlebt sich ein paar Jahre früher. Sie ist die Herrin eines schönen Schlosses mit Parkanlagen, Pferden, Festen, Fröhlichkeit und mit ländlicher Idylle im Sommer. Aber:

- Mein Mann ist nicht da!
- Sowas Schönes, wie die Zeit mit ihm, darf ich nur vorübergehend, nur für kurze Zeit erleben.
- Dadurch, daß mein Mann politisch tätig ist, wirkt er daran mit, meine Idylle zu zerstören.
- Meine Idylle wird abrupt von außen, durch Krieg, zerstört.
- Der Mann ist zu ohnmächtig, um dieses Unglück zu verhindern.
- Das Weibliche, Häusliche ist gut und idyllisch, das Männliche, die Welt, ist kriegerisch, böse, zerstörerisch.
- Es gibt keine Verbindung zwischen den beiden Welten.
- Ich will *nur* die Welt der Frau, denn nur sie ist gut.
- Erst der Mann bringt die Aggression auf die Welt.
- Psychoterror ist weniger böse, aber stärker und mächtiger als die Gewalt der Männer.
- Um mich nicht entwickeln zu müssen, muß ich in der zeitlosen Idylle leben.
- Ich muß mich entwickeln.
- Weil das Männliche *nur* zerstörerisch ist, will ich es in meiner Idylle nicht haben.

Diese Geschichte und die dazugehörigen Glaubenssätze zeigen deutlich, welche Gedanken und Gefühle die Beziehung zwischen Nell und ihrem Mann behindern. Dabei ist dies nur *eine* Geschichte aus früheren Leben. Die meisten von uns leben mit einem Wust solcher Geschichten in ihrem Unbewußten, die uns heimlich steuern, unseren Körper, unsere Lust oder Unlust, unsere Schmerzen, unsere Beziehungen, unsere Dramen.

Ich denke, daß diese drei Beispiele zeigen, welche Kluft zwischen Frau und Mann liegt, die selbst die Liebe oder auch ein äußerster Einsatz normalerweise nicht überwinden können.

Daher ist es wirklich an der Zeit, die traditionellen Rollendefinitionen aus uns hinauszuwerfen und unsere androgyne und göttliche Ganzheit zu leben.

Übung: Von Frauen, die ihre aktuellen Beziehungsprobleme schildern, habe ich schon oft gehört: „Ich kann ihm das nicht rüberbringen. Irgendwie ist die Kommunikation unmöglich, obwohl ich es immer wieder versucht habe. Es ist, als ob wir in zwei verschiedenen Welten leben." Egal, ob Sie nun Frau oder Mann sind, wenn Sie das auch so fühlen, dann vergegenwärtigen Sie sich eine ganze Serie von Situationen, als diese zwei Welten aufeinanderprallten und es keine Verständigung gab und Sie statt dessen nur Enttäuschung, Trauer, Schmerz, Sprachlosigkeit, Resignation erlebt haben. Entprogrammieren Sie Ihre Schlußfolgerungen nach jeder einzelnen Situation! Vielleicht brauchen Sie mehrere Abende für diese Übung. Nehmen Sie sich diese Zeit, ehe Sie weiterlesen!

Sie können diese Übung auch zu zweit machen. Dann können Sie sich gegenseitig auf die Sprünge helfen.

Das Zusammenleben ist zu kompliziert

■ Warten auf die Flitterwochen

In dem Streben nach Gleichberechtigung bemühen sich in unserer Zeit viele Frauen darum, *alles* unter einen Hut zu bekommen: beruflichen Erfolg zu haben und dabei auch Geliebte, Ehefrau und Mutter zu sein. Zu Recht natürlich, weil sie keine Lust mehr haben, sich für Küche, Kinder und Kirche zu opfern. Also studieren sie oder schlagen andere berufliche Laufbahnen ein, heiraten und haben Kinder und finden sich dann oft in einer Situation wieder, wo ihnen alles über den Kopf wächst. In diesem Versuch, sich selbst als ganzes Wesen zu verwirklichen, lädt die Frau sich viel auf. Wenn sie Glück hat, hat sie einen Mann, der mit ihr an einem Strang zieht, so daß sie sich die Freuden und Sorgen und die Arbeit mit Haushalt und Kindern teilen. Aber das ist gar nicht so einfach, weil ja beide Geschlechter meist für andere Rollen erzogen worden sind. Die Rollenerweiterung oder Veränderung fällt schwer und wird mit tausend kleinen und großen täglichen Reibungen erlebt. Der Mann, der die Frau als Hausmütterchen ersetzt, ist natürlich auch nicht die Lösung.

Im Grunde genommen müssen sämtliche Rollenvorstellungen von Frau und Mann aufgegeben werden, damit nicht nur Frauen, sondern auch Männer sich als ganze Wesen entwickeln können, denn das ist es, wonach sich alle sehnen. Und im Grunde brauchen beide Geschlechter dazu Hilfe.

Die folgende Geschichte ist die einer erfolgreichen Ärztin mit eigener Praxis. Sie hat zwei Kinder und einen Mann, der ebenfalls Arzt ist. Sie haben geheiratet, weil sie beide das Gefühl hatten, daß sie die richtige Wahl füreinander sind. Nun warten sie aber immer noch darauf, daß die Liebe irgendwie richtig zwischen ihnen entsteht. „Wir warten immer noch auf die Flitterwochen", sagt Janet. Sie ist zu mir gekommen, weil sie das Gefühl hat, sie müsse irgendwas tun. Sie verschließt sich vor dem Mann – auch sexuell – und befürchtet, daß die Beziehung bald zerbricht, wenn nicht etwas passiert.

Nach der ersten Sitzung mit Rückführungen und Gedankenheilung war wieder eine neue Nähe zwischen ihr und ihrem Mann entstanden. Beide freuten sich darüber.

In die dritte Sitzung kommt sie völlig fertig und enttäuscht. Sie hat ein nerviges und trauriges Wochenende zu Hause erlebt. Sie hatte sich auf zwei schöne Tage mit Mann und Kindern gefreut und gehofft, daß sie Zeit füreinander hätten. Statt dessen ging alles daneben. Ein Kind war krank. Der Mann kam erst spät nach Hause, machte Überstunden. Während ich ihren Klagen zuhöre, erkenne ich ihre Glaubenssätze:

- Mein Mann und ich, wir kommen nicht zusammen, wir schwingen einfach nicht zusammen.
- Er will immer was anderes als ich.
- Immer bin ich das Opfer.
- Ich kann mich nicht selbst bestimmen.
- Das macht gar keinen Spaß mehr mit uns.

Schon am Freitagabend legt sie sich enttäuscht mit dem kranken Kind ins Bett, hält es im Schoß und hängt weiter ihren traurigen Gedanken nach:

- Mein Mann muß immer was anderes machen, hat keine Zeit für mich, alles andere ist wichtiger als ich.
- Er hält Termine, Pläne, Zeiten einfach nicht ein.
- Es ist ein einziger Frust mit ihm.
- Ich bin ohnmächtig, kann das nicht ändern.
- Ich muß auf meinen Mann warten und warten und warten.
- Meine Gefühle sind nutzlos, ich kann ihn sowieso nicht damit erreichen.
- Ich kann nur resignieren.
- Auf meinen Mann kann ich mich nicht verlassen.

Samstag abend wollten sie ins Kino gehen. Der Mann tanzt im Wohnzimmer, kümmert sich nicht um die Kinder, Chaos entsteht, das Kino ist ausverkauft, kein Babysitter organisiert usw. „Wieder nix! Ich weiß nicht, was ich machen soll: Abendbrot? Allein ins Kino oder tanzen gehen? Einen anderen Mann anrufen? Abhauen? Wohin?"

Sie geht in ihr Zimmer, sieht die Arbeit auf ihrem Schreibtisch, dabei ein Buch über vergewaltigte Frauen. Das kranke Kind schreit. Sie legt sich mit ihm ins Bett, liest das Buch. „Bei mir wiederholt sich alles immer wieder, wie bei diesen Frauen. Ich will das gar nicht!" Sie kann nicht schlafen.

Für mich gibt es gar nichts Schönes an diesem Wochenende, außer das Anstreichen im Kindergarten mit anderen Eltern. Das hat Spaß gemacht. Danach geh ich durch die Waldorfschule, durch die Halle. Plötzlich bin ich ganz ergriffen von den schönen Farben und Formen. Alles schwingt, nur bei uns nicht. Ich kriege sowas nicht, nicht für mein Herz, nicht für mein Kind, nicht für meine Seele.

Während sie von den blauen Farbtönen des Treppenhauses erzählt, fängt sie herzergreifend an zu weinen, denn das Blau erinnert sie an das Meer, von dem sie nur die Oberfläche sehen kann. In der Tiefe ist es ganz blau und schön. Aber dort kann niemand hineinschauen. Auf dem Meeresgrund ist irgendwo ein Schatz versteckt. „Dort ist die Schönheit und vieles andere vergraben, was ich versteckt halte und wo keiner Zutritt hat, was ich normalerweise nicht preisgebe." Sie weint bitterlich, erzählt auch, daß sie ein Meer von Tränen weinen könnte und eigentlich nicht weiß, warum. Jeder kleine Anlaß genügt, um sie zum Weinen zu bringen.

Nun fällt ihr ein Traum ein, den sie einmal hatte. Sie träumte von einem Einkaufszettel fürs Leben. Unter anderem wollte sie zwei braune Muscheln aus dem Meer, Teil des Schatzes, mit zwei Perlen darin.

Unbewußt weiß diese Frau also ganz genau, daß Frau und Mann gleich sind. Solange sie beide nicht nach innen, zu ihrem inneren Schatz gelangt sind, sind sie wie zwei braune Muscheln. Darin aber ist ein Schatz verborgen, tief im Unbewußten, am Meeresboden. Er wartet darauf, gefunden zu werden. Wenn sie es wagen, in die Tiefen des Unbewußten zu tauchen, werden sie ihn finden. Vielleicht wird er erst einmal unansehnlich ausschauen wie die Muscheln, denn in unserem Unbewußten lagern viele schmerzvolle, deshalb verdrängte Geschichten, unsere ganze Vergangenheit, alle unsere Identifikationen. Manchmal mögen wir sie uns gar nicht gern anschauen. Aber es lohnt sich, noch weiter nach innen vorzudringen. Dort, hinter der unansehnlichen Fassade unserer Konditionierungen finden wir die Perle, die Kostbarkeit: uns selbst, uns als Seele.

Die Frau weint immer noch, während lauter Glaubenssätze aus ihr heraussprudeln:

- Wenn ich meinen Schatz zeige, wird er mir weggenommen und kaputtgemacht.
- Ich lasse mich auf keine gemeinsamen Pläne mit meinem Mann mehr ein, weil da sowieso nix draus wird und weil ich dann schon wieder verletzt werde.
- Mein Mann und ich finden nicht das Erfüllende.
- Ich komme nie aus diesem Meer von Traurigkeit raus.

Es ist kein Zufall, daß die Frau in ihrem Traum Frau und Mann als verborgene Perlen gesehen hat. Genauso ist es. Frau und Mann kommen als Seelen auf die Welt. Weil aber ein Babykörper meistens eindeutig weibliche oder männliche Geschlechtsmerkmale hat, werden sie in unterschiedliche Rollen gezwängt. Der Schatz, ihre Ganzheit, wird ihnen weggenommen und kaputtgemacht. Die beiden gespaltenen Teile versuchen nun, in einer Beziehung die Spaltung zu überwinden. Aber immer wieder merken sie, daß sie weder die Erfüllung noch die Ganzheit noch die Harmonie, noch das Schwingen miteinander erreichen können.

Als Seele hat diese Frau sich vorgenommen, in diesem Leben den Schatz in beiden, in Frau und Mann, zu entdecken und zusammenzuführen. Das steht auf ihrem Einkaufszettel fürs Leben. Sie hat ihr Bestes getan, tapfer alles auf sich genommen und einen Mann gefunden, der den Weg mit ihr gehen will. Aber immer wieder scheitern sie an ihren Konditionierungen. Sie weiß aber im Grunde ganz genau, daß sie beide Kostbarkeiten sind. Warum also kann sie diese Realität nicht leben? Wer weiß, wie viele Leben lang sie vielleicht schon versucht hat, diese Realität der Seele als Mensch zu leben? Ihre Angst, ihre Verzweiflung nehmen zu, die Angst, im Ozean von Tränen zu versinken und die Erfüllung nicht zu erreichen, wird immer größer. Wie soll sie ihren Lebensplan erreichen?

Wir gehen in ihrem Leben weiter zurück und schauen: Wie hat sich diese gegen den Mann gerichtete Konditionierung aufgebaut? Welche Egostrategien hat sie entwickelt, um sich zu behaupten, zu verwirklichen oder um zu überleben? Als 25jährige machte sie einen Abendspaziergang am Fluß.

Zwei halbstarke Bürschchen gehen hinter mir, machen Bemerkungen. Ich denke, sie flachsen, nehm das nicht ernst, bis ich dann doch merke, daß sie es ernst meinen. Ich fange an zu laufen. Sie holen mich ein, einer rempelt mich und faßt mich an. Er hält mich fest. Wir ringen. Er ist stärker. Ich denke, ich muß mit ihm reden, körperlich ist er stärker als ich. Reden hilft. Er meint es gar nicht so ernst, und der andere Junge ist ganz betroffen. Jetzt kann ich weglaufen. Ich laufe und laufe, bis ich endlich zu Hause bin.

Zu Hause ist sie völlig außer Atem, aber stolz. „Mensch, ich habe auch mal was erlebt. Ich gehör zu den Frauen, die ohne Angst solche Situationen meistern. Ich bin ganz zufrieden mit mir und meiner Strategie."

Aber diese Strategie hat ihre Tücken, denn sie wirkte nicht nur damals, sondern auch jetzt in ihrer Beziehung mit ihrem Mann, das zeigen die folgenden Glaubenssätze deutlich:

- Männer sind gefährlich.
- Wenn ich in Gefahr noch planvoll und rational handeln kann, bin ich sicher.
- Nur mit meinem Kopf kann ich überleben, den Männern entkommen. Körperlich bin ich nicht stark genug.
- Männer wollen mich überwältigen, selbst wenn sie nur Bürschchen sind. Aber sie wollen es nicht wirklich.
- Mein Mann will mich nicht wirklich.
- Wenn ich richtig in meiner Kraft bin, kriegt der Mann eher Angst vor mir.
- Wenn der Mann es ernst meint, muß ich weglaufen.
- Nur wenn der Mann es nicht ernst meint, habe ich eine Chance, mich zu retten.

Nun frage ich Janet auch noch nach dem Tätersatz, mit dem sie dieses Flußabenteuer angezogen hat. Sie läßt sich Zeit, um in sich nach dem Satz zu forschen, und findet dann:

- Wenn der Mann mich überwältigt, ist das der größte Liebesbeweis.

Wir sind beide betroffen über diese Erkenntnis.

Janet ist eine Frau, die sexuelle Orgasmen zwar kennt und erlebt hat, mit ihrem Mann aber nicht zuläßt. Auch das macht ihr Sorgen, denn sie ist eine sehr sinnliche Frau und ist traurig darüber, daß sie mit ihrem Mann keine sexuellen Orgasmen hat.

Wir gehen weiter in ihre Vergangenheit zurück, in die Teenagerzeit. Sie erlebt nochmal eine Szene mit einem Freund, bei dem sie über Nacht geblieben war. Sie schmusen, kuscheln und streicheln sich. Sie wird davon erregt. Kuscheln ist ihr nicht genug, also lieben sie sich auch sexuell.

Dabei kommen Töne, Laute und Bewegungen aus ihr heraus, die sie als sehr erotisch erlebt und über die sie staunt. Sie ist ganz stolz auf sich. Es ist eine schöne sinnliche und befriedigende Nacht für sie.

Am nächsten Morgen fragt sie ihn ganz stolz: „Na, war ich gut?" Der Freund ist ganz geschockt und bricht danach den Kontakt mit ihr ab. Sie versteht das alles nicht, ist enttäuscht, fassungslos und legt sich ein dickes Paket von Glaubenssätzen zu:

- Wenn ich spontan, erotisch, verspielt, fließend, heftig und laut in der Sexualität bin und mich genieße, verliere ich den Kontakt zum Mann.
- Der Mann mißversteht mich immer.
- Daß ich sexuell gut bin und mich genieße, ist nichts Begehrenswertes für die Männer und macht sie traurig.
- Ich will nicht mehr sexuell gut sein!
- Ich will keine Lust mehr zulassen!
- Ich will das nicht mehr fühlen!
- Ich hake das ab und lasse es nicht mehr an mich ran.
- Wenn ich mich sexuell und erotisch zeige, stürze ich ab und falle und falle, bis ich so gut wie nichts mehr bin.
- Ich brauche die Bestätigung durch den Mann. Ohne Mann bin ich nichts.
- Nur als asexuelles Wesen bin ich o.k.
- Ich muß meine Scheide ganz fest zumachen, sie ganz kontrollieren.
- Der blöde Typ hat mir den Spaß am Sex verdorben, der hat mir alles vermasselt.
- Durch Sexualität komme ich doch nur wieder in dieses Meer von Traurigkeit. Was ich auch tue, ich komme immer wieder zu dieser Traurigkeit.

Noch weiter auf der Zeitspur zurückgehend, in die Zeit der Pubertät, treffen wir auf zwei Erlebnisse mit ihrer Mutter. Das erste ist die sexuelle Aufklärung.

Mutter meint, sie muß mir was erzählen. Es ist eine rein biologische Aufklärung. Wir sind beide verlegen. Es langweilt mich. Ich weiß das schon alles durch die Schule und von meiner Schwester. Weil ich so verlegen bin, stütze ich mich am Tisch auf und halte die Luft an. In meinem Bauch zieht sich alles zusammen, ich spüre dumpfen Druck. Das ist völlig unbefriedigend für uns beide. Mutter sagt: „Das ist was Heiliges, das muß man rein halten."

Noch mehr Verstrickung:
- Sex ist sicher nichts Angenehmes.
- Sex bringt Verantwortung.
- Sex außerhalb der Ehe ist schmutzig.
- Sex ist unbefriedigend.
- Sex ist nur in der Ehe erlaubt und von Gott gewollt. (Janet stammt aus einer katholischen Familie.)
- Sexualität muß ich mir bis zur Ehe aufsparen.

In diesem Zusammenhang fällt ihr ein, daß sie als Kind wegen religiöser Fastenregeln in manchen Zeiten keine Süßigkeiten essen durfte. Wenn sie in der Fastenzeit etwas Süßes geschenkt bekam, mußte sie es verwahren oder verschenken. Da Liebe und Lust auch süß sind, gibt es im Bio-Computer eine Kopplung mit Sexualität, die in den späteren Rückführungen auch noch durch andere Details bestätigt wird:
- Ich kriege Süßigkeiten, die darf ich aber nicht essen.
- Wenn es rauskommt, daß ich meine Süßigkeiten esse, bin ich schlecht und schwach und werde ausgeschimpft.
- Wenn ich Lust und Orgasmus zulasse, bin ich sündig.
- Ich muß meine ganze Willenskraft benutzen, um die Süßigkeiten für später zu verwahren.
- Um die Anerkennung meiner Mutter zu haben, muß ich die Süßigkeiten ganz aufgeben und den armen Kindern schenken.

Jetzt versteht sie besser, warum sie sich nach der Liebe mit ihrem Mann von ihm oft besonders süße Pralinen wünscht: Sie möchte endlich *alle* verbotenen Süßigkeiten des Lebens genießen.

Danach haben wir eine dreiwöchige Sitzungspause wegen Weihnachten. Als Janet wiederkommt, hat sie viel zu erzählen. Sie hat sehr viel erlebt.

Sie und ihr Mann hatten beschlossen, die Weihnachtszeit in einer Ayurveda-Klinik zu verbringen und sie für eine gründliche körperliche Reinigung mit ayurvedischen Ölmassagen zu nutzen. Während der Zeit in der Klinik war die Stimmung zwischen ihr und ihrem Mann ganz asexuell, aber als sie wieder zu Hause waren, haben sie sich zweimal so wunderbar sinnlich geliebt, daß Janet im Januar noch strahlt, als sie mir davon erzählt. Jedoch hatte sie auch dabei keinen Orgasmus erlebt. Aber sie hat sich sehr entspannt gefühlt und es mit allen ihren Sinnen genossen. Ihre Yoni fühlte sich an wie eine sehr lebendige Quelle. „Yoni und Penis reiben sich, und auf einmal erlebe ich das als etwas Heiliges, das Allerfeinste. Es ist ganz zart und ganz leicht."

Ein paar Tage später macht Janet eine Atemmeditation und kommt dabei in Kontakt mit einem Erlebnis, welches sie sehr erschüttert und beschäftigt. Sie erlebt sich in dieser Meditation noch einmal als Kind. Sie ist mit ihren Schwestern und ihrem Bruder bei den Großeltern, wo auch ein Onkel lebt.

Tagsüber ist es oft langweilig, und ich habe Heimweh. Aber die Ballspiele mit dem Onkel, der Kuchen und abends lange aufbleiben zu dürfen – das alles gefällt mir. Wir Kinder schlafen alle in einem Zimmer mit zwei großen Betten. In meiner Meditation erlebe ich mich plötzlich im Nebenzimmer. Dort gibt es ein Einzelbett mit einem Fell drauf, das einen Tierkopf hat. Den mag ich nicht. Ich liege auf dem Fell. Was Weiches, der Penis, streicht über meinen Leib, mein Kopf liegt neben dem Kopf von dem Tier.

Janet wird übel, sie rennt zum Klo. Danach meint sie: „Mein Gefühl ist, daß der Onkel nachts, wenn wir schliefen, eine von uns aus dem Zimmer rausgeholt hat. Ich glaube, ich war sein Liebling. Ich weiß nicht, ob er mich häufiger oder ausschließlich geholt hat. Mein Gefühl ist, daß er nächtelang mit mir ‚gespielt' hat. Tagsüber war ich dann müde. Als meine Großmutter sich wunderte, daß ich beim Essen fast einschlief, sagte mein Onkel: ‚Ach quatsch, die ist nur zu faul zum Essen.'"

In einer weiteren Rückführung dazu erlebt Janet dann eine andere Szene:

Wir schlafen schon. Er kommt und streichelt mich. Ich bin schlaftrunken. Er trägt mich im Mondschein aus dem Zimmer raus, die Treppe runter in die Stube. Aber das Sofa ist zu kalt.

Er sucht nach einem Platz. Schließlich nimmt er mich mit in sein Bett. Die Großmutter hat was gehört und kommt ins Zimmer. Er versteckt mich unter der Decke und hält mich ganz fest. Ich schlafe ... oder tue so. Ich bin froh, im warmen Bett zu sein, kuschel mich an, schlafe weiter. Aber da ist noch was anderes ... Nein, ich will nicht!

Aber dieser Schrei ist tonlos, stumm. Sie schüttelt den Kopf, hat rote Flecken im Gesicht. Sie rülpst, stößt auf, streckt die Zunge raus, ihr ist übel.

Als der Onkel sie in ihr Bett zurückbringt, merkt eine Schwester etwas. Aber Janet schweigt, denn:

- Ich darf keinem was sagen!
- Wenn ich was sage, geht's mir ganz, ganz, ganz schlecht, dann passiert was Schreckliches, dann werd ich beim Jüngsten Gericht (sie weint herzergreifend, während sie das erzählt) von meiner Familie getrennt und bin ganz, ganz allein.

Im Rückblick erkennt sie nun ihr Schlafverhalten als Schutzmechanismus. Sie hat das nicht nur in dem Erlebnis mit dem Onkel getan, sie schläft auch heute noch einfach ein, wenn ihr Mann Lust hat. Er ist dann völlig geschockt und sagt vielleicht: „Aber du kannst doch jetzt nicht einfach schlafen!"

Wir wiederholen die Rückführung, damit Janet die Gefühle genauer wahrnehmen und dann abbauen kann, und auch, um das *ganze* Erlebnis ins Bewußtsein heraufzuholen, denn noch ist einiges ausgeblendet. Da sie aber zuviel Angst hat, sich die ganze Wahrheit bewußtzumachen, erfindet ihr wahres Selbst, ihre Seele, eine liebevolle kleine List. Es verkleidet sich als Vogel, als weißen Falken, und trägt sie in das Zimmer des Onkels. Mit dem Falken sitzt sie dann auf der Fensterbank und erlebt alles von außen: Der Onkel streichelt sie und wird immer erregter. Sie kann ihn sogar fühlen. Sie fühlt seine Leidenschaft. Sich selbst, ihren Ekel, ihre Abwehr, die Ohnmacht, die Erniedrigung ... all das fühlt sie erst, als der Samen sich in ihren Mund ergießt. Aber all das erlebt sie gleichzeitig mit verblüffender Distanz. Vielleicht sind ihr die Gefühle des kleinen Mädchens auch noch zuviel. Vielleicht sieht ihre Seele das Ganze aber auch anders als das kleine Mädchen.

Zunächst jedenfalls sprudeln erst einmal die Schlußfolgerungen des kleinen Mädchens aus ihr hervor:

- Wenn ich beim Sex schlafe, merke ich nicht, was der Mann mit mir macht.
- Ich bin ihm ohnmächtig ausgeliefert.
- Wenn ich schlafe, weiß ich nichts.
- Wenn ich schlafe und passiv bin, dann habe ich ja nichts gemacht, dann bin ich unschuldig.
- Wenn ich das Opfer bin, bin ich unschuldig.
- Wenn ich zum Heiligen kommen will, muß ich rein und unschuldig sein.
- Sex ist unrein.
- Der Mann ist unrein.
- Der Mann übt über mich Gewalt aus, benutzt mich schamlos.
- Wenn der Mann sich in mich ergießt, ist das zum Kotzen.
- Ich darf keinen Ton äußern, muß alles stumm über mich ergehen lassen.
- Der Höhepunkt ist nur für den Onkel, nicht für mich.
- Der Höhepunkt ist für mich das Schreckliche und Ekelhafte.
- Ich kann mich von dem Samen nicht ganz befreien, und den Geschmack kann ich auch nicht loswerden.
- Sperma ist eklig.
- Der Mann steckt mir was in den Mund, was nicht gut für mich ist, was mich nicht nährt.
- Wenn ich stillhalte, kriege ich was Süßes.
- Der höchste Gipfel ist nur für den Mann.

Auch in der dritten Wiederholung sitzt sie weiterhin mit dem Vogel auf der Fensterbank, erlebt alles „sicher" von außen und kann trotzdem alles von innen fühlen:

Ich fühle den Penis hinter meinem Rücken groß werden. Es erregt mich. Ich möchte weglaufen. Der Vogel hilft mir, dabeizubleiben. Es ist angenehm. Mein ganzer Körper ist von schönen Schauern durchzogen. Der Onkel fragt, ob es mir auch Spaß macht. Ich fühle mich wohlig, warm, sprudelnd lebendig. Meine Yoni ist wie ein Quell. Ich kann das Eklige nicht mehr finden.

Ihr Gesicht hat während der Rückführung aber nicht ganz die gleiche Geschichte erzählt: Anfangs hatte es den Ausdruck kindlicher Gelöstheit und Zufriedenheit. Später lehnte sie sich aber, Abwehr ausdrückend, zurück, und dann kam wieder das stumm geäußerte *Nein* mit leicht angeekeltem Gesicht. Als ich Janet meine Beobachtungen mitteile, kommt sie sich auf die Schliche:

- Ich kann mich überhaupt nicht fühlen.
- Ich will mich nicht fühlen, sonst bin ich mitschuldig.
- Ich bin mit all diesen sexuellen Erlebnissen und Dingen ganz allein, kann mich niemandem mitteilen.
- Lust ist gepaart mit Ekel, Verboten und Heimlichkeiten.
- Ich darf *meine* Lust nicht haben.
- Lust ist anstrengend, Orgasmus ist anstrengend.
- Wenn der Mann sich in mich ergießt, bin ich frustriert.

Die Seele hat Janet wunderbar und liebevoll durch diese Sitzung begleitet. Als weißer Falke hat sie sie begleitet, ihr Schutz gespendet und ihr geholfen, dieses Erlebnis aus der Distanz des wahren Selbst zu erleben und gleichzeitig doch alles fühlen zu können. Aufgrund dieses liebevollen Schutzes war es ihr möglich, auch schon ein Stück weit ihre eigene Rolle und Beteiligung in dem Drama zu sehen.

In die nächste Sitzung, eine Woche später, kommt eine weinende Janet eine halbe Stunde zu spät. Ihr Mann hat ihr nicht richtig zugehört und ist nicht früh genug nach Hause gekommen, um die Kinder zu übernehmen.

- Mein Mann hört mir nicht richtig zu.
- Ich kann mich nicht auf meinen Mann verlassen.

Außerdem hat sie ihre Schwestern angerufen, um herauszubekommen, ob diese sich noch an Erlebnisse mit dem Onkel erinnern können. Sie möchte eine Bestätigung für ihre Erinnerungen, denn irgendwie kann und will sie es nicht glauben, daß sie so etwas Furchtbares erlebt hat. Hat sie sich das vielleicht alles eingebildet?

Dieses Problem haben viele mißbrauchte und vergewaltigte Frauen. Ich unterstütze sie immer darin, alles anzunehmen, was in ihren Gefühlen, Visionen und Gedanken aufsteigt. Für unsere

Arbeit ist es ganz belanglos, ob das wirklich passiert ist oder nicht.

Janet jedenfalls versuchte eine Bestätigung durch ihre Schwestern zu bekommen und bekam sie nicht, sondern stieß auf Abwehr und Unverständnis. Dabei haben ihre Schwestern genau wie sie Schwierigkeiten mit ihrer Sexualität, die eine Schwester hat nicht mal eine Menstruation.

Obwohl diese Fakten an sich schon fast eine Bestätigung sind, hätte Janet sich doch sehr eine ausdrückliche Bestätigung durch ihre Schwestern gewünscht. Nun zweifelt sie an sich. Aber auch an diesen Selbstzweifeln können und müssen wir mit Glaubenssätzen arbeiten:

- Ich kann mich auf meine Erinnerungen nicht verlassen.
- Ich kann kein Vertrauen zu meinen Geschichten haben.
- Wenn das wahr ist, daß mein Onkel mir *das* angetan hat und ich das alles vergessen hatte, dann verlier ich die Orientierung.
- Ohne meine Familie als Bestätigung habe ich keinen Halt mehr.
- Meine Familie definiert mich.
- Ich muß die ganze Schuld für das, was mein Onkel mit mir gemacht hat, auf mich nehmen. (Schuldgefühle sind bei vielen mißbrauchten und vergewaltigen Frauen anzutreffen, weswegen die Dunkelziffer bezüglich des Mißbrauchs enorm hoch ist.)
- Wenn ich die heile Welt meiner Familie kaputtmache, werde ich bestraft. (Sie hat sich jetzt schon durch die brüske Verneinung ihrer Schwestern bestraft gefühlt.)
- Ich kann mich nur noch in Tränen, Trauer, Leid und Qual ausdrücken. Spiel, Spaß, Lachen und Fröhlichkeit sind für mich vorbei. (Das geht so weit, daß sie Schwierigkeiten hat, mit ihren Kindern zu spielen.)

Ich führe Janet nun noch einmal in dasselbe Erlebnis zurück, um zu sehen, ob erneut Gefühle hochkommen oder nachkommen. Sie wird aufgeregt und erlebt, daß sie versucht hat, ihrem Onkel Widerstand entgegenzusetzen:

- Wir dürfen das nicht!
- Du darfst das nicht, weil ich ja meinem Vater gehöre!
- Ich gehöre meinem Vater.

Auch das sind wichtige Sätze, die aus ihrem Unbewußten gelöscht werden müssen, damit sie sich endlich selbst gehören und sich Lust erlauben kann.

Mit der emotionalen Entladung und dem Clearing von Glaubenssätzen sind wir nun an einen Punkt gekommen, wo ein wichtiger Erkenntnisschritt möglich und nötig wird: Welcher unbewußte Wunsch ist Janet durch diese Kindheitserlebnisse erfüllt worden?

Wir suchen nach dem Tätersatz. Anfangs ist Janet etwas hilflos. Sowas Schreckliches soll sie sich gewünscht haben? Unmöglich. Es war ja schon viel, daß sie sich die eigene Lust dabei eingestanden hat. Jetzt auch noch den unbewußten Wunsch?

Ich helfe ihr ein wenig. „Kann es sein", frage ich sie, „daß der Vogel eine besondere Bedeutung für dich hat? Könnte es sein, daß du glaubst, du brauchst die sexuelle Vereinigung und die Ehe mit dem Mann, um wieder ganz zu sein?"

Plötzlich fällt ihr ein, daß sie den Vogel kennt. „Ja", sagt sie, „es gibt ein sehr schönes russisches Märchen, das ich ganz besonders liebe. Es ist das Märchen vom wunderbaren weißen Falken. Es handelt von einer Familie mit drei Schwestern. Die jüngste von ihnen ist so schön, daß die Jünglinge auf der Straße sich nach ihr umdrehen. Immer, wenn der Vater in die Stadt fährt, fragt er seine Töchter, was er ihnen mitbringen soll. Die älteren Schwestern wünschen sich Stoffe für neue Kleider oder Schmuck, nur die Jüngste wünscht sich immer wieder nichts als ein rotes Blümchen.

Das aber ist auf dem ganzen Markt nicht zu bekommen. Auch beim dritten Mal kann der Vater ihr wieder nichts mitbringen. Doch diesmal steht ein alter Mann am Wege und hält ein rotes Blümchen in der Hand. Der Vater fragt, ob er es ihm abkaufen könne. ‚Das kannst du wohl', sagt der Mann, ‚aber wer es bekommt, soll den weißen Falken heiraten.' Der Vater erschrickt, aber dann besinnt er sich und denkt: Wer weiß, was meine Tochter sich wünscht, vielleicht will sie gerade das. Die Tochter freut sich sehr und flüstert dem Vater ins Ohr, daß sie den Falken kennt. Er käme sie öfter besuchen und verwandle sich jedesmal auf ihrer Fensterbank in einen wunderschönen jungen Mann, den sie sehr liebe.

Nun stellt sie das rote Blümchen auf die Fensterbank, so daß der Falke es gut sehen kann. Er kommt sie oft besuchen und schenkt ihr auch eine Feder aus seinem Flügel, mit der sie sich alles wünschen kann, was sie möchte. Als das Osterfest naht, an dem ihre Schwestern ihre neue Ausstattung auf dem Kirchgang tragen werden, benutzt sie heimlich ihre Feder, um sich Kleider zu wünschen. Sie bekommt eine kostbare Ausstattung wie eine Prinzessin. Niemand erkennt sie darin in der Kirche, und sie geht früh genug, um alles wieder verschwinden zu lassen.

Beim dritten Osterfest vergißt sie jedoch einen kostbaren Kamm in ihrem Haar. Ihre Schwestern erkennen ihn wieder und werden nun argwöhnisch. Sie horchen nachts an ihrer Zimmertür, hören die Stimmen, sehen aber nichts als einen Vogel, der wegfliegt. In der nächsten Nacht stellen sie Messer vor die Fensterbank der Schwester. Nun verletzt sich der Falke daran und kehrt nie wieder zurück. Und auch die Feder hat ihre Zauberkraft verloren.

Das Mädchen ist sehr traurig und geht auf eine lange und abenteuerliche Suche, um ihren Liebsten wiederzufinden. Mit der Hilfe von drei furchterregenden Baba Jagas (Hexen, Zauberinnen, weisen Frauen) findet sie ihn endlich. Aber er hat sich gerade mit einer Prinzessin verheiratet, die ihn gut vor ihr abschirmt, ihn in Schlaf versetzt, damit er sie nicht erkennen kann. Der aufmerksamen Liebe des Mädchens gelingt es aber, ihn beim dritten Mal zu entzaubern, zu wecken. Nun erkennt er sie, die Intrigen der anderen Frau werden aufgedeckt, und er erwählt das Mädchen zu seiner richtigen Frau, ja sogar die Mächtigen des Landes stimmen dieser Wahl zu.

Ein tantrisches Märchen. Wie in so vielen anderen Märchen finden wir darin verschlüsseltes spirituelles Wissen. Es geht nicht einfach darum, daß ein Liebespaar sich wiederfindet, sondern darum, daß das Traumliebespaar sich wiederfindet, die Frau und der Mann *in* uns allen. Damit das geschehen kann, brauchen wir Mut, Ausdauer, Geduld und Unbeirrbarkeit, um durch alle Gefahren, Zweifel und Anfechtungen zu gehen. Eventuell brauchen wir auch die Hilfe von geheimnisvollen weisen Frauen, damit wir die Ganzheit, Einheit, Liebe und Harmonie in uns entdecken, aus der Verzauberung erwachen. Außerdem brauchen wir viel Wachheit, um den „schlafenden Prinzen" oder die „schlafende Prinzessin" in uns wieder zu erwecken. Es ist ein Märchen von der Unio Mystica, der Wiedervereinigung von Frau und Mann *in* uns.

Daß dieses Märchen aus Rußland stammt, zeigt uns, daß es tantrisches Geheimwissen in allen Kulturen gab und gibt. Die Erinnerung an dieses Märchen nun löst in Janet eine ganze Lawine von Gefühlen und Erkenntnissen aus. Ja, es stimmt, sie glaubt:

- Ich brauche die sexuelle Vereinigung und die Ehe mit einem Mann, um wieder ganz sein zu können.
- Ich muß die Auserwählte unter meinen Schwestern sein, damit ich mich mit meinem geliebten Falken, Prinz und Mann wiedervereinigen kann.
- Ich muß die Auserwählte sein, damit ich die Hauptrolle in meinem Leben habe, damit ich ich selbst sein kann.
- Wenn ich die Auserwählte bin, ist es gar nicht mehr so wichtig, wofür.
- Frauen unterstützen mich nicht, helfen mir nicht.
- Der Mann verletzt mich immer wieder.
- Ich bin der Dreck!
- Der Mann geht mit weißem Hemdkragen aus dem Ganzen heraus.

25 Jahre nach diesem Erlebnis ist der Onkel Janets Brautführer – von ihr selbst gewählt. Diese Erkenntnis trifft sie wie ein Schock. Warum? Warum hat sie sich das angetan? Ihr wird ein weiterer Tätersatz bewußt:

- Wenn mein Onkel sich in mich hinein ergießt, habe ich Macht über ihn, dann habe ich seinen Samen, seine Kraft.

So weit kann die Verirrung gehen! Daß wir uns aus der Sehnsucht, das Abgespaltene zu integrieren, die grausamsten Wiedervereinigungsriten inszenieren. Zu Beginn der nächsten Sitzung folgen noch weitere Gefühle und Glaubenssätze:

- Für meine Heilung brauche ich einen Mann.
- Der Mann ist bedrohlich für mich.
- Er verletzt mich immer und immer wieder.

Janet hat das Verhalten des kleinen Mädchens jetzt verstanden als ihren unbewußten Versuch, sich selbst zu heilen:

- Wenn ich versuche, mich selbst zu heilen, werde ich wieder verletzt und gehe am Ende noch schlechter aus dem Prozeß hervor.
- Wenn ich die Auserwählte für den Sex des Mannes bin, kann ich mich heilen, dann habe ich Wert.
- Erst der Mann gibt der Frau Wert.
- Der Mann besudelt mich erst recht.
- Ich habe keinen Wert.
- Ich weiß nicht, was mir gut tut.
- Ich muß mich besser schützen.
- Ich vertrage es nicht, daß der Mann stark ist.
- Wenn ich Geschenke von ihm annehme, sind Ansprüche damit verbunden.
- Mit Geschenken kriege ich eins reingewürgt.

Mit diesen wiedersprüchlichen Glaubenssätzen ist Janet in einer Pattsituation: Sie meint, für ihr Ganzsein, Heilsein, für ihre Heilung den Mann zu brauchen, aber da er sie verletzt und „besudelt", steht zu viel gegen ihn. Wie soll sie sich unter diesen Bedingungen heilen? Das ist unmöglich.

Da Janet sich als kleines Mädchen mit diesem unbewußten Heilungsversuch sehr weh getan hat, bekommt sie auch diesmal Angst, in dem jetzigen Heilungsgeschehen nicht genug Kontrolle zu haben:

- Es geht mir alles zu schnell.
- Je langsamer, um so besser.
- Ich kann den Prozeß im Moment nicht mehr steuern.
- Ich bin zu weit vorgeprescht.

Die momentane Dynamik in der Beziehung mit ihrem Mann macht ihr angst. Es gibt viele Auseinandersetzungen, aber auch Heilungsprozesse, wie ihre Erlebnisse nach Weihnachten zeigen und auch die Tatsache, daß sie und ihr Mann in diesem Jahr nun doch ihre beiden Praxen in gemeinsame Räume legen werden. Das war etwas, wogegen Janet sich lange gewehrt hatte, aus

Angst, ihre Autonomie und ihre „männerfreie Zone" zu verlieren. Im Moment ist sie so empfindsam, daß sie selbst die Liebe
zwischen ihrem Mann und den zwei Söhnen als Verschwörung
gegen sich erlebt.

Und auch die Tiefe und Macht unserer Arbeit macht ihr angst.
„Das ist so mächtig, dafür brauche ich mehr Zeit. Vielleicht muß
ich auch ganz anders weitergehen?"

Ja, es ist ein mächtiger Veränderungsprozeß, wenn ein Mensch
zu sich selbst zurückkehren will. Das Märchen vom Falken enthält viel verschlüsseltes Geheimwissen. Wenn ein Mensch sich
heilt, wenn ein Mensch Frau und Mann in sich wiederfindet und
entzaubert, dann kehrt dieser Mensch zurück zu den wunderbaren Kräften seiner Seele. Wäre das Mädchen zufrieden mit dem
normalen Frausein, wie viele Gesellschaften es definieren, würde
sie sich nichts weiter als Kleider und Schmuck, einen Mann und
Kinder wünschen.

Aber dieses Mädchen will seine „große Liebe" leben. Vorerst
geht das nur heimlich, nachts. Auch in unserer Gesellschaft versuchen viele Frauen und Männer heimlich, d.h. in diesem Falle
unbewußt, sich mit dem abgespaltenen anderen Geschlecht wieder zu vereinigen. Frauen versuchen zu beweisen, daß sie auch
Männer sind oder vielleicht sogar noch bessere Männer. Männer
werden weich und verlieren dabei ihre Männlichkeit. Es gibt
unendlich viele Varianten all dieser „nächtlichen" Selbstheilungs-
versuche.

Da weder das Mädchen noch der Mann in dem Märchen
einen Befreiungsversuch machen, kommt ein Schicksalsschlag, in
diesem Fall durch den Neid der Schwestern. So ist das. Wenn wir
uns damit bescheiden, nächtlich-unbewußt zu leben, dann muß
unsere Seele eingreifen, um uns zu wecken. Zum Glück versinkt
das Mädchen nicht im Schmerz über den Verlust des Geliebten,
sondern geht auf die Suche nach ihrer zweiten Hälfte. Dabei
muß es Mut haben, viele Kräfte aufbringen, auf weise Seelen
hören, Prüfungen bestehen, sich klug verhalten, ihr Ziel nicht
aus den Augen verlieren, in Kontakt mit ihrem liebevollen Herz
bleiben.

Eigentlich ist dieser Aufbruch, diese „Reise der Heldin",
schon das Erwecken ihres eigenen Inneren Mannes. Und sie kann

auch nur zu ihm gelangen, indem sie immer wieder auf die Stimmen der Baba Jagas, Symbole für die Stimme ihrer wilden Frau, ihrer Weisheit und Intuition, hört und ihren Empfehlungen folgt.

Wenn die Heldin dann alle Hindernisse überwunden, alle Feinde und Feindinnen überlistet und ihre schlafende zweite Hälfte in sich erweckt hat, dann bekommt sie nicht nur die Zustimmung ihres Volkes, sondern sie wird über Kräfte verfügen, die durch die Kraft der Feder schon angedeutet wurden. Wenn es einem Menschen gelingt, die Kraft der Weiblichkeit und der Männlichkeit in sich zum Schwingen zu bringen, dann wird dieser Mensch in der Lage sein, sich mit Leichtigkeit (symbolisiert durch die Feder) alle möglichen Wünsche zu erfüllen. Das hat dann nichts mit einem Wunder zu tun, sondern geschieht durch das harmonische Wirken des Seelenbewußtseins, das jetzt über die weiblichen und männlichen Kräfte verfügen kann.

Aber viele von uns sind dazu erzogen worden, uns klein, schwach, wertlos etc. zu fühlen – und uns anzustrengen. Also macht die Dynamik des Heilungsprozesses angst. Wird das, was so lange nicht akzeptiert wurde, diese Ganzheit, diese Ausstrahlung, diese Kraft, wird all das akzeptiert werden? Und werden wir selbst klug genug sein, diese Kräfte nicht gegen uns selbst zu richten? All solche Ängste können in der Dynamik eines solchen Heilungsprozesses aufsteigen.

Noch weiter in ihre Vergangenheit zurückgehend, erlebt Janet sich als Embryo, als pulsierendes Leben. In diesem Zustand hört sie, wie ihre Eltern sich unterhalten. Sie wünschen sich einen Jungen. Das ist ein Schock für sie. „Von dem Zeitpunkt an", sagt sie, „schwimme ich in dem Tränenmeer, aus dem ich einfach nicht herauskomme." Das Drama ist bestens vorprogrammiert:

- Mädchensein war die falsche Entscheidung.
- Ich bin nicht o.k., nicht erwünscht und werde nicht geliebt.
- Ich bin gar nicht gemeint.
- Es ist hoffnungslos.
- Mein Irrtum ist zeitlebens nicht mehr zu korrigieren.
- Der Spaß ist vorbei.
- Alle Freude an der Entfaltung ist gehemmt.
- Ich bin nur ein Trostpreis.
- Ein Mädchen ist kein Junge.

- Es war ein Irrtum, daß ich in den Körper gekommen bin.
- Der Körper ist das Hindernis auf dem Weg zur Unio Mystica.

Auch dieser letzte Satz kommt aus ihr herausgesprudelt. Ich frage sie, wie sie darauf kommt. „Katholische Lehre", sagt sie. „Darüber habe ich meine Dissertation geschrieben."

Jetzt bin ich an der Reihe, geschockt zu sein, da ich keinen katholischen Hintergrund habe. Aber nun sehen wir die Verwirrung dieser Seele: Weil sie einen Körper hat, so denkt diese Frau, kann sie nicht göttlich sein. Die Vereinigung mit dem Göttlichen ist nach der katholische Lehre mit dem Körper nicht möglich. Was für aberwitzige Religionen wir uns erfunden haben: Ein von uns selbst erfundener Gott erschafft Menschen mit Körpern, Frau und Mann, mit Genitalien und Sexualität, und erklärt die Körper, die Genitalien und Sexualität außerhalb der Reproduktion dann für unrein, schlecht und sündig. Das ist in sich widersprüchlich. *Unser* Verstand, unser Denken ist so widersprüchlich, so gespalten. Wir haben Gott nach unserem Bild erschaffen. In solchen anthropomorphen, nach menschlichem Muster geformten Vorstellungen vom Göttlichen haben wir uns als Seelen so verfangen, daß die daraus resultierende Kette von Unglück unbeschreiblich, ja unermeßlich ist.

Aber zurück zu Janet. In ihrer Verzweiflung über ihre ausweglose Lage geht Janet nun mit ihren Schlußfolgerungen noch weiter:

- Ich möchte nichts mehr sein, denn das Leben ist eine Bürde.
- Allein durch mein Dasein bin ich schon schuldig.
- Ich kann nicht gleichzeitig freudig ins Leben explodieren und nichts mehr sein.
- Ich möchte ganz klein sein und mich zusammenziehen, nur so komm ich in meinen Ursprung zurück.
- Um nichts zu sein muß ich mich ganz klein machen.
- Um doch etwas zu sein, muß ich mich anstrengen.

Was für ein heilloses Durcheinander! Aber es ist ein großes Glück, daß alle diese Glaubenssätze ins Licht des Bewußtseins gekommen sind, denn nun können wir den Weg freilegen. Wenn diese Frau aufhört, all solchen Aberglauben zu denken, dann kann sie ihre sogenannte weibliche und ihre sogenannte männliche Seite in sich vereinen und beide Seiten leben. Und dann kann sie sich auch als Seele, als göttliches Selbst verwirklichen. Verbindet sie ihre Selbsterforschung mit Meditation, wird sie mit ihrem unbewußten Seelenwissen in Kontakt kommen, das sich in diesen Glaubenssätzen auch spiegelt. Sie wird tatsächlich erleben, daß ihr Ursprung das Nichts, die Leere, das reine, gedankenlose Bewußtsein ist. Das ist der schöpferische Urgrund, aus dem alles entsteht. Dann wird sie erkennen, daß sie „Nichts" sein kann, ohne sich klein zu machen. Und dann wird sie noch etwas Wunderbares erleben: Je mehr sie „Nichts" ist, desto mehr kann sie mit Freude ins Leben gehen. Denn wenn sie aus dem Nichts heraus, aus dem Zustand des stillen, leeren Bewußtseins heraus lebt, wenn keine Vergangenheit, keine alten Gefühle, keine Glaubenssätze und auch keine Zukunftsprojektionen mehr zwischen ihr und dem Jetzt stehen, dann kann sie das Leben genießen.

Bei einer Rückführung in ein früheres Leben erlebt sie eine Szene, die ganz schnell und immer wieder passiert ist: Vier Männer mit scharfen, spitzen, rostigen Messern erscheinen ihr, ohne Gesichter, sie sieht nur die Messer.

Die Männer zwingen mich, die Hose auszuziehn und spritzen bei mir ab. Meine Beine sind ganz steif, ich spür nix, überhaupt nix. Mein Herz ist nach außen wie ein Stein und nach innen ganz flüssig, rot, wund und tropft. Das blanke Fleisch. Das ganze Herz eine große Wunde.

- Es geht immer so weiter.
- Die Männer denken sich immer neue Varianten aus, mich zu quälen.
- Ich will nicht!
- Laßt mich in Ruhe, ihr Schweine!
- Ich bin befleckt.
- Ich hasse mich!
- Ich bin der Gewalt der Männer ausgeliefert.
- Die Männer sehen mich nicht als Mensch.
- Um mein Leben zu bewahren, muß ich die Beine breit machen und die Männer bedienen. Und sie töten mich trotzdem.

- Nur wenn ich *nichts* empfinde, kann ich das aushalten.
- Mein Herz ist eine einzige Wunde.
- Ich will sterben.
- Nur das Sterben ist das Ende der Qual.
- Zum Selbstschutz muß ich mich und mein Herz versteinern.

Normalerweise muß ich mich am Ende einer solchen Serie um den Tätersatz kümmern. In diesem Falle konnte ich darauf verzichten, denn im zweiten Durchgang geschah eine eigenartige Verwandlung der Szenerie:

Ich sehe nur noch einen schwarzen Vorhang. Ich bin allein im Raum. Ich träller so vor mich hin.

Es folgt eine lange Pause. Ich bin etwas verblüfft und hilflos. „Was möchtest du hinter dem schwarzen Vorhang lassen?" frage ich schließlich. „Daß es mir Spaß macht, mit Männern sexuell zusammenzusein."

Wieder war es eine streng religiöse Erziehung, die es ihr verbot, diesem Spaß nachzugehen. Und nun erhalten wir ganz von selbst ihren Tätersatz:

- Es ist so verboten, Lust, Liebe und Sexualität mit Männern zu haben, daß Qual und Vergewaltigung die einzigen Möglichkeiten sind, wie ich mir all das erlauben kann.

Wie soll eine Frau, die auf ein so widersprüchliches Programm von Glaubenssätzen programmiert ist, eine schöne Beziehung, Ehe und Liebe leben? Eigentlich ist alles da, aber diese Liebe und Ehe kann nur scheitern, wenn nicht die unbewußten Gründe für die Unmöglichkeit des Zusammenlebens und Zusammenschwingens von Frau und Mann beseitigt werden.

Übung: Leben Sie in einer fortschrittlichen Paarbeziehung, in der beide Partner versuchen, sich von den alten Rollenmodellen zu emanzipieren? Kennen Sie Janets Probleme oder die des Mannes? Stehen Sie vor der schwierigen Aufgabe, etwas Neues leben zu wollen und gleichzeitig innerlich auf das Alte fixiert zu sein?

Optimal wäre es, wenn Sie dieses Clearing zu zweit machen könnten und wenn Sie sich gleich in dieser oder der nächsten Woche für zwei feste Termine verabreden würden. Dann vergegenwärtigen Sie sich nacheinander mehrere Situationen, in denen sich die alten Rollen von Mann und Frau gegen Ihre besseren Absichten durchsetzten. Bearbeiten Sie jede dieser Situationen einzeln und mit Glaubenssätzen. Helfen Sie sich gegenseitig mit den Glaubenssätzen. Dabei ist es wichtig, daß Sie akzeptieren, was vorgeschlagen wird! Aus der Distanz des Gegenübers können PartnerInnen die Glaubenssätze oft besser sehen. Und fallen Sie nicht mit Vorwürfen gleich noch einmal in dasselbe alte Drama zurück! Sollte es dennoch passieren: Ihre Vorwürfe sind Ihre eigenen Glaubenssätze! Die können Sie gleich mit aufschreiben und entprogrammieren! Beispiel: Der Vorwurf „Nie hast du Zeit für mich!" ergibt auf Ihrer eigenen Liste zwei Sätze: Nie hat mein Mann/meine Frau Zeit für mich. Und als Tätersatz beispielsweise: Wenn er/sie keine Zeit für mich hat, bin ich vor dem Sex wenigstens sicher. Um den Tätersatz zu finden, fragen Sie sich: Welchen Gewinn habe ich, wenn er/sie keine Zeit für mich hat? So kommen Sie sich selbst auf die Schliche. Erkennen Sie Ihre eigenen heimlichen Abwehrstrategien. Die Verantwortung dafür zu übernehmen und sich selbst zu entprogrammieren bringt mehr, als miteinander zu kämpfen. Das wäre nur Schattenboxen. Denn selbst wenn Ihr/e Partner/in nachgibt, das Programm setzt sich am Ende doch durch!

Sie können diese Übung selbstverständlich auch allein machen, wenn Ihr Gegenüber zur Zeit nicht offen dafür ist. Ihre Wirklichkeit kann sich trotzdem ändern.

Nach der Scheidung

Heutzutage sind Trennung und Scheidung keine Skandale mehr, und doch sind sie keine Lösung, wie wohl viele Paare beobachten konnten, die sich getrennt haben. Warum nicht? Weil unsere unveränderten, alten Programme dafür sorgen, daß wir den neuen Mann oder die neue Frau doch wieder nach dem alten Muster aussuchen. Und das geschieht unbewußt. Als ich meinen ersten Mann zehn Jahre nach der Scheidung traf, sagte er: „Damals wollte ich es ja nicht anerkennen, daß auch ich etwas mit unseren Eheproblemen zu tun hatte. Aber jetzt bin ich in meiner zweiten Ehe an genau demselben Punkt wie wir damals."

Die beiden folgenden Geschichten werden Ihnen verdeutlichen, daß Scheidung nur eine äußere Lösung ist, die keine wirkliche Lösung bewirken kann, solange das alte Programm nicht erkannt und gelöscht ist. Und die Geschichten zeigen auch, daß Scheidungen die Wunden verschlimmern und die Programmierung verstärken. Außerdem haben Glaubenssätze wie „Es gibt keine andere Lösung. Ich muß mich von meinem Mann/meiner Frau trennen", eine fatale Nebenwirkung: Sie verschärfen die *innere* Spaltung zwischen Frau und Mann und wirken sich damit *auch wieder äußerlich* aus. Sie können alle möglichen Arten von Blockaden bewirken, nicht nur Beziehungsblockaden, sondern auch berufliche Lähmung oder Herzprobleme etc.

■ Die Karrierefrau

Margret ist eine erfolgreiche Architektin in den Vierzigern. Sie hat zwei Ehescheidungen hinter sich und kann sich von der zweiten seit einem Jahr nicht erholen. Sie klammert sich an den Mann, hegt weiter Hoffnungen und wird mit der Trennung einfach nicht fertig. Nun hat sie sich eine Tantragruppe in Spanien geschenkt. In der Gruppe hat sie eine kleine Affäre mit einem Mann. Er ist in so vielem die genaue Entsprechung ihrer beiden früheren Männer, daß sie vollkommen entsetzt ist. Sie ahnt, daß sie in einem alten Muster, in einem Programm steckt. Sie ist es aber so leid. Warum passiert das immer wieder? Warum verliebt sie sich stets in ganz ähnliche Männer? Sie hat es sich doch so fest vorgenommen, es nach zwei Scheidungen besser zu machen!

Sie kann es nicht besser machen, wegen jenem Programm, das ihr gerade durch die Wiederholung bewußt zu werden beginnt. Sie hat sich immer wieder in Männer verliebt, die passiver und mehr an Lust, Genuß und Freizeit interessiert waren als sie. Männer, die dafür weniger Pflicht- und Verantwortungsgefühl z.B. für Arbeit, Geld und Kinder zeigten. Ihr letzter Ehemann verließ sie, weil er sich in eine Frau verliebte, die ihm alles gab, Lust, Liebe, eine schöne Wohnung und auch noch ein berufliches Traumprojekt. „Siehst du nicht, daß es mir da viel besser geht als bei dir?" sagte er.

Noch ehe wir eine einzige Rückführung machen, fallen eine Menge Glaubenssätze, die zu diesem Beziehungsprogramm gehören:

- Der Mann übernimmt keine Verantwortung, ich muß ihm alles geben.
- Er gibt mir nicht, was ich brauche.
- Ich darf von ihm nichts verlangen.
- Ich kann einem Mann nicht genug geben.
- Ich brauche einen Mann, um die Weichheit und die schönen Seiten des Lebens kennenzulernen und zu leben.
- Wenn ich weich, weiblich und emotional bin, kann ich im Beruf nicht mehr meinen Mann stehen und mache einen Fehler nach dem anderen.
- Wenn ich nicht der bessere Mann bin, bin ich dem Mann ohnmächtig ausgeliefert.

Sie erzählt in diesem Zusammenhang auch, daß sie in ihrem Architekturbüro einen Mann an die Spitze gesetzt hat. Ihm hat sie die Führung, die Repräsentation und Durchsetzung nach außen übergeben. Ihre Begründung:

- Der Mann muß die Führung haben, sonst entsteht Verwirrung für die Leute.

Allein die beiden letzten Glaubenssätze würden reichen, um eine Frau ganz verrückt zu machen. Das *kann* ja nur ein Drama werden. Ihrem Mann geht es auch nicht gut dabei. Er erhält diese widersprüchlichen Botschaften von der Frau, die er liebt: Er darf kein Mann sein, und doch soll er der Führende sein.

Für die Rückführungen einigen wir uns darauf, zunächst das Karma mit dem zweiten Ehemann zu bearbeiten, damit Margret entweder frei wird, diese Beziehung doch noch weiterzuleben, oder sich von der Bindung an diesen Mann und an diese Art von Mann löst. In jedem Fall wird sie dabei frei von einem guten Stück ihres alten Frauen- und Männerbildes.

Als erstes bearbeiten wir die Situation, als die Trennung sichtbar wird, als der Mann ihr mitteilt, daß er sich neu verliebt hat. Sie machen einen Spaziergang am See, nachdem er von einer Wochenendgruppe zurückgekehrt ist.

Er ist lebendig, aufgekratzt, voller Energie. Sie wünscht sich, etwas davon mitzukriegen, aber sie fühlt nur eine schmerzliche Distanziertheit. Er erzählt lauter Nebensächlichkeiten. Sie liegt auf der Lauer, wartet auf das dicke Ende. Als sie es nicht mehr länger aushalten kann, fordert sie ihn auf, die Wahrheit zu sagen. Nun erzählt er von seiner neuen Liebe und daß er sie leben will. Margret blockt ihren Schmerz, ihre Wut, ihre Angst … alles ab.

- Ich will nur noch abhauen, verschwinden.
- Ich weiß nicht wohin mit meiner Wut.
- Ich kann die Wut nur gegen mich selbst richten.

Seit zwei Tagen hat sie schon Bauchweh, Durchfall und Fieber, weswegen sie nach der Gruppe, statt noch etwas Urlaub zu machen, zu mir kommt. Sie hält sich auch jetzt noch den Bauch fest. Die nächsten Sätze zeigen, warum sie so reagiert:

- Wenn ich dem Mann meine Wut zeige, dann geht er sofort.
- Wenn ich die Hoffnung, unsere Ehe zu retten, aufgebe, ist der Schmerz noch größer.
- Der Schmerz zerreißt mich.
- Wenn ich den Mann wirklich liebe, muß ich ihm Freiraum für das Zusammensein mit anderen Frauen geben.
- Länger als sieben Jahre kann eine Beziehung eben einfach nicht gutgehen. Das dicke Ende kommt sowieso.

Margret ist verzweifelt, auch jetzt noch. Der verdrängte Schmerz hat sich in Bauchschmerzen verwandelt, wurde aktiviert, weil sie ihren ehemaligen Mann in wenigen Tagen wiedersehen wird, wenn sie aus dem Urlaub zurückkehrt und er ihr dann das Kind zurückbringt. Mit diesem Schmerz und der Verzweiflung sind folgende Glaubenssätze gekoppelt:

- Ich kann keine Verbindung mehr zu meinem Mann kriegen.
- Zwischen uns ist eine Mauer. Es ist aus mit uns.
- Nur *mit* ihm kann ich ganz sein.

Aber irgendeinen Gedanken muß sie ja ausgesandt haben, damit er geht. Was ist ihr Tätersatz?

- Nur *ohne* ihn kann ich ich selbst sein.

Während ihrer zweiten Ehe hatte Margret einen immer wiederkehrenden Traum. Darin mußte sie zuschauen, während ihr Mann mit einer anderen Frau schlief. Schon in dieser Zeit hatte sie Angst, daß das tatsächlich passieren würde, und sie hatte heimlich gedacht:

- Ich muß es ertragen, daß er eine andere Frau liebt.
- Ich muß vernünftig sein, es ist unvermeidlich.
- Ich muß mich an die Lügen und Ablenkungsmanöver meines Mannes klammern, um ihn nicht ganz zu verlieren.

Ich spüre dem allen nach und frage sie dann, ob sie sich vorstellen könne, einen Mann ganz für sich allein zu haben. Nein, das kann sie nicht:

- Als Frau bin ich es nicht wert, daß ein Mann sich ganz für mich entscheidet.
- Ich kann meine Liebe zu meinem Mann auf Dauer nicht leben, er verläßt mich doch.
- Ich finde keine Lösung.
- Er liebt mich nicht wirklich. Wenn er sagt, daß er mich liebt, kann ich es nicht glauben.
- Ich bin es nicht wert, *alles* empfangen zu dürfen.

Wir gehen auch zurück zur ersten Verabredung zwischen Margret und ihrem Mann. Er hat sie zu einem Frühstück eingeladen. Sie geht ganz aufgeregt hin und ist dann völlig hingerissen von dem wunderschönen Frühstückstisch, den er vorbereitet hat. Ein sinnlicher, verspielter Frühstückstisch mit Blumen. Musik spielt. Auch die Schönheit des Mannes gefällt ihr. Es knistert hochgradig. Er ist schüchtern, legt sacht eine Hand auf ihr Knie. „Ich schmelze dahin, kann vor lauter Liebe nichts mehr essen." Sie schmusen und lieben sich schließlich. Aber Margret hat nicht viel Zeit, muß ihr Kind aus der ersten Ehe von irgendwo abholen. Das ist schade, aber sie fühlt sich in ihrem weißen Rock wie ein fliegender Engel. Jedoch hat sie sich gleich beim ersten Rendezvous sehr störende Glaubenssätze zugelegt, die sich später ärgerlich wiederholen:

- Wir haben nicht/nie genug Zeit füreinander.
- Ich habe nicht genug Zeit für meinen Mann.

Ich frage Margret, ob es ihr vielleicht ganz recht war, nicht mehr Zeit für ihn gehabt zu haben? Meine Vermutung stimmt. Sie sagt, zum einen war sie nicht ganz sicher, ob seine alte Beziehung schon zu Ende war. „Und ich hatte Angst, mich der Liebe und einer neuen Beziehung hinzugeben." Hinter ihren Ängsten stehen folgende Glaubenssätze:

- Wenn ich einer anderen Frau den Mann wegnehme, wird's mir genauso gehen.
- Wenn ich etwas nicht richtig mache, werde ich bestraft.
- Wenn ich mich fallenlasse, geht das nicht gut. Es kann nicht gutgehen.
- Wenn ich ganz dahinschmelze, kann ich meine Pflichten nicht mehr tun.

Die beiden letzten Glaubenssätze sind sehr interessant, weil sie auch eine spirituelle Dimension haben. Sie blockieren nicht nur Margrets Liebesbeziehungen, sondern auch ihre spirituelle Entwicklung, ihr Sich-fallen-Lassen in die Weiblichkeit und in das stille, passive und leere Bewußtsein des wahren Selbst, der Seele, die sich an nichts festhält.

Während wir über diese spirituellen Zusammenhänge sprechen, erinnert Margret sich an Therese von Konnersreuth, in deren Nachbarschaft sie als Kind lebte. Therese war die bayrische Heilige, die sich so in ihre Liebesekstase zu Jesus fallenließ, daß sie keine Nahrung mehr brauchte, nur noch Wasser und eine Hostie pro Tag zu sich nahm und am Karfreitag regelmäßig blutende Wundmale an Händen und Füßen bekam. Margrets Familie hielt Therese für verwirrt, und dadurch ist Spiritualität für Margret negativ besetzt worden:

- Wenn ich mich fallenlasse, werde ich verwirrt.
- Eine Frau, die in Liebesekstase lebt, wirkt peinlich.
- Niemand versteht dann mich und mein Verhalten.
- Ich und mein Leben werden dann negativ bewertet.

- Göttliche Ekstase hat mit Blut und Leiden zu tun.
- Gott offenbart sich durch Blut und Leiden.
- Weibliche Hingabe ist verbunden mit Blut, Schmerz, Schmutz, Ekel, Abscheu und Ausgeliefertsein.

Genau so, wie sie es in diesem letzten Glaubenssatz formuliert hat, hat Margret die Geburt ihres Kindes erlebt. Dabei habe ich gelegentlich auch schon gehört, daß Frauen Geburten als Ekstase erlebt haben und nicht in Verbindung gebracht haben mit Schmerz und Leid. Auch das ist also eine Konditionierung. Und wenn Margret diese nicht schon aus früheren Leben mitgebracht hat, dann hat sie sie spätestens durch ihr unschuldiges bayrisch-katholisches Vorbild gelernt.

Von der ersten Verabredung mit ihrem zweiten Mann gehen wir nun weiter zurück. Gibt es ein früheres Leben mit diesem Mann? Ja, sagt ihre Intuition. Also beginnen wir den Abstieg ins Unbewußte. Sie befindet sich in einer Szene aus dem Jahr 1920. Margret sieht und fühlt sich als schönes junges Mädchen in einem südlichen Land. Auf der Strandpromenade des Ortes, in dem sie lebt, begegnet sie einem galanten jungen Mann im Anzug. Er wirkt weltoffen, leicht, luftig. Sie flirten. Margret ist ein Mädchen aus gutem Haus, eigentlich müßte sie Distanz halten. Doch sie gibt sich täglich mehr der Faszination des Flirts hin. Schließlich läßt sie sich auch sexuell auf die Liebe ein. Sie treffen sich täglich in einem Hotelzimmer, lieben sich, verschmelzen miteinander.

Das Mädchen versucht, mehr und mehr das Herz des Mannes zu gewinnen. Er öffnet sich ihr auch. Sie sind so verliebt und begeistert, daß sie mit dieser Energie sogar beim Spiel in der Spielbank gewinnen. Nach etwa zwei Monaten erwartet das Mädchen, daß ein Schritt der öffentlichen Erklärung erfolge – da ist der Mann plötzlich verschwunden. Als sie wieder in das Hotelzimmer kommt, ist das Zimmer leer. Sie ahnt, daß ihm die Liebe und Beziehung zu ihr zu eng und zu tief geworden ist. Sie fühlt sich wie vor den Kopf geschlagen, wie betäubt, sie kann es nicht fassen, ihr Herz „blutet", und sie kann sich nur noch ganz langsam bewegen.

Nachdem wir die schmerzhaften Gefühle „erlöst" haben, wenden wir uns Margrets Schlußfolgerungen aus dem Erlebnis des jungen Mädchens zu. Dabei wird immer wieder sichtbar, wie sehr diese Glaubenssätze Margrets gegenwärtiges Leben bestimmen:

- Wenn eine Liebe und Beziehung mit einem Mann himmlisch schön ist, kann es so nicht bleiben.
- Eine tiefere Beziehung kann nicht Wirklichkeit werden.
- Wenn ich mich total hingebe, wird es dem Mann zuviel.
- Der Mann flüchtet, wenn die Liebe tief wird und sein Herz sich öffnet.
- So eine intensive Liebe kommt nicht wieder, sowas gibt's kein zweites Mal.
- Ich darf nicht sagen, daß ich mehr von dem Mann will.
- Der Mann verläßt mich. Plötzlich ist er nicht mehr da.
- Wenn der Mann sich zu mir bekennen müßte, ist er weg.
- Es ist unser Schicksal, daß wir zusammentreffen und wieder auseinandergehen müssen. Ich bin diesem Geschehen ohnmächtig ausgeliefert.

Es lohnt sich, die beiden letzten Glaubenssätze genauer zu betrachten. Von der Rollenkonditionierung her ist ein Mann, der sich offen zu seiner Weiblichkeit bekennt, kein Mann mehr. Dann ist der Mann „weg". Was wir jedoch als Schicksal betrachten, nämlich die zwanghafte Trennung von Frau und Mann, von weiblich und männlich, aus der wir keinen Ausweg finden, ist nur ein Problem der Definition, nämlich der Rollendefinition! Also bitte ich Margret auch noch, die beiden darunterliegenden Paradesätze aufzugeben:

- Ein Mann ist keine Frau, und eine Frau ist kein Mann.
- Frau und Mann können nicht gleichberechtigt sein. Nur eine/r kann die Macht haben.

Danach kehren wir zu Margrets Geschichte aus dem früheren Leben zurück, denn sie enthält noch mehr Glaubenssätze, die mit ihrem Gefühl der abgrundtiefen Enttäuschung zu tun haben:

- Unsere Liebe ist nicht lebbar. Auf Dauer hat sie keine Chance.
- Wenn die Liebe „ernst" wird, ist das Spiel aus.
- Nur ich allein, ich ganz allein, das ist Leben.
- Ich kann mich nur noch total zurückziehen, am besten ins Kloster.

- Das Leben, die Liebe, die Männer enttäuschen mich immer wieder.
- Ich kann ihnen nicht mehr trauen.
- In der Gesellschaft leben ist hohl. Ich muß mich vom Leben abschneiden.
- Das weltliche Leben überhaupt ist hohl.

Wie bei den Glaubenssätzen im Zusammenhang mit Therese von Konnersreuth wird auch hier sichtbar, daß Margrets Seele ihr in Form von Wünschen und Sehnsüchten Impulse sendet, wie alle unsere Seelen es tun: In der Beziehung zum Mann sucht Margret nach der Einheit, dem Heilen, dem Ganzen. Aber es geht nicht. Die Liebe zwischen den Geschlechtern scheint nicht lebbar, selbst wenn sie noch so tief ist. In der Wendung zur Religiosität, ausgedrückt in der resignativen Sehnsucht nach dem Kloster, sucht sie das Heilige, das Göttliche. In diesen Sehnsüchten unbewußt wissend, *was* sie suchen muß, sucht sie diese Dinge jedoch außen, statt in sich selbst, wo das Ganze, Heile und Heilige vielleicht seit Jahrtausenden auf sie wartet. Während *in* uns eigentlich alles da ist, kann es jedoch von außen nicht zu uns kommen, weil unser *dagegen* identifiziertes Bewußtsein das verhindert.

Zum Schluß findet Margret noch einige sehr bedeutsame Glaubenssätze. Beim wiederholten Durchgang durch das Erlebnis des jungen Mädchens zu Anfang dieses Jahrhunderts wird ihr bewußt, warum der Mann verschwunden ist. Er hatte eine Familie, Frau und Kinder, und hatte sich dafür entschieden, ohne ein Wort zu sagen.

- Die Familie bindet den Mann.
- Ein Mann, der Frau und Kinder verläßt, ist ein Schwein.

Diese Sätze mag sich das Mädchen aus Vernunft und um sich zu trösten gesagt haben. Aber das verzweifelte und wütende Mädchen hat wahrscheinlich etwas anderes gedacht, denn wenn wir starke Gefühle haben, denken wir weder vernünftig noch logisch. Mit Margrets letztem Ehedrama im Hinterkopf frage ich sie also: Welchen Entschluß hat das Mädchen damals gefaßt? Könnte es der folgende Gedanke gewesen sein?

- Ich willl nur noch einen Mann, der auch bereit ist, für seine Geliebte Frau und Kinder zu verlassen.

Dieser Satz ist erstmal ein Schock. Aber Margret kann jetzt genau erkennen, mit welcher Zwangsläufigkeit er sich in ihrem gegenwärtigen Leben durchgesetzt hat. Das Urteil über den Mann, wonach er ein Schwein ist, wenn er Frau und Kinder verläßt, konnte nicht verhindern, daß der andere Satz sich durchsetzte, denn dieser hat die höhere emotionale Energie, die Energie des Schocks, der Enttäuschung, der Wut, der Hoffnungslosigkeit, der Hilflosigkeit, der Ohnmacht und des Herzeleids. Diese Energie ist *viel* höher als die des Vernunftsatzes.

Schon nach der ersten Sitzung verließ Margret unser Haus sichtbar wohler und erleichtert. Die Bauchschmerzen waren verschwunden. Sie strahlte wieder. Nach der zweiten Sitzung fühlte sie sich noch wohler, und schließlich verließ eine strahlend schöne Frau ihren Urlaubsort. Sie hatte wieder Lebens- und Liebesmut und die Hoffnung, daß der Beginn der Entprogrammierung sich positiv auf ihr weiteres Leben auswirken würde.

Übung: Egal, ob Sie eine Frau oder ein Mann sind: Steht Ihre Karriere bzw. Ihr Männerbild Ihrer Beziehung oder der Lust und Liebe im Wege? Dann erinnern Sie sich an ein oder mehrere Erlebnisse, wo sie gelernt haben, in der Berufssituation Ihren weiblichen Gegenpol auszuschließen. Das schadet Ihnen nicht nur als Frau, sondern auch als Mann, weil Sie damit die Hilfe Ihres weiblichen Potentials für Ihre beruflichen Leistungen verlieren, also: das Intuitive, das Passive, das Hingebungsvolle (an die eigene innere Stimme!), das Weiche, das Empfängliche, das Gefühlvolle. Wenn Sie all diese Dinge als weiblich-ohnmächtig verachten, schaffen Sie sich eine Menge Streß. Dann sind Sie zu oft auf der aktiven Seite, „powern durch" und gönnen sich keine Ruhe. Finden und entprogrammieren Sie Glaubenssätze wie:
- Frauen sind zu weich und gefühlvoll für die Geschäftswelt.
- Ein Mann muß cool, leistungsorientiert, rational, macht- und erfolgsorientiert sein, und er muß kämpfen, sonst kann er sich nicht durchsetzen. Ein Mann muß sich durchsetzen.

Am Beispiel einer Frau Anfang Vierzig will ich zeigen, wie wir uns aus Sehnsucht nach Ganzheit immer wieder in Liebe, Beziehungen und Sexualität stürzen, um am Ende verzweifelt festzustellen, daß wir gescheitert sind.

Eveline lebt mit ihrem fünfjährigen Sohn getrennt vom Vater des Kindes. Das Kind hängt sehr an ihnen beiden. So sehen und sprechen die Eltern sich gelegentlich. Zu Weihnachten wünschte sich der kleine Sohn, mit beiden Eltern gemeinsam zu feiern. Sie schenkten ihm dieses Fest. Plötzlich stimmte wieder alles zwischen ihnen, und so schliefen sie sogar miteinander und genossen das Zusammensein – für ein bis zwei Tage.

Dann machten sich wieder die alten Muster bemerkbar, und die Frau reiste empört ab. Sie war aber auch traurig. Da sie jedoch keinen Ausweg sah, erschien ihr die Trauer sinnlos. Sie verdrängte sie. Kurze Zeit später hatte sie einen Autounfall, kein großer Schaden, keine Verletzungen, aber sie hatte einen leichten Schock. Jetzt hatte sie eine Legitimation für ihre Trauer, und prompt verstärkte sie sich. Der Unfall und der Schock rüttelten sie innerlich wach, und ihr wurde klar, daß sie so nicht weitermachen durfte.

Nachdem sie telefonisch einen Termin mit mir vereinbart hatte, nahm sie sich Zeit für eine Meditation. Und nun geschah es, ohne jede Rückführung, daß in der Meditation, wohl ausgelöst durch die Trauer, ein früheres Leben mit diesem Mann in ihr Bewußtsein kam.

Sie sah sich als etwa 17jähriges Mädchen in einem indischen Dorf. Das Mädchen begegnete einem jungen Mann. Ihre Blicke trafen sich. Es war Liebe auf den ersten Blick, und der Augenkontakt war so intensiv, daß sie alle gesellschaftlichen Regeln außer acht ließen und sich heimlich trafen. Aber sie stammten aus verschiedenen Kasten, so daß eine Verbindung zwischen ihnen nach den Regeln der Gesellschaft unmöglich war. Da sie sich aber so sehr liebten, gaben sie sich heimlich ein Liebes-, Treue- und Eheversprechen und glaubten in ihrer Liebe daran, alle gesellschaftlichen Hindernisse überwinden zu können.

Der Haß zwischen diesen Kasten muß wohl sehr groß gewesen sein, denn der junge Mann wurde von Männern des Dorfes gefangengenommen und unter Druck gesetzt, sein Geheimnis preiszugeben. Er tat es nicht. Sie taten es beide nicht. Schließlich wurde er, vor ihren Augen, im Meer ertränkt. Sie stand schreiend am Strand. Sie wurde verrückt und ertränkte sich schließlich auch.

Nachdem sie die Gefühle aus diesem früheren Leben noch einmal durchlebt hatte, wurden der Frau eigenartige Geschehnisse in ihrem gegenwärtigen Leben verständlich, über die sie sich immer gewundert hatte. Nachdem sie und dieser Mann sich in diesem Leben in derselben Rollenverteilung als Frau und Mann wiederbegegnet waren und sich heftig verliebt und schließlich zum ersten Mal körperlich geliebt und vereinigt hatten, mußte sie unwahrscheinlich weinen. Sie hatte dabei das Gefühl: Endlich sind wir vereint, endlich bin ich zu Hause angekommen. Einmal wollten sie zusammen an die Ostsee fahren, hatten sich beide sehr darauf gefreut. Wenige Kilometer vor dem Meer wurde der Frau jedoch übel. Sie bekam solche Panik vor dem Meer, daß sie den Mann anflehte, wieder umzukehren oder woanders hinzufahren. Sie fand sich damals völlig verrückt wegen ihrer, wie sie glaubte, unangemessenen Gefühle.

Unbewußt wußten diese beiden Menschen, daß sie nur in der Vereinigung von weiblich und männlich, in der Einheit, aus der Welt der Gegensätze in den Ozean des Bewußtseins zurückkehren können. Doch ohne spirituelles Bewußtsein gelang es ihnen nicht, diesen Wunsch auf der inneren Ebene zu verwirklichen. Deshalb verwirklichten sie ihren Wunsch, sich im Ozean des Seins aufzulösen, auf der falschen Ebene, indem sie grausam im Meer ertranken. Schließlich wußten diese beiden Menschen ebenfalls unbewußt, daß sie „sterben" müssen, um in die göttliche Ganzheit ihrer Seele zurückzukehren. Aber der Körper als Bio-Computer unterscheidet solches Wissen nicht. Wenn ich also denke, daß ich für meine Selbstverwirklichung sterben muß, weil ich das Ego noch nicht kenne und nicht weiß, daß nur das Ego sterben muß, damit ich in meine göttliche Natur zurückkehren kann, dann ist es möglich, daß ich sterbe. Dies passierte den beiden indischen Menschen – wieder ein Versuch der Selbstverwirklichung auf der falschen Ebene.

Diese Geschichte macht etwas Wichtiges sichtbar: Oft enthalten unsere Lebensdramen symbolisch versteckt das Wissen um

Heilung. Obwohl wir den bewußten Kontakt zur Seele verloren haben, zeigen unsere unbewußten Handlungen, daß wir auf Tausenden von Wegen nur eins zu erreichen suchen: uns selbst, uns als Seele.

Die Wissenschaft des Tantra weiß genau, welche Vereinigung von Frau und Mann gemeint ist, damit die Seele in der Materie frei sein kann. Die mystische Vereinigung ist gemeint, die *Unio Mystica*, und d.h., daß wir Frau und Mann in uns entzaubern, das Weibliche und Männliche in uns gleichermaßen von Klischees befreien und dann vereinen. Die Spaltung in Frau und Mann ist so unerträglich und entspricht so wenig unserer wahren Natur, daß wir gar nicht richtig damit leben können.

Als Eveline vor gut vier Jahren zum erstenmal zu mir kam, war der Anlaß, daß es ihr nicht gelang, ihre kreativen Fähigkeiten zu entfalten. Obwohl sie viele Ausbildungen hatte, fand sie keinen Beruf und hatte das Gefühl, nichts vollbringen und nicht für sich sorgen zu können. Sie war nicht einmal in der Lage, sich im Haus ihrer Eltern ihr eigenes Zimmer einzurichten. Sie war wie gelähmt.

Das hatte viel mit ihrer Rolle als Frau zu tun. Sie war dermaßen mit Passivität, Ohnmacht und Opferhaltung identifiziert, daß sie ihre sogenannte männliche Seite, das Aktivsein, etwas leisten, Erfolg haben usw. nicht leben konnte. Diese Seite mußten ihr Bruder, ihr Mann oder ihr Vater übernehmen. Diese Geschichte zeigt deutlich, wie gehemmt wir als Menschen sind, wenn wir die sogenannten weiblichen und männlichen Eigenschaften in uns nicht vereinen können.

Nach einer Serie von Rückführungen gelang es ihr, ihr Zimmer gemütlich einzurichten, und sie bekam auch eine zweijährige ABM-Stelle als Pädagogin angeboten, in der sie begann, ihre kreativen Fähigkeiten einzusetzen, zu testen, zu lieben, weiterzuentwickeln und Erfolg damit zu haben. Am Ende dieser zwei Jahre wurde sie fest angestellt, und wenig später begegnete sie einer großen Liebe. Der Heilungsprozeß geht weiter, die beiden sind eine Beziehung miteinander eingegangen.

Übung: Haben Sie gerade eine Scheidung durchgemacht, oder stecken Sie mitten darin? Dann leben Sie ab sofort ständig mit

Ihrem Schreibblock für Glaubenssätze! Beobachten Sie alle Ihre Gedanken und Gefühle, sie wallen ja eh ständig auf und beschäftigen Sie, halten Sie in ihren Klauen gefangen. Nutzen Sie die aufwallenden Gefühle und Gedanken für Ihre Selbsterkenntnis und Selbsterlösung! Machen Sie daraus eine Meditation im Alltag, wann immer diese Gedanken und Gefühle Sie überkommen! Schreiben Sie alle Glaubenssätze, die Sie in Ihrem aufgewühlten Bewußtsein beobachten, auf. Das wird Ihnen helfen, Distanz zu den Gefühlen zu bekommen und ganz viel von Ihrem Programm zu entdecken. Indem Sie das tun, übernehmen Sie die Verantwortung für Ihr Drama und erlangen Ihre Selbstbestimmung zurück. Vergessen Sie die Tätersätze nicht!

Machen Sie ein kleines Befreiungsritual abends vor dem Schlafengehen: Nehmen Sie Ihren Block, machen Sie sich die Tagessammlung noch einmal bewußt, indem Sie alles lesen, geben Sie dann die Glaubenssätze auf und verbrennen Sie sie.

Die Aufmerksamkeit, die Sie sich selbst schenken, wird sich für Sie bezahlt machen! Sie wird Ihnen helfen, die nächste Beziehung nicht wieder unbewußt nach demselben Muster zu beginnen.

Angst vor dem anderen Geschlecht

■ Fast ein Salto mortale

Die nachfolgende Geschichte soll Ihnen zeigen, wie das Rollenbild des Mannes sich störend zwischen ihn und die Frau stellt. Ein Kindheitserlebnis, wo ein Junge sich werbend und beschützend, also dem Rollenbild entsprechend, um ein Mädchen bemüht und damit scheitert, kann prägend für den Rest des Lebens sein und dafür sorgen, daß ein Mann schon Angst hat, diesem Bild doch nicht zu genügen, wenn er nur auf eine Frau zugeht.

Ron ist ein noch junger Mann, der ganz unglücklich darüber ist, daß seine Beziehungen zu Frauen immer so schnell wieder zu Ende sind. Er wünscht sich von Herzen eine Beziehung von Dauer, aber irgendwie klappt das nicht.

Er möchte nur einen kurzen Rückführungszyklus zu *diesem* Leben, weil ihm das mit den früheren Leben alles zu unheimlich ist. Das ist kein Problem, weil es meist auch in diesem Leben genug wegzuräumen gibt. Er will das Thema „Angst vor der Frau" oder „Angst vor dem Ja zur Frau" bearbeiten.

Als erstes schickt seine Seele ihm ein Erlebnis, das erst drei Jahre zurückliegt. Er ist verliebt und reist mit seiner Freundin im Bus durch die USA.

Es ist noch ganz am Anfang unserer Beziehung. Wir sind unwahrscheinlich verliebt, genießen die Reise und uns. Schließlich kommen wir nach San Francisco. Plötzlich verändert sich was. Da sind nicht nur auf einmal so viele Leute, sondern auch so viele Frauen, die mich interessieren. Ich fühle mich eingeschränkt und gebremst, gefesselt, halte aber alle meine Impulse zurück. Ich finde meine Freundin plötzlich lästig, achte sie nicht mehr, finde sie nicht mehr so attraktiv, und das alles tut mir innerlich selbst weh. Ich finde sie nicht mehr begehrenswert und will für mich sein. Ich halte mich ihr gegenüber genauso zurück wie anderen Frauen gegenüber.

Dieser unausgesprochene Konflikt gestaltet dann die Hotel- und Restaurantsuche schwierig, d.h., er wird auf einer anderen Ebene ausgelebt. Schließlich nimmt die Freundin das in die Hand, kritisiert aber seine Schwäche, daß er hier nicht sorgfältig geplant hat. Er kann es nicht haben, daß sie Überlegenheit zeigt. Sie streiten.

- Wenn ich ja zu einer Frau sage, bin ich gebremst, gefesselt und eingesperrt, dann kann ich nicht mehr frei, offen, unbeschwert und abenteuerlustig sein und meinen Impulsen folgen.
- Ich muß Distanz zu Frauen halten.
- Sobald ich in einer Umgebung mit vielen Frauen bin, verschwindet mein Ja zu der einen Frau.
- Meine Freundin muß attraktiv und verführerisch sein und sich zeigen.
- Nähe ist gefährlich, weil meine Schwäche dann aufgedeckt werden kann.
- Als Mann darf ich nicht schwach sein.

- Als Mann darf ich nicht unterlegen sein.
- Wenn ich Schwäche zeige, bin ich kein Mann.
- Wenn die Frau überlegen ist, dann bin ich ein hilfloser kleiner Junge und von ihr abhängig.
- Wenn nicht alles völlig durchgeplant ist, ist das Schwäche.
- Als Mann muß ich der Führende und Starke sein, sonst achtet die Frau mich nicht.

Wir gehen ein paar Jahre zurück. Ron erlebt sich vor einer Telefonzelle:

Ich bin ganz schön verknallt. Habe einen wunderschönen Tag und eine Nacht mit einer Frau verbracht. Jetzt möchte ich sie wieder anrufen, bekomme aber tierische Angst. Ich weiß nicht, was ich machen soll. Ich habe intensive Gefühle für die Frau, aber auch Angst vor ihr. Ich geh immer wieder in die Telefonzelle rein und raus. Ich habe Angst, zurückgewiesen zu werden. In meinem Bauch ist es ganz flau, als ob ich Durchfall kriege, meine Hände schwitzen, mein Mund ist trocken. Die neue Liebe löst alte Gefühle aus, denn meine erste Freundin verließ mich nach zwei Jahren ganz plötzlich und ohne Erklärung. Sie hatte einen neuen Freund. Soll ich mich so einer Zurückweisung wieder aussetzen?

Damals hat sich sein Programm aus seiner Kindheit, das wir später aufdecken, verfestigt.

Nachdem Ron Distanz zu seinen Angstgefühlen gewonnen hat, findet er folgende Glaubenssätze und gibt sie auf:
- Als Mann genüge ich nicht, bin der Frau nichts wert.
- Ich bin nicht so gut wie andere Männer.
- Andere Männer stechen mich aus.
- Wenn ich mich verliebe, bin ich nicht mehr klar, komme völlig ins Schwimmen.
- Wenn ich ja zur Frau sage, dann bin ich verletzlich, dann kann die Frau mich plötzlich stehenlassen und mir sehr weh tun.
- Wenn ich ja sage und meine Liebesgefühle zeige, werde ich zurückgewiesen.
- Wenn ich mich fallenlasse, bin ich verletzbar.

- Nähe ist gefährlich, weil meine Schwäche dann aufgedeckt werden kann.
- Frauen kann ich nicht trauen.

Schließlich kommen wir in Rons sechstes Lebensjahr. Er ist völlig überrascht, hat gar nicht damit gerechnet, daß seinem Beziehungsdrama vielleicht ein ganz frühes Trauma zugrunde liegen könnte. Und was für eines!

Als Ron sechs Jahre alt war, war seine Familie von Berlin in den Westen gezogen, in ein Haus auf dem Land. Dort, in der ersten Klasse, verliebt er sich in das hübscheste Mädchen aus der Klasse.

Mein bester Freund versteht mich nicht. Er hält es für „aus der Welt", daß ich so verliebt bin. Ich bringe sie nach der Schule immer nach Hause, zwei Kilometer mit dem Fahrrad. Einmal ist mein Freund mit dabei. Wir Jungs machen eine wilde Show. Dabei soll ich das Mädchen abdrängen. Das tue ich nicht, sondern schütze sie und stürze selbst. Schwere Gehirnerschütterung, ich muß vier Wochen lang ganz still liegen. Das Mädchen hatte Angst, daß ich tot bin, aber in den vier Wochen kommt sie mich nur einmal besuchen. Das macht mich ganz traurig: Ich war bereit, alles für sie zu tun – und werde einmal in vier Wochen besucht! Ich bin traurig und hoffnungslos und fühle mich sehr alleine.

- Mädchen liebhaben ist gefährlich, lebensgefährlich.
- Meine Liebe für das Mädchen ist unverständlich, ist „aus der Welt", ist einfach unmöglich.
- Ich kann meinen Wunsch, mit dem Mädchen zu spielen, nicht direkt ausdrücken.
- Meine Sehnsucht, mit ihr zu spielen, wird gar nicht gestillt.
- Ich darf sie nicht wiedersehen.
- Selbst, wenn ich aus Liebe zu ihr alles auf mich nehme, Heldentaten versuche, mich selbst verliere, mein Leben riskiere, fast einen Salto mortale mache, es nützt alles nichts, ich schaffe es nicht, mit ihr zusammenzusein und zu spielen.
- Es kommt unheimlich wenig Liebe und Aufmerksamkeit zu mir zurück.

- Das Mädchen/die Frau ist unerreichbar.
- Ich kann meine Liebe nicht leben und genießen.

Schließlich frage ich Ron nach seinem unbewußten Wunsch, warum er wohl doch lieber nicht will, daß sie zusammenkommen oder zusammenbleiben. Ron erkennt folgende Tätersätze:
- Wenn wir endlich zusammen sind, dann wird es langweilig, wir können gar nicht so viel miteinander anfangen, oder es wird viel zu prickelig.
- Wenn das Mädchen/die Frau ja zu mir sagt, wird's lebensgefährlich.
- Wenn ich ja sage, ebenfalls.

Ich habe an früherer Stelle erwähnt, daß die Geschlechterrollen uns *gegeneinander* konditionieren. An der Geschichte von Ron läßt sich das im Detail aufzeigen: Wenn Sie die Glaubenssätze noch einmal von hinten, von der Kindheit an, nach vorn lesen, dann werden Sie die Zwangsläufigkeit erkennen, mit der die Frau für Ron wie für viele Männer unerreichbar ist und durch den Unfall auch als unerreichbar bestätigt wird.

Von seinem Freund lernt er, daß ein Mädchen zu lieben „aus der Welt" ist. Ja, es gehört nicht in die Welt des Mannes, die die Jungs schon nachahmen. Das Weibliche (nach ihrer Definition: schwach, schutzbedürftig, muß geführt werden etc.) kann und darf darin nicht existieren. Dann lernt er, daß von dem Mädchen nichts zurückkommt, selbst wenn er heldenhaft sein Leben aufs Spiel setzt und sie vor dem Unfall beschützt. Aber per Definition kann eigentlich nichts zurückkommen, weil er, um der Held zu sein, *stark* sein muß. Damit ist das Schwache ausgeschlossen. Tja, und als Held ist Ron dann auch nicht überragend, weil er dabei die Balance verliert und selbst Schaden nimmt. Also, obwohl er stark sein wollte, hat sich die Schwäche doch eingeschlichen. Wie ist das möglich? Durch die Liebe zu dem Mädchen. Wenn das Männliche das Weibliche liebt, all die Qualitäten, die zur Rolle der Frau gehören, dann verläßt er insgeheim die Welt des Mannes. In seinem ganzen Einsatz für das Weibliche verliert er die Balance. Die könnte er nach der Rollendefinition nur behalten, wenn er das Weibliche ablehnen, in sich abtöten würde und könnte. Da er sich aber gerade darin verliebt hat, gelingt ihm das nicht.

Diese innere Gesetzmäßigkeit ist selbst in der Männerwelt nicht unbekannt. Es wird berichtet, daß in US-amerikanischen Elitetruppen Frauenhaß antrainiert wird, damit die Männer bessere Kämpfer und Killer werden.

Wenn Sie Rons Glaubenssätze rückwärts lesen, wird Ihnen deutlich, daß das Ja zur Frau ihn immer wieder in Konflikt mit seiner „Männlichkeit" bringt. Die Rollendefinition von Mann zwingt ihn, das Weibliche auszuschließen. Wenn er trotzdem ja dazu sagt, fällt er aus der Rolle. In der einseitigen Rolle kann es aber keine Balance für Menschen geben, weil das Gegengewicht fehlt. Wenn wir – endlich – in Balance kommen wollen, ist es nötig, daß wir lernen, weiblich und männlich in uns als gleichwertig zu akzeptieren und integriert zu leben.

Übung: Kennen Sie diese Angst vor der Frau? Dann erinnern Sie sich an eine Schlüsselsituation, als diese Angst entstanden ist. Erinnern Sie sich genau an alle Details und entprogrammieren Sie sich danach.

■ Sucht nach der Frau

Paul ist ein Mann der sofort auffällt, durch seine Brillanz, durch lautes und dominantes Auftreten, seinen hinreißenden Humor, durch seine liebevolle Art und Fröhlichkeit. Andererseits wirkt er wie ein kleiner Junge, der um Liebe bettelt, zwanghaft lauter dummes Zeug macht, um Aufmerksamkeit zu bekommen, der nervt. Mit anderen Worten, er ist ein Chaot. Wenn er jetzt in Ihre Wohnung käme, wäre er wie ein erfrischender und doch chaotischer, nervender Wirbelwind. Er würde Sie entweder gleich völlig gegen sich aufbringen oder Ihr Herz gewinnen.

Seine Freundin bringt ihn mit zu uns in der Hoffnung, eine äußerst schwierige Beziehung doch noch zu retten. Sie liebt ihn. Sie möchte gern weiter mit ihm leben.

Als Kind hatte dieser Mann sehr schwierige Situationen zwischen seinen Eltern miterlebt, die seine Bilder bezüglich Mann- und Frausein sehr stark geprägt haben. Die Eltern haben viel gestritten. Der Vater war süchtig nach Frauen, und die Mutter ist daran verzweifelt. Aus dieser Zeit bringt er bereits folgende Glaubenssätze mit:

- Mein Vater rast um die Welt und muß überall Projekte gründen und kommt niemals zur Ruhe.
- Mein Vater kann sich nur frei fühlen, wenn er ganz viele Frauen hat. (Diese Art von Mann ist Paul nun selbst geworden oder sogar schon vor der gegenwärtigen Inkarnation gewesen.)
- Die Frau muß zu Hause bleiben, Essen kochen, saubermachen, warten, nett sein, dem Mann zur Verfügung stehen, ihre eigenen Interessen aufgeben, sie darf keine Macht haben.
- Meine Mutter kann nie sicher sein, kann meinem Vater nie trauen.

Diese Situation schmerzt ihn dermaßen, daß er schon als dreijähriger Junge versucht, sich umzubringen. Er fällt nach einem Streit seiner Eltern in den Swimmingpool. Irgend jemand fischt ihn heraus.

Vor ein oder zwei Jahren hat sein Vater sich umgebracht, nachdem er schon jahrelang Alkoholiker war und die Mutter für eine neue Frau verlassen hatte. Jetzt hat Paul Angst, daß er wie sein Vater enden wird, auch ohne Alkohol.

Ich brauche ihn nur zu fragen, was ihm eigentlich an einer Beziehung mit einer Frau angst macht, und schon sprudeln jede Menge Glaubenssätze aus ihm hervor:

- Wenn ich mich auf eine Frau wirklich einlasse, muß ich sterben, dann kann ich nicht länger frei und ich selbst sein.
- Die Frau ist zu stark. Sie tötet mich. Ich muß vor ihr wegrennen.
- Ich muß 10.000 Frauen testen, um meine Frau zu finden und dann mit ihr leben zu können.
- Wenn ich mich auf eine Frau wirklich einlasse, dann sind wir in kürzester Zeit im Chaos, das ist schon mal sicher.
- Wenn meine Geliebte in ihre Kraft geht, werde ich zum Hausmann degradiert, dann kann ich nichts mehr machen, nicht mehr mein Leben genießen.
- Ich bin ein emotionales Monster.

- Um zu überleben, muß ich nein zur Frau und zur Liebe sagen und widerspenstig sein.
- Um Liebe zu kriegen, muß ich die Leute unter Druck setzen, damit sie ja zu mir sagen.
- Wenn die Frau kein Hausmütterchen ist, sondern mächtig und erfolgreich, dann werde ich immer kleiner und kleiner und werde zum hilflosen Baby.
- Wenn ich mich wirklich auf eine Frau einlasse, dann gehe ich vor die Hunde, dann kann mir kein Psychiater der Welt helfen, dann muß ich sterben, egal wie tantrisch wir leben.
- Wenn ich ja sage, bin ich die Frau, und dann bin ich so ein machtloses Wesen, wie alle Frauen auf der Welt, und ich ersticke.
- Wenn ich ganz rezeptiv bin wie eine Frau, dann verschwinde ich als Mann.

Da Paul sich schon lange für spirituelle Zusammenhänge interessiert, denke ich, daß ich ihn an dieser Stelle über sein Dilemma aufklären muß. Ich kann sehen, daß er schon in früheren Leben ein Suchender auf diesem Gebiet war. In diesem Leben ist er seit vielen Jahren Sannyasin von Osho.

Deshalb frage ich ihn: „Weißt du, daß Osho einmal gesagt hat, ein Mann muß erst eine Frau werden, wenn er erleuchtet werden will? Und weißt du auch, was dieser Ausspruch bedeutet?" Nein, er weiß es nicht.

Dieser Ausspruch bedeutet nicht, daß ein Mann erst als Frau reinkarnieren muß, um erleuchtet zu werden. Dieser Ausspruch bedeutet auch nicht, daß ein Mann seine Männlichkeit aufgeben muß, um erleuchtet zu werden.

Rezeptivität, Empfänglichkeit, Hingabe sind bei uns als weiblich definiert, und Hingabe ist für uns meist mit Selbstaufgabe verbunden, mit Unterwerfung. Welch großes Mißverständnis! Das ist nichts als eine patriarchalische Konditionierung, der nicht nur Frauen unterliegen, sondern auch die Patriarchen selbst, welche dadurch ebenfalls von ihrer eigenen Buddha-Natur abgespalten sind. Denn die Buddha-Natur ist Ganzheit, ist ein Seinszustand jenseits der Spaltung, in dem weiblich und männlich integriert sind.

Diese Erklärungen lösen wieder eine ganze Kette von Glaubenssätzen bei Paul aus:

- Ich bin sowieso kein Buddha.
- Ich bin viel zu schuldig, um ein Buddha zu sein.
- Außerdem habe ich keine Lust, meinen Kopf aufzugeben, denn ich brauche meinen Kopf, um recht zu haben, zu überleben, um Entscheidungen zu fällen, mich zu beklagen und um Leute zum Lachen zu bringen.
- Ich muß unbedingt an meinem Kopf festhalten, um sicher zu sein.
- Wenn ich loslasse, aufgebe, dann muß ich sterben.

Falls Ihnen, liebe Leserin, lieber Leser, dieses ganze Gerede vom „Kopf aufgeben" etwas eigenartig erscheint, möchte ich an dieser Stelle einfügen, daß es für das Ankommen in der Buddha-Natur, im Seelenbewußtsein, nötig ist, das fixierte Denken, das vorprogrammierte Denken des Verstandes aufzugeben, aus der Stille heraus zu leben und empfänglich für neue und freie Gedanken zu werden.

Paul, unser schöner, wilder Mann, muß nicht sterben, wenn er, bildlich gesprochen, seinen Kopf aufgibt. Allein sein Ego stirbt dabei. Aber der Bio-Computer nimmt alles wörtlich! Und die Angst vor dem Ego-Tod ist so real, als ginge es uns wirklich ans Leder. Also wundert es mich gar nicht, als Paul mir an dieser Stelle erzählt, daß er einen Past-Life-Tod von sich kennt, als er eine Frau war, die an einem Baum aufgehängt wurde. Er sagt, daß er so viel Angst hat, daß er glaubt:

- Ich will gar nicht frei sein.
- Wenn ich frei bin, bin ich verloren, allein, einsam, für alles selbst verantwortlich, mit mir selbst konfrontiert.
- Ich kann mich selbst nicht aushalten.
- Ich kann mich nicht genießen.

Ja, das ist die Wirklichkeit vieler Freiheitskämpfer und vieler spirituell Suchenden: Sie wollen gar nicht nur frei oder sie selbst sein, weil sie viel zuviel Angst davor haben. Paul ist aber noch lange nicht fertig mit seinen Glaubenssätzen über Frauen. Sie purzeln nur so aus ihm heraus:

- Die Frau und ich, wir können nicht am selben Ort leuchten und glänzen und auch nicht zur selben Zeit.
- Wir sind zu extreme Gegensätze, wir schaffen es nie, wir haben keine Chance, wenn wir es versuchen, wird alles nur in totalem Haß enden.
- Die Frau ist stärker als ich.
- Wenn ich der Liebe zu einer Frau nachgebe, ist das wie Selbstmord, dann kann ich meine Arbeit nicht mehr machen und werde vollständig abhängig von ihr, dann werde ich so lüstern, daß ich jede Distanz verliere.
- Ich muß die Frau bekämpfen, sonst sterbe ich.
- Sobald ich der Frau nachgebe, verliere ich meine Männlichkeit, dann bin ich als Mann verloren.
- Wenn sie mich einmal hat, dann erniedrigt sie mich und stößt mich weg.

An den Dramen, Gefühlen und Glaubenssätzen, die ich hier ausbreite, können wir minutiös erkennen, daß *die Angst* vor der Frau und vor dem Frausein, die Angst, die durch Ablehnung des Weiblichen in jedem Mann per Rollendefinition gesät wird, die *Sucht bedingt*.

Diese gegensätzlichen Bestrebungen, die Angst und die Sehnsucht, sind eine Qual für Paul:
- Das macht mich alles verrückt.
- Es gibt keinen Ausweg.
- Niemand kann mich retten.

Ich spüre Pauls Verzweiflung und die Dringlichkeit seiner Probleme. Es stimmt, niemand kann ihn retten, außer er selbst. Auch Osho kann ihn nicht retten, aber er hat Paul und uns allen gezeigt, daß wir lernen können, *niemand* zu *sein*. Niemand zu sein ist ein Seinszustand unseres wahren Selbst, ist die Leere und totale Präsenz unseres Seelenbewußtseins. Das ist die Freiheit, die Paul sucht, aber um sich ihr hingeben zu können, braucht er seine sogenannte weibliche Seite. Die Angst vor dem Weiblichen zu überwinden ist der erste Schritt, und die Angst vor dem Tod zu überwinden ist der zweite. Und für den Mann hängen diese beiden Dinge auch noch zusammen, denn wenn er das Weibliche in sich zuläßt, ist das der „Tod" des Mannes nach der alten Rollendefinition.

Auch Paul weiß, daß er die Frau irgendwie *in* sich braucht. Obwohl er immer wieder vor der Frau davonläuft, hat er in vergangenen Leben dennoch versucht, sie zu „bekommen" – bis zur Raserei. In einem früheren Leben erlebt er sich als Menschenfresser, der in blutrünstiger Raserei eine Frau auffrißt. Er ist völlig erledigt von dieser schockierenden Selbsterkenntnis, aber wir helfen ihm in der Gruppe, sich zu verzeihen und dies alles als das Ergebnis unendlicher Verirrung und Verwirrung zu verstehen und – endlich – aufzulösen. Nachdem er die Gefühle von Verzweiflung, Raserei, Macht und Ohnmacht, Enttäuschung und Resignation bearbeitet hat, gibt er folgende Glaubenssätze auf:

- Ich muß die Frau auffressen, um sie mir einzuverleiben.
- Ich muß ihr Blut trinken, um sie wieder in mich hineinzubekommen.
- Ich muß die Frau fangen und auseinandernehmen und mir Fleisch, Knochen und Blut einverleiben, um sie wirklich für mich und in mir zu haben.
- Ich kann sie nicht finden! Wo auch immer ich suche, ich finde die weibliche Essenz nicht!
- Als Mann bin ich ein Monster, ein Kannibale, ein ekelhaftes Tier.
- Die Frau ist etwas außerhalb von mir, und um sie zu haben, muß ich entweder in sie eindringen oder ich muß sie mir einverleiben.
- Ich kann die Frau nur besitzen, indem ich sie zerstöre.
- Selbst wenn ich der grausamste, abscheulichste und mächtigste Mann bin, kriege ich nicht, was ich mir wünsche.
- Ich will kein Mann mehr sein.
- Ich kann nur unschuldig sein, wenn ich immer ein kleiner Junge bleibe.
- Was immer ich tue, wie sehr ich es auch versuche, ich bin immer nur ein Schatten von mir, nie mein wahres Selbst.
- Ich bin eine Lüge. Ich bin gar nicht wirklich. Das, was ich wirklich bin, kann ich nicht finden.
- Ich bin nichts als eine dreckige Suppe aus Schatten, Müll und Scheiße.

Nach dieser Selbstverurteilung und diesem Selbsthaß ist es dann auch nicht verwunderlich, daß Paul sich in einem weiteren früheren Leben nur als Schatten erlebt. Er hat keine materielle Gestalt mehr, schwebt als Schatten über einem Raum, in dem eine mit Gold dekorierte Frau auf einem Stein liegt. Der Schatten fühlt sich sehr zu der Frau hingezogen, hat aber sehr ambivalente Gefühle: Einerseits hat er *Sehnsucht* nach der Frau und das dringende Gefühl, irgend etwas schaffen zu müssen. Andererseits weckt schon der Anblick der Frau *Schuld-* und *Angstgefühle* in ihm.

Aus diesem Bild findet Paul noch die folgenden Glaubenssätze und gibt auch sie auf:

- Ich kann keine Frau sein.
- Ich kann auch nicht in die Frau eindringen.
- Die Frau ist unerreichbar.
- Ich muß meine Weiblichkeit suchen und suchen.
- Ich kann nur mit Gewalt nach Weiblichkeit streben.
- Ich brauche und mißbrauche Frauen.
- Ich bin unendlich schuldig.
- Wenn ich nach meiner Weiblichkeit strebe, werde ich noch schuldiger.

Pauls Geschichte zeigt sehr anschaulich, welche Höllenqualen und bis zur Raserei reichende Verirrungen aus der Spaltung in weiblich und männlich entstehen. Die Seele dieses Mannes hat alles versucht, um ihre ursprüngliche Ganzheit auch als Mensch zu leben.

Sie hat es mit sexueller Vereinigung versucht, mal in einem Frauenkörper und mal in einem Männerkörper, sie hat es mit Liebe und mit Gewalt versucht, hat als Mann eine Frau gefressen, sich selbst dafür verurteilt und verdammt. Ein Horror ohne Ende, wenn Paul nicht lernt, aus all den albernen Vorstellungen von Frau und Mann und von sich selbst auszusteigen. Das Verrückteste an dem Ganzen ist noch dazu, daß Paul nach etwas sucht, was er gar nicht zu suchen braucht, weil er es hat, da es sowieso zu seiner Natur als Seele gehört.

Pauls absolute Verzweiflung drückt sich noch einmal in seinem allerletzten Glaubenssatz aus unserer Serie aus:

- Selbst wenn es mir gelingt, eine perfekte symbolische oder reale Rückführung hinzukriegen, wird das weder mich noch meine Frustration ändern.
- Ich schaff's nie, nie, nie!

Übung: Kennen Sie dieses männliche Symptom von Sucht nach der Frau? Dann erinnern Sie sich jetzt an eine Schlüsselsituation, als das Nein gegen die Frau in Ihnen gesät wurde. Erinnern Sie sich konkret und in allen Einzelheiten. Geschah das durch Ihren Vater oder durch Ihre Mutter oder vielleicht durch andere Jugendliche in einer Art „Initiationsritual" in die Männlichkeit? Es gibt ja solche Spiele unter Jugendlichen, manchmal schon unter Kindern. Wenn Sie die Situation en detail erinnert haben, schreiben Sie die Glaubenssätze auf Ihren Block. Pauls Sätze können Ihnen als Muster dienen. Entprogrammieren Sie sich schließlich davon.

Sollten Sie auch schon einmal an den Rand von Raserei gekommen sein, weil Sie mit Frauen einfach nicht klarkamen, dann nehmen Sie diese Situation. Lassen Sie sie in der Erinnerung nicht nur einmal, sondern mehrfach Revue passieren, bis Sie genügend Distanz haben, um sich den Glaubenssätzen zuzuwenden. Wieder können Pauls Sätze Ihnen als Muster dienen. Am Schluß entprogrammieren Sie sich davon.

▉ Nur keine Nähe!

Nina ist eine Frau, die schon eine Weile Tantra und auch Past-Life-Arbeit gemacht hat, um sich aus Enge, Befangenheit und Eingeschränktheit zu befreien. Als wir uns kennenlernten, litt sie sehr darunter, daß sie beim Liebemachen immer Vaginalkrämpfe hatte. Aber sie hat einen sehr liebevollen, geduldigen und verständnisvollen Mann, der ihr viel geholfen hat, ihre Angst vor dem Männlichen mehr und mehr zu überwinden.

Die Vaginalkrämpfe sind schwächer geworden, aber ganz verschwunden sind sie noch nicht. Zu dem Zeitpunkt der folgenden Sitzungen ist ihre Transformation ein gutes Stück vorangeschritten, und sie macht eine ziemliche Krise in der Beziehung mit ihrem Mann durch. Beide versuchen ihre Probleme aber gemeinsam zu lösen, indem sie sich eine Therapeutin für eine Paartherapie gesucht haben. Nina kann aber sehen, daß sie unbewußt versucht, die Beziehung zu ihrem Mann zu zerstören und daß sie auch in beruflicher Hinsicht ihre eigene männlich-aktive Seite nicht zulassen will, denn einerseits will sie sich gern mit einem neuen Beruf selbständig machen, andererseits stößt sie dabei dauernd auf Hindernisse.

Schon in dem Vorgespräch zu den Rückführungen, als sie mir erst einmal erzählt, wo sie gegenwärtig steht und was ihr in letzter Zeit bewußt geworden ist, fallen Glaubenssätze wie:

• Ich muß mich gegen Männer zur Wehr setzen.
• Sie sollen mir nur nicht nahe kommen!
• Sie sind minderwertig.
• Ich muß den Mann ausschließen.

Nach ihrem derzeitigen Kontakt zu ihrem Vater gefragt, sagt sie:
• Ich will gar keinen Vater. (Natürlich hat jeder Mensch das Recht und die Freiheit, einen Vater zu wollen oder nicht zu wollen. Aber Nina gibt diesen Glaubenssatz auf, weil sie weiß, daß sie damit das väterlich-sorgende Prinzip aus sich selbst ausschließt und verhindert, daß die Liebe zwischen ihr und diesem Prinzip, innen wie außen, fließen kann.)
• Am liebsten hätte ich nur eine Seelenverbindung mit dem Mann.

Wir bitten ihre Seele also, uns zu Past-Life-Material zu führen, das ihr noch tiefer ihre Angst vor dem Männlichen und das Nein zum Männlichen verständlich macht.

Als erstes erhält sie eine Geschichte aus dem Jahre 1815. Sie ist eine alte Frau mit einem hölzernen Wagen und verkauft auf dem Markt Bänder, Spitzen und Nähzeug. Sie lebt meist im Freien und kann mit ihrer Ware gerade das Allernotwendigste verdienen. Es reicht nur zum Überleben, nicht wirklich zum Leben. Sie ist sehr still und in sich zurückgezogen und frustriert, und sie hat sehr wenig Energie.

Als sie jung war, hatte diese Frau einen wohlhabenden Kaufmann geheiratet, hatte Kinder und Bedienstete. Aber Sexualität ist nicht ihr Ding, sie hat keine Lust darauf. Der Mann beginnt zu trinken, sein Erfolg versiegt, sie werden immer ärmer. Der Mißerfolg läßt ihn nur noch mehr trinken. Er ist Weinhändler. Nachdem auch noch eins seiner Schiffe untergegangen ist, stirbt er.

Dies ist sehr interessantes Past-Life-Material: Durch ihre Ablehnung der Sexualität (so, wie sie üblicherweise gelebt wird), fühlt sich der Mann offenbar in seiner Männlichkeit abgelehnt, beschnitten und baut seine Energie, die nach außen geht, gleich ganz ab. Das ist insofern nicht verwunderlich, als Männlichkeit in der Männerrolle sowieso über Sex definiert wird. Ich vermute, daß auch heutzutage der Alkoholismus vieler Männer wie auch Erfolglosigkeit durch die Ablehnung von Sexualität seitens der Frauen verursacht wird.

Die Frau im 19. Jahrhundert denkt nun, sie kann es besser machen als ihr Mann, kratzt das letzte Geld für die Ausstattung ihres Händlerwagens zusammen und hofft auf ein gutes Geschäft, jedoch vergebens. Dann resigniert sie mehr und mehr und kümmert nur noch vor sich hin.

Diese Frau ahnte so wenig wie viele Frauen und Männer heute, warum sie keinen Erfolg hatte, warum das Geschäft ihres Mannes schiefging und woran der Mann in Wirklichkeit starb: daran, daß seine Männlichkeit nicht leben und blühen durfte! Nun meine ich mit dieser Interpretation nicht, daß es für diesen Mann genügt hätte, Sex mit seiner Frau zu haben. So einfach ist es nicht.

Die Glaubenssätze der Frau werden Ihnen verdeutlichen, was ich meine. Und das Dramatische an diesen Glaubenssätzen ist, daß sie noch einmal genau Ninas gegenwärtige Lage widerspiegeln:

- Es hat gar keinen Sinn, daß ich in irgendeiner Weise aktiv werde oder Energie in irgend etwas im Leben investiere, denn es wird alles sowieso nichts.
- Ich habe nicht die Kraft, mein Leben zu verändern.
- Das Leben entscheidet, ob ich erfolgreich bin oder nicht, nicht ich selbst.
- Um ein erfolgreiches und wohlhabendes Leben führen zu können, brauche ich einen Mann.
- Mein Mann ist ein Versager. Er geht mit seinem Geschäft den Bach runter.
- An Sex bin ich überhaupt nicht interessiert.

- Sex ist nicht mein Ding. Ich habe keine Lust drauf.
- Mein Mann ist schwach, er kämpft nicht.
- Wenn ich mich geschäftlich selbständig mache, habe ich keinen Erfolg, ich schaff's nur so eben zu überleben.
- Vor meinem Mann bin ich nur sicher, wenn er tot ist.
- Ich verachte die Waren meines Mannes.
- Frauen wissen besser, was gebraucht wird.
- Ich muß aus dem Nichts heraus anfangen.
- Auf dem Marktplatz bin ich ein hoffnungsloser Fall.
- Das Geschäftsleben ist eine Welt der Männer, da haben Frauen gar keinen Zutritt und keine Chance.
- Frauen dürfen höchstens mit Kleinwaren handeln, das große Geld ist nicht für sie.
- Ich habe gar keine Chance, etwas Großes zu erreichen.
- Frauen müssen bei den Haushaltssachen bleiben, nur darin sind sie gut.
- Frauen dürfen sich nicht anmaßen, auf dem Marktplatz Erfolg haben zu wollen.
- Für mich gibt es in der Geschäftswelt keinen angemessenen Platz.
- Ich kann doch nichts machen, nichts erreichen, ich gebe auf.

Der Mann dieser Händlerin *und* ihre eigene Situation auf dem Marktplatz spiegeln das der Frau anerzogene oder durch bittere Erfahrungen in ihr gewachsene Nein zum sogenannten männlichen Prinzip. Können Sie sich vorstellen, was für eine weltweite Vergeudung von menschlichem Potential und Glück es ist, wenn Frauen so verkrüppelt werden, daß sie weder ihre eigene Männlichkeit noch den Mann genießen können? Sie können weder mit ihm zusammenleben noch allein ihre eigene Männlichkeit in der Welt, auf dem Marktplatz kreativ nutzen.

Diese Geschichte macht uns aber auch noch etwas anderes sehr deutlich. Es bringt den Männern und der Gesellschaft nichts, wenn sie die Frauen erniedrigen. Die Männer lieben die Frauen nämlich und geben ihnen das Männerbild, das sie sich „wünschen". Mit anderen Worten: Um der „perfekte Liebhaber" für seine Frau zu sein, hat der Weinhändler sich als erstes „entmannt" (seinen Erfolg als Kaufmann, seine Energie, die nach außen ging, beschnitten), und schließlich hat er sich ganz ausradiert. Ich glaube, wir machen uns gar keine Vorstellung davon, in wie vielen Liebesgeschichten dies tatsächlich passiert – ob durch Herzversagen, Alkohol oder andere scheinbar äußere Umstände.

Zurück zu Nina. Ihre Situation in diesem Leben spiegelt ganz gut die Glaubenssätze der Händlersfrau, nur daß es diesmal noch nicht zu spät ist: Der Mann ist ja noch da, er ist ein erfolgreicher Manager, nur lebt er seine Sexualität jetzt woanders, mit einer Geliebten. Darüber hinaus fühlt Nina sich aber auch in ihren beruflichen Wünschen gebremst. Sie möchte sich mit einem neuen Beruf selbständig machen, fühlt sich aber überall geblockt, innerlich wie äußerlich. Nun haben wir die unbewußten Zusammenhänge aufgedeckt, und Nina hat sich davon erlöst.

Wo jedoch liegt ihr Seelenmotiv, wo liegt ihr unbewußter Wunsch, sich von allem zu befreien? Gibt es einen Grund in Nina, warum sie sich einsam und arm macht? „Ja", sagt sie und beschert uns den folgenden Tätersatz:

- Nur wenn ich auf alles verzichte, kann ich frei sein und zu Gott kommen.

Wieder dieser weitverbreitete Irrtum! Niemand braucht sich zu kasteien wie der heilige Franziskus, niemand braucht arm und mit nichts als einem Lendenschurz durch die Welt zu laufen wie Gandhi.

Auch vor der nächsten Rückführung bitten wir Ninas wahres Selbst, ihr noch mehr und genaue Informationen darüber zu geben, woher ihr Nein zum Mann kommt.

Diesmal sieht Nina sich als großen stattlichen Mann. Er trägt eine Toga und steht in einer marmornen Säulenhalle. Er ersticht sich mit einem Messer in sein Hara, sein Nabelzentrum. Harakiri. Warum tut er das? Dieser Mann ist so enttäuscht von sich, so unzufrieden mit sich, daß er sich umbringt. Er ist es nicht wert zu leben, denkt er, und auch:

- Ich will nie, nie mehr ein Mann sein!
- Als Mann bin ich es nicht wert zu leben.

Von Gefühlen jedoch sieht Nina in diesem Mann keine Spur. Er hat eigenartigerweise gar keinen Kontakt zu seinem Körper. Die obigen Glaubenssätze gibt Nina sogleich auf, ehe wir nachforschen, was mit diesem Mann passiert ist, was ihn in diese verzweifelte Lage führte.

Nina glaubt, die Geschichte spielt in Griechenland. Der Mann ist sehr erfolgreich mit Pferden. Er liebt Pferde, hat großen Respekt vor ihnen und zähmt sie. Aber jetzt hat er eines in einem Wutanfall getötet, weil es zu wild geworden war und ein anderes Pferd gebissen hatte. Die beiden Pferde hatten sich zuvor gepaart. Das hat den Mann so in Wut versetzt, daß er dem Pferd den Hals durchschnitt. Da er sich das nicht verzeihen kann, bringt er sich am Ende um.

Dieser Mann hatte ein Erlebnis als Junge, das ihn ebenfalls bis ins Mark erschütterte. Er sah seinen Vater, der wild und gewaltsam mit einer Frau Sex machte, und diese Frau war nicht seine Mutter. Der Junge war so geschockt über die Wildheit und Gewalt des Mannes, daß ihm übel wurde. Ein Schock im Solarplexus, im männlichen Chakra. Sein Vater ekelte ihn an.

Nach alledem, was Sie inzwischen schon erfahren und gelesen haben, werden Sie erkennen, daß diese Geschichte eine Fundgrube für Glaubenssätze ist:

- Die Pferdekraft, die wilde männliche Kraft muß gezähmt werden.
- Wenn sie nicht gezähmt wird, ist sie gewalttätig und zerstörerisch.
- Ich muß alles zähmen, was wild und zerstörerisch ist, und wenn ich es nicht zähmen kann, muß ich es töten.
- Sex ist ekelhaft und gewalttätig.
- Mein Vater ekelt mich an.
- Der Mann ist ein ekelhaftes, gewalttätiges Tier.
- Ich muß mich von meinen Gefühlen (Liebe, Wut etc.) abschneiden, denn wenn ich sie zulasse, töte ich.

Doch wenn wir etwas von uns abspalten und verurteilen, wird es unser Schatten, ergreift insgeheim Besitz von uns und bestimmt unser Leben oder unseren Tod – wie in diesem Falle. Und der Mechanismus dieses Vorgangs ist nichts Dämonisches, sondern ganz einfach auf die Tatsache zurückzuführen, daß der Bio-Computer alle Glaubenssätze wörtlich nimmt. Wenn ein Glaubenssatz heißt „Ich muß alles zähmen, was wild und zerstörerisch ist, und wenn ich es nicht zähmen kann, muß ich es töten", dann gilt das Wort „alles" auch für den wackeren Pferdezähmer selbst. Er folgt treu seinem eigenen Programm: Er zähmt seine Gefühle, bis er nichts mehr fühlt, was Nina in diesem Leben übrigens auch vor ihrer Past-Life-Arbeit getan hat, und er tötet sich, nachdem er sich als nicht zähmbar erwiesen hat.

Es gibt keine „ausgleichende Gerechtigkeit", wie manche Leute meinen. Was diese Menschen aber tatsächlich beobachten, ist das Walten der Gesetze des Bewußtseins. Wenn ich also sage, etwas wird unser Schatten, dann meine ich nur, daß jeder Beschluß, den wir gefaßt haben, unbewußt auch uns selbst trifft.

Nachdem wir dieses Erlebnis bearbeitet haben, bitten wir das wahre Selbst noch einmal um Informationen bezüglich Ninas Ablehnung des Männlichen. Die Geschichte läßt sich in drei Sätzen erzählen: Ein Mann macht Sex mit einer Frau. Die Frau stirbt. Der Mann ist verzweifelt.

Die Glaubenssätze daraus sind geradezu Paradesätze:
- Nur durch sexuelle Vereinigung kann ich ganz sein.
- Wenn der Mann sich mit der Frau vereinigt, stirbt die Frau.
- Ich kann nicht ganz sein.
- Weder als Mann noch als Frau kann ich ganz sein.
- Ich *muß* beide vereinigen, damit ich ganz sein kann.
- Ich kann sie nicht vereinigen, wie auch immer ich es versuche. Es ist unmöglich.
- Sex ist gewalttätig und zerstörerisch. Ich will damit nichts mehr zu tun haben.
- Sex ist schmutzig, sündig.
- Sex hindert mich daran, heil und heilig zu sein.

Konsequenterweise hat Ninas Seele in mehreren Inkarnationen als Mönch versucht, ein heiler und heiliger Mann zu sein. Aber auch das gelang ihr nicht. So ist es denn kein Wunder, daß sie sich als Maxime für dieses Leben folgenden Ausweg ausgedacht hat:
- Nur mit meinem Seelenpartner kann ich ganz sein!

Doch nicht mal mit ihrem Seelenpartner kann sie „ganz" sein, weil Ninas Programmierungen völlig dagegen sind und sie auf dem besten Wege war, auch diese Beziehung zu zerstören.

Übung: Sind Sie eine Frau, die ihre Angst vor dem Mann fühlen oder an äußeren Symptomen beobachten kann? Wenn ja: Erinnern Sie sich an ein Ereignis aus diesem Leben, an eine Situation, als diese Angst vor dem Mann genährt wurde oder entstand. Es kann eine ganz banale Situation aus Ihrer Kindheit sein. Sie haben vielleicht als Kind einen herrlichen, abenteuerlichen Tag im Wald verbracht, mit lauter Jungs eine Bude oder ein Baumhaus gebaut, da drin gehaust und Schokolade gegessen, Geschichten erzählt, was immer. Abends kam dann der Schock. Es gibt Haue. „Das ist viel zu gefährlich für kleine Mädchen! Lauter Jungs! Das machst du nie wieder! Im Wald gibt's böse Männer!" wurde Ihnen vielleicht gesagt. Entprogrammieren Sie sich davon.

■ Sehn-Sucht nach dem Mann

Carla ist eine Frau Ende Dreißig, attraktiv, anziehend und, obwohl sie es gar nicht nötig hätte, sehr darum bemüht zu gefallen, besonders Männern. Dies ist aber nicht der Grund, warum sie zu mir kommt. Als Teilnehmerin einer Tantragruppe bucht sie eine Einzelsitzung bei mir wegen ihrer großen Angst vor dem Wasser, die immer stärker wird.

„Je intensiver, spiritueller, liebe- und lustvoller mein Leben mit meinem neuen Mann wird, um so größer wird diese eigenartige Angst vor dem Wasser", sagt sie. Sie ist eine erfolgreiche Yogalehrerin und hat jetzt einen Mann gefunden, mit dem sie sich gemeinsam in spirtueller und heilerischer Richtung entfalten und ein tantrisch-meditatives Leben entwickeln kann.

Wir bearbeiten drei Erlebnisse, die deutlich machen, warum diese Angst sie in vielen Dimensionen ihres gegenwärtigen Lebens behindert: in der Beziehung zu ihrem Mann und zu Männern überhaupt, in ihrer Karriere und in ihrer spirituellen Entwicklung.

In dem ersten Erlebnis ist sie 18 Jahre alt. Sie verbringt einen schönen Sommertag mit einem Freund, alles ist wunderbar. Sie genießen das warme Wetter, der Freund schlägt vor, daß sie in einem Fluß schwimmen gehen. Carla kann zwar schwimmen, hat aber große Angst. Am liebsten möchte sie am Rand bleiben, wo sie sich noch sicher fühlt. Da sie schwimmen kann, findet der Freund das albern und lockt sie in die Mitte des Flusses. Sie klammert sich an den Freund und ist starr vor Angst. Der Freund bringt sie wieder an den Rand, weil sie aus der Angst nicht rauskommt. Die Glaubenssätze scheinen harmlos:

- Schwimmen macht mir keinen Spaß.
- Wenn ich in die Mitte des Flusses schwimme, habe ich keinen Halt mehr, dann ertrinke ich, dann verfange ich mich in Schlingpflanzen oder werde von einem Strudel nach unten gezogen.
- Ich muß mich starr machen und an einem Mann festhalten.
- Wenn ich loslasse, gehe ich unter wie ein Stein.
- Ich kann dem Fluß nicht vertrauen. Er trägt mich nicht.
- Wenn ich mit dem Mann in die Mitte des Flusses gehe und wenn mit dem Mann alles wunderbar ist, gehe ich unter.

Wenn Carla dem „Fluß des Lebens" nicht trauen kann, kann sie sich ihm auch nicht anvertrauen und sich auch nicht in die Mitte begeben. Erinnern Sie sich, daß der Bio-Computer alles wörtlich nimmt? Er unterscheidet nicht zwischen dem Fluß des Lebens und dem Fluß in der Landschaft. Fluß ist Fluß. Er unterscheidet auch nicht zwischen der Mitte des Flusses und der inneren Mitte. Mitte ist Mitte. Das bedeutet, daß Carla in ihrer spirituellen Entwicklung behindert ist. Wenn es so lebensgefährlich für sie ist, in die Mitte zu gehen, dann erhöht ihre Yogapraxis die Lebensgefahr, weil sie mit den Übungen ihre Mitte, die Wirbelsäule, ja ständig biegsamer und durchlässiger macht, um bei sich anzukommen und ihre Fähigkeiten als Seele im Körper zu vervollkommnen.

Darüber hinaus wird Carlas Todesangst aber auch noch von der Angst ihres Ego gespeist, das zeigt ihr letzter Glaubenssatz. Auf dem Weg zur Mitte, zum wahren Selbst, geht das Ego, die alten Programmierungen, unter. In diesem Prozeß verschmelzen auch das Weibliche und das Männliche miteinander. Ihr Glaubenssatz „Wenn ich mit dem Mann in die Mitte des Flusses gehe und wenn mit dem Mann alles wunderbar ist, gehe ich unter" zeigt, daß das Ego dann Todesangst bekommt, wenn die Unio Mystica sich nähert.

Aus all diesen Zusammenhängen wird verständlich, warum bei Carla die Angst vor dem Wasser zunimmt, je mehr sie sich zu ihrer Ganzheit hin entfaltet.

Das nächste Erlebnis ist auch noch aus diesem Leben. Carla ist sechs Jahre alt und mit ihren Eltern im Schwimmbad. Sie kann zwar schon schwimmen, hält sich aber lieber in der Nähe des Beckenrandes auf. Ihre Freundin ist mit dabei, und alle spielen zusammen Wasserball. Aber die Mutter und die Freundin können nicht schwimmen, folglich bekommen die beiden vom Vater viel Aufmerksamkeit und Carla nicht, weil sie ja schwimmen kann.

Carla hat sowieso eine schwierige Beziehung zu ihrem Vater, weil dieser sich verpflichtet gefühlt hat, die Mutter zu heiraten, als sie mit Carla schwanger war. Nun beachtet er seine Tochter oft nicht, schickt sie immer weg, will sie gar nicht, und auch im Schwimmbad scheint er Carla gar nicht zu sehen. Carla ist traurig und wütend darüber. Einmal wirft er ihr den Ball zu, aber nicht weit genug. Carla hechtet hinter dem Ball her, versucht, ihn zu erwischen.

Ich will dem Papa zeigen, wie gut ich bin, damit ich auch Aufmerksamkeit bekomme. Ich verlasse den schützenden Rand des Schwimmbads, hechte dem Ball hinterher, schlage mit der Hand danach.

Sie geht unter. Der Vater bekommt es gar nicht mit, daß sie fast ertrinkt. Ein anderer Mann rettet sie und übernimmt auch die Wiederbelebung.

Carla weint noch einmal sehr, weil es ihr immer noch weh tut, daß sie für ihren Vater gar nicht existent war und auch nicht existieren sollte. Als Mädchen schon gar nicht! Eine Situation, die sie mit vielen negativen Glaubenssätzen belastet hat:

- Um Liebe muß ich kämpfen.
- Mein Vater will mich nicht sehen, nicht haben. Ich soll weg. Er liebt mich nicht.
- Um seine Liebe muß ich kämpfen, ja betteln.
- Mein Vater hört nie, wenn ich was sage.
- Mein Vater läßt mich überhaupt nicht zu Wort kommen.
- Selbst wenn ich vor seinen Augen sterbe, kann ich ihn nicht erreichen.
- Wenn ich den sicheren Rand verlasse und in die Mitte schwimme, gehe ich unter.

- Mein Vater kriegt gar nicht mit, was mit mir ist.
- Ich will sterben, damit mein Vater aufmerksam auf mich wird.
- Ein Mann muß mich retten und wiederbeleben.
- Ich soll gar nicht auf der Welt sein.
- Schon gar nicht als Mädchen, sondern höchstens als Junge.
- Meinem Vater ist es egal, was aus mir wird.
- Mein Vater achtet mehr auf meine Freundin als auf mich.
- Um Liebe zu bekommen, brauch ich meinen Vater/einen Mann.
- Um von meinem Vater geliebt zu werden, muß ich was leisten. Ich versage, ich kann das nicht.

„Und, als ob das mit meinem Vater nicht schon reichen würde", sagt Carla, „habe ich mir darüber hinaus immer wieder solche Männer gesucht!" Ja, unsere Väter prägen unser Männerbild oder entsprechen ihm schon vor unserer Geburt, egal, ob wir das mögen oder nicht.
- Alle Männer sind wie mein Vater.

Und was könnte ihr Tätersatz sein, der sie dazu bringt, sich so einen Vater/ Mann zu suchen? Vielleicht ein Satz wie:
- Wenn ich für den Mann nicht existent bin, bin ich sicher/frei.

Als wir nun in ein früheres Leben zu dieser Angst vor dem Wasser gehen, erlebt Carla sich in einer ähnlichen Situation wie heute: Sie lebt glücklich mit einem Mann in der zweiten Hälfte des 19. Jahrhunderts. Sie lieben sich sehr und haben viel Erfolg mit Heilen. Viele Leute kommen zu ihnen. Aber dann wird es dramatisch. Sie sind der Kirche ein Dorn im Auge, es gibt Neider und Intrigen. Man nimmt ihnen alles weg, Haus und Güter. Die Frau lebt dann in einem Blockhaus im Wald, der Mann ist entweder geflohen oder auf eine Reise gegangen. Die Leute kommen aber immer noch heimlich zu der Frau. Eines Tages kommen die Leute und berichten ihr, daß ein Schiff eingelaufen ist mit einem gefesselten Mann. Es ist ihr Mann. Er wird auf den Marktplatz gebracht und an den Pranger gestellt. Sie versucht noch, ihn zu befreien und seine Wunden zu behandeln, aber nun wird auch sie gefangengenommen und an einen Pfahl gefesselt, und ihr Mann wird weggefahren.

Ihr Pfahl steht im Meer. Bei Ebbe liegt er frei. Man schneidet ihr die Haare ab. Die Flut kommt. Viele Leute schauen sensationslüstern zu, hämisch, haben Freude daran, sie so zu sehen, beschimpfen sie. Die Flut steigt.

An meinen Beinen beginnt Viehzeug herumzukrabbeln. Es ekelt mich, und ich habe Angst, und ich finde alles so gemein und fühle mich hilflos, ausgeliefert, wütend. Ich kämpfe, halte meinen Kopf hoch, solange es geht. Aber irgendwann weiß ich plötzlich, daß sie meinen Mann schon getötet haben. Ich gebe auf, lasse den Kopf sinken. Keine Atemnot. Ich sehe alles von oben. Frieden! Endlich Frieden.

Vor dem Friedensgefühl verblassen Carlas Wut- und Ohnmachtsgefühle ziemlich schnell, so daß wir uns ihren Schlußfolgerungen zuwenden können:

- Der Erfolg und die Sympathie, die für mich und meinen Mann da sind, werden uns übel genommen.
- Die Leute sind gegen uns.
- Die Leute, die Institution Kirche sind mächtiger als wir und unsere Liebe.
- Ich werde von meinem Mann getrennt.
- Ich kann ihm nicht helfen, ihn nicht befreien.
- Als Frau darf ich nicht mächtig sein.
- Der Neid ist stärker als die Liebe.
- Ich darf meine Heilkunst nicht ausüben, wir beide dürfen es nicht.
- Ich kann den Leuten nur heimlich helfen.
- Wenn ich mit meinem Mann glücklich bin und wir mit Heilen Geld verdienen, kommen wir an den Pranger, werden verurteilt und grausam getötet.
- Was ich mache/was wir machen, ist nicht richtig.
- Wir dürfen nicht mehr Geld haben als die Kirche.
- Die Kirche vereinnahmt alles.
- Das Recht ist gegen uns.

Es kommen auch noch eine ganze Menge Glaubenssätze über Frau und Mann:

- Es geht nicht, daß ich mit meinem Mann so glücklich bin.
- Wenn wir glücklich und erfolgreich sind, wird's gefährlich.
- Als mächtige Frau muß ich ersäuft werden wie eine Katze.
- Ich verstehe das alles nicht!
- Die Männer nehmen mir meine weibliche Kraft und meinen weiblichen Ausdruck.
- Ich darf keine Vollblutfrau sein.
- Mein Mann wird umgebracht.
- Mein Mann ist tot.
- Ohne meinen Mann habe ich keine Lust mehr, eine schöne Frau zu sein.
- Ich darf nicht leben.
- Nein, ich will nicht sterben!
- Ohne meinen Mann will ich auch nicht mehr leben.
- Ich will sterben!

Wie soll Carla auch verstehen, was da abläuft? Wenn Frau und Mann sich in einem Menschen bzw. in einer Paarbeziehung glücklich vereinigen, dann stirbt etwas. Aber was da sterben muß, ist nur das Rollenklischee von Frau und Mann. Diese Rollenklischees sind aber Teil der Überlebenstrategien des Ego. Wenn das Ego unter solchen Bedingungen dann Todesangst simuliert, ist es kein Wunder, wenn es – unbewußt – einen Tod anzieht.

Zum Abschluß erntet Carla auch noch ein paar Glaubenssätze über das Wasser und das Meer, die es lohnt aufzugeben, weil sie nicht nur ihre Wasserangst bedingen, sondern auch ihre spirituelle Entwicklung blockieren:
- Das Wasser, das Meer tötet mich.
- Ich bin ihm hilflos ausgeliefert.
- Ich kann nichts machen.

Vielleicht fragen Sie sich: Was haben diese Sätze denn mit Spiritualität zu tun? Nun, wenn wir uns als Seelen befreien wollen, müssen wir unser Egobewußtsein, alle Identifikationen, hinter uns lassen und zurückkehren in den Ozean des leeren Bewußtseins. Da wir aber nicht so genau wissen, wie das geht, haben wir große Angst, dann unsere Individualität zu verlieren und zu sterben. Nichts dergleichen ist wirklich der Fall. Unser individuelles

Bewußtsein kann sich im Ozean des stillen Bewußtseins auflösen, aber an jeder beliebigen Stelle wieder auftauchen, weil es ja ewig bewußt bleibt. Es ist wie in der Atomphysik: Die Teilchen verschwinden im Nichts, können aber an jeder beliebigen, unberechenbaren Stelle wieder auftauchen. Warum unberechenbar? Ganz einfach: Weil das Bewußtsein frei ist. Und so paßt denn auch Carlas Tätersatz zu dieser Geschichte ganz in diesen Zusammenhang:

- Ich kann nur Frieden finden, wenn ich im Meer verschwinde.

Nach dieser ganzen Bewußtwerdungsarbeit müßten einige Dinge in Carlas Leben sich auflösen. Am Ende ihres Urlaubs in Spanien hat sie es geschafft, mit ihrem neuen Mann ins Wasser zu gehen und ein wenig zu schwimmen, vorsichtig, im Schwimmbad. Das Meer, obwohl vor ihrem Apartment gelegen, war noch zuviel. Sie freut sich, daß sie sich schon mal so weit vorgewagt hat, ohne vor Angst zu vergehen.

Die Wasser- und Todesangst hat in Carlas gegenwärtigem Leben deshalb so zugenommen, weil sie als Yogalehrerin wieder in einem heilenden Beruf arbeitet und außerdem mit ihrem neuen Mann glücklich zusammenlebt. Elemente aus der damaligen Situation wirken in diesem Leben wie Auslöser. Da die beiden auch gemeinsam einen tantrischen Weg gehen, haben sie sich für das Verschmelzen von Frau und Mann in jedem von ihnen entschieden. Der Aufbruch ins Tantra hat Carlas Ego dann wohl in höchste Alarmbereitschaft versetzt, denn das ist seine Aufgabe. Es soll uns – eigentlich – schützen. Aber es schützt uns eben nur entsprechend seiner eigenen engen Grenzen, und ganz oft ist es gar kein Schutz, weil es uns heimlich tötet, wenn wir seinen Strategien folgen.

Ich wünsche Carla aber, daß sich nicht nur ihre Wasserangst so nach und nach verflüchtigt, sondern auch ihre Sehn-Sucht nach dem Mann, denn jetzt ist das Verbot, daß sie nicht zusammen leben und arbeiten dürfen, in Carla aufgehoben. Außerdem hat sie sich auch ein Stück von ihrem Vater gelöst, so daß sich wahrscheinlich das zwanghafte Gefallenwollen auflöst.

Trennung ist keine Lösung

Die Rollenmodelle von Frau und Mann sind überlebt. Das zeigt sich an der steigenden Scheidungsrate, an den vielen zerbrochenen Beziehungen und an der steigenden Rate von Singles in Großstädten.

Dennoch muß ich sagen, daß Trennung und Scheidung keine Lösungen sind, weil sie nämlich die Spaltung zwischen Frau und Mann und die Gespaltenheit in unserem Inneren nur verfestigen. Gerade bei Trennungen und Scheidungen legen wir uns viele emotional sehr geladene Glaubenssätze zu, wie z.B.:

- Es geht einfach nicht mit dem Mann/mit der Frau.
- Wir passen einfach nicht zusammen.
- Wir sind zu gegensätzlich.
- Zusammenleben/Beziehung/Ehe ist unmöglich.
- Die Liebe, die zwischen uns da ist, ist nicht lebbar.
- Die Widersprüche zwischen uns sind selbst mit der größten Liebe nicht zu überwinden.

Solche Glaubenssätze machen alles nur noch schlimmer. Ganz oft denken die Menschen, daß eine neue Liebe, eine neue Beziehung, eine neue Ehe alles besser machen wird. Das kann sie aber meist nicht. Viele Menschen, die sich schon öfter getrennt haben, beobachten, daß die nächste Beziehung wieder nach demselben Muster abläuft. Viele dieser Menschen fragen sich: Wieso habe ich mir denn schon wieder so eine Frau oder so einen Mann ausgesucht? Das ist ja unfaßbar!

Wir können das Problem nur von innen her bewältigen, indem wir unser Bewußtsein bis in die tiefsten Tiefen erforschen und ändern. Das gesamte gesellschaftliche Denken über Frau und Mann muß sich verändern. Aber das können wir nicht mit Kampf bewerkstelligen, sondern nur, wenn wir bei uns selbst anfangen. Damit erweisen wir uns selbst und der Gesellschaft den größten Dienst.

Ich behaupte nicht, daß alle Menschen mit Rückführungen in frühere Leben arbeiten müssen oder überhaupt könnten. Es gibt viele andere Wege der Bewußtwerdung. Aber eins ist sicherlich unabdingbar: daß wir meditieren und dabei lernen, uns mit unserem Kern, mit der Seele zu verbinden. Dieser Teil in uns ist immer ganz geblieben. Daher kann die Seele uns nach und nach immer mehr in diese Ganzheit zurückholen.

5. Teil

Sexualität

> *Sex ist Samadhi,*
> *nur in den Schmutz gefallen wie ein Diamant,*
> *der in den Schlamm gefallen ist.*
> *Du brauchst den Diamanten nur zu putzen.*
> *Der Schlamm kann ihm nichts anhaben.*
> *Der Schlamm ist nur an der Außenseite;*
> *du wäscht ihn ab,*
> *und danach funkelt er wieder*
> *in seinem ganzen Glanz,*
> *in seiner ganzen Pracht.*
>
> OSHO [37]

Wir glauben, daß wir in einem Zeitalter sexueller Aufgeklärtheit und Befreiung leben. Der Fernseher, die Magazine ... alles mögliche darf gezeigt, gedruckt und verbreitet werden. Jedes kleine Kind kann heute mit einem Knopfdruck erfahren, was unsere Gesellschaft unter Sexualität versteht. Nur bedeutet es noch lange keine Aufklärung, wenn dasselbe Spiel in tausend Variationen vorgeführt wird, ohne daß dabei Rollenvorstellungen und überlieferte Mechanismen in Frage gestellt werden und ohne daß Liebe und Seele dabei eine Rolle spielen.

Immerhin ist diese Art von Aufklärung der erste Schritt weg von der Tabuisierung des Themas Sexualität. Dennoch hat man eine begrenzte Vorstellung von dem, was Sexualität ist: eine biologische Notwendigkeit zur Fortpflanzung, ein Trieb; man denkt, sie macht vielleicht Vergnügen, man muß sie haben, man glaubt, ohne geht's nicht, man verwechselt sie mit Liebe. Natürlich trifft das alles auch zu, und manchmal gibt sie uns sogar einen Vorgeschmack von Liebe. Aber das ist noch lange nicht genug. Solange die sogenannte sexuelle Aufklärung nur dazu dient, alles schön beim Alten zu lassen, die Gefühle und Gehirne der Menschen zu manipulieren, solange ist es keine wirkliche Aufklärung.

Die sogenannte sexuelle Revolution der sechziger Jahre hat nur das Verklemmte ans Licht der Öffentlichkeit gebracht, während wir heutzutage so etwas Ähnliches wie einen Sexwahn beobachten. Es bringt uns aber nichts, diese Welle zu verurteilen, sondern wir sollten versuchen, diese Entwicklung zu verstehen.

Hier schwingt etwas Wichtiges, etwas Inneres mit, etwas, das aus einem tieferen Teil von uns kommt: Die Sehnsucht nach sexueller Vereinigung ist immer auch die Sehnsucht nach Ganzheit, nach der Ganzheit als Seele. Wenn Sexualität ganzheitlich gelebt wird, wenn sie mit Meditation verbunden wird, dann wird sie zu einer Reise in die inneren Schatzkammern, in die Dimensionen der Seele. Dann wird echte Liebe erlebt, und dann können auch Erfahrungen des Göttlichen gemacht werden.

Bei der derzeitigen „sexuellen Einweihung" durch wohlmeinende Eltern, bemühte Lehrerinnen und Lehrer in den Schulen und durch die Medien bleiben die inneren Schatzkammern aber unentdeckt. Woher sollen sie es auch wissen? Sie haben es selbst kaum erlebt.

In diesem Teil über die Sexualität erzähle ich viele Geschichten, die uns zeigen, wie tief und einschränkend die landläufigen Programmierungen auf die Menschen wirken, egal, wodurch sie entstehen, ob durch Erziehung, erste sexuelle Erlebnisse, sogenannte Aufklärung oder durch konkrete Erfahrungen in Beziehungen in diesem oder in früheren Leben. Diese Geschichten werden Ihr Bewußtsein nicht nur über das Thema Sexualität erweitern, sondern auch über das Thema Seele.

Die Auswirkungen elterlicher Erziehung

Durch die nachfolgenden Geschichten mag vielleicht der Eindruck entstehen, daß Eltern, Erzieher oder Priester nur negative Seiten haben. Das stimmt so nicht. Sie alle tun ihr Bestes. Aber das ist, leider, nicht gut genug. Das „Beste", das werden Sie in diesen Geschichten klar sehen, sind unbewußte Handlungen von Menschen, die selbst schon Opfer der weitverbreiteten gesellschaftlichen und religiösen Vorstellungen und Werte sind. Sie geben einfach das weiter, in das sie selbst hineingepreßt wurden. Mit ihnen zu kämpfen, sie zu beschuldigen, ihnen unsere Situation vorzuwerfen, bringt uns nicht weiter. Das einzige, was uns weiterbringt, ist, die Verantwortung zu übernehmen und all das, was sie uns über unsere eigenen unbewußten Bewußtseinsinhalte spiegeln, in uns zu löschen.

▓ Selbstliebe hinter verriegelter Tür

Mary erlebt sich in der Rückführung in diesem Leben als neunjähriges Mädchen, das einmal ganz heimlich in ihrem verriegelten Zimmer ihren Körper geliebt, sich Lust geschenkt und befriedigt hat. Sie fühlt auch noch einmal die ganze Stimmung, die zu Hause über Nacktsein und Sexualität herrschte: Beklemmung, Schweigen, Tabuisierung.

- Sexualität ist tabu und männliche Sexualität schon hundertmal!
- Das Glied meines Vaters darf mich nicht erregen.
- Ich darf da nicht hinschauen.
- Männer dürfen mich nicht erregen.
- Sex mit Männern ist gefährlich.
- Ich darf kein Kind mit nach Hause bringen.
- Kinder kriegen heißt: Abhängigkeit, ich kann mich nicht selbst verwirklichen.
- Ich kann meine Sexualität nur alleine und heimlich oder in der Phantasie oder mit Frauen leben.
- Sexualität mit Männern macht nur in der Phantasie Spaß.

Mary ist eine Frau, die Frauen liebt und die manchmal starke Ergüsse beim Sex hat. Das hat ihr jahrelang Sorgen bereitet. Sie wußte nicht, daß Frauen so etwas Ähnliches wie eine Ejakulation haben können. Nun, da sie das weiß, kann sie entspannter damit leben. Aber in dieser Rückführung kommt sie sich auf die Schliche:

- Mein Körper führt ein Eigenleben.
- Als Frau kann ich nicht frei und ich selbst sein.
- Als Frau bin ich kein Mann.
- Wenn ich ejakuliere, bin ich ein Mann.

Diese Ergüsse machen ihr und ihren Partnerinnen oder Partnern aber angst, und so führen sie zu weiteren einschränkenden Glaubenssätzen:

- Ich darf nicht so stark fließen, sonst kriegen die anderen Angst.
- Ich darf von meiner Sexualität keine Spuren hinterlassen.
- Ich darf mich nicht ergießen.
- Wenn ich passiv bin und fließe, bin ich handlungsunfähig.
- Wenn ich fließe, werde ich abgelehnt, dann stirbt die Liebe.

In der Rückführung in ein früheres Leben zu diesem Thema ist Mary blockiert. Sie bekommt zwar noch die Jahreszahl 1605, aber dann geht nichts mehr. Wir suchen nach blockierenden Gedanken:

- Lust macht mir Angst.
- Ich darf mir keine sexuellen Vorstellungen machen, denn wenn ich mich errege, ist das ganz schlimm. Das ist verboten.
- Ich kann keine Männer lieben, die haben sowieso nur pure Sexualität.
- Pure Sexualität ist schlecht.
- Pure Lust hat nichts mit Herz zu tun.
- Ich kann Herz und Sex nicht zusammenkriegen.
- Ich habe keinen Einfluß auf die Liebe, auf meine Herzenslust.
- Wenn ich sexuelle Lust mit einem Mann habe, bin ich ein Schwein, eine Hure.
- Nur als Mann kann ich stark sein und Macht haben.
- Ich muß das Weibliche in mir wegpacken, um zu überleben.

So ist es also kein Wunder, daß sie in ihrer sogenannten weiblichen Intuition erst einmal blockiert ist. Als sportlich sehr aktive

Frau hat sie in diesem Leben auch mehr ihre sogenannte männliche Seite entwickelt.

Bei diesen beiden Rückführungen in der Gruppe saß sie einem Mann gegenüber. Das hatte sich so ergeben, obwohl sie es nicht gewollt und zu vermeiden gesucht hatte. Allein die Tatsache, daß sie es wagte, sich einem Mann so weit zu offenbaren, selbst wenn sie für weitere Bilder blockiert war, ist schon ein heilendes Geschehen. Und, wie es so oft bei dieser Arbeit passiert, saß ihr ein Mann gegenüber, der ein ganz ähnliches Verhaltensmuster wie sie entwickelt hatte, um die Rollenspaltung in sich zu überwinden: Er hatte sich eine Art Menstruation erschaffen, in Form von Hämorrhoiden. Solche Situationen entstehen bei der Partnerarbeit in den Rückführungen oft, so daß ich dabei immer wieder den Eindruck bekomme, daß die Seelen schon die richtigen Leute zusammenführen und genau das passende Material ins Bewußtsein bringen, damit eine Chance für tiefe Begegnungen und Freundschaften entsteht.

Übung: Haben Sie als Kind oder Jugendliche/r auch eine vergleichbare Situation erlebt? Haben die Haltungen, Meinungen und Stimmungen Ihrer Familie Ihre Lust geprägt? Dann vergegenwärtigen Sie sich diese Situation noch einmal in allen Einzelheiten, finden Sie dann alle Ihre Glaubenssätze, die Sie damals gelernt haben, und geben Sie sie auf.

▪ Lust ist verboten!

Stan war ein liebenswürdiger älterer Mann in einer belgischen Tantragruppe, dessen Geschichte mir unvergeßlich in Erinnerung geblieben ist, weil sie so erschütternd war und so bedauernswerte Folgen hatte.

In der Rückführung zum Thema Sexualität erlebte Stan sich als Jungen, der sich an einem schönen Sommertag selbst Lust schenkte. Unglücklicherweise wurde er kurz nach dem Samenerguß von seiner Mutter erwischt. Die wurde furchtbar böse, schimpfte, daß er das nicht dürfe und nie wieder tun solle. Damit er sich das auch merkte, bestrafte sie ihn ordentlich. Sie stülpte ihm seine nasse Unterhose über den Kopf wie eine Mütze, und

Stan mußte sich damit vor die Haustür an der Straße setzen. Als der Milchmann kam, sagte sie diesem, was der Junge gemacht hatte. Für Stan war das alles ganz entsetzlich, er schämte sich fürchterlich und nahm sich ganz fest vor, seiner Lust nie wieder nachzugeben. Für den Jungen war der einzige Trost, daß der Milchmann ihm heimlich zuzwinkerte, als die Mutter Stan so bloßstellte.

Aus der Geschichte gab es natürlich viele Gefühle und Glaubenssätze zu bereinigen. Stan ging durch eine Menge Wut und Trauer. Als Mann hatte Stan dann viele Probelme mit Sexualität, konnte sich überhaupt nicht entspannen und genießen und wußte natürlich gar nicht mehr, warum das so war. Während unserer Arbeit fragte ich ihn, woher er denn so eine riesige Narbe in seinem unteren Rückenbereich habe. Er erzählte dann, daß er viele Jahre lang Rückenschmerzen gehabt hätte, die sich immer mehr steigerten. Schließlich sei eine Bandscheibenoperation nötig geworden. Aber er sei nie ganz frei von Rückenschmerzen.

Nun können wir uns leicht zusammenreimen, was passierte, nachdem die Mutter den Jungen so drastisch bestraft hatte. Er versuchte, die sexuelle Energie zu kontrollieren und zu unterdrücken. Dazu muß man nicht nur den Beckenboden lahmlegen, damit im Basischakra erst gar keine Energie entsteht, sondern Hand in Hand damit entsteht dann auch eine Versteifung der Wirbelsäule. Die energetischen Rückenschmerzen werden über die Jahre dann zu einem Wirbelsäulenschaden. In den Tantragruppen haben wir schon oft gehört, daß Leute Rückenschmerzen haben, die Ärzte aber nichts finden können. Nun, diese Leute haben noch relativ viel Glück gehabt, haben früh genug damit begonnen, die unbewußte innere Kontrolle in der Wirbelsäule aufzuheben und die Energie wieder frei fließen zu lassen, ehe ein organischer Schaden auftreten konnte. Bei Stan war die Versteifung jedoch sehr weit gegangen.

Übung: Sollte Ihnen auch einmal passiert sein, daß Sie dafür, daß Sie sich selbst Lust, Aufmerksamkeit und vielleicht sogar Liebe geschenkt haben, bestraft oder gar gezüchtigt wurden oder daß Ihnen, als Sie noch klein waren, die Händchen nachts festgebunden oder in Handschuhe gesteckt wurden, dann vergegenwärtigen

Sie sich Ihre damalige lustvolle Situation, das Verbot und die eventuell darauf folgende Strafe noch einmal, finden Sie dann so viele Glaubenssätze, wie Sie nur entdecken können, und entprogrammieren Sie sich davon.

Die Auswirkungen christlicher Erziehung

■ Das „böse" kleine Mädchen und der „liebe Gott"

Judy ist 33 Jahre alt und von Beruf Computer-Designerin. Sie hat einen sehr zarten, mädchenhaften Körper, als ob sie eigentlich nicht da sein dürfte, am besten nicht existent wäre. Auch in ihrem Verhalten ist sie sehr bescheiden und zuvorkommend, als ob sie sich ständig für ihre Existenz entschuldigen müßte. Manchmal bekommt sie Eßanfälle. Dann setzt ihr Körper mit aller Macht materielles Sein, Substanz, gegen das Auslöschprogramm. Sie wirkt wie ein sehr liebes Mädchen.

Ich lernte Judy in einer Frauen-Trantragruppe kennen, in die sie gekommen war, um ihren Beziehungs- und sexuellen Problemen auf den Grund zu gehen und aufzulösen. In der Rückführung in frühere Leben zum Thema „Als du ein Problem mit Sexualität hattest" bekommt sie zwar noch eine Jahreszahl, aber dann folgt kein Erlebnis, sondern nur ein Symbol. Sie sieht ein abstraktes Auge, das permanent beobachtet. Es hängt am oberen Bildrand und geht nicht weg.

Ihr erster Gedanke dazu ist: Der liebe Gott sieht alles. Dieser Gedanke wirkt wie ein Auslöser. Plötzlich fallen ihr all die Belehrungen ein, die sie in ihrer Kindheit über den „lieben Gott" gehört hat. Ihre Eltern waren eigentlich nicht streng katholisch, aber sie hatte eine Patentante, die mit im Haus lebte. Diese Patentante war kinderlos und betrachtete es als ihre Lebensaufgabe, ihr Patenkind zu einem religiösen Menschen zu erziehen.

Sie paßte sehr auf das kleine Mädchen auf. Von dieser Tante hörte sie immer wieder solche Glaubenssätze wie die folgenden:
* Der liebe Gott liest jeden Gedanken.
* Du darfst nichts Böses denken, Gott sieht alles.
* Du darfst dich selbst nicht anfassen, das ist Sünde.

- Du darfst dich selbst nicht nackt im Spiegel anschauen, das ist Sünde.
- Du darfst deinen Bruder nicht nackt sehen, das ist Sünde.
- Sexualität außerhalb der Ehe ist Sünde.
- Wenn du nackt bist, mußt du dich schämen.
- Jede Sünde muß im Beichtstuhl gebeichtet und anschließend gesühnt werden, sonst kommst du nicht in den Himmel.
- Gott ist der Richter, der absolut gerechte Richter, der dein ganzes Leben beobachtet und dich in deinem Tod entweder in die Hölle verdammt oder in den Himmel erhebt.
- In der Hölle wirst du auf ewig verdammt sein und im Feuer Höllenqualen erleben, die nie aufhören.
- Nur wer alle Gebote Gottes erfüllt, kommt in den Himmel und wird erlöst.
- Jeder Zweifel an Gott ist Sünde.
- ES GIBT NUR EINEN GOTT. (Sie schrieb diesen Satz selbst in Großbuchstaben!)
- Jeder andere Glaube ist Irrlehre.
- Wer böse ist, kommt in die Hölle.
- Nur wer immer lieb ist, kommt in den Himmel.
- Jede Sünde, die nach dem Tod übrigbleibt, muß im Fegefeuer gesühnt werden.
- Wut, Widerworte gegen die Eltern, Zorn, Ungehorsam, Ungläubigkeit, Trotz und Streiten sind böse.
- Das Erdenleben ist nur eine Prüfung für das „ewige Leben".
- Die Welt ist ein Jammertal.

Diese Glaubenssätze hörte das kleine Mädchen immer wieder und versuchte, ganz, ganz brav zu sein. Sie hat so sehr versucht, das liebe, gottgefällige kleine Mädchen zu sein, daß ihr Körper und ihre ganze Persönlichkeit und Erscheinung noch heute, mit 33 Jahren, so wirken. Und ihre tiefen Schuldgefühle sorgen dafür, daß sie sich quasi dauernd für ihre Existenz entschuldigt.

Aber die Auswirkungen gingen noch weiter. Natürlich zog das kleine Mädchen seine eigenen Schlüsse aus dem, was ihr über den sogenannten „lieben Gott" vermittelt wurde:
- Nur wenn ich mein Leben ganz nach Gottes Geboten ausrichte, kann ich vor Gott bestehen.

- Gott bestimmt über mein Leben.
- Gott ist außerhalb von mir, nicht in mir.
- Ich *muß* mich Gottes Willen unterwerfen.
- Nur wenn ich alle seine Gebote erfülle, komme ich zu ihm.
- Nur durch Gott werde ich erlöst und erleuchtet.
- Der Sündenfall ist: sein zu wollen wie Gott, ein Schöpfer sein zu wollen.

Als ihr all diese Glaubenssätze bewußt wurden und sie anfing, eine Ahnung davon zu bekommen, wie sehr diese Gehirnwäsche ihr Leben, ihr Sein, ja sogar ihren Körper bestimmt, bekam sie eine große Wut. Zwar war sie schon vor einigen Jahren aus der Kirche ausgetreten, aber jetzt nahm sie sich ein Kissen und verprügelte dieses Kissen, den „lieben Gott" erst einmal nach Herzenslust.

Es dauerte noch Tage, bis ihr die Auswirkungen dieser religiösen Erziehung mehr und mehr bewußt wurden. Sie mußte praktisch, um gottgefällig zu sein, ihren Körper mit all seinen sexuellen Gefühlen abtöten. Das kleine Mädchen, das so gerne lieb sein und zu Gott kommen wollte, war in einem Teufelskreis gefangen. Um lieb zu sein und zu Gott zu kommen, mußte sie sich selbst dermaßen vergewaltigen, wie dies kein Mensch aushält. Wir entwickeln dann heimliche Überlebensstrategien, denn zum einen will unsere Natur gelebt werden, und zum anderen wollen wir gerne wir selbst sein. Heimlich gehen wir dann in Gegenrollen: Das liebe kleine Mädchen hatte als Gegenrolle ein böses Mädchen, welches ein ungewöhnlich starkes Interesse an Sexualität hatte. Es las als Teenager heimlich Pornohefte und flüchtete abends, wenn es schlafen sollte, durchs Fenster, um Abenteuer und Sexualität mit Jungens und Männern zu haben. Das war Freiheit für sie.

Nun aber konnte sie in ihrem eigenen Glaubenssystem nicht mehr gut sein, mußte sich noch mehr schämen und mußte sich daher noch mehr wie das liebe Mädchen verhalten und sich noch mehr für ihre Existenz entschuldigen. Da sie mit wilder, freier, lustvoller Sexualität absolut nicht gottgefällig sein konnte, mußte sie in ihrem Glaubenssystem zu dem Schluß kommen:

- Ich komme niemals zu Gott.
- Ich bin so schuldig, daß ich es nicht wert bin zu existieren.

Alle diese Glaubenssätze halten sie davon ab, ihre eigene Gött-lichkeit, ihre Seele, ihr Selbst zu leben. „Gott" ist ein Wesen, das nur außerhalb von ihr existiert, sie beurteilt und richtet. Sie hat keine Kraft, zu ihm zu kommen, er aber beobachtet, beurteilt und richtet alles, was sie tut. Sie ist verdammt. Nur er, so wurde ihr eingetrichtert, kann sie retten.

Zu den konkreten Auswirkungen, die dieses katholische Glaubenssystem auf das jetzige Leben von Judy hat, gehört bei-spielsweise, daß sie jahrelang nicht gewagt hat, ihrer Tante zu ver-raten, daß sie mit dem Mann, den sie liebt und mit dem sie zusammenlebt, gar nicht verheiratet ist.

Aber das Glaubenssystem reicht noch tiefer, nicht nur bis in ihr Verhalten, sondern auch bis in ihren Körper hinein. Das zeigt nicht nur ihr magersüchtiger Körper (ihre unbewußte Neigung, ihren sexuellen und sündigen Körper zu vernichten), sondern auch die dazugehörige Eßsucht.

Dieses körperliche Symptom liegt jedoch noch relativ an der Oberfläche. Als wir die Glaubenssätze zusammenstellten, hatte Judy eine kleine Erleuchtung. Sie wunderte sich schon seit länge-rem, warum sie keinen Eisprung und keine Menstruation hat. Wir hatten schon mit Rückführungen daran gearbeitet, und sie hat erkannt, daß sie weder eine Frau sein noch schwanger werden will. Zufällig las sie jetzt noch einmal den Satz:

• Der Sündenfall ist: sein zu wollen wie Gott und ein Schöpfer sein zu wollen.

Plötzlich wurde ihr klar, daß sie ja schöpferisch wäre, wenn sie ein Kind bekäme. Sie würde sogar Leben erschaffen wie „Gott". Als ich sie früher einmal fragte, warum sie kein Kind wolle, sagte sie, dann könne sie kein kreatives Leben mehr führen. Sie liebt es, nach Feierabend Zeit für Bauchtanz, Kunst, Tantra und viele andere kreative Dinge zu haben. Ein Kind, meinte sie, würde sie daran hindern.

Also auch hier ein Teufelskreis: Weil ihr verboten wurde, schöpferisch, kreativ zu sein, hat ihr liebes Mädchen den weib-lichen Menstruationszyklus im Körper abgestellt. Aber nun ist sie fast zwanghaft im Außen kreativ, indem sie fast jeden Abend in irgendeine Gruppe geht, um schöpferisch zu sein.

Also fragte ich Judy: „Welchen bewußten oder unbewußten Wunsch hast du dir mit dieser Tante und mit dieser religiösen Indoktrination, die dich absolut auslöscht, erfüllt?" Ihre Antwort war ihr Tätersatz:

- Nur wenn ich mich selbst, meine Selbstbestimmung, Sexualität, Macht, Verantwortung, Kreativität und Freiheit völlig aufgebe, nur, wenn *ich* gar nicht existent bin, komme ich zu „Gott".

Dieser Satz zeigt ihr Seelendrama. Mit diesem Satz hat sie sich die familiäre und religiöse Wirklichkeit, mit der sie sich in diesem Leben herumschlägt, geschaffen. Der Gedanke ist ein Irrtum, enthält aber auch eine Wahrheit. Der Irrtum ist, daß sie sich selbst aufgeben muß, um zum Göttlichen zu kommen. Einige der Seinszustände des wahren Selbst sind Selbstbestimmung, Verantwortung für sich selbst, unendliche Kreativität, Freiheit. Wenn sie das aufgibt, kann sie nicht mehr sie selbst sein. Und dennoch ist es wahr, daß sie etwas aufgeben muß, um wieder sie selbst zu sein: das *Ego*. Dieses Ego, das, was wir Persönlichkeit nennen, besteht aus lauter Glaubenssätzen, Gefühlen und Rollen, die wir spielen.

Mit ihrem Tätersatz, daß sie ihr *Ich* aufgeben muß, um zu „Gott" zu kommen, hat sie dieses Schicksal mit seinem ganzen Drama, seiner Verlorenheit, seinen vielen Symptomen und Behinderungen selbst verursacht ... wie wir alle das tun.

Übung: Was wurde in Ihrer sexuellen Erziehung alles „böse" genannt? Erinnern Sie sich daran und machen Sie sich ähnliche Listen von Glaubenssätzen, wie Judy sie gefunden hat. Dann befreien Sie sich davon.

■ Die katholische Ehefrau

Susan ist 32 Jahre alt, Mutter und berufstätige Hausfrau. Sie stammt aus einer katholischen Familie und hat sehr jung einen ebenfalls katholischen Mann geheiratet. Aber schon, als sie 24 Jahre alt ist, ist die Ehe für sie unerträglich geworden. Sie merkt, sie muß aus der Ehe heraus, sonst stirbt sie. Aber wie? Sie fühlt sich an ihr Ehegelübde gebunden, und der Mann setzt alle Mittel ein, auch Gewalt, um sie zu halten und um sie weiter sexuell zur Verfügung zu haben.

Sie braucht Jahre, bis sie die Scheidung durchsetzen kann. Aber sie hat immer noch Angst, daß ihr Mann eines Tages in ihrer Wohnung auftaucht und sie wieder bedroht und zurückholen will. Inzwischen hat sie einen Freund, der sehr liebevoll ist. Dennoch hat sie ganz viel Angst und ist in ihrer Sexualität gehemmt. Deshalb ist sie in die Frauen-Tantragruppe gekommen, die „Frauenlust" heißt. Sie ist eine Frau, die eigentlich heiter und lebensfroh wirkt.

In einer Rückführung geht sie in ihr 24. Lebensjahr zurück, in die Zeit vor der Scheidung. Sie durchlebt noch einmal eine Szene im Bett, in der ihr Mann sie zwingt, sich ihm hinzugeben. Anfangs weint sie, und als wir sie auffordern, mehr zu atmen, kommt sie auch an ihre Wut und verprügelt ein Kissen. Die Sätze, die dabei nur so aus ihr heraussprudeln, sind druckreife Glaubenssätze und zeigen in ihrer Aussage und Emotionalität, wie sehr sie sich durch die Vorstellungen und Moral ihrer Familie und Religion gefesselt fühlt und wie verzweifelt sie darüber ist:

- Ich bin so dreckig.
- Ich muß mich verkaufen, sexuell hingeben, damit ich Ruhe vor meinem Mann habe.
- Ich muß das tun. Das ist meine Pflicht als Ehefrau.
- Mein Mann braucht mich.
- Ich will nicht.
- Ich will den Schweinkram nicht.
- Ich muß ihn umbringen, denn niemand darf wissen, was er mit mir gemacht hat. (Sie fühlte sich so schmutzig, daß sie jahrelang nicht wagte, jemandem von ihren Qualen zu erzählen.)
- Ich muß immer aufpassen.
- Er kommt immer wieder. Er ist immer hinter mir her.
- Es wiederholt sich alles immer wieder.
- Ich komme da nicht raus.
- Mein Mann hält mich mit allen Mitteln, auch mit Gewalt, fest.
- Er ist stärker als ich.
- Ich muß mit meinem Körper dafür bezahlen, daß ich ausgehen darf.

- Ich kann mit meinem Mann nicht leben, kann ihn nicht ertragen.
- Erst, wenn ich meinen Mann umbringe, kann ich frei sein.
- Ich schaffe das nicht.
- Ich bin so schuldig. (Natürlich fühlt sie sich schon für solche Gedanken schuldig.)
- Ich muß bei ihm bleiben.
- Ich muß auf immer und ewig bei ihm bleiben.
- Ich darf nicht egoistisch sein.
- Ich muß so sein wie andere Frauen.
- Wenn ich meinen Mann verlasse, bin ich schlecht.
- Der Mann ist gewalttätig.

Ich frage nach der neuen Beziehung. Ihr neuer Freund, sagt sie, sei sehr lieb. (Ja, das wünschen sich viele Frauen, verständlicherweise. Sie wenden sich nach Gewalterlebnissen entweder ganz von Männern ab, oder sie suchen sich einen lieben Mann, d.h. oft einen, der unbewußt seine Männlichkeit zurückgenommen hat. Womit ich natürlich nicht meine, daß Männlichkeit gleich Gewalt ist!) Aber selbst mit dem lieben Freund hat sie noch Angst:
- Ich kann keine schnellen Bewegungen mehr ertragen.
- Ich kann nicht mehr spielen und lachen.
- Ich bin eine schlechte Frau.

Dann kehrt sie in ihrer Erinnerung noch einmal zurück zu ihrer Ehezeit und sagt:
- Mein Mann reduziert mich auf ein Minimum von mir selbst, ich muß meine Kräfte einteilen.

Und so sind wir fast von selbst bei ihrem Tätersatz angekommen, der lautet:
- Erst wenn ich nichts mehr bin, kann ich ich selbst sein.

Auch Susan versuchte unbewußt, ein Seelenziel zu erreichen. Aber um „nichts" zu sein, braucht eine Frau sich nicht mit allen Mitteln erniedrigen zu lassen, sondern sie braucht nur zu lernen, durch Meditation in den Zustand der Gedankenleere zu kommen.

Davor allerdings muß sie sich aus der Situation befreien, in der sie glaubt, Frau und Mann nicht zusammenkriegen zu können, weil der Mann so schlecht ist, weil sie als Frau so schlecht ist, weil Sexualität aus Lust schlecht ist usw. Solche Glaubenssysteme hindern sie daran, ihre Ganzheit zu leben. Eine Frau oder ein Mann, die ihre Ganzheit, ihre Androgynität, nicht leben können, können nicht zum Göttlichen kommen, *weil das Göttliche ganz ist*. Eine Religion, die „Gott" als männlich-väterliches Prinzip darstellt, führt Millionen von Menschen auf einen Irrweg, weil sie das Bewußtsein spaltet, genauso wie es die alten matriarchalen Religionen früher getan haben.

Übung: Fühlen Sie sich auch an eine Ehe gefesselt, die gar nicht mehr stimmt, aus der Sie längst ausgebrochen wären, wenn Ihre Glaubensvorstellungen Sie nicht darin halten würden? Dann orientieren Sie sich an den oben angeführten Glaubenssätzen, aber finden Sie Ihre eigenen und geben Sie sie auf. Dann warten Sie, was passiert. Sie müssen nicht unbedingt Ihre Ehe verlassen. Sie können auch in weiteren Bereichen mit den Glaubenssätzen experimentieren und versuchen, Ihre Situation zu ändern.

■ Sex ist das Werk des Teufels

Robert ist ein junger Arzt, der in eine unserer Tantragruppen kommt, weil er mit seiner eigenen Sexualität, mit Frauen und mit Beziehungen überhaupt nicht klarkommt. Er wirkt am Anfang sehr befangen, hat große Angst zu sprechen, und wenn er redet, wirkt es angestrengt und gequält, weil er nicht direkt über sich und seine Gefühle sprechen kann.

Er ist sehr intelligent und hat, trotz aller Verklemmtheit, ein relativ offenes Herz, was ihm sehr hilft, in der ersten Tantragruppe wesentliche Erfahrungen zu sammeln. Er merkt, daß all die eigenartigen Sachen wie Atmen, Schreien, Toben, Gefühle ausdrücken, Kissen verprügeln, die wir unter anderem in den Tantragruppen anbieten, ihm helfen, endlich mal Gefühle zu entladen, die er schon ewig mit sich herumschleppt. Und er merkt auch, daß er freier, leichter und lebendiger wird, je mehr er von den Gefühlen rausläßt. Mit der Zeit lernt er auch, seine Gefühle im direkten Kontakt mit Menschen zu zeigen, auszudrücken und zu ihnen zu stehen. Und natürlich lernt er auch, diese Gefühle nicht zerstörerisch gegen sich oder andere zu richten, sondern sie durch sich hindurchlaufen zu lassen und sich dabei meditativ zu beobachten und sich davon zu befreien.

Für seinen Mut bekommt er ein wertvolles Geschenk: Er verliebt sich in eine Frau, die sich schon eine Weile auf einem schönen spirituellen Weg befindet und die ihm mit ihrer Liebe hilft, viele schwierige Dinge zu überstehen. Sie lernen auch viel mit- und voneinander und entscheiden sich gemeinsam für das Past-Life-Training, um sich und ihr Leben noch schneller und gründlicher zu verändern. Nach recht kurzer Zeit machen sie schon Austauschsitzungen miteinander, um gründlich aus den alten, einschränkenden Programmen herauszukommen.

Robert machte eine sehr schöne Entwicklung durch und wurde zu einem selbstbewußten und lebendigen Mann. Er hatte Lust, seinen Prozeß im Rückblick selbst zu beschreiben.

„Meine Eltern stammten aus ‚gut‘-katholischen Familien mit den altbekannten, strengen Regeln und Gebräuchen. Demzufolge sahen sie die Glaubenserziehung ihrer Kinder als eine ihrer wichtigsten Aufgaben an. Diese stand noch über der Ausbildung und dem Beruf. Die Aufgabe der ‚Hinführung zum rechten Glauben‘ überließ mein Vater weitgehend meiner Mutter, die insgesamt die dominierende Elternrolle besaß.

Ich wurde schon in frühester Kindheit fest in die katholischen Gebräuche eingebunden. Meine Eltern nahmen mich in die Kirche mit, lange bevor ich irgend etwas von dem verstand, was sich dort abspielte. Der sonntägliche Kirchenbesuch, die Tischgebete vor und nach dem Essen sowie später auch die regelmäßige Beichte gehörten zu den unbedingten Pflichten. Etwas davon einmal auszulassen wäre unvorstellbar gewesen.

Ich kann mich erinnern, daß mich meine Mutter manchmal sogar wochentags zu den Messen mitnahm. Im Hinblick auf die geringe Zahl der übrigen Kirchenbesucher signalisierte sie mir dann: ‚Die wirklich festgläubigen Christen stellen nur einen kleinen, auserlesenen Kreis dar. Denn wenn du wirklich an Gott glaubst, könntest du dann nicht mit Leichtigkeit noch einen weiteren Wochentag für ihn opfern? Eigentlich müßtest du ja aus

Liebe zu ihm noch viel mehr für ihn tun, wenn du willst, daß er dich nach deinem Tod rettet.' So wurde uns Kindern suggeriert, daß wir nicht ohne weiteres in den Himmel kommen – schon gar nicht hier auf der Erde –, sondern daß wir etwas dafür tun müssen. Diesem ‚Etwas' waren keine Grenzen gesetzt, je mehr, desto besser. Der wahre Glaube wäre halt auch an den Taten erkennbar.

Meine Mutter fühlte schon immer eine außergewöhnliche Verbindung zu ‚Gott'. Sie hatte beispielsweise als junge Frau eine Vision. In einer Kirche erschien ihr der Herr in Form einer Jesusstatue. Jesus befand sich auf dem Weg zur Kreuzigung, geschmückt mit der Dornenkrone. Jesus schaute meine Mutter an und fragte sie, ob sie ihren eigenen Lebensweg gehen wollte, auch wenn er so aussehen würde wie dieser Leidensweg. Sie willigte sofort ein, ohne weiter nachzudenken.

Diese Vision sagt schon viel über die Gottesvorstellung aus, die mir nahegebracht wurde: Wenn man ‚Gott' und der Erlösung in seinem Leben wirklich näherkommen will, muß man bereit sein, ein von ‚Gott' gegebenes hartes Leben mit viel Qualen auf sich zu nehmen. Diese Qualen, die sie faktisch für ihr Leben schon erwartete, traten später auch in erheblichem Maße ein. Sie versuchte sie dann als ‚Prüfung für ihr Leben' durchzustehen.

In der Erziehung wurde besonderes Augenmerk auf die reine katholische Glaubenslehre gelegt. Aus mir sollte schließlich kein schwachgläubiger Halbchrist werden. Grundlage für mein Leben sollten die Zehn Gebote sein. Die Lehre sagte, daß ‚Gott' allmächtig ist und jede noch so kleine Sünde in mir sieht. Selbst meine Gedanken bleiben ihm nicht verborgen. Jede Sünde muß ich, um mich von ihr zu reinigen, vor dem Priester beichten. Wenn ich es nicht tue, wird ‚Gott' mit mir nicht barmherzig sein, und er wird mich nach meinem Tod in die Hölle schicken. Damit ‚Gott' die Beichte annimmt, muß sie ehrlich und voller Liebe zu ihm erfolgen. Für schwerere Sünden soll man zusätzlich Buße tun. Im einfachsten Fall waren das zehn Ave Maria und zehn Vaterunser, mit reinem Herzen gebetet, damit sie wirksam sind. Nun war es mir jedoch nicht immer ganz klar, was er zu den schweren Sünden rechnen mochte und ob mein Herz wirklich rein und ehrlich war oder nicht. So blieb manchmal eine Unsicherheit, ob ‚Gott' mir wirklich vergeben hatte und ich nun erleichtert nach Hause gehen konnte oder nicht.

Zu den eindeutig schweren Sünden gehörten z.B. die Gottes-verleugnung und der Meineid vor ‚Gott'. Was das Thema Sexualität anging, so erklärte mir meine Mutter, daß die sexuelle Leidenschaft ein Werk des Teufels sei. Die Aufgabe jedes Christen sei es, den überall lauernden Verführungen des Teufels zu widerstehen und dem Bösen zu entsagen. Sonst bemächtige sich der Satan wie ein wildes Tier meiner Seele, und ich sei verloren. Mit solch starken bildhaften Ausdrücken verstand es meine Mutter, die Glaubenssätze wesentlich zu untermauern.

Als Kind war ich von der absoluten Wahrheit des ganzen Glaubenssystems überzeugt. Es war so konstruiert, daß es sich selbst aufrechterhielt. Hätte ich es gewagt und einzelne Aussagen davon in Frage gestellt, wäre ich automatisch der ungläubige Sünder gewesen, der seiner Strafe nur durch Beichte entgehen kann.

In meiner Kindheit konnte ich mich, trotz aller Einschränkungen, mit dem ‚Allmächtigen' recht gut arrangieren. Ich konnte meine Sünden beichten und fühlte mich anschließend meist wieder erleichtert und von ‚Gott' geliebt. Mit der Pubertät geriet diese Balance jedoch aus dem Gleichgewicht. Nun stellten allein schon erotische Gedanken eine Sünde dar. Und die Gedanken ließen sich einfach nicht abstellen! Die Beichte brachte wegen der ständigen Wiederholung keine entlastende Wirkung mehr, meine Reue mußte ja unglaubwürdig sein. Ich glaubte, daß ich immer mehr Schuld ansammelte und ‚Gott' sich deswegen immer weiter von mir entfernte, bis er schließlich unerreichbar war. Wegen meines wachsenden Sündenkontos war ich überzeugt, daß ‚Gott' immer böser auf mich werden würde. Ich erwartete zunehmend mehr seine Strafe.

Wie es nun einmal mit solchen Erwartungen ist, sah ich ‚Gottes' Strafe sich schon bald verwirklichen. Zuerst in Kleinigkeiten: daß ich mit dem Fahrrad auf der Straße ausrutschte oder eine Sache nicht mehr wiederfand, obwohl ich doch genau wußte, wohin ich sie gelegt hatte. Bald waren es aber auch gravierendere Angelegenheiten, wie schlechte Schulergebnisse, Versagensängste oder körperliche Erkrankungen. Ich empfand alles Schlechte, was mir zustieß, als von ‚Gott' gesteuert. Er war ja allmächtig und hätte es genausogut verhindern können!

Der seelische Druck wurde bald unerträglich. Ich wollte zum alten Zustand der Verbundenheit mit ‚Gott' zurück, doch das schien unmöglich. Ich wurde immer verzweifelter und wütender und wußte bald keinen anderen Ausweg mehr als den Selbstmord. ‚Gott' sollte zumindest jetzt auf mich zugehen und alle Schuld vergessen und mich endlich so lieben, wie ich war. Als ich merkte, daß sich selbst durch einen Suizidversuch nichts ändern würde, stieg ein ungemein starker Haß in mir auf. Ich verfluchte ‚Gott' und beging damit die für mich schwerste vorstellbare Sünde. Ich wollte für alle Zeiten nichts mehr mit ihm zu tun haben.

Dieser totale Bruch mit ‚Gott' und mein abgrundtiefer Haß gegen alle Glaubensinhalte löste jedoch meine Glaubenssätze nicht auf. Im Gegenteil, die Glaubenssätze begannen jetzt erst richtig von ihrer negativen Seite zu wirken. Weil ich ‚Gott' verflucht hatte, so glaubte ich, sei ich automatisch von ‚Gott' auch verflucht. Ich war überzeugt, daß mich eines Tages sein ganzer Haß treffen würde. Ich dachte auch, ich könnte mich anstrengen, wie ich wollte, ich würde nie richtigen Erfolg haben. Und wenn ich doch einmal aus irgendwelchen Gründen Erfolg hätte, würde er sich damit rächen, daß er mich um so tiefer fallen ließe.

Es gab damals keinen Menschen, mit dem ich über das, was in mir vorging, sprechen konnte. So gab es einen krassen Gegensatz zwischen meinem Innenleben und dem äußeren Leben. Nach außen sollte alles unverändert normal erscheinen. Der akute seelische Druck ließ zwar allmählich nach, es machte sich dafür aber eine innere Einsamkeit breit. Durch meine ‚Todsünde' fühlte ich mich von den übrigen Menschen abgeschnitten. Die übrige Welt erschien mir wie durch eine Milchglasscheibe. Ich glaubte, ich sei von allen wahren Lebensquellen für immer abgeschnitten.

Es machten sich auch bald äußere Symptome bemerkbar. So bekam ich Sprechhemmungen, die zeitweise so stark wurden, daß es mir nicht mehr möglich war, einen längeren Satz zu sagen. In der Schule war ich dadurch erheblich behindert. Meine Schulergebnisse wurden schlechter, der Kontakt zu Freunden wurde weniger. Eine Freundin konnte ich damit schon gar nicht bekommen. Die erste Freundschaft zu einer Frau entstand erst viele Jahre später, noch recht unverbindlich. Ich konnte mich nur halb darauf einlassen.

In den ersten Jahren meiner Studienzeit an der Uni machte ich es mir sehr schwer. Ich büffelte wie verrückt, nur um durch die Prüfungen zu kommen. Der Preis dafür war, daß ich alle anderen Sachen weitgehend aus meinem Leben ausblendete.

Mit der Zeit suchte ich nach Möglichkeiten, meine Situation zu verändern. Ein Freund brachte mich auf die Idee, in eine Psychotherapie zu gehen. Aus einer anfangs anvisierten Therapiezeit von zwei Jahren wurden sieben Jahre! Ich lernte dabei, mir meine Lebensgeschichte mehr und mehr anzuschauen und zu verstehen. Meine Schutzmechanismen, die ich in den vielen Jahren aufgebaut hatte, wurden allmählich schwächer. In dieser Therapie habe ich mich mit vielen Verhaltensmustern auseinandergesetzt, jedoch geschah die Auseinandersetzung hauptsächlich im Kopf. Der Bauch und der Rest meines Körpers hingen weiter in den alten Schuldgefühlen und Glaubenssätzen fest.

Der aus dem Bauch geführten Auseinandersetzung begegnete ich dann später in einer Tantragruppe. Alle Gefühle, ganz gleich ob Wut, Haß, Liebe oder Sehnsucht, wurden anerkannt und durften zugelassen werden.

In der Tantragruppe und später auch in weiteren Gruppen arbeiteten wir mit Rückführungen. Dabei erhielt ich oft auch symbolische Geschichten, die mit einer realitätsnahen Szenerie wenig zu tun hatten, die aber trotzdem wertvoll waren. Dies geschah auch beim Thema ‚Mutter‘. Ich sah mich in einem großen, leeren Raum sitzen. Vor mir befand sich ein riesiger Felsbrocken. Meine Mutter kam in den Raum herein und sagte mir, ich müsse den Stein aufessen, vorher dürfte ich den Raum nicht verlassen. Dann ging sie hinaus und schloß die Tür hinter sich zu. Ich machte mich daran, den Brocken so, wie er war, irgendwie in meinen Mund zu kriegen und runterzuschlucken. Schließlich gelang es mir auch. Dann spürte ich, daß der Felsbrocken schwer in meinem Magen lag, er drückte mich und bewegte sich nicht mehr weiter.

Diese Geschichte sagte mir sofort, woran ich bin. Der riesige Stein war das Glaubenssystem meiner Mutter, das ich zu schlucken hatte. Ich hatte es als Kind verinnerlicht, und es lag mir sprichwörtlich als unverdaubarer Fremdkörper schwer im Magen. Damit war ich gehandikapt, denn mit diesem Glauben war ich nicht fähig, irgendwie weiter voranzukommen. Der leere Raum symbolisierte letztlich meine innere Isolation. Die Klarheit dieser Symbolgeschichte überraschte mich und machte mich recht betroffen.

In einer anderen Rückführung sah ich mich als junger Novize, der in ein Kloster ging und gerne Mönch werden wollte. Jedoch befolgte ich die Ordensregel nicht konsequent genug, so daß ich vom Abt getadelt wurde. Als mir dann im Kloster zufälligerweise eine Frau begegnete, wurde mir unterstellt ,etwas mit ihr zu tun zu haben'. Ich mußte deswegen das Kloster verlassen. Danach fand ich draußen nur Wildnis vor, in der ich hart um mein Überleben kämpfen mußte.

Diese Geschichte spricht für sich. Sie stellt quasi einen Abriß meiner bisherigen Lebensgeschichte dar. Allein der Anblick einer Frau, allein der Wunsch, Sexualität zu leben, brachte mich aus einem ,sicheren' Zuhause und von meinem ,Weg zu Gott' fort. Meine Umgebung erfuhr ich anschließend als bedrohlich und als einen ständigen Überlebenskampf.

In vielen weiteren Rückführungen, auch zu anderen Themen, kam ich häufig zu einem grundsätzlichen Lebensgefühl zurück, nämlich daß ich mich von meiner Lebensenergie abgeschnitten fühlte. Dies zeigte sich oft in leidensgeladenen Geschichten. Ich hatte keinen Erfolg, weder in der Liebe noch im Beruf, noch in anderen Dingen. Mein Weg symbolisierte sich häufig als Leidensweg. Wenn ich es mir im Licht der traumähnlichen Rückführung mit dem Felsbrocken betrachte, dann hatte ich tatsächlich so einen Brocken geschluckt, wie meine Mutter ihn in ihrer Vision mit Jesus geschluckt hatte.

Obwohl ich mich anfangs dagegen wehrte, konnte ich mit der Zeit nicht umhin, mir meine Leidenssehnsucht genau anzuschauen. Ich fühlte mich durch meine Absage an ,Gott' schuldig und glaubte, daß ich dafür bestraft werden müßte. Doch für die Bestrafung sorgte ich schon selber: Meine eigenen Glaubenssätze, geladen mit der Energie meiner Schuldgefühle, entzogen mir die Möglichkeit eines erfüllten, glücklichen Lebens. Ich machte es mir lieber schwer und leidvoll. Und da ich mich für so unsagbar schlecht hielt, konnte ich mir nicht vorstellen, daß andere an einer tiefen Beziehung zu mir interessiert sein könnten. Ich suchte lieber die Einsamkeit.

Allmählich begriff ich, daß ich die ganze Verantwortung für mein Leben an meinen ‚Gott' weitergeschoben hatte. Er, der alles lenkt und leitet, war in meinen Augen letztlich schuld an meiner Misere. Ich konnte sowieso nichts ausrichten. Mit dem Abgeben der Selbstverantwortung hatte ich es mir relativ leicht gemacht. So brauchte ich nicht wirklich an den übernommenen Glaubensaxiomen zu rühren. Dafür lebte ich dann allerdings mit mächtigen Einschränkungen. Einen Teil der von mir erwarteten Hölle hatte ich somit für mein Leben schon vorweggenommen. Nun begann ich jedoch, mir die Verantwortung für mein Leben zurückzunehmen.

Die Auseinandersetzung mit meiner Mutter ließ auch nicht lange auf sich warten. Nach einer Tantra-Woche besuchte ich sie für zwei Tage. Ich ließ dort, nichts weiter ahnend, zwei Meditationsbücher auf dem Schreibtisch meines ehemaligen Zimmers liegen. Als ich für kurze Zeit außer Haus war, kam meine Mutter ins Zimmer und sah die Bücher. Entsetzt über diese Art von Literatur suchte sie mein Gepäck nach weiterem Material ab. Sie nahm alles mit, was sie finden konnte, lief damit in den Keller und verbrannte es im Heizungsofen. Als ich zurückkam, war ich fassungslos. Ich hätte nie damit gerechnet, daß sie so unverfroren meine Grenzen verletzt. Obendrein war sie noch fest davon überzeugt, etwas Gutes getan zu haben, um mich vor den Mächten des ‚Bösen' zu retten. Ich war wütend und wollte jetzt ein unmißverständliches Zeichen setzen, daß sie mit mir nicht weiter so umgehen kann. Ich wartete einen ungestörten Moment am Abend ab, nahm mir zwei der wertvollsten Meßbücher, die sie besaß, und tat genau das gleiche. Ich verbrannte sie Seite für Seite im Ofen. Ich sagte es ihr am nächsten Morgen, packte meine Sachen und fuhr, ohne daß wir ein Wort wechselten, nach Hause. Wir sprachen daraufhin nicht mehr miteinander.

Nach über einem halben Jahr lockerte sich das Schweigen. Es begannen zuerst lange Diskussionen, die aber eher das Gefühl hinterließen, daß wir uns gegenseitig gar nicht verstehen wollten.

Mit der Zeit stand ich dann einfach zu meiner Ablehnung ihrer gesamten Glaubenslehre. Erstaunlicherweise wurde ich damit nicht, wie ich zuerst befürchtet hatte, rigoros abgelehnt, sondern – zumindest teilweise – sogar akzeptiert. Das Bild von der übermächtigen Mutter, die letzten Endes doch irgendwo recht hat, wurde immer brüchiger. Einige Jahre später zeigte sich, daß meine Mutter an einem krankhaften, systematisierten Wahn litt. Zufälligen banalen Ereignissen sprach sie eine abnorme Bedeutung zu, in der ‚Gott‘ oder der ‚Teufel‘ direkt versuchten, Einfluß auf sie auszuüben, bis hin zu Halluzinationen, vom ‚Teufel‘ verfolgt zu sein. Ich wußte es im Unterbewußtsein vermutlich die ganzen Jahre, daß sie krank war, wollte es aber nicht wahrhaben. Damit war einer der letzten Steine aus dem Fundament des Glaubenssystems gehoben.

Ein weiterer wichtiger Punkt des Glaubenssystems war der neurotische Bezug zur Sexualität. Wie schon erwähnt, wurde Sex allgemein als etwas sehr Schlechtes und Gefährliches – der Himmel steht auf dem Spiel! – hingestellt. Die eigene Sexualität wurde von meinen Eltern konsequent totgeschwiegen. Von ihrem Verhalten her hätte ich eigentlich denken müssen, sie besäßen gar keine Sexualität.

In einer Rückführung zum Thema Sexualität sah ich mich als umherziehender Handwerker, der in ein mittelalterliches Dorf kam und dort Arbeit in einer Schmiede fand. Ich machte meine Arbeit gut, der Schmied und die Dorfbewohner waren zufrieden mit mir. Bald begegnete mir in der Werkstatt die attraktive Tochter des Schmieds. Es war jedoch niemandem erlaubt, mit ihr zu sprechen.

Unsere Blicke trafen sich für einen Moment, und sie gab mir mit ihren Augen zu verstehen, daß sie mich mochte. Noch bevor ich sie ansprechen konnte, kam der Sohn des Schmieds herein und schickte seine Schwester unvermittelt weg. Er wußte sofort, daß sie mir gefiel. Er nahm daraufhin ein glühendes Schmiedeeisen aus dem Feuer und ging langsam auf mich zu. Ich begriff, daß es jetzt auf Leben und Tod ging. Ich griff mir blitzschnell möglichst viele meiner Habseligkeiten und lief aus der Werkstatt. Als ich mich draußen umschaute, sah ich, daß ich verfolgt wurde und aus dem Dorf fliehen mußte.

Diese Rückführung zeigte mir, warum ich so lange Zeit allein blieb. Sobald ich mich einer Frau näherte, tat ich unbewußt etwas von der Religion Verbotenes. Ich begab mich damit in solche Lebensgefahr, daß ich fliehen mußte. Kein Wunder, daß ich mich auf tiefere Freundschaften lange Zeit nicht einlassen konnte.

Noch in der gleichen Gruppe lernte ich einige Tage später eine Frau kennen, und es entwickelte sich daraus eine nähere Freundschaft, ja sogar eine Liebesbeziehung. Dadurch wurden meine alten Rückzugsmuster direkt auf die Probe gestellt. Heute bin ich froh, diese Erfahrungen gemacht zu haben. Meine Sexualität wurde früher durch Schuldkomplexe weitgehend unterdrückt. Heute ist sie für mich eine schöne, wertvolle Gabe, die ich bewußt erleben will und kann, ohne daß ein ,böser Gott' noch weiter zuschauen kann.

Für mich besteht heute kein Zweifel mehr daran, daß durch Gefühle und Glaubenssätze fest einverleibte Muster, die das Leben entscheidend beengen, aufgelöst werden können. Durch meinen Prozeß der Selbsterforschung, des Sammelns von neuen Erfahrungen und der Veränderung meines gesamten Lebens habe ich erfahren, daß es sich lohnt, diesen Weg zu gehen und die alten Grenzen aufzugeben. Das Leben gewinnt dadurch neue, ungeahnte Dimensionen an Intensität und Schönheit. Es liegt in den Händen jedes einzelnen Menschen, was er oder sie daraus macht."

Robert hat also gelernt, sein Leben, seinen Körper, seine Sexualität und Frauen zu genießen. Er hat auch eine neue Männlichkeit entwickelt. Er ist locker und heiter geworden, die Sprachhemmungen sind weitgehend verschwunden, es macht jetzt Spaß, ihm zuzuhören. Er hat viele Dinge gelernt, mit deren Hilfe er sein Leben gestalten und selbständig verwandeln kann, wann immer ihm irgend etwas in seiner Realität nicht gefällt. Er hat nicht nur die innere Bereitschaft, die Verantwortung für sein Leben selbst zu übernehmen, was natürlich die Grundvoraussetzung für alles weitere ist, sondern er hat im Past-Life-Training und im Tantra viele Meditationstechniken gelernt, mit denen er sich als Seele selbständig weiter befreien und entfalten kann.

Diese Geschichte von Robert zeigt, was passiert, wenn wir uns vom Göttlichen in uns abschneiden. Robert schilderte uns das sehr präzise. Als er in seiner Verzweiflung „Gott" verflucht, fühlt er sich automatisch auch von „Gott" verflucht und von allen wahren Lebensquellen abgeschnitten. Religionen, die die Sexualität verteufeln, schneiden den Menschen von seiner Basisenergie, von seinem Sexualchakra und damit auch von seiner Verbindung zur Erde ab. Religionen, die Menschen vom Göttlichen in sich selbst trennen, indem sie „Gott" nach außen verlagern, schneiden ihn von seiner Seele, seinem göttlichen Bewußtsein, seiner unendlichen Schöpferkraft, seiner Unverletzlichkeit und Unsterblichkeit ab. Unser Seelenbewußtsein ist die Urquelle unseres Seins. Wenn wir davon abgeschnitten sind, sind wir energetisch so viel wie die kleinste Batterie im Vergleich zu einem kosmischen Starkstromwerk.

Zwei weitere Äußerungen von Robert beschreiben sehr genau die Wirkungsweise des Bewußtseins: Eine Religion, die lehrt, daß selbst unsere Gedanken „Gott" nicht verborgen bleiben und daß er uns für „böse" Gedanken bestraft, beschreibt in gewissem Sinn das Wirken des Bewußtseins, aber auf der Ebene des Aberglaubens. Natürlich bleiben unsere kleinen Ego-Gedanken unserem immer wachen und bewußten Seelenbewußtsein nicht verborgen. Aber unser Seelenbewußtsein richtet uns nicht, nie, denn es liebt uns, weil es reine Liebesenergie und liebendes Bewußtsein ist. Was uns „richtet" ist unser eigenes Ego-Bewußtsein, denn alles, was in unserem Bio-Computer an Glaubenssätzen und Urteilen gespeichert ist, gilt auch für uns selbst! Im Prozeß seiner Selbsterforschung entdeckt Robert diesen Zusammenhang, wenn er schreibt: „Ich fühlte mich durch meine Absage an ‚Gott' schuldig und glaubte, daß ich dafür bestraft werden müßte. Doch für die Bestrafung sorgte ich schon selber …"

Übung: Falls Sie selbst eine derartig strenge katholische Erziehung durchlitten haben und auch noch an deren Folgesymptomen leiden, nehmen Sie sich ein paar Stunden Zeit und schreiben Sie Ihre persönliche Leidensgeschichte auf. Danach nehmen Sie sich Ihren Block und schreiben Sie alle Ihre Glaubenssätze heraus, die in dieser Geschichte drin stehen, und alle anderen, die Ihnen noch dazu einfallen. Dann geben Sie bewußt alle diese Sätze auf und verbrennen Sie sie.

■ Was verboten ist, das macht uns gerade scharf

Dieser Text des Balladensängers Wolf Biermann fällt mir ein, wenn ich an die folgende Geschichte denke. Ich weiß eigentlich gar nicht, mit welchem Argument die katholische Kirche das Zölibat für die Priester und Mönche heute noch rechtfertigt. Aber egal, ich verstehe es als großes Mißverständnis der Menschen. Sie wünschen, dem Göttlichen näher zu sein, und versuchen eine „Reinheit" zu leben, die angeblich gottgefällig ist.

Abgesehen davon, daß viele Priester, Mönche und Nonnen diese Selbstbeschneidung gar nicht durchhalten, obwohl sie sich in unseren Zeiten ja wahrscheinlich selbst dazu entschieden haben, ist die ganze Ideologie von der sündigen Sexualität vom gesunden Menschenverstand her gesehen völlig absurd. Ein „Gott", der selbst die Sexualität angeblich erschaffen hat, erklärt sie nachträglich für sündig. Eine solche religiöse Lehre ist ein Märchen, das durch Versuche des Menschen, die Welt zu erklären, entstanden ist, als das Bewußtsein des Menschen noch nicht reif für ein wirkliches Verstehen war. Das wäre auch nicht weiter schlimm, wenn sich nicht so unglaublich viele Menschen, und d.h. auch Seelen, in diesem Denksystem verfangen hätten und Schaden nehmen würden.

In Rückführungen wird deutlich, daß viele Menschen auf diesen religiösen Wegen versucht haben, zum Göttlichen zu kommen. Aber ihre Sexualität gehört zu ihrer Natur, sie läßt sich nicht so leicht unterdrücken. Im besten Falle verläßt so ein Mensch sein kirchliches Amt, wie das heute ja tatsächlich oft passiert.

Viele Menschen haben den Weg der religiösen Askese auch gewählt, weil sie es leid waren, sich mit der Sexualität und der Spaltung in Frau und Mann herumzuschlagen. Sie hofften, wenn sie diesen Teil von sich einfach verleugnen, dann könnten sie frei davon werden.

Ich erinnere mich z.B. an die Geschichte einer Nonne, die als Kind von ihrem Vater vergewaltigt worden war. Um dem ganzen beängstigenden Thema Sexualität zu entgehen, entschloß sie sich als junges Mädchen, Nonne zu werden. Sie glaubte, im Kloster und als Braut Christi sicher zu sein vor all den Gefahren der

Sexualität. Aber nach einigen Jahren war sie gar nicht mehr so glücklich mit dieser Entscheidung. Es war dann ein großer Gewissenskonflikt für sie, das Gelübde, nur noch die Braut des „Herrn" zu sein, wieder rückgängig zu machen. Ich weiß nicht, ob sie es je getan hat.

Die Past-Life-Geschichte, die ich hier jedoch erzählen will, stammt von einer Frau aus einer Tantragruppe. Editha war Hausfrau und Mutter. Ihre Kinder waren schon aus dem Haus, und so beschloß sie, sich nun mehr um sich selbst zu kümmern. Nachdem sie eine Weile an körperorientierten Gruppen teilgenommen hatte, erfuhr sie, daß es Tantra gibt. Die Sexualität mit ihrem Mann machte ihr schon lange keinen besonderen Spaß mehr. Was sie über Tantra gehört hatte, machte ihr Hoffnung, ihr Liebes- und Lustleben doch noch erfreulicher gestalten zu können. So wagte sie sich dann schließlich in eine Tantragruppe.

Durch eine Rückführung zum Thema Sexualität kam sie dann damit in Kontakt, warum Sexualität für sie im Laufe der Ehe eher eine Pflichtübung geworden war: Schuldgefühle hatten ihr den Spaß verdorben, obwohl sie eine sinnliche und lebenslustige Frau war.

Sie erlebte sich ein paar Jahrhunderte früher als junge Nonne, die nachmittags gern im Klostergarten in der Sonne saß und still für sich mit geschlossenen Augen betete. Eines Tages fühlt sie sich beobachtet. Sie öffnet ihre Augen. Der Abt des Klosters kommt mit erhobenem Kreuz, sehr heilig wirkend, auf sie zu. Er fordert sie auf, ihm zu folgen. Sie begeben sich in einen Raum mit einer Liege. Dort fängt er an, ihren ganzen Körper mit dem Kreuz zu berühren. Er murmelt dabei lateinische Formeln. Anfangs denkt sie, er wolle sie auf eine besondere Art und Weise segnen. Aber die Berührungen werden immer intimer. Sie ist in schrecklichen Ängsten und Zweifeln, wagt aber nicht, etwas dagegen zu sagen, weil ja alles unter dem Zeichen des Kreuzes geschieht und weil er der Abt ist. Schließlich ist es eine Ehre, daß er sich so für sie interessiert. Er ist *die* große Autorität im Kloster. Außerdem erwacht ihr Körper bei all den Berührungen und reagiert lustvoll. Sie ist hin- und hergerissen zwischen religiösen Skrupeln, Ängsten und den sinnlichen Regungen ihres Körpers. Es ist jedenfalls nicht allzu schwer für den Abt, sie zu verführen. Aber sie hat schreckliche

Schuldgefühle dabei und ist auch ganz verwirrt, wie sie das alles nun mit ihrem Gelübde vereinbaren soll und mit ihrer Sehnsucht, gottgefällig zu leben und Gott näherzukommen.

Während wir Edithas Schuldgefühle und innere Zerrissenheit bearbeiten, sagt sie: „Diese Schuldgefühle kenne ich so gut! Und dazu fällt mir auch noch etwas aus diesem Leben ein. Ich habe als Kind gern an meiner Yoni herumgespielt, mich gestreichelt und die Lust gefühlt, die das Streicheln verursachte. Aber einmal hat meine Mutter das gesehen und gesagt: ‚Faß dich da nicht an!' Das Kind war aber nicht auf den Mund gefallen und fragte: ‚Wer sagt das?' Worauf die Mutter entgegnete: ‚Gott will das nicht, daß du dich da anfaßt!' Diese Schuldgefühle kenne ich so gut, weil sie mich immer begleitet haben, ob ich mich selbst angefaßt habe oder ob mein Mann es getan hat."

Übung: Kennen Sie Edithas Gefühle? Wundern Sie sich auch manchmal über völlig unangebrachte Schuldgefühle in schönen, lustvollen Situationen? Dann durchforschen Sie Ihre Erinnerungen an Kindheit und Erziehung in diesem Leben. Was ist Ihnen beigebracht worden, was verboten ist und wofür Sie verurteilt und bestraft werden? Schreiben Sie Ihre Glaubenssätze auf und entprogrammieren Sie sich davon.

Sollten Sie in diesem Leben keine Anhaltspunkte für Ihre Schuldgefühle finden, weil Sie sehr liberale Eltern und Lehrer hatten, dann suchen Sie sich gute professionelle Begleitung für ein Zurückgehen in frühere Leben. Völlig unbegründet scheinende Gefühle kommen aus früheren Leben. Die sollten Sie nicht ohne gute, professionelle Begleitung erforschen.

▪ Du sollst dich nicht lieben

Manchmal „verirren" sich auch Theologen in eine Tantragruppe. Nun, ich finde das sehr angemessen, denn wenn sie das Göttliche wirklich kennenlernen, ja erfahren wollen, brauchen sie Meditation, Selbsterforschung, Selbstannahme, Selbstliebe und Frieden mit dem Körper. Die Verdammung des Körpers führt nur zu einer Abspaltung, und diese wiederum führt dazu, daß das Verbotene dann unkontrollierbar und völlig übertrieben ausbricht.

In diesem Fall handelte es sich um eine katholische Theologin, die für die Rechte der Frauen in der katholischen Kirche kämpfte. Doris hatte gerade ihre Doktorarbeit zum Thema „Die Stellung der Frau in der Kirche" beendet und beschlossen, nach all der kopfigen Arbeit nun mit der Tantragruppe ihrem Körper etwas Gutes zu tun. Auch für sie war Sexualität nicht leicht zu leben, und das wollte sie ändern. Doris ist eine sinnliche und lebenslustige Frau.

Bei der Rückführung in frühere Leben zum Thema Sexualität holte sie folgende Geschichte in ihr Bewußtsein: Auch sie war in einem früheren Leben einmal Nonne gewesen. Diese Nonne hatte aber auch einen sehr sinnlichen Körper, der sich manchmal mit Lust meldete. Lange Zeit gelang es ihr, diese Lust gemäß den religiösen Lehren zu unterdrücken. Eines Tages aber gelang ihr das nicht, und sie liebte sich einfach und genoß es ganz unwahrscheinlich. Es war eine solche Freude und Wohltat für den Körper, daß sie nun nicht mehr wußte, warum Gott sowas überhaupt verdammte. Nun hatte sie natürlich die Pflicht, dieses Vergehen zu beichten.

Sie beichtete also ihre Selbstliebe und Lust. Selbstverständlich sollte sie ihre Tat bereuen. Das konnte sie aber nicht einsehen. So etwas Schönes sollte sie bereuen? Sie bereute *nicht*. Sie weigerte sich zu bereuen. Sie wurde zur Priorin beordert, die ihr eindringlichst ins Gewissen redete. Die Nonne bereute weiterhin nicht. Es kam zu einem lauten Streit zwischen ihr und der Priorin. Wütend verließ die Nonne den Raum und ging in einen kleinen Klosterhof oder Garten. Wutentbrannt folgte die Priorin ihr. In dem weiteren Streit wurde die Priorin tätlich und erwürgte die Nonne.

„Ich habe mich immer gewundert", sagte Doris, als wir ihre Gefühle bearbeiteten, „warum ich so viel Angst vor Liebe, Lust und Sinnlichkeit habe, denn es gab nie einen Grund, den ich sehen konnte. Die Menschen, mit denen ich meine Lust und Liebe lebte, waren durchweg sympathisch und lieb mit mir, aber ich war immer durch diese Angst gehemmt. Jetzt ist mir alles klar."

Sie war sehr glücklich, Mittel gefunden zu haben, mit denen sie aus jenem Schuld- und Angstprogramm aussteigen konnte. Sie wünschte sich nämlich zweierlei für ihr Leben: Erstens wollte sie gern ihre Lust, Liebe und Sinnlichkeit frei leben, und zweitens wollte sie gern weiter für die Rechte der Frauen in der katholischen Kirche kämpfen.

Es führt zu einer tiefen inneren Störung, wenn Menschen sich nicht lieben dürfen, ganz gleich ob damit eine innere Haltung von Selbstliebe gemeint ist oder eine körperlich-sexuelle Selbstliebe.

Sie erinnern sich: Der Körper als Bio-Computer nimmt alles wörtlich. Ein Gebot wie „Du sollst dich nicht lieben" muß dann auf jeder Ebene, auch auf der von Selbstachtung und eigener Wertschätzung befolgt werden. Religionen, die Selbstliebe negativ betrachten und verurteilen, entfremden den Menschen von sich und machen ihn schuldbeladen. Wenn es ihnen gelungen ist, einen Menschen dermaßen zu knebeln, dann ist er schon einmal grundsätzlich von seinem wahren Selbst abgeschnitten.

Übung: Falls Sie ein katholischer Mensch sind, der/die unter der Beichte in der Jugend sehr gelitten hat, weil es verboten war, sich selbst zu lieben, und weil Sie das beichten mußten, dann erinnern Sie sich nochmal an diese Beichtsituationen und die damit verbundenen Schuldgefühle, finden Sie dann alle Ihre Glaubenssätze und befreien Sie sich davon. Danach sollten Sie sich ein schönes Selbstlieberitual mit Musik, Blumen, Düften, Selbstmassage mit einem guten Öl schenken ... und das ohne Schuldgefühle feiern! Haben Sie noch ein Kruzifix in Ihrem Schlafzimmer hängen? Dann entfernen Sie es vorher liebevoll. Warum liebevoll? Nun, Sie brauchen sich für eine Verirrung ja nicht selbst zu verachten!

■ Eine Schöpfungsgeschichte

Ein Mensch, der wirklich fest an die christliche Schöpfungsgeschichte glaubt oder sie als Seele tatsächlich durchlaufen hat, weil sie/er von Anfang an daran geglaubt hat, sitzt ganz schön in der Falle, und zwar in vielerlei Hinsicht. Dies kann uns die Schöpfungsgeschichte von Joan verdeutlichen, die Sie schon aus der Geschichte „Angst vor dem Mann" kennen.

Wenn Menschen mit einem Problem zu mir kommen, ist es das genaueste Arbeitsverfahren, wenn wir eine Past-Life-Kette zurückverfolgen bis zu einer Art Urerlebnis, als diese Serie von

Problemen angefangen hat. Wenn wir so arbeiten, gehen wir wirklich zurück bis an die Wurzel.

Joan ist in ihrer persönlichen Genealogie zum Thema Männer und Sexualität und warum Sexualität Todesangst bei ihr auslöst bis zu einer Art Schöpfungsgeschichte zurückgegangen. Diese Geschichte hört sich sehr christlich an, aber selbst wenn sie nicht den geringsten Wahrheitsgehalt als allgemeingültige Schöpfungsgeschichte hat, so nehme ich sie trotzdem an, wie alle anderen Geschichten, ganz einfach deshalb, weil für jeden Menschen, für jede Seele, *das* Realität wird oder werden kann, woran sie glaubt.

Joan erlebt sich in ihrem Ursprung als etwas, was sie schwer beschreiben kann.

Ich fühle mich ganz heil. Frau, Mann und Tier sind eins in mir. Zumindest in soviel Einheit bin ich noch. Gott-Vater ruft mich. Ich kriege den Auftrag, Frau zu sein und den leidvollen Teil von Frausein zu leben. Frausein ist ganz negativ definiert. Es heißt: Kinder gebären, getrennt sein, leiden, abhängig sein, unterdrückt sein, Schmerzen haben. Ich bin sauer über diesen Auftrag, aber ich nehme ihn hin, unterwerfe mich. Ich fühle mich ein bißchen geehrt von diesem Auftrag, aber sofort spüre ich eine Last auf mir, mein Herz resigniert, es wird schwer und traurig.

Joan, inzwischen eine aufgeklärte Frau, die schon einige religiöse Lehren durchforscht und hinter sich gelassen hat, ist verblüfft, wie tief diese Vorstellungen in ihr sitzen und wie sehr sie ihr gegenwärtiges Leben noch bestimmen, obwohl sie sich längst von der christlichen Religion abgewandt hat. Sie gibt also nur zu gern solch zweifelhafte Gefühle wie Bedrückung, Resignation und Traurigkeit auf und natürlich auch die folgenden Glaubenssätze:

- Gott ist ein Mann.
- Den Anordnungen des Vorgesetzten muß ich folgen.
- Gott kann mein Leben bestimmen.
- Gott weiß, was gut für mich ist.
- Frausein bedeutet, daß ich lauter Negatives auf mich nehmen muß: getrennt sein, abhängig sein, leiden, unterdrückt sein und Schmerzen haben. Kinder gebären ist auch negativ.

- Ich muß die ganzen leidvollen Erfahrungen von Frausein auf mich nehmen.
- Es gibt sehr viel Leid und Schmerz auf der Erde.
- Ein Mensch, der nach göttlicher Erkenntnis strebt, muß leiden, wird aus dem Paradies gejagt, wird von Gott bestraft.
- Der Mensch ist nicht Gott.
- Es ist wichtig, den Auftrag Gottes durchzuführen.
- Ich darf nur die schweren Teile von Frausein haben, die anderen Teile nicht.
- Gott reißt mich aus der Einheit.
- Gott reduziert mich auf die negativen Aspekte von Frausein.
- Der Vater muß mich führen.
- Gott/der Mann ist gefährlich, sie nehmen mir die Kraft, die Freude, die Gesundheit, die Freiheit, das Positive des Frauseins, meine Selbstbestimmung.

Indem wir an ein solches Glaubenssystem glauben, spalten wir das Göttliche von uns ab, spalten wir Bewußtsein von uns ab (die Erkenntnis), verbieten uns selbst das kosmisch-göttliche Bewußtsein, spalten Frau und Mann, spalten Seele und Körper, verdammen uns mitsamt Körper, Sexualität und Erkenntnisstreben. Wir laden unendlich viel Leid auf uns und akzeptieren dann noch über Jahrtausende, daß Kirchen behaupten, sie könnten uns mit dieser krankmachenden Lehre zu Gott zurückbringen oder gar eine Vermittlerrolle zu Gott spielen.

Übung: Besitzen Sie noch eine Bibel? Wenn Sie noch eine besitzen, verbrennen Sie sie nicht! Das wäre nicht bewußt genug. Nein, suchen Sie sich die Schöpfungsgeschichte und die Geschichte von Adam und Eva und ihrer Vertreibung aus dem Paradies heraus. Dann lesen Sie diese Geschichte noch einmal und schreiben Sie alle Glaubenssätze, die darin enthalten sind oder die Ihnen dazu einfallen, auf Ihren Block. Dann entprogrammieren Sie sich davon!

Wenn Sie keine Bibel mehr besitzen, erinnern Sie sich an die Geschichte von Adam und Eva und erforschen Sie sich danach, welche Spuren von Glaubenssätzen diese Geschichte in Ihnen zurückgelassen hat.

Wirkungen anderer Religionen aus früheren Leben

Nicht nur die christlichen Religionen haben uns indoktriniert und uns tief innen damit schwer geschadet. Wenn wir „alte Seelen" sind, d. h. Seelen, die schon in vielen verschiedenen Kulturen gelebt haben, dann können wir auch noch von anderen Lehren geprägt sein, die uns auch weiterhin bestimmen und behindern, obwohl wir nicht die geringste Erinnerung daran haben. Manchmal gibt es so etwas Ähnliches wie eine blasse Erinnerung, die sich dann in Reisewünschen zu diesen Ländern, Kontinenten oder Kulturen ausdrückt. Ich denke, daß der heutige Tourismus viel mit solch unbewußten Erinnerungen zu tun hat. Die beiden folgenden Rückführungsgeschichten sollen die Folgen solcher alter religiöser Indoktrinationen aufzeigen.

■ Der Mann mit dem verletzten Rückgrat

Mike ist 41 Jahre alt und Sozialpädagoge. Er hat einen Bandscheibenschaden und oft so schlimme Rückenschmerzen, daß er glaubt, sich frühzeitig pensionieren lassen zu müssen. Die Ärzte können ihm nicht weiterhelfen.

Er hat eine Beziehung zu einer Frau, die er liebt, ist darin aber genauso behindert wie in seiner Berufstätigkeit. Er ist nicht nur in seiner Sexualität extrem eingeschränkt, sondern die kleinste emotionale oder körperliche Belastung überfordert ihn.

Bei einer Rückführung zum Thema Sexualität erlebt er sich als Priester in Ägypten, der gerade von einer vierzigtägigen Fastenzeit zurückkehrt. Beim Fasten hat er so tiefe meditative Erlebnisse gehabt, Gotteserfahrungen, daß er nun weiß, daß das damalige ägyptische Gott-Königtum Betrug ist. Er kehrt in die Stadt zurück und verkündet, daß der Pharao nicht „Gott" ist, sondern daß alles und alle göttlich sind. Er verkündet auch, daß er in der nächsten Nacht mit einer Frau schlafen wird. Somit erklärt er öffentlich, daß sexuelle Enthaltsamkeit nicht nötig ist, um zur Göttlichkeit zu kommen.

Er verbringt eine glückliche Nacht mit einer Frau. Aber er ahnt auch, was auf ihn zukommt. Am nächsten Tag wird er abgeführt. Man legt ihn auf einen Sockel und befestigt an seinen

Armen und Beinen schwere Gewichte, die ihn auseinanderreißen sollen. Er soll geviertelt werden. Er wird als „Gott" verhöhnt. Man wolle jetzt mal sehen, wie göttlich er sei. Aus seiner Gotteserfahrung hat er jedoch noch so viel Kraft, daß die Gewichte ihn nicht zerreißen. Im Gegenteil, er kann sich trotz der Gewichte erheben. Dieser Beweis „übermenschlicher" Kräfte nützt ihm aber gar nichts. Das ist unerklärlich und unerträglich für die Mächtigen, es macht ihnen angst. Er muß getötet werden. Man stößt ihm einen Speer in den unteren Rücken, in die Stelle seiner heutigen Rückenschmerzen, und stürzt ihn vom Sockel. Beim Aufprall auf den Boden stirbt er.

Nachdem er als Seele den Körper verlassen hat, erlebt er sich als Lichtgestalt noch in der genauen Form seines damaligen Körpers. Diese Lichtform verläßt den Körper mit Leichtigkeit und sieht ihn dann von oben. Ungeschickterweise verursache ich in diesem Augenblick ein Geräusch im Raum. Dadurch erlebt seine Seele einen kleinen Schock und verläßt auch noch den Lichtkörper. Plötzlich ist sie formlos frei, ist reine, pulsierende Energie. Dann hat der Mann das Gefühl, eine Sonne zu werden, ist diese Sonne eine Weile und weiß dabei, daß sie irgendwann explodieren und sich erneut in einen Lebenszyklus von Geburt und Tod auf der Erde einlassen wird. Seine Glaubenssätze waren:

- Die Herrschenden dulden nicht, daß die Wahrheit über das Göttliche verbreitet wird.
- Wenn ich die Realität des Göttlichen in mir zulasse, lebe und verbreite, werde ich grausam umgebracht.
- Das wirkliche Leben, die Liebe, Lust, Sexualität und der intime Konakt mit einer Frau sind lebensgefährlich für mich.
- Wenn ich zu mir stehe, ist das lebensgefährlich für mich.
- Wenn ich mich zu einer Frau bekenne, werde ich schmerzhaft bestraft.
- Die anderen können meine Kraft und Schönheit nicht ertragen.
- Wenn ich voll in meine Kraft gehe und meine natürlichen Kräfte zulasse, werde ich nicht mehr verstanden und löse bei den anderen Leuten und den Mächtigen so viel Angst aus, daß ich endgültig umgebracht werde.
- Wenn ich göttliche Erfahrungen zulasse, passe ich nicht mehr in die Gesellschaft.

- Ich muß gegen Schmerzen kämpfen, um zu überleben.
- Ich muß stärker sein als die Schmerzen.
- Damit ich in die Gesellschaft passe und damit ich beweisen kann, daß ich wirklich göttlich bin, muß ich unmenschliche Belastungen und Schmerzen ertragen.
- Wenn ich das Göttliche erfahre, muß ich sterben.
- Ich habe nicht genug Kraft, mich zu schützen und ganz zu leben.
- Ich bin doch nicht göttlich.
- Die anderen sind mächtiger als ich.
- Richtig schöne, leichte Gefühle habe ich erst, wenn ich den Körper verlasse.
- Mein ganzes göttliches Sein kann ich erst erreichen, wenn ich nicht mehr im Körper und auf der Erde bin.
- Um göttlich zu sein, muß und will ich sterben. (Tätersatz)

In diesem Leben gibt es kein Gott-Königtum, das Mike für seine Wahrheit bestrafen könnte, aber das in seinem Körper gespeicherte Programm ist so stark, denn es ist ja mit Todesangst und Todeserfahrung gekoppelt, daß ihn nun sein eigener Körper dafür bestraft, daß er die Liebe mit einer Frau lebt und auf der Suche nach dem Göttlichen ist.

Mike blüht inzwischen auf. Mit Tantra und der wunderbaren neuen Wasserarbeit „Wasser-Shiatsu" geht er seiner Heilung und, so hoffe ich, einem schmerzfreien und erfüllten Leben entgegen.

Übung: Sind Sie ein Mensch, der eine ähnliche Geschichte von sich aus einem früheren Leben kennt? Dann entprogrammieren Sie sich nach dem bekannten Vorgehen davon. Manchmal tauchen Erinnerungen an frühere Leben in irgendwelchen Meditationen oder bei Atem- oder bioenergetischer Körperarbeit auf. Wenn diese Leben dann nicht entprogrammiert worden sind, können sie im jetzigen Leben weiter aktiv sein. Aber Sie können das Entprogrammieren jetzt nachholen, zumindest das mentale Clearing. Die emotionale Reinigung haben Sie damals vielleicht schon gemacht. Wenn nicht, holen Sie sie mit professioneller Hilfe nach!

■ Das geschlechtslose göttliche Wesen

Julia ist eine 42jährige, sehr freiheitsliebende Frau mit luxuriösem Lebensstil. Sie fürchtet sich sehr, sich auf irgend etwas einzulassen, sei es eine feste Arbeit oder eine Beziehung, egal ob es ein Mann, eine Freundin, ein Freund oder eine Gruppe ist. Zwar lebt sie seit fünf Jahren mit einem Mann zusammen, ist in dieser Beziehung aber ganz flüchtig und scheu. Er möchte sie gern heiraten, aber sie scheut die Bindung. Sie geht ganz viel auf Reisen und ist sexuell nicht erreichbar für den Mann.

Sie hat einen sehr zarten Körper, feenhaft. In der Zeit der Geschlechtsreife wollte ihr Körper sich nicht entwickeln. So unterzog sie sich später einer Hormonbehandlung, um einen Busen zu bekommen, was nicht ohne Komplikationen ging.

Sie erlebt sich in einer Rückführung im Jahr 283 als ein Kind, das nicht Kind sein darf, weil es dazu auserwählt worden ist, für sein Volk das göttliche Wesen zu repräsentieren. Es wird in einem leeren Raum gehalten und darf keine Gefühle zeigen. Bei der kleinsten Gefühlsregung des Kindes werden Rituale vollzogen, damit es die Gefühle aufgibt. Es darf sich geschlechtlich nicht entwickeln, weder Mann noch Frau werden. Bei besonderen Gelegenheiten, religiösen Festen, wird es hervorgeholt, in kostbare Gewänder gekleidet und muß mit einer goldenen Maske vor dem Gesicht auftreten und für das Volk rituell tanzen. Seine Glaubenssätze sind:

- Ich bin nicht Mann, ich bin nicht Frau, ich bin ein Zwitter.
- Ich kann das Weibliche und das Männliche auch nicht entwickeln.
- Als normaler Mensch, als Frau, Mann oder Kind bin ich nicht göttlich.
- Ich darf als Kind nicht leben.
- Alle meine Gefühle müssen unterdrückt werden.
- Ich muß in einem leeren Raum leben.
- Wenn Gefühle da sind, bin ich nicht mehr göttlich.
- Ich kenne Gefühle gar nicht.
- Wenn die Menschen mein wahres Gesicht sehen, ist meine Göttlichkeit weg.
- Um göttlich zu sein, muß ich in der Isolation leben, mich opfern.

- Ich muß eine goldene Maske tragen, *nie* darf jemand mein wahres Gesicht sehen.
- Mein Körper darf keine Geschlechtsmerkmale haben.
- Ich darf nichts im Körper spüren, keine Sexualität und keine Beziehungen haben, sonst bin ich nicht göttlich.
- Ich will nicht Mann und nicht Frau sein, um nicht sündig zu werden. (Tätersatz)

Bis hierhin werden aus Julias Geschichte und aus diesen Glaubenssätzen schon viele körperliche Symptome und Beziehungsprobleme aus ihrem jetzigen Leben verständlich.

Mit der Zeit entwickelt dieses göttliche Wesen große Fähigkeiten, die aus der Stille, dem leeren Raum kommen, aber es kann damit nichts Rechtes anfangen. Man bringt ihm z. B. einen wilden Löwen in den Raum. Aber der Löwe tut ihm nichts. Sie können zusammenleben. Damit ist die übermenschliche, göttliche Natur des Wesens für die Leute bewiesen. In seiner Einsamkeit und Stille lernt das Kind aber, seinen Körper zu verlassen. Es kann z. B. seinen Körper auflösen und in den Körper des Löwen gehen. Mit dieser Fähigkeit wäre das Wesen eigentlich frei, müßte nicht länger in der Gefangenschaft des leeren Raumes zu leben. Aber irgendwie findet es das nicht heraus, oder so weit reicht seine Weisheit nicht. Außerdem scheint es inzwischen selbst so fest an alles zu glauben, was ihm unter Hypnose mit Mantras und Ritualen suggeriert wurde, daß es trotz seiner großen Fähigkeiten in der Gefangenschaft in dem leeren Raum bleibt. Dort spielt es ein wenig mit seinen Fähigkeiten herum. Manchmal löst es also seinen Körper auf und verschmilzt mit dem Löwen.

Eines Tages passiert es: Menschen kommen in den Raum, ehe das Wesen sich in seinen menschlichen Körper zurückverwandelt hat. Die Leute sind entsetzt, weil sie nur noch den Löwen finden. Sie denken, daß er das göttliche Wesen aufgefressen hat. Sie töten den Löwen und schneiden ihm den Bauch auf, um das Wesen wiederzufinden – und finden es natürlich nicht.

Nun wäre diese Seele eigentlich frei, auch wenn sie keines sogenannten natürlichen Todes gestorben ist. Aber sie kann sich

nicht frei fühlen, weil sie noch mit etlichen Glaubenssätzen identifiziert ist, die sie damals wie heute binden:

- Ich muß den Menschen dienen.
- Ich muß ihnen das Göttliche zeigen und nahebringen, das ist
  meine Lebensaufgabe.
- Weil ich keinen Körper habe, kann ich nicht sterben.
- Ich komme nicht weg.
- Ich komme nicht ins Licht.
- Ich kann meine Aufgabe nicht erfüllen.
- Ich kann mich nicht erlösen.
- Mit meiner Weisheit und Göttlichkeit kann ich nichts anfangen.

Nun irrt sie als verlorene Seele weiter durch die Welt. Sie kann
nicht richtig im Körper sein, ist ganz dünn und zart. Sie ist immer
auf der Flucht. Liebe, Lust, Sinnlichkeit, Sexualität, Beziehungen
sind total schwierig für sie, obwohl sie für all das unglaublich
begabt ist. Sie kann nicht leben und nicht sterben. In mehreren
anderen Leben hatte sie entsetzlich schmerzhafte und langwierige
Tode, weil sie als dieses Kind ja nicht gestorben war und seitdem
daran glaubte, daß sie nicht sterben könnte.

Übung: Auch hier gibt es nur eine Übung für diejenigen, die
schon Erinnerungen an frühere Leben haben und sie noch nicht
entprogrammiert haben. Nehmen Sie sich ein Erlebnis vor, das
vielleicht auch heute noch Ihre Beziehungen und Ihre Sexualität
prägt und entprogrammieren Sie sich davon.

Erste sexuelle Erfahrungen sind prägend

■ Ein Mann erlebt seine Sexualität beim Militär

William erlebt sich in dieser Rückführung als 17 Jahre alt, er ist
beim Militär. Unter den Männern kursiert ein Sexbuch. Er ist
sexuell noch sehr unerfahren. Bis dahin hat er manchmal nachts
Ejakulationen gehabt, aber nicht gewußt, wie „das" geht. Durch
das Buch entdeckt er nun, daß die abgebildeten Körper der Frauen
ihn erregen. Er lernt dadurch, sich heimlich zu befriedigen – falls

man das überhaupt so nennen kann, denn die Toilette ist der einzige Platz, wo er ungestört sein kann. Die Kaserne liegt abgelegen, außerhalb einer Stadt. „Nur Nutten wären erreichbar, Frauen nicht."

William ist ein großer, stattlicher Mann, aber er bewegt sich schwer und verhalten, und er ist viel zu ernst. Überhaupt ist Zurückhalten sein großes Problem, denn seit seiner Pubertät hält seine Blase den Harn zurück. Dieses Problem quält ihn sehr und macht ihn in Gesellschaft noch zurückhaltender.

Das Erlebnis beim Militär und die Glaubenssätze, die er daraus gefunden hat, zeigen, wie sich dieses Zurückhalten aufgebaut hat:

- So versaut wie die andern bin *ich* nicht.
- Ich brauche Frauenkörper, damit ich erregt werde.
- Ich will das nicht.
- Ich muß meine sexuelle Lust kontrollieren und einschränken.
- Ich muß meine Gefühlsäußerungen und meine Lust zurückhalten, sonst werde ich entdeckt. Hinterher muß ich so tun, als wenn nichts gewesen wäre.
- Ich habe höchstens zehn Minuten Zeit, um zum Höhepunkt zu kommen.
- Je mehr Lust ich mir erlaube, desto mehr Bedürftigkeit entsteht.
- Ich habe keinen Kontakt zu normalen Leuten. (Situation in der Kaserne)
- *Ich* brauche eine ganz tolle, edle, jungfräuliche Frau.
- Mit meinen sexuellen Bedürfnissen darf ich mich nicht offen zeigen.
- Wenn ich meine sexuellen Bedürfnisse offen zeige, werde ich ausgelacht.
- Frauen sind unerreichbar.
- Ich bin noch nicht so weit, um zur Erfüllung meiner Wünsche zu kommen. (Dieser Satz gilt jetzt immer noch, weil er einmal programmiert ist. Er wird also nie so weit sein, sich seine Wünsche erfüllen zu können.)
- Ich kann und darf meine Säfte nicht frei fließen lassen.
- Wenn ich aus einem Gefängnis rauskomme (so erlebte er seine Familie), kommt sofort das nächste.

Als wir sein Erlebnis wiederholt „abspielen", vibrieren vier seiner Chakren (Energiezentren entlang der Wirbelsäule) heftig. Wir erkennen daraus, daß er den Fluß seiner Lebensenergie, denn sexuelle Energie ist einfach Lebensenergie, bisher blockiert hatte und daß seine Bewußtwerdung diesen Fluß nun erlaubt. Der Gedanke, mit dem er Sexualchakra, Solarplexus, Herzchakra und Drittes Auge blockierte, war:

- Ich muß meine Sexualität, meine Männlichkeit, mein Herz und meine Wünsche und Visionen unter Kontrolle halten.

Und zu den Vibrationen im Herzchakra, die sich im Tantra manchmal als Lachanfälle äußern, fiel ihm noch ein Satz ein, der mit seiner Kindheit zu tun hat:

- Wenn ich lache, werde ich bestraft.

Übung: Das Militär ist ein Ort, wo die Sexualität vieler Männer maßgeblich geprägt wird. Nehmen Sie sich Zeit und erinnern Sie sich an eine oder mehrere Situationen beim Militär, die einen Einfluß auf Ihre Sexualität hat. Erinnern Sie sich noch einmal in allen Einzelheiten, und dann finden und entprogrammieren Sie sich von den damals gelernten Glaubenssätzen.

■ Damit mußt du leben

Hier greife ich aus einem ganzen Zyklus von Rückführungen zu dem Thema Männerbeziehungen, die eine Frau bei mir machte, *eine* Geschichte heraus, um zu schildern, wie beeindruckend und prägend eine erste Liebesgeschichte sein kann, selbst wenn sie schon in der Kindheit passierte.

Dieses Kindheitserlebnis seinerseits war jedoch schon durch frühere Leben vorprogrammiert, wie das oft der Fall ist.

Helen ist eine Frau in den Dreißigern, die nach einer geschiedenen Ehe mit dem Kind aus dieser Ehe allein lebt. Eine Liebesgeschichte nach dieser Ehe ist keine Beziehung mehr geworden. Der Mann war verheiratet, die beiden konnten sich immer nur auf Kongressen heimlich treffen. Gebranntes Kind scheut das Feuer. Solche Liebesbeziehungen auf Distanz haben immer ihre Gründe.

Die Geschichte aus Helens Kindheit zeigt, daß der Mann eigentlich unerreichbar für sie ist, ob in der Ehe oder außerhalb spielt dann später keine Rolle, solche Programme können sich auch in einer Ehe fortsetzen.

Als Helen sieben Jahre alt war, verliebte sie sich in den Fahrer eines Lebensmittelwagens, der einmal in der Woche zu dem abgelegenen Hof ihrer Eltern kam. „Der Fahrer war ein netter junger Mann, sicher 15 Jahre älter als ich. Jedesmal, wenn ich mit meiner ganzen Verliebtheit zu dem Wagen hinging, wurde ich rot. Ja, ich wurde schon vorher rot. Das blieb auch so, über weitere 15 Jahre. Immer, wenn ich einen netten Mann sah, für den ich Gefühle hatte, wurde ich rot. Es war mir entsetzlich peinlich. Meine Mutter sagte nur, damit müsse ich leben. Andere Kinder hänselten mich deswegen, dadurch wurde es noch schlimmer. Ich krampfte mich dann zusammen und machte mich ganz starr. Das ging erst weg, als ich dann verheiratet war."

Das Mädchen hatte drastische Gefühle von Scham und Ohnmacht und zog ebenso drastische Schlußfolgerungen:

- Ich muß mich schämen, weil ich ein Mädchen bin.
- Ich muß mich schämen, wenn ich verliebt bin.
- Wenn andere sehen, daß ich in einen Mann verliebt bin, dann werde ich ausgelacht, gehänselt und aus Neid verletzt.
- Die graben dann in meiner Wunde rum.
- Ich möchte nichts mehr fühlen, sehen und hören.
- Ich möchte tot sein.
- Ich bin viel zu klein und unbedeutend, um Gegenliebe zu bekommen.
- Der Mann ist unerreichbar für mich.
- Damit muß ich leben.
- Für meine tiefe innere Liebe gibt es keinen Ausdruck, sie kann nicht leben.
- Zwischen dem Mann und mir liegen Welten.
- Ich weiß nicht wohin mit meiner Liebesenergie.

An Helens Glaubenssätzen können Sie sehen, wie prägend ein ziemlich einfaches kindliches Erlebnis sein kann. Können Sie sich vorstellen, um wieviel prägender Erlebnisse sind, die noch dazu mit hoher Angstenergie geladen sind? Für den Einfluß auf Helens

Leben reichten aber schon die Energien der Scham und der Trauer über die Unerreichbarkeit des Mannes.

Nun, inzwischen hat Helen aber doch eine neue Liebesbeziehung angefangen, die sich hoffentlich weiter so schön entwickelt wie anfangs, als ich sie noch begleitete.

Übung: Gibt es auch in Ihrer Kindheit oder Pubertät ein erstes Liebes- oder sexuelles Erlebnis, das Ihre weitere Entwicklung geprägt hat? Dann erinnern Sie sich daran, finden Sie Ihre damaligen Schlußfolgerungen daraus und entprogrammieren Sie sich davon.

Menstruationsprobleme

Wenn Frauen Menstruationsprobleme haben, ist das meist ein Ausdruck davon, daß sie mit dem Frausein oder mit ihrer Geschlechtlichkeit nicht klarkommen. Die Menstruation könnte für uns Frauen eine sanfte und natürliche körperliche Funktion sein.

Aber da Frausein, die Geschlechtlichkeit des Körpers oder Sexualität oder gar all das zusammen oft negativ besetzt sind, wird die Menstruation in manchen Fällen zu einer ganz schmerzhaften Angelegenheit. In diesen Tagen wird die Frau dann ganz „unpäßlich" oder kann nichts leisten oder fühlt sich schwach oder blutet ganz stark oder hat schreckliche Krämpfe und Schmerzen. All dies sind aber Symptome, die ihr etwas sagen können und wollen.

Für mich selbst war die Menstruation viele Jahre lang immer wieder eine entsetzlich schmerzhafte Geschichte, die mich oft einen ganzen Tag lang lahmlegte, mit Erbrechen, Durchfall und wehenartigen Krämpfen. „Oh", sagte der Arzt, „das legt sich, wenn du erstmal heiratest und Kinder kriegst." Wie viele von uns das wohl erlebt haben?

Als ich anfing, Sexualität zu leben, wurde es schon besser, aber es blieb fast immer schmerzhaft, auch wenn die Krämpfe aufgehört hatten. Aber wirklich schön wurde es erst, als ich mit Tantra anfing, mein Leben und meine Sexualität neu zu gestalten.

239

Dadurch wurde die Menstruation zu einem richtig schönen Erlebnis. Mein Blut war nicht mehr fies, alt und klumpig, sondern floß leicht und frisch. Es fühlte sich an wie eine monatliche Erneuerung, etwa zwei Jahre lang, bis die Menopause eintrat.

Die Menstruation ist für viele Frauen Thema bei den Rückführungen zur Sexualität. Viele Frauen erleben die erste Menstruation als so etwas wie eine Initiation ins Frausein. Aber es ist meist keine freudige Initiation, weil die Mütter dabei oft ihre eigene Angst, Ablehnung, moralischen Urteile, Ekel usw. weitergeben. Ein lakonisches „Das mußt du halt aushalten!" ist noch eine milde Reaktion. Wenn es nicht schon vorher passiert ist, dann prägt sich bei vielen Frauen dadurch ein ganz negatives Bild von Frausein ein. Manche Frauen beschließen an der Stelle: „Ich will keine Frau sein!" Und daß Frausein schmerzhaft ist, ist eine landläufige Schlußfolgerung. Der Beschluß, keine Frau sein zu wollen, kann viele Folgen haben. Er kann alle möglichen sexuellen Schwierigkeiten und Beziehungsprobleme verursachen. Es kann sogar dazu führen, daß eine Frau ihren Menstruationszyklus mit diesem Beschluß ausschaltet. Ich habe unzählige Geschichten dazu gehört, aber eine aus meiner Anfangszeit mit der Rückführungsarbeit ist mir besonders in Erinnerung geblieben.

■ Ich sollte ein Junge sein

Monique war eine junge Lehrerin, die zu mir kam, weil sie keine Menstruation hatte und sich deshalb nicht als vollständige Frau fühlte. Auf Hormone hatte sie keine Lust, sie wollte ergründen, welche Motive in ihrem Unbewußten für ihre körperliche Störung existierten.

Wir bearbeiteten mehrere Situationen in diesem Leben, wo sie sich als Frau nicht gut gefühlt hatte. Ihrem Vater hatte sie zu beweisen versucht, daß sie genausogut wie ein Junge, genausogut wie ihr Bruder war, genauso sportlich und stark, genauso intelligent usw. Trotz aller Anstrengung hatte sie doch immer das Gefühl behalten, nicht gleichwertig zu sein. Der endgültige Bruch kam dann natürlich mit der ersten Menstruation, wie für viele solche Mädchen, die in der Kindheit dagegen kämpfen, in die als minderwertig definierte Frauenrolle gedrängt zu werden, und die alles dafür tun, sich den Jungen gleichzustellen. Ich habe viele solcher Geschichten mit Frauen bearbeitet, damit sie sich entspannen und begreifen konnten, daß sie in Wirklichkeit beides, weiblich und männlich, sind und daß sie sich nicht länger in eine Rolle sperren zu lassen brauchen.

Auch für Monique war die erste Menstruation ein Schock gewesen. Denn die Menstruation bewies ihr und der Umwelt, daß sie eine Frau war und eben kein Junge oder Mann. Alles in ihr lehnte sich dagegen auf. Irgendwie war es ihr dann gelungen, die Menstruation ein paar Jahre später abzustellen.

Moniques Schlüsselerlebnis bei den Rückführungen war jedoch eine Situation in der Zeit als Embryo. Für viele Frauen mit Menstruationsstörungen ist die Geburt ein solches Schlüsselerlebnis, wenn sie nämlich (noch einmal) erleben, daß sie als Mädchen unerwünscht waren. Dann kann das Mädchen einen tiefen Minderwertigkeitskomplex entwickeln und alles versuchen, um zu beweisen, daß sie genausogut wie ein Junge ist. Auch solche Geschichten habe ich mit Frauen oft bearbeitet.

Auch Moniques Vater hatte sich einen Jungen gewünscht. Als Embryo erlebte sie folgendes: Ihre Eltern waren glücklich über das kommende Kind, freuten sich darauf. An einem Abend gingen sie in ein Konzert mit klassischer Musik. Monique als Embryo fühlte sich in ihrer Mutter und mit dieser Musik so wohl, daß sie anfing, sich in der Musik hin und her zu schwingen. Ihre Mutter spürte die Bewegung und flüsterte dem Vater zu: „Es bewegt sich ganz toll in meinem Bauch." Darauf sagte der Vater begeistert: „Das wird bestimmt mal ein Fußballer!"

Monique als Embryo fühlte sich völlig enttäuscht, abgewertet, nicht willkommen als Mädchen. Sie kam mit dem Grundgefühl auf die Welt: „Als Mädchen bin ich nicht o.k.!"

Vier Monate später erhielt ich einen Brief von Monique, in dem sie mir mitteilte, daß ihre Menstruation sich wieder eingestellt habe. Außerdem hatte eine Ultraschalluntersuchung ergeben, daß ein Knötchen in ihrer Brust verschwunden war. In einer Phantasiereise hatte sie es als Diamant, als Verhärtung verstanden, die Monique im Kampf gegen Männer unterstützen sollte. Nun hatte sie das nicht mehr nötig.

Übung: Falls Sie eine Frau sind, die Schmerzen und Probleme mit ihrer Menstruation hat, dann haben Sie zwei Möglichkeiten, daran mit sich selbst zu arbeiten: 1. Erinnern Sie sich noch einmal an Ihre erste Menstruation und überprüfen Sie, ob Sie dabei etwas Negatives über die Menstruation und über Frausein gelernt haben. 2. Machen Sie, vielleicht mit einer Freundin zusammen, eine riesenlange Liste mit allen negativen Ideen zum Thema Frausein, die Ihnen nur einfallen. Fragen Sie sich gegenseitig, ob Sie bereit sind, diese Glaubenssätze alle aufzugeben, und dann verbrennen Sie sie gemeinsam. Sie können damit einen sehr kreativen Abend verbringen!

■ Ein Mann mit „Menstruationsproblemen"

Es gibt aber auch manchmal Männer, die „Menstruationsprobleme" haben. Ich erinnere mich an einen Mann in einem unserer Past-Life-Trainings, der für sich eine sehr wichtige Entdeckung machte. Es war ein Mann, der mit seiner Männlichkeit und mit seiner Weiblichkeit viele Probleme hatte und sich, ungleich vielen anderen Männern, nicht damit abfinden wollte. Seine Sucht nach Frauen, seine Sucht nach Sexualität und sein Problem, die Männlichkeit in sich zuzulassen und die Weiblichkeit gleichermaßen zu genießen, trieben ihn auf die Suche. Er hatte schon vielerlei Therapien gemacht.

Ich glaube, es war an dem Wochenende zum Thema Sexualität, als die Frau, mit der er als Partnerin arbeitete, ihre erste Menstruation noch einmal erlebte, die ein großer Schreck für sie gewesen war, weil sie sich nun nicht mehr einbilden konnte, sie sei ein Junge. Während der Mann zuhörte, wurde ihm deutlich, daß er sich in seiner Sehnsucht, auch wie eine Frau sein zu können, eine Art Ersatzmenstruation geschaffen hatte: Hämorrhoiden. Dieses Wort kommt aus dem Griechischen und bedeutet „Blutfluß".

Wenn ich solche Geschichten höre, dann bin ich immer wieder verblüfft, wie genau, wie wörtlich der Körper als Bio-Computer Gedanken in die Materie, in Symptome, übersetzt.

Übung: Wenn Sie ein „femininer Mann" sind, wie diese oft unter homosexuellen Männern anzutreffen sind – damit meine ich einen

Mann, der in seiner unbewußten Rebellion gegen die Männerrolle negative Züge des „Frauenideals" übernommen hat (z.B. kokett sein, leicht verschämt, niedlich oder etepetete und mit gekünstelten Bewegungen usw.) – dann setzen Sie sich mal mit einem Freund zusammen und machen Sie eine Liste von den Glaubenssätzen, die Ihr Frauenbild prägen. Was bedeutet Frausein für Sie? Entprogrammieren Sie sich von diesen Vorstellungen, damit Sie Ihre angeborene Weiblichkeit positiver leben können.

Formen von sexueller Verweigerung

Vielleicht wundern Sie sich, sexuelle Probleme wie Unlust, Impotenz, Vaginalkrämpfe, vorzeitige Ejakulation oder gar eine fehlende Klitoris oder Vagina unter diesem Kapitel zu finden. Wenn Sie mir bis hierhin in dem Wissen gefolgt sind, daß wir mit unserem Bewußtsein alle Probleme selbst erschaffen, auch wenn wir das völlig unbewußt tun, dann werden Sie meine Sichtweise verstehen. In all unseren Problemen sind wir nicht die Opfer, selbst wenn wir uns so fühlen und wenn das gesellschaftliche Verständnis uns tausendfach darin bestätigt. Dennoch haben wir all diese Dinge selbst erschaffen, und wir hatten unsere guten Gründe dafür. Die Verweigerung geschieht nicht bewußt, sondern ist ein unbewußter Schutz aufgrund von sehr schmerzvollen Erlebnissen. Wenn ich dennoch von Verweigerung spreche, dann heißt das, daß ich die Verantwortung bei den Menschen lasse, die diese Probleme haben, denn das ist die Wahrheit.

■ Der impotente Mann

In einer Tantragruppe begegnete ich einem freundlichen Ehepaar, das schon über zwanzig Jahre miteinander verbracht hatte. Diese Tantragruppe arbeitete bereits längere Zeit miteinander, und ich war eingeladen worden, um in der Endphase Rückführungen mit der Gruppe zu machen. Die beiden wirkten sehr lieb und nahmen mich schon bald beiseite, um mich in ihr Vertrauen zu ziehen. Sie erzählten mir vom Auf und Ab ihrer Ehe und daß sie sich sogar schon einmal getrennt hätten, weil der Mann impotent war, die

Frau ihre Lust aber gern mit ihm oder einem anderen Mann leben wollte. Nun waren sie wieder zusammen, weil sie sich eben doch sehr mochten, und hofften, mit Tantra das Problem zu lösen.

Da es eine fortgeschrittene Tantragruppe war und die Leute schon viele Situationen aus diesem Leben bearbeitet hatten, gingen wir in den Rückführungen direkt in frühere Leben, und zwar zu den Themen Weiblichkeit, Männlichkeit und Sexualität. Ich riet diesem Mann, den ich hier Steve nenne, seine Seele zu bitten, ihm das Past-Life-Material bei den Rückführungen zu präsentieren, bei dem er erkennen könne, wann und unter welchen Bedingungen er sich eventuell vorgenommen hätte, kein Mann mehr zu sein. Steve kam daraufhin mit sehr interessantem Material in Kontakt.

Zum Thema Männlichkeit empfing Steve die folgende Geschichte: Er war ein Soldat in einem Krieg in diesem Jahrhundert: Er gehört zu einer ganzen Gruppe von Männern, die bei einem Vorstoß mit einem feindlichen Panzer konfrontiert sind. Irgendwie gelingt es ihm, in ein Versteck zu springen, aber all die anderen Männer werden getötet. Er ist starr vor Entsetzen. Er weiß nicht, was er tun soll, also tut er nichts. Das rettet sein Leben. Aber er kann sich nicht darüber freuen, sondern fühlt sich schuldig: Die anderen sind gestorben und er nicht! In jener Angstsituation denkt er Gedanken wie:

- Ich bin kein Mann, weil ich nicht mutig genug bin, geradewegs in den Tod zu marschieren.
- Ich bin kein Mann, weil ich meine Kameraden im Stich gelassen habe.

Vielleicht denken Sie: Na ja, deswegen muß der Mann ja nicht gleich impotent werden! Dieser Gedanke ist zwar naheliegend, aber in einer solchen Angstsituation und erst recht unter Todesangst werden diese Gedanken mit sehr hohen Gefühlswerten geladen. Diese hohe emotionale Ladung sorgt dann dafür, daß diese Gedanken eine höhere Wirkung haben, als wenn sie mal so nebenbei gedacht würden. Steve fühlte sich so schuldig und beschämt, daß er nicht wagte, in seiner Kompanie etwas davon zu erzählen. Er zog sich zurück:

- Ich gehöre nicht mehr zu den anderen Männern/Kriegern dazu.

- Ein Mann muß ein Krieger sein, sonst ist er kein Mann.
- Ich muß mich zurückziehen.

Bei der Rückführung zum Thema Weiblichkeit erlebte er sich als Frau, die unter entsetzlichen Schmerzen ein Kind gebar. Alles ist Schmerz, Blut und Kot, und es dauert und dauert. In dieser fast unerträglichen Situation beschließt die Frau:

- Ich will nie wieder eine Frau sein!
- Als Frau muß ich Kinder kriegen.
- Kinderkriegen ist entsetzlich schmerzhaft.

Steves Seele ist also in einer schwierigen Situation. Sie will kein Mann sein, will aber auch keine Frau sein. Allein schon die Frage, für welchen Körper sie sich in diesem Leben entscheiden sollte, ist ein Problem. Aber Steves Ego hat das Problem „genial" gelöst: Als impotenter Mann ist er kein Mann, zumindest nicht nach der landläufigen Definition, und er ist keine Frau; und er kann keiner Frau weh tun, denn sie wird keine Kinder von ihm bekommen. Clever, nicht wahr? Aber in Wirklichkeit nicht clever genug, denn es ist nur eine Ego-Lösung, keine Lösung, die aus dem Seelenbewußtsein kommt.

Steves Seele hat die drei Rückführungen in dieser Gruppe optimal genutzt, um die Irrtümer und Verkettungen aufzudecken. In der Rückführung zum Thema Sexualität bekommt er noch weitere Informationen zu dem ganzen Komplex.

Er erlebt sich als Frau, die im Mittelalter von Soldaten vergewaltigt wird. Die Männer halten ihre Arme und Beine fest und machen sich einer nach dem anderen über sie her. Die Frau hatte Schmerzen im ganzen Körper, fühlte sich entsetzlich erniedrigt und beschmutzt und ohnmächtig ausgeliefert, total verletzt, und sie haßte die Männer. (Steve schrie fürchterlich, als er diese Vergewaltigung noch einmal erlebte.) Und fast das Schlimmste bei dem Ganzen war: Sie hatte Lust dabei und war tief beschämt und schockiert darüber. In der Situation dieser Frau zog Steve folgende Schlüsse:

- Ich hasse Männer. Männer vergewaltigen mich.
- Männer sind widerwärtige Tiere.
- Wenn die Lust kommt, sind Männer keine Menschen mehr.

- Männliche Sexualität ist roh, lieblos, gewaltsam, erniedrigend für die Frau, verletzt und beschmutzt die Frau.

So beschloß also die Frau in Steve:
- Ich will keinen potenten Mann.
- Mit potenten Männern will ich nichts zu tun haben.

Und das bedeutet jetzt in Steves Bio-Computer, daß er sich von da an selbst diktiert, auch kein potenter Mann zu *sein*.

Der genaue Wortlaut des Glaubenssatzes, mit dem Steve beschlossen hat, nicht mehr potent zu sein, ist sehr interessant, weil er auch zeigt, in welchem Problem Steves Frau sich befindet. Die PartnerInnen, die wir suchen und finden, spiegeln ganz exakt unser eigenes, wenn auch unbewußtes Bewußtsein. Steves Frau ist seine Gestalt gewordene Innere Frau. Obgleich sie sich bewußt einen potenten Mann wünscht, mit dem sie ihre Sexualität leben kann, bekam auch sie, was sie sich unbewußt wünscht: einen impotenten Mann. Sie muß ein Programm haben, das haargenau zu dem von Steve paßt.

Übung: Wenn Sie als Mann Potenzprobleme haben, brauchen Sie nicht auf dem Schwarzmarkt Viagra zu kaufen. Damit würden Sie nur auf der körperlichen Ebene das Symptom ausschalten, nicht in Ihrem Unbewußten. Ihr Programm wird dann nach neuen Wegen suchen, Ihren Unwillen, ein Mann zu sein, auszudrücken. Weil Sie dieses Alarmzeichen ausgeschaltet haben, könnte Ihr Unbewußtes zu einem noch stärkeren Signal greifen, z.B. zu Prostatakrebs. Gehen Sie also mit dem, was Sie hier lernen, lieber an die Wurzel des Problems. Erinnern Sie sich an eine Situation in diesem Leben, als Sie beschlossen haben, kein Mann zu sein! Dann entprogrammieren Sie sich davon in der hier gelehrten Weise. Sollten Sie keine solche Entscheidung in diesem Leben finden, suchen Sie sich professionelle Hilfe!

■ Die Frau mit dem impotenten Mann

Wenn ein impotenter Mann in einer Beziehung lebt, und seine Partnerin oder sein Partner daran leidet, ist die Opfersituation nur eine Seite der Medaille. Die andere Seite ist, daß die Frau oder der Mann einen impotenten Partner wollen, ob sie das nun so bewußt wissen oder nicht.

Zwei Rückführungserlebnisse von Sarah illustrieren dies auf hervorragende Weise. Sarah ist eine gehbehinderte Frau. Im Alter von drei Jahren erlitt sie Kinderlähmung und hat seitdem ein zurückgebliebenes rechtes Bein. Sie kommt zu mir, weil sie sich in ihrem Körper nicht attraktiv, sondern monströs findet und sich in ihrer Sexualität behindert fühlt, aber auch, weil ihr Mann impotent ist und mit ihm darüber nicht zu reden ist. Er ist Ausländer, Sexualität als Gesprächsthema ist tabu für ihn, er zieht sich zurück in Apathie und betäubt sich mit Fernsehen. Sarah überlegt, ob sie sich von ihm trennen soll. Die zwei aus ihrer Geschichte ausgewählten Erlebnisse dienen nur dazu, den Zusammenhang zwischen der Impotenz des Mannes und den Wünschen der Frau aufzuzeigen. Wir bearbeiten Sarahs erste sexuelle Begegnung mit ihrem Mann.

Für sie ist die Zeit der ersten Liebe mit ihrem Mann verbunden mit einem starken sexuellen Erwachen. Sie begehrt ihn mit allen Sinnen und wünscht sich, daß er in sie eindringt. Als dies geschieht, macht ihr das anfangs auch Spaß, aber der klingt bald ab, weil sie das Gefühl hat, daß ihre Lustäußerungen ihn stören oder ihm peinlich sind. Von ihm kommt nichts zurück. Sie ist ganz traurig und enttäuscht.

- Wenn ich meine Lust ausdrücke und zeige, macht es meinem Mann Schwierigkeiten, es macht ihn klein.
- In bezug auf Sexualität verstehen wir uns überhaupt nicht.
- Ich muß mich zurücknehmen, still und starr sein.
- Wenn meine Energie voll da ist, schränkt das den Mann ein.
- Ich kann meine Lust mit dem Mann nicht leben.
- Ich muß die Sexualität abbrechen.
- Sie stimmt für mich nicht.
- Ich kann meinen Wahrnehmungen nicht trauen. (Weil der Mann verneint, daß ihre Lust ihn kleinmacht.)
- Mein Mann hat mich gewählt, weil er Sexualprobleme, Angst vor der Sexualität und der Frau hat.
- Mein Mann hält es nicht aus, er verliert seine Manneskraft, wenn ich als Frau energie- und lustvoll bin.

Bis hierhin hat Sarah sich vollkommen als Opfer gesehen. Nun frage ich sie, warum sie sich vielleicht heimlich einen sexuell behinderten Mann wünscht. Ihr Tätersatz ist naheliegend:

- Wenn ich einen sexuell behinderten Mann habe, dann wiegt es nicht so schwer, daß ich körperlich behindert bin.
- Ich bin in meiner Lust und Sexualität behindert.

Ich frage sie auch, warum sie meint, Sexualität mit einem Mann zu brauchen. Solche Gedanken sind nämlich wichtig, um die Abhängigkeit bewußtzumachen und möglichst zu lösen. Sie findet den Satz:

- Wenn der Mann sexuell in mich eindringt, bin ich wieder ganz.

Was, frage ich sie, denkt sie über ihre eigene männliche Seite?

- Ich bin in meiner männlichen Seite in meiner Aktivität nach außen behindert (Symbolisch ist das die rechte Körperseite, in der Sarah auch behindert ist.)

Was in anderen Worten heißt: Sarahs Innerer Mann fühlt sich auch impotent! Da die Kinderlähmung schon mit drei Jahren aufgetreten ist, können wir annehmen, daß die Behinderung der männlichen Seite schon aus einem oder mehreren früheren Leben mitgebracht wurde, denn einen direkten Auslöser in diesem Leben, der mit männlich/weiblich oder Sexualität zu tun hatte, schien es nicht zu geben.

Ein Erlebnis aus dem 16. Lebensjahr zeigt, daß es für Sarah geradezu ein Liebesbeweis ist, wenn ein Mann sie *nicht* begehrt: Sie wird abends zur Trinkhalle geschickt, um etwas für die Eltern einzukaufen. Zwei betrunkene Männer beobachten sie, während sie noch auf das Büdchen zugeht. Der eine sagt laut zu dem anderen: „Die kannste bestimmt sofort haben!" Sie fühlt sich im Solarplexus getroffen wie mit einem Fausthieb. Am liebsten wäre sie aggressiv geworden, hätte gern mit dem Fuß getreten oder mit einer Flasche geworfen. Statt dessen resigniert sie und macht ihre Wut sofort weg:

- Ich kann mich nicht wehren, weil ich behindert bin.
- Ich kann meine Wut nicht angemessen ausdrücken, weil ich behindert bin.

- Wenn ich Wut ausdrücke, verletze ich, wo ich es gar nicht will, und es ist ohnehin sinnlos.
- Immer werde ich verletzt.
- Ich bin ein gesellschaftliches Ungeheuer.
- Ich bin eine minderwertige Frau.
- Ich habe nicht viel zu erwarten. Eine gleichwertige Beziehung mit einem richtigen Mann ist nicht möglich für mich.
- Ich muß einen Schutzwall um mich herum aufrichten.
- Euch werd ich's zeigen: Mich kriegt keiner!

Natürlich ist Sarahs Behinderung ein viel komplexeres Phänomen, als hier beschrieben. Mit dieser Sequenz wollte ich lediglich zeigen, daß Frauen sehr gute Gründe haben, wenn sie sich einen impotenten Mann suchen, und das gilt nicht nur für behinderte Frauen. Sarahs körperliche Behinderung macht sichtbar, daß sie als Seele und als Frau Schwierigkeiten hat, ihr eigenes Potential als Mann zu leben. Also kann auch ihr Mann auf der äußeren Ebene es nicht leben. Er ist der Spiegel ihres Inneren Mannes. Der impotente Mann ist demnach ihr *Wunschmann*! Wenn sie ihn entzaubert und befreit, kann auch ihr äußerer Mann lebendig werden.

Ein Paar, das solche Zusammenhänge in seiner Beziehung heilen möchte, sollte am besten gemeinsam in eine Tantragruppe gehen. Aber ein Mann kann seinen Inneren Mann auch allein befreien, und eine Frau kann ihren Inneren Mann ebenfalls allein befreien, denn die äußere Wirklichkeit ändert sich dann, wenn wir unsere alten Gefühle und Glaubenssysteme aufgeben.

Übung: Sind Sie eine Frau mit einem impotenten Mann? Dann quälen Sie sich und ihn nicht, indem Sie denken und sagen, daß es sein Problem ist. Fangen Sie bei sich selbst an. Suchen Sie in sich selbst, in diesem Leben ein Erlebnis, in dem Sie beschlossen haben, daß Sie auf keinen Fall einen potenten und mächtigen Mann wollen. Erinnern Sie sich in allen Einzelheiten, und dann entprogrammieren Sie sich davon. Wenn Sie danach keine Veränderungen beobachten, suchen Sie nach professioneller Hilfe für eine Rückführung in ein früheres Leben, wo Sie diesen Entschluß gefaßt haben. Ihr Mann kann sich erst verändern, wenn Sie das Programm aufgelöst haben.

Agnes ist eine verheiratete Frau, Mutter mehrerer Kinder und Hausfrau. Sie liebt ihr Leben mit seinen Aufgaben, aber sie fühlt sich wertlos. Ihr Mann ist ein erfolgreicher Geschäftsmann. Sie hat eine schwere Colitis, die durch keine Behandlung zu kurieren ist. Irgend etwas kann sie nicht verdauen.

In unserem Vorgespräch wird deutlich, daß sie sich am meisten von ihrer Mutter abgewertet fühlt. Ihre Mutter sagt ihr *nie* etwas Positives. Ich schlage Agnes vor, zu einer Gruppe mit dem Thema „Mutter" zu kommen. Sie willigt ein, obwohl ihr viele Dinge, die ich sage, unheimlich sind. Eine gute Freundin von ihr ist Teilnehmerin beim Past-Life-Training. Agnes kann die positive Veränderung ihrer Freundin schon sehen, und das macht ihr Mut, sich auf dieses Thema einzulassen.

An diesem Wochenende geht Agnes ein Licht nach dem anderen auf, und sie löscht viel von dem negativen Mutterbild, das sie natürlich auch schon in ihrer eigenen Mutterrolle und in der Beziehung zu den Kindern wiedererkennt. Sie ist tief berührt von all ihren Erkenntnissen.

Nach einiger Zeit sehen wir Agnes wieder. Sie hat sich für das nächste Past-Life-Training entschieden, weil sie sich nach dem besagten Wochenende mit ihrer Mutter auseinandergesetzt hat, mehr Wertschätzung erfahren hat und ihre Colitis geheilt ist. Jetzt hat sie Lust, mit den Mitteln, die sie bei uns kennengelernt hat, ihr jetziges Leben weiter zu verändern, vor allem sich von ihrer sexuellen Unlust zu heilen.

Wir beginnen mit den Rückführungen immer in der Gegenwart und verfolgen das Thema Schritt für Schritt durch dieses Leben und dann durch frühere Leben bis zu einem Urbild zurück. Als erstes erlebt Agnes eine Szene noch einmal, als sie und ihr Mann sich lieben wollen.

Ich bin auch bereit dazu, kann ihn gut berühren und streicheln, auch seinen Penis, aber ich möchte überhaupt nicht, daß er mich berührt. Ich bin hypersensibel, habe nur Abwehr in mir. Den stärksten Widerwillen habe ich dagegen, daß er meine Brust und Scheide berührt und liebkost. Ich will ihn nicht an mich rankommen lassen. Für meinen Mann ist das wie eine Bestrafung. Ich lasse die sexuelle Vereinigung zwar zu, aber ich mache völlig zu, will keinen Orgasmus. Ich fühle mich völlig nackt und verletzlich, wenn ich in der Scheide liebkost werde. In mir ist alles Nein! und Krampf, und ich entziehe mich, so schnell ich kann.

Nachdem Agnes ihre Gefühle bearbeitet hat und sie nachgelassen haben, wenden wir uns ihren Glaubenssätzen zu, die sie gerne aufgibt:
- Mir ist das alles zuviel.
- Ich habe gar keine Zeit, eigene sexuelle Bedürfnisse zu entwickeln.
- Ich brauche nicht so viel Sex.
- Mein Mann braucht mehr Sex als ich.
- Als Frau muß ich mich zur Verfügung stellen.
- Das ist die Pflicht der Frau.
- Nähe, Liebe und Zärtlichkeit sind immer nur ein Vorspiel, danach *muß* der Sex kommen.
- Ich will gar keinen Orgasmus!
- Wenn ich zumache und den Orgasmus zurückhalte, habe ich die Macht.
- Ich muß mich dem Mann sexuell hingeben, damit die Stimmung in unserer Familie erhalten bleibt.
- Wenn ich mich vom Mann intim berühren lasse, bin ich total verletzbar.
- Mein Mann ist kein guter Vater.
- Er entzieht sich immer.
- Weil er sich entzieht, weil er mir diesen Vater einfach nicht gibt, gebe ich ihm nicht die Frau.
- Ich muß mich zurücknehmen.

Ich möchte gerne mal den Prozentsatz von Frauen wissen, die sich nach so ähnlichen Glaubenssätzen verhalten! Ich denke, daß er auch im Zeitalter der sogenannten sexuellen Aufklärung ziemlich hoch ist.

In ihrem nächsten Rückführungserlebnis ist Agens 27 Jahre alt und mit ihrem Mann im Urlaub in Italien.

Es ist ein schöner warmer Sommertag, wir machen einen Spaziergang. Mein Mann wünscht sich schon lange, daß wir uns mal im Freien, in der Natur, lieben. Er will mal was Besonderes. Ich habe überhaupt keine Lust dazu, habe Angst, daß andere Spaziergänger uns entdecken könnten. Aber wir gehen in die Büsche. Ich mache mit, um ihm seinen Wunsch zu erfüllen. Ich bin aber überhaupt nicht dabei, und von Lust kann gar keine Rede sein. Ich lausche nur zu den Leuten hin, mein Körper ist starr, total leblos. Meinen Mann erlebe ich als sehr animalisch mit seinem Trieb und mit seiner Lust auf die Natur.

Agnes erlebt ihre Gefühle von Angst und Starre noch einmal ganz deutlich, läßt sie aber nach einiger Zeit los, genauso wie folgende Glaubenssätze:

- Im Freien liebt man sich nicht, das tut man nicht, das ist animalisch.
- Ich muß mich den sexuellen Trieben des Mannes hingeben, ich muß mit mir machen lassen, damit der Mann zufrieden ist.
- Das muß sein!
- Am besten, ich bringe das schnell hinter mich.
- Wenn die Leute sehen, daß wir uns im Freien und frei und offen lieben, dann machen wir uns lächerlich und werden verurteilt.
- Ich muß mich totstellen, damit niemand was merkt.
- Ich muß dafür sorgen, daß der Papa zufrieden ist.
- Ich muß alles schlucken.
- Ich kann gar keine Richtung für mich finden.

In ihrem nächst früheren Erlebnis ist Agnes 18 Jahre alt, der Schauplatz ist wieder Italien. Sie hat dort mit drei Freunden ein Ferienhaus gemietet. Da noch andere Gäste im Haus sind, teilen sie sich zu viert ein Schlafzimmer. Agnes und ihr Lover, ein zehn Jahre älterer Professor, bekommen das Ehebett. In dieser Situation Liebe zu machen ist furchtbar für Agnes, aber sie schafft es nicht, etwas daran zu ändern. Lieber quält sie sich hindurch und vergewaltigt sich selbst. Als sie das jetzt alles noch einmal mit all den Gefühlen von Krampf, Angst, Verzweiflung und Selbsthaß erlebt, fragt sie sich, wie sie sich das nur antun konnte. „Mein

Körper ist ganz erstarrt, nur Angst und Krampf. Ich will mich nicht fühlen." Sie gibt dazu die folgenden Glaubenssätze auf:

- Der Mann und ich, wir können uns doch nicht sexuell lieben, wenn andere dabei sind.
- Das geht doch nicht! Das ist ganz unmöglich!
- Ich muß das mitmachen!
- Der Mann lebt in einer ganz anderen Welt wie ich als Frau.
- Ich kann den Mann nur bewundern.
- So jemand interessiert sich doch nicht für mich!
- So einem Mann gegenüber steht mir keine Kritik zu.
- Ich muß alles mitmachen, was er will.
- Ich kann dem Mann nichts entgegensetzen.
- Dafür bin ich nicht stark genug.
- Ich kann das gar nicht durchsetzen, was *ich* möchte.
- Ich bin nicht so wichtig.
- Ich muß vor allem darauf achten, was der andere will.
- Nur wenn ich alle zufriedenstelle, mögen sie mich.
- Damit ich nicht fühlen muß, daß ich mich vergewaltige, stelle ich mich tot.

Das nächste frühere Erlebnis spielt in Agnes Elternhaus. Sie erlebt eine Szene aus der Zeit, als sie 14 Jahre alt war.

Ich habe meine Haare gewaschen und mich umgezogen, weil ich gern in die Jugendgruppe gehen will. Vater redet mit mir in der Küche, aber dabei berührt er immer wieder meine Brüste und Brustwarzen. Ich finde es eklig, ihn und mich, denn ich halte still. Ich weiß, wenn ich stillhalte, darf ich zur Gruppe fahren. Ich erkaufe mir die Erlaubnis. Ich weiß, daß er das mit meiner Schwester auch macht. Ich bin voller Unruhe, würde am liebsten abhauen, aber ich bin auch wie gelähmt und entsetzt und fassungslos. Kann das wahr sein oder bilde ich mir das nur ein? Ich habe Wut auf meinen Vater, aber auch auf mich, daß meine Brustwarzen so reagieren. Ich hasse meinen Körper.

Agnes weint, als sie mehrmals durch die Gefühle geht. Sie hatte diese Erinnerungen gut weggesteckt, wollte eigentlich nichts mehr damit zu tun haben. Wenn das so einfach wäre! Verdrängung ist keine Bewältigung. Verdrängung löst nicht die Gefühle und die Programmierungen, die im Körper gespeichert sind. Schließlich gibt Agnes folgende Glaubenssätze auf:

- Ich muß mir die Freiheit durch Stillhalten erkaufen.
- Wenn ich das nicht tue, muß ich kämpfen, und dann habe ich nicht die geringste Chance.
- Wenn ich mich aufgebe, meinen Körper preisgebe und mich sexuell benutzen lasse, habe ich Harmonie mit meinem Vater/Mann.
- Ich kann mich nicht wehren.
- Ich hasse meinen Körper.

In der nächsten Szene erlebt Agnes sich als kleines Mädchen. Sie spielt mit einem Nachbarsjungen Doktorspiele. Sie wollen sich angucken, wie sie aussehen.

Mir gefällt das Spiel, aber wir kommen gar nicht zum Angucken, weil meine Schwester uns verpetzt. Meine Mutter kommt und spricht ganz leise und verständnisvoll mit uns und sagt, daß es nicht wieder vorkommen darf.

Agnes wird noch nachträglich wütend über die Scheinheiligkeit ihrer Mutter.

Aus diesem Erlebnis hat das kleine Mädchen also gleich einiges an negativen Gefühlen und Glaubenssätzen mit ins Leben genommen:

- Sexuelle Spiele, Nacktheit, einander nackt angucken, das ist was ganz Schlimmes.
- Wenn ich sowas spiele, bin ich schlecht und schuldig.
- Das darf nicht wieder vorkommen!
- Es klappt nicht, ich darf mit seinem Pimmel nichts zu tun haben.

Frühe, auch eigentlich ganz harmlose Kindheitserlebnisse können also sehr prägend sein und einem später unter Umständen die ganze Liebe, Lust, Sinnlichkeit und Sexualität vermiesen.

In der nächsten Rückführung erlebt Agnes sich als junges Mädchen am Ende des 19. Jahrhunderts. Es führt irgendwo den

Haushalt. Es ist ein wunderschöner Tag, und sie ist schön angezogen. Sie fühlt sich richtig wohl und gut. Am Küchentisch sitzt
der Hausherr, ein grobschlächtiger Mann.

*Ich fühle seine Blicke auf meinem Körper. Er sagt, daß ich an
„bestimmten Stellen" zugenommen hätte. Mein Busen ist groß
und gut gewachsen, aber er ist mir lästig, ich hätte ihn am liebsten weg. Mir ist die ganze Situation unangenehm, und ich
schäme mich, fühle mich unwohl in meinem Körper und an
meinem Busen empfindlich und verletzbar. Der schöne Tag ist
plötzlich dunkel. Das Interesse von diesem Mann ist reine Ver-
dorbenheit. Aber ich schäme mich. Ich bin traurig und
wütend.*

In diesem Leben und in diesem Körper ist Agnes wieder eine
schöne Frau, aber sie verbirgt ihre Schönheit so gut es geht unter
der Kleidung, indem sie gedämpfte Farben und sehr viel Grau
trägt. Obwohl sie noch in den Dreißigern ist, will sie nicht mehr
als Frau auffallen. Agnes gibt die folgenden Glaubenssätze auf,
und ich hoffe, inzwischen hat sie wieder Freude und Lust an
ihrem Körper.
- Der Mann läßt mich nicht zufrieden.
- Wenn Männer meine Schönheit/Weiblichkeit sehen, zerstören
  sie mir das Leben, das Lichtvolle und Schöne, rauben mir alle
  Leichtigkeit, alles wird dunkel und schwer.
- Wenn Männer meinen Busen sehen, muß ich dumme Reden
  darüber ertragen und bin der Gier der Männer nach dem
  Busen ausgesetzt. Dann kann ich mich nicht mehr über mich
  und meinen Körper freuen.
- Durch meinen Busen bin ich empfindlich und verletzbar.
- Mein Busen ist mir lästig. Ich hätte ihn am liebsten weg.
- Für meinen Busen muß ich mich schämen.

Wir gehen weiter zurück, kommen ins Mittelalter. Diesmal ist
Agnes Magd im Stall. Sie melkt die Kühe. Haus und Hof liegen
im Dunkeln, aber der Stall ist hell und warm. Sie ist allein im
Stall und will auch allein bleiben, denn das Melken ist lustvoll
für sie.

Es ist ein schönes, angenehmes Gefühl. Während meine Hände die Euter massieren, spüre ich Lust in meinem Busen. Plötzlich fühle ich etwas Dumpfes, da ist jemand. In mir zieht sich alles zusammen. Ich will nicht, daß der/das an mich rankommt.

Es ist der Bauer. Er steht da mit runtergelassener Hose. Nach dem ersten Schreck fühle ich mich angemacht und lasse mich auf ihn ein. Wir machen Sex im Stroh.

Aber die Bäuerin hat etwas gemerkt, sie überrascht uns. Ich werde entlassen und bestraft: Ich muß den Hof mit Schimpf und Schande verlassen. Dem Bauern passiert nichts. Ich fühle mich gedemütigt, klein und schlapp und stehe enttäuscht und entmutigt im Regen.

Aus diesem Erlebnis zieht ihre Innere Frau folgende Schlüsse, die Agnes heute aber gern aufgibt, weil sie gut sehen kann, wie sie im jetzigen Leben weiterwirken und wie sie davon eingeengt wird:

- Wenn ich meiner Lust nach lebe, gelte ich als verdorben, werde bestraft, von anderen Frauen ausgeschlossen, stehe im Regen und muß die ganze Strafe allein tragen. Dem Mann passiert nichts.
- Männer sehen in erster Linie sich und ihre Bedürfnisse.
- Ich bin dem Mann unterlegen.
- Andere Frauen sind mächtiger als ich.

Wir gehen weiter zurück, um zu verfolgen, wie das Karma der Lustlosigkeit sich aufgebaut hat. Als nächstes erhalten wir eine Szene aus dem Jahre 1340. Sie erlebt sich als Frau, die eine Färberei hat, aber sie und alle ihre Sklavinnen gehören einem mächtigen Mann mit Bart und einer Karawane mit Kamelen. Er ist ein Kaufmann. Agnes und ihre Sklavinnen müssen dem Mann zur Verfügung stehen. Anfangs war die Färberin eine Frau mit viel Freude und einem starken Lebensgefühl, anfangs hat sie gegen die Macht des Mannes noch protestiert, aber als das keine Veränderung bringt, resigniert sie, ist bedrückt und trostlos, ins Dunkle gefallen.

Ich bin nur noch matt, schlaff und ohne Energie. Ich erlebe mich in seinem Gemach. Ich lasse mit mir machen, aber gebe mich nicht so hin, spiele nicht. Er wird wütend, knallt mit der Peitsche rum, trifft mich sogar einmal. Es macht mir auch nichts mehr, so abgestumpft bin ich schon.

Folglich melden sich bei dieser Szene auch wenig Gefühle, weil die Wut der Resignation gewichen ist. Vielleicht können Sie sich vorstellen, wie wichtig es für die Heilung dieser Frau ist, wieder mit der Wut in Verbindung zu kommen. Das braucht sie, um sich wiederzubeleben, um aus der Resignation und Stumpfheit wieder herauszukommen. Aus jenem Erlebnis gibt Agnes folgende Glaubenssätze auf:

- Ich bin klein und unbedeutend, der Mann ist groß und mächtig.
- Es ist hoffnungslos, ich komme da nicht raus.
- Ich muß für den Mann total zur Verfügung stehen.
- Meine einzige Möglichkeit, mich zu wehren, ist heimliche Verweigerung.
- Mein einziger Schutz ist, daß ich mich stumpf mache, mich heimlich verweigere und mit mir machen lasse.
- Der Mann raubt mir meine ganze Lebensenergie.
- Ich bin ein Nichts, absolut unwichtig.
- Das Leben ist trostlos und dunkel.

Diese Geschichte ist wahrscheinlich in ihrer Ehe besonders aktiv, denn ihr Mann ist ein erfolgreicher Geschäftsmann, dem gegenüber sie sich als Hausfrau weniger wert fühlt.

Die nächst frühere Situation zum Thema Lustlosigkeit von Agnes stammt aus dem Jahr 511 nach Christus. Zuerst sieht sie sich, wieder als Frau, an einem friedlichen Platz im Grünen. Sie ist dort mit ihrem Kind und kann das nahgelegene Dorf sehen. Plötzlich wird das Dorf, das scheinbar ohne Männer ist, von Reitern überfallen.

Ich verstecke mich im Gebüsch, von wo ich noch was sehen kann. Ich höre die Schreie der Frauen aus dem Dorf, entsetzliche Schreie der Todesangst. Die Männer vergewaltigen die Frauen, töten sie und zünden dann das Dorf an. Erst nach Stunden traue ich mich ins Dorf hinunter, als alles still ist und die Reiter lange fort sind. Ich kann das alles gar nicht fassen und an mich ranlassen, als ich in dem verbrannten Dorf stehe und alle tot sind. Niemand mehr da! Ich habe einen Schock. Dieses Kaputtmachen ist das Schlimmste!

Agnes ist auch heute noch nicht gewillt, sich in die Gefühle aus dieser Situation hineinzubegeben. Ich lasse das nach einiger Ermutigung zu mehr Gefühlen zu, weil ich denke, ihre Seele weiß schon, wie weit sie Agnes in diese Erinnerungen hineinführen und was sie ihr zumuten kann. Außerdem ist Agnes im Past-Life-Training, wo sie diese Gefühle auch in der Dynamischen Meditation hochkommen lassen kann, wenn die Zeit reif und ihre Kraft dafür gewachsen ist. Der Umgang mit den alten, verdrängten Gefühlen ist in jedem Training ein intensiver Lernprozeß.

Aus diesem Erlebnis findet Agnes folgende Glaubenssätze und läßt sie anschließend los:

- Männer machen mein ganzes Leben und alles drumrum kaputt.
- Männer töten und vergewaltigen die Frauen. Sie haben kein Herz.
- Der geballten Kraft der Männer habe ich als Frau nichts entgegenzusetzen.
- Wut ist sinnlos.
- Das ist alles nicht wiedergutzumachen, was die Männer mir angetan haben.

Wir gehen noch weiter zurück. Nun erlebt Agnes sich als Frau im Jahre 50 nach Christus. Es ist ein schöner Tag. Sie geht einen Weg mit Apfelbäumen hinunter.

Es geht mir gut. Ein Trupp Reiter kommt auf mich zu. Ich werde unruhig und ängstlich, ich bekomme Herzklopfen, mein Atem wird schwer, es fühlt sich an, wie wenn etwas schwer auf meine Brust drückt. Als die Reiter mich erreicht haben, machen sie Bemerkungen über mich. Ich fühle mich ganz unsicher und gedemütigt. Sie ziehen an mir vorbei und lassen mich in Ruhe, aber ihre Bemerkungen verletzen mich. Solche Sachen versteinern mich völlig.

Als Agnes ihre Gefühle, die diesmal sehr deutlich waren, überwunden hat, findet sie folgende Glaubenssätze:

- Es hängt von den Männern ab, was mir passiert.
- Die Männer können mit mir machen, was sie wollen.
- Ich bin den Männern ausgeliefert.
- Ich muß froh sein, wenn sie mir körperlich nichts tun.
- Ich muß mich klein und unscheinbar halten, damit die Männer mich nicht sehen, dann passiert mir auch nichts. Ich muß versteinern.
- Männer wollen immer meinen Körper, wenn's sein muß mit Gewalt.

Aber es geht weiter, wir sind noch nicht am Ende von Agnes' Genealogie der Lustlosigkeit. In der nächsten Rückführung erlebt sie sich als junges Mädchen um 500 vor Christus. Sie lebt in einem Dorf und hockt am Feuer, brät irgend etwas. Die jungen Männer des Dorfes sind jagen gegangen, sie mußte zurückbleiben, Wasser holen und Essen bereiten. Sie wäre lieber mit ihnen auf die Jagd gegangen.

Ich bin enttäuscht, finde das alles ungerecht. Meine Bewegungen werden ganz langsam und lustlos.

So hat alles für Agnes angefangen, zumindest was die historischen Erlebnisse betrifft, und so fängt es für viele Mädchen auch heute noch an. Agnes hat hier ihren ersten Knacks bekommen. Sie nahm daraus folgende Glaubenssätze mit hinüber in die folgenden Leben:

- Es ist unmöglich und undenkbar, daß ich als Frau dasselbe machen kann und darf wie die Männer.
- Als Frau darf und kann ich nicht so ein abenteuerliches Leben haben wie die Männer.
- Mein Leben als Frau besteht aus Familienleben, Essen bereiten, für Kinder, Wohnung und Eltern zuständig sein.
- Ich muß mich in das Vorgegebene fügen.
- Ich kann nicht beides haben, Mutterschaft und aktives Nach-außen-Gehen.
- Ich kann nicht beides sein, weiblich und männlich.

Das genau ist noch heute Agnes' Situation, fast zweieinhalb Jahrtausende später. Es ist gut, daß sie sich aus dieser karmischen Wiederholung, dem sogenannten karmischen Rad, nun endlich befreien kann.

Ich bitte sie, zum Abschluß noch zu einer Art Urerlebnis zu gehen oder zu einem Symbolbild. Agnes bekommt von ihrer Seele drei Bilder gesandt: eine Seerose, einen Kristall und einen Strudel, der sich trichterförmig nach unten dreht. Sie interpretiert die Bilder so: Die Seerose ist das Weibliche, der Kristall das Männliche, der Strudel symbolisiert den Eintritt in die Materie und ins Menschsein. Sie destilliert daraus folgende Glaubenssätze und gibt sie auf:

- Wenn ich mich als Seele in die Existenz des Menschseins begebe, wird das Leben schwer und dunkel. Dann ist es undenkbar, die beiden Teile weiblich und männlich mitzunehmen.
- Das Weibliche und das Männliche zu vereinen ist sehr schwer.
- Ich habe keine Lust, auf die Erde runterzugehn.

Wir sehen nun, daß Agnes' Lustlosigkeit schon grundsätzlich existentiell mit dem Menschsein verbunden ist, obwohl das alles gar nicht nötig ist, da jeder Mensch Frau und Mann in sich enthält und alle Fähigkeiten hat, das äußerlich auch zu leben. Scheinbar hat Agnes' Seele sich schon vor der Inkarnation als Mensch von der äußeren Erscheinungsform der menschlichen Körper täuschen lassen, wie so viele von uns auch heute noch. Und wir denken, daß wir in einem aufgeklärten Zeitalter leben!

Übung: Wenn Sie eine Frau sind, die keine Lust hat, dann forschen Sie nach einer oder mehreren Situationen in diesem Leben, als Sie beschlossen haben, von nun an nein zur Lust zu sagen. Erinnern Sie sich in Einzelheiten an diese Situation/en, dann finden Sie Ihre Glaubenssätze und entprogrammieren Sie sich davon. Für Erlebnisse aus früheren Leben holen Sie sich professionelle Hilfe.

■ Ein Mann hat keine Lust

Ein Mann bucht eine Serie von Sitzungen mit dem ausdrücklichen Wunsch, seine sexuellen Probleme mit Rückführungen zu bearbeiten. Das freut mich, denn erstens schaffen Männer es seltener, sich auf Rückführungen und frühere Leben einzulassen, und zweitens wagen auch noch nicht so viele Leute, gleich mit dem Thema Sexualität zu kommen. Schließlich spricht man in weiten Kreisen immer noch nicht darüber, und schon gar nicht als Mann.

Oliver ist ein großer stattlicher Mann. Er hat einen mächtigen Körper, aber ein ganz weiches Gesicht und ein gehemmtes Auftreten. Er wirkt sehr befangen. Trotzdem ist er so mutig, gleich in medias res zu gehen.

Ich lasse mir erst einmal seine Probleme erzählen, ehe wir mit den Rückführungen beginnen. Er hat eine Freundin, die er auch sehr lieb hat, und sie ihn. Seine Freundin ist gern sexuell, aber ihm macht es keinen Spaß. Trotzdem hat das Thema Sexualität ihn fest im Griff, denn er denkt ständig an Frauen und Sexualität und wünscht sich sehnlichst, Liebe, Lust und Sexualität zu leben, aber wenn es dann soweit ist, passiert für ihn nichts.

Während er erzählt, fallen viele Glaubenssätze, die Oliver auch bereitwillig aufgibt, nachdem ich ihm erklärt habe, wie Gedanken und Gefühle wirken, wenn sie einmal im Körper einprogrammiert sind:

- Sex mit meiner Freundin macht mir keinen Spaß.
- Ich werde als Befriedigungsobjekt mißbraucht.
- Für mich gibt es dabei keine Lust.
- Es ist schwierig, Frauen anzusprechen.
- Ich darf Frauen nicht zeigen und sagen, daß ich Sehnsucht nach ihnen habe.
- Für meine Lust brauche ich eine Frau.
- Mit einer Frau ist es toller, als wenn ich mir selber Lust schenke.
- Die Frauen haben die Macht über mich, die können darüber bestimmen, was ich kriege.
- Wenn Frauen auf mich zugehen, bin ich sicher.
- Wenn ich auf Frauen zugehe, werde ich unsicher, weil ich ja doch zurückgewiesen werde.

Mit den Rückführungen beginnen wir in einer Zeit, die noch nicht so lange zurückliegt. Das läßt Zeit für den Lernprozeß mit dieser Methode und gibt den Raum dafür, Vertrauen aufzubauen und zu erkennen, was auf diese Weise alles ins Licht des Bewußtseins gefördert werden kann.

Als erste Szene erlebt Oliver sich noch einmal mit seiner Freundin im Bett.

Sie sieht so bezaubernd schön aus, strahlt, ist voller Lust und kuschelig, aber ich resigniere schon, als sie so strahlend aus dem Badezimmer zu mir kommt, und denke:

- Es klappt eh nicht.
- Sie kann ihre Lust nicht zu mir rüberbringen.
- Ich darf ihre Lust nicht annehmen (Ich streichle sie dann doch, gähne aber dabei. Sie merkt es, ist ganz enttäuscht und weint. Also mache ich weiter, lustlos, lahm, müde.)
- Ich kann keine Lust empfinden.
- Bei mir ist nichts, gar nichts.
- Ich kann und darf keine sexuellen Gefühle ihr gegenüber haben.
- Sexuelle Lust ist mir verboten.
- Ein Mann hat zu funktionieren.
- Gefühle sind für einen Mann nicht erlaubt.
- Es klappt doch alles nicht.
- Beim Sex und in einer Beziehung mit einer Frau gibt es immer mehr Probleme als Lust.
- Ich darf sie nicht richtig gern haben und lieben.
- Ich muß meine Gefühle zurücknehmen.

Ich brauche Oliver nur zuzuhören und mitzuschreiben, denn während er sein Erlebnis erzählt, spricht er schon dauernd Glaubenssätze aus. Bei manchen jedoch, bei den Verboten z. B., ist aus dieser Situation heraus nicht erkennbar, warum er keine Lust haben darf. Aber dafür haben wir ja die Rückführungen, um das zu ergründen. Dahinter können Erlebnisse mit Vater oder Mutter stecken, sogenannte religiöse Lehren, frühere schmerzhafte Erlebnisse oder vielleicht auch alles zusammen.

Oliver ist so traurig über diese ganze Situation, und seine Traurigkeit macht ganz offensichtlich einen Teil seiner Schwere und Langsamkeit aus. Er holt noch viele Glaubenssätze aus diesem Erlebnis und läßt sie los:

- Ich bin ein Klotz im Bett.
- Ich muß mich starr und steif machen.
- *Meine* Erwartungen werden nicht erfüllt.
- Die Lust geht nicht rein. Es ist alles nur an der Oberfläche.

An dieser Stelle frage ich ihn, welche „guten" Gründe er haben könnte, um die Lust zu bremsen:

- Ich darf das nicht tiefer gehen lassen, sonst entsteht eine unglückliche Bindung durch ein Kind.
- Kinder rauben die Freiheit, passen nicht ins Konzept.
- Es darf nichts passieren! (Ein Satz mit doppelter Botschaft: Nun passiert bei ihm auch nichts.)
- Es darf keine Lust da sein zwischen uns, weil es problematisch ist.
- Ich weiß nicht, wie ich mit dem Ganzen klarkommen soll, ich bin hilflos.
- Es ist alles so verquer zwischen uns.
- Es eskaliert immer mehr zwischen uns.
- Ich kann meine Wut nicht ausdrücken.
- Ich weiß eigentlich gar nicht, wie ich mich der Frau nähern soll und wie Liebemachen und sexuelle Vereinigung geht.
- Ich muß einen großen Bogen um Frauen machen.
- Ich kann Frauen schon gar nicht mehr angucken.

Dieser Mann ist in einer verzweifelten Lage: Die problematischen Situationen treiben ihn immer wieder dazu, zu Sex und Frauen *nein* zu sagen, aber je mehr er nein sagt, desto größer wird seine Sehnsucht danach, ja sie steigert sich zur Sucht und zu völlig zwanghaftem Verlangen und gedanklichem Kreisen um dieses Thema. Er wirkt wie besessen davon.

Ich frage ihn an diesem Punkt, ob es in ihm außer der Problematik, die ihn von Frauen und Sexualität wegtreibt, ein höheres Ziel geben könnte, das ihn außerdem dazu veranlaßt, lustlos zu sein. „Ja, klar", sagt er.

- Die sexuelle Energie muß man sublimieren für höhere Aufgaben, man darf nicht einfach nur so Lust haben!"

Er hat seinen Sigmund Freud gut verinnerlicht.

In der nächsten Rückführung erlebt Oliver sich als 15jährig in der Tanzstunde.

> *Da gibt es ein tolles, zierliches Mädchen, das ich sehr sympathisch finde. Sie tanzt leicht wie eine Feder. Ich fixiere mich auf sie, aber spreche sie nie an. Ich merke wohl ihr Interesse, sonne mich auch darin, aber halte mich zurück, bin ganz steif und muß weggucken. Am Ende bin ich so frustriert, daß ich aufgebe.*

Wir bearbeiten zuerst seine Gefühle und wenden uns dann seinen Schlußfolgerungen zu:
- Es hat alles keinen Sinn.
- Ich darf die Frau, die mich interessiert, nicht angucken, anlächeln oder ansprechen.
- Sie darf mein Interesse nicht erkennen.
- Ich bin uninteressant.
- Wenn ich mich vorwage, könnte ich mich blamieren.
- Ich gehöre gar nicht dazu, stehe außerhalb, kann bei dem Fest nicht mitmachen.

Gehen Sie mal in eine Disco und schauen Sie, wie viele junge Männer hilflos am Rand stehen, sich nicht bewegen können, nicht tanzen, nicht feiern, nicht auf Frauen zugehen können. Und den Frauen ihrerseits geht es auch nicht viel besser. Also greifen sie alle zu Zigaretten und Alkohol, um die Lähmung und die Situation erträglich zu machen.

Aber es geht noch weiter mit Olivers zu festen Überzeugungen einprogrammierten Glaubenssätzen:
- Ich kann nicht einfach das Leben feiern und Spaß haben.
- Ich brauche eine Frau, die mich erlöst.
- Es klappt nicht, daß sie mich erlöst.
- Das Alltagsleben ist banal, einschließlich Beziehungen, Mann, Frau, Liebe, Lust, Sex … das alles ist banal.
- Das Leben ist doch nur anstrengend, ein ewiges Rauf und Runter, es ist dramatisch und nervig.

Ich frage Oliver, ob er sich ein frohes, ja sogar ekstatisches Alltagsleben vorstellen kann, wie es eigentlich dem wahren Potential seiner Seele entspräche. Nein, er kann sich das wünschen, aber vorstellen kann er es sich nicht, denn er glaubt solche Dinge wie:

- Als Seele und um zu „Gott" zu kommen, muß ich mich aus dem Leben, der Liebe, der Lust, dem Feiern, den Gefühlen und vor allem aus dem Sex raushalten.
- Ich muß meinen Unterleib kaltstellen.
- Sex ist nur in der Ehe erlaubt.

Jetzt ist er aber bereit, solch abergläubischen Unsinn aufzugeben, weil er sehen kann, wie sehr er sich damit gequält hat. Die Tanzstundengeschichte gibt aber noch einiges mehr an Glaubenssätzen her:

- Ich kann nicht einfach locker und flockig mit Frauen zusammensein.
- Ich muß mich von Frauen abwenden.
- Ich muß so tun, als wäre ich nicht interessiert.
- Wenn ich mich zurücknehme, wenn ich Lust und Gefühle zurücknehme, kann ich sicher und angstfrei leben.
- Ich muß mich standhaft weigern.
- Ich darf kein Wort mit meiner Flamme wechseln.

Mit seinem ersten früheren Leben bekommt Oliver ein wenig mehr von dem zu sehen, was in seinem Unbewußten verborgen ist und insgeheim sein jetziges Leben steuert. Er erlebt sich als Mann im Jahre 1870.

Ich begegne einer blonden Frau auf der Straße. Mit einem lockenden Dekolleté stolziert sie über die Straße. Ich fühle mich wie ein Schatten, kaum wahrnehmbar, und auch nicht richtig präsent. Trotzdem, ich spreche sie an, aber sie reagiert schnippisch. Jetzt fühle ich mich noch unwirklicher. Verzweiflung steigt in mir hoch. Ich flehe sie an, daß sie mich sieht, beachtet, erlöst. Sie geht hochnäsig weiter. Ich resigniere.

Olivers Glaubenssätze sprechen Bände:
- Als Mann bin ich hilflos, ein Schatten, eine halbe Portion.

265

- Ich brauche eine Frau, die mich ganzmacht, die mir die Körperlichkeit, Lust und Sinnlichkeit gibt.
- Als Mann darf ich nicht wahrnehmbar, nicht wirklich, nicht präsent sein.
- Als Mann muß ich ein Schattenleben führen.
- Wenn ich auf eine Frau zugehe und mich zeige, dann werde ich zurückgewiesen, abgelehnt und erniedrigt.
- Der Frau gegenüber bin ich der Bettler, habe nichts zu schenken, oder was ich zu schenken habe, gilt nichts.

Diese Glaubenssätze zeigen, daß Oliver genau fühlt und weiß, daß er als Mann der herkömmlichen Konditionierung nach nur ein halber Mensch ist. Das ist eine sehr präzise und bildhafte Beschreibung der Lage. Er fühlt und weiß auch ganz genau, daß so ein Leben nur eine Schattenexistenz ist. Zum Thema Lustlosigkeit bearbeitete er noch ein weiteres früheres Leben.

Jenes Leben spielte im Jahre 1763 und brachte ihm eine sehr drastische Aufklärung zu seiner gegenwärtigen Lage und Zurückgenommenheit als Mann. Er sah sich in einer sehr belebten Stadt. Viele Leute sind auf einem Platz versammelt. Er steht unter den Leuten, die zuschauen. Ein Mann soll hingerichtet werden. Ein Henker mit verdecktem Gesicht führt einen abgemagerten Handwerksburschen zur Guillotine. Er soll Ehebruch begangen haben. Der Mann auf dem Schafott heult Rotz und Wasser und sagt, er hätte doch nur Spaß und Lust haben wollen. Ein Priester mit einem großen Kreuz tritt erhaben und bedrohlich auf und verkündet: „So soll es jedem ergehen, der gegen die Gebote Gottes verstößt."

Ich bewege mich gehetzt zwischen den Leuten herum, atemlos, fühle mich schlecht, kann das alles nicht verstehen. Die Leute sind träge, es scheint ihnen nicht so viel auszumachen. Nur als der Kopf fällt, schreien einige auf.

Nachdem Oliver sich von den Gefühlen gelöst hat, findet er die folgenden Glaubenssätze und gibt sie auf:
- Jeder, der gegen die Gebote Gottes verstößt, wird hingerichtet, geköpft.

- Gott und die Kirche sind so mächtig, ich muß mich anpassen. Die bestimmen über Leben und Tod.
- Ich kann mich gegen diese Übermacht nicht zur Wehr setzen.
- Gott gebietet: Außerhalb der Ehe darf der Mensch keine Lust haben.
- Ein Mann, der seine Liebe und Lust frei lebt, verwirkt sein Recht zu leben, niemand hilft ihm, niemand hält zu ihm, niemand wehrt sich gegen so bestialische Gesetze.

Nun, wenn wir uns gewehrt haben, ist uns das oft auch nicht so gut bekommen, aber jetzt, wo wir die Wirkungsweise des Bewußtseins kennen, brauchen wir nicht mehr mit den *äußeren Feinden* der Lust und Liebe zu kämpfen, sondern nur noch selbst aus dem Glaubenssystem auszusteigen, in dem die Verkünder dieser Lehren selbst gefangen und als Seelen verwickelt sind. Wenn wir uns nicht mehr mit diesen Glaubenssystemen identifizieren, können wir frei werden, unseren Körper voll zu genießen, statt ein *Kreuz* mit uns herumzuschleppen.

Übung: Sind Sie ein Mann, der keine Lust hat? Dann vergegenwärtigen Sie sich die zentrale Situation in Ihrem Leben, als Sie beschlossen haben, Lust nicht mehr zuzulassen. Erinnern Sie diese Situation in allen Einzelheiten, finden Sie die Schlußfolgerungen, die jetzt Ihre Lust hemmen, und geben Sie sie auf.

▮ Vaginalkrämpfe

Vaginalkrämpfe sind häufig ein Zeichen unbewußter sexueller Verweigerung, auch wenn es so aussieht, als sei die Frau das Opfer und der Mann täte ihr weh. Sie sind ein nonverbales und unbewußtes „Du kriegst mich nicht!", auch wenn die Frau sich einen Mann wünscht, ihn liebt und sich bewußt für ihn entschieden hat.

Lynn ist eine solche Frau. Sie hat genügend sexuelle Erfahrung, um zu wissen, daß die Vaginalkrämpfe kein generelles Problem für sie sind, weil sie wundervolle Vereinigungen erlebt hat, wo sie keine Krämpfe hatte, sondern rauschende Lust.

„Manchmal", sagt sie, „ist die Lust einfach geil, einfach nur im Sexchakra, das ist auch schön. Aber noch schöner finde ich es, wenn mein Herz oder sogar mein ganzer Körper dabei ist. Außerdem ist Geilheit nicht so meine Sache." Schon hat sie so nebenbei ihren ersten Glaubenssatz ausgesprochen:

• Geilheit ist nicht so meine Sache.

Sie gibt ihn gern auf, denn Geilheit gehört zu den Geschenken des natürlichen Seins im Körper und ist nur durch unsere Erziehung so verteufelt worden, insbesondere für die Frauen. Das negative Urteil über Geilheit hat aber schwerwiegende Folgen, denn was wir verurteilen, kann in uns auch nicht auf freie Art lebendig sein, kann sich höchstens als Zwangsverhalten zeigen.

„Ja", sagt Lynn, „das weiß ich schon. Ich habe mal in einer Tantragruppe ein sehr tiefes Meditationserlebnis gehabt, das mir die Wirkung dieses Urteils in meinem Körper gezeigt hat. In dieser Meditation standen wir im Gruppenraum, jede und jeder für sich allein und mit geschlossenen Augen. Wir sollten uns vorstellen, wir wären langes Gras, das vom Wind oder, auf dem Meeresboden, vom Wasser sanft hin und her bewegt wird. Während dieser Übung hörten wir eine wunderbar sanft schwingende Musik. Es war völlig leicht für mich, darin meinen Körper zu bewegen wie das Gras am Meeresboden. Ich wurde ganz sanfte Schwingung von diesen Bewegungen und dieser Musik. Nach einiger Zeit gab es plötzlich mitten in diese Sanftheit hinein einen brutal lauten Schlag, wie wenn jemand hart auf Metall geschlagen hätte. Dieser Schlag erschreckte mich nicht nur, sondern er tat mir im Beckenboden richtig weh. Geilheit war schon die ganzen Tage davor mein Thema gewesen, immer wieder lehnte ich sie ab, verurteilte sie, wenn ich sie bei anderen Menschen in der Gruppe sah. Durch diesen Schmerz in meinem Beckenboden bekam ich die Einsicht, daß mein Urteil gegen Geilheit wie ein eingebauter Keuschheitsgürtel in meinem Körper wirkt. Man braucht kein Eisen für solche Einrichtungen, ein dickes fettes Urteil gegen Geilheit genügt.

Ich habe dann so über meine Erkenntnis in der Meditation geweint. Ich stand da, mit geschlossenen Augen, und weinte und weinte, die Tränen liefen in Strömen meine Backen hinunter, und ich bereute aus tiefstem Herzen, das Urteil über Geilheit angenommen und so tief in mir verankert zu haben. Plötzlich nahm mich jemand liebevoll tröstend in den Arm. Ich ließ die Augen immer noch geschlossen, fühlte den Trost, konnte aber überhaupt nicht ausmachen, ob mich eine Frau oder ein Mann in den Arm genommen hatte. Es fühlte sich an wie ein geschlechtsloses Wesen. Neugierig geworden, öffnete ich die Augen. Es war der verklemmteste und kleinste Mann aus der ganzen Tantragruppe, und er hatte sein T-Shirt mit den Eisbären an. Ein Blick auf den Eisbär genügte, und ich heulte erst recht los, weil der Mann mir nochmal meine Verklemmung spiegelte und wie ich mich eingefroren hatte. Ich war auch so überwältigt von meinen Erkenntnissen, daß ich ihm nichts davon erzählen konnte."

Jetzt gab Lynn noch nachträglich einige Glaubenssätze auf, damit nach dem Gefühlsclearing auch ein mentales Clearing stattfinden konnte:

- Geilheit ist unanständig, auf jeden Fall für Frauen.
- Eine Frau, die geil ist, hat keinen Wert, wird verachtet, landet garantiert in der Gosse.
- Geilheit muß ich mir abklemmen.
- Nur ein Mann, der kleiner ist als ich, der geschlechtslos, genauso verklemmt und auf Eis gelegt ist wie ich, kann mich trösten.

„Inzwischen ist Geilheit auch für mich möglich", fährt Lynn fort. „Inzwischen habe ich sie schon mit Frauen erlebt und auch mit Männern. Mein Problem mit den Vaginalkrämpfen tauchte nicht auf, wenn ich geil war. Diese Vaginalkrämpfe erlebe ich, wenn ich mich auf eine Beziehung mit einem Mann einlasse. Ich habe jetzt eine sehr schöne Liebesbeziehung zu einem Mann, mit dem ich seit einigen Jahren lebe. Es ist eine Beziehung, in der wir beide wachsen, und ich wünsche mir, diesen Vaginalkrämpfen auch noch auf den Grund zu gehen. Weißt du was? Der Satz von dem kleinen Mann eben, der hat mich richtig geschockt. Auf einer Ebene hatte mein Mann etwas von diesem kleinen Mann an sich, als wir uns kennenlernten, auch wenn alles da war, Liebe, Lust und Sex. Aber zur Zeit haben wir eine Phase, wo wir Sex nur noch leben, wenn wir geil sind. Das ist gut so, das ist Heilung für uns. Aber erstens kommt es selten vor, und zweitens habe ich auch dabei jetzt Vaginalkrämpfe. Es kommt mir so vor, als hätten wir uns jetzt zusammen auf Eis gelegt."

„Meinst du, du bist mit all dem Tantra schon jenseits von Sex? Meinst du, Frau und Mann in euch beiden sind so weit geheilt und gewachsen, daß die sexuelle Vereinigung als Ersatz für die Ganzheit einfach von selbst verschwindet?" frage ich sie lachend.

„Ganz bestimmt nicht", sagt sie, „sonst hätte ich sicher keine Vaginalkrämpfe mehr, denke ich. Meiner Meinung nach wollen diese Krämpfe mir noch irgend etwas sagen. Ich habe zwei langjährige Beziehungen mit Männern gelebt, wo diese Erscheinung am Anfang, in der Liebes- und Lusteuphorie, überhaupt nicht da war. Die Schwierigkeiten gingen in beiden Fällen erst später los, als wir zusammenlebten. Aber meine Ehe habe ich schon ausführlich bearbeitet, sonst wäre meine jetzige Beziehung überhaupt nicht möglich. Ich möchte gleich in frühere Leben gehen und dort nachforschen, was los ist, was ganz tief unter meinem jetzigen Verhalten liegt. Denn ich möchte mich von diesem Verhaltensmuster endlich befreien."

Wir beginnen der Gründlichkeit halber trotzdem mit einem Erlebnis aus der letzten Zeit, aber was uns wirklich Aufschluß über die Gründe für Lynns Verhalten gibt, sind tatsächlich die früheren Leben. Deshalb beginne ich meinen Bericht gleich damit.

In der ersten Rückführung erlebt Lynn Teile aus ihrem letzten früheren Leben im 19. Jahrhundert noch einmal. Sie lebte damals in einer Bergarbeiterfamilie in England, war ein hübsches junges Mädchen, das zur Frau heranreifte. Sie freute sich an ihrer Schönheit und hatte Träume von eleganten Kleidern und schönen Stoffen. Aber alle diese Dinge waren völlig außerhalb ihrer Reichweite, denn ihre Familie war arm, und es war klar, daß auch sie wieder einen Bergmann heiraten würde.

Es gab einen jungen Mann, einen Bergmann, der sie sehr umwarb und den auch sie gern mochte. Ihre Familie war froh, die Tochter unter der Haube zu haben, aber je näher der Hochzeitstag rückte, um so trauriger wurde die junge Frau. Irgendwie wünschte sie sich ein anderes Leben. Aber es gab keine Chance dafür. Sie ergab sich in ihr Schicksal.

In der Hochzeitsnacht wurde ihr schlecht. Sie mußte sich übergeben, die ganze Nacht über. Obwohl die beiden sich so gern hatten, war der Sex dann immer eine Qual für die Frau. Immer tat es weh, und sie suchte so viele Ausflüchte wie möglich, um Sex zu meiden. Es machte ihr überhaupt keinen Spaß. Indem sie viel aß und träge wurde, machte sie sich dann so nach und nach häßlich, unattraktiv. Der Mann wurde mit dem Problem auch nicht fertig, wurde zum politischen Kämpfer für ein besseres Einkommen der Bergleute (sein Versuch, ihr ein besseres Leben zu bieten) und verbitterte zusehends. Schließlich wurde er bei einem Bergarbeiterstreik erschossen. Aber zu der Zeit vegetierte die Frau sowieso nur noch dahin.

Lynn geht durch viele Gefühle: Unter der Resignation findet sie Ärger, Wut, Haß, Ohnmacht, Machthunger. Sie schwankt zwischen den Polen, sich einerseits zu dem Mann hingezogen zu fühlen und ihn andererseits abzulehnen. Ihre Glaubenssätze aus dem Leben hören sich an wie eine schonungslose Bilanz tief verborgener Ressentiments gegen ihr Schicksal als Frau und gegen den Mann:

- Mein sozialer Status und meine Lebenserwartung werden durch meine Familie bestimmt.
- Es gibt keinen Weg da heraus, ich muß in dem Milieu von Armut bleiben.
- Heiraten bedeutet: Ich muß mich dem Mann übergeben, mein Leben ist ab sofort festgeschrieben, verläuft nur noch nach dem Schema, in dem alle um mich herum leben, ich muß meine Wünsche und Träume aufgeben.
- Ich muß unter meinem Wert, den ich fühle, heiraten.
- Mein Mann ist meiner nicht wert, ist unter meiner Würde.
- Weil er unter meiner Würde ist, kriegt er mich nicht.
- Er soll meine Lust nicht kriegen!
- Lieber zerstöre ich meine Lust, als daß ich sie ihm zeige.
- Ich gebe ihm immer ein bißchen, damit er nicht ausrastet und nichts gegen mich sagen kann.
- Wenn ich ihm meine volle Lust gebe, sinke ich herab auf seine Stufe.
- Der Mann bestimmt die soziale Stufe eines Paares.
- Weil mein Mann mir kein tolles, reiches Leben bieten kann, gebe ich ihm auch nicht meine volle Lust.
- Meine körperliche Schönheit will ich nicht mehr. Sie bringt mir nichts, ist doch nur für den Mann und bewirkt nur, daß er

mich dauernd begehrt. Die zerstöre ich, damit er mich in Ruhe läßt und auch nichts mehr davon hat.

- Ich behalte meine Lust für mich!
- Wenn ich dem Mann die Lust vorenthalte, ist das mein letztes Territorium, das ich für mich bewahren kann.
- Lust zu verweigern ist meine einzige Macht.

Mitten in der Arbeit mit den Glaubenssätzen fängt Lynn auf einmal an, bitterlich zu weinen. „Weißt du was?" sagt sie. „Ich glaube, ich habe meinen Mann aus der ersten Ehe wiedererkannt. Es war der Bergmann! Er hat in diesem Leben wieder versucht, mir alles zu schenken, was ich mir wünschte, aber es ging nicht. Er war erst Arbeiter, hat dann studiert und ist Soziologe geworden. Er war politisch links orientiert, aber engagiert hat er sich nicht mehr, das hatte ihn ja das Leben gekostet. Zu gefährlich. Und im Sex waren wir genauso festgefahren wie die beiden in England, sobald wir verheiratet waren." Sie schluchzt weiter, weil sie jetzt fühlt, wieviel Liebe eigentlich zwischen ihnen da war:

- Die Liebe, die zwischen meinem Mann und mir da ist, ist nicht lebbar.

„Den gebe ich gerne auf", sagt sie ganz aufgeregt. „Stell dir vor, in diesem Leben hat er mir noch durch den Scheidungsanwalt eine Liebeserklärung machen lassen! Ich bin damals ausgerastet, laut heulend durch die ganze Stadt gefahren, weil ich es für so verlogen hielt. Das sollte Liebe sein? Dieser reduzierte Sex und so ein schematisiertes Leben, aus dem wir kein Entrinnen fanden? Jetzt kann ich es sehen und fühlen, daß die ganze Liebe da war und wir sie nur nicht leben konnten, weil wir in so alten Mustern steckten."

Nachdem Lynn durch all ihre Gefühle hindurch ist, gibt sie noch eine Reihe von Glaubenssätzen auf, die zu löschen wichtig sind:

- Es gibt keinen Weg aus der Armut und dem sexuellen Dilemma, mein Mann kann sich anstrengen, wie er will, selbst wenn er sein Leben riskiert, ändert sich nichts.
- Wenn ich heirate, liegt nur das kümmerlichste, trostlose, arme und langweilige Eheleben vor mir.

- Ich muß mich in diese Heirat fügen, ich habe keine andere Wahl.
- Heiraten ist der Tod von Liebe und Lust.
- Sex ist was völlig Primitives, tierisch, damit will ich nichts zu tun haben.
- Sex ist ein einziger Krampf!

Da hat Lynn sich also schon in einem üblen Netz von Gefühlen und Glaubenssätzen verstrickt.

Lynns nächstes früheres Leben zu ihrem Thema liegt 798 Jahre vor Christi Geburt. Sie lebt in Griechenland, in der Nähe von Olympia, wieder als junges Mädchen mit ihrer Familie. Sie und ihre Familie entdecken, daß sie besondere Fähigkeiten hat, daß wohltuende Energie fließt, wenn sie andere Menschen berührt. Die Familie beschließt, sie in einem Badehaus in Olympia in eine Art Massageausbildung zu geben. Später soll sie in die Familie zurückkehren, und die Familie hofft, dann sehr von ihren Fähigkeiten zu profitieren. Aber in dem Badehaus lernt sie einen jungen Arzt aus Athen kennen. Die beiden verlieben sich nicht nur heftig ineinander, sie wollen auch gern gemeinsam in Athen eine Praxis betreiben. Die Familie ist aber strikt dagegen, weil sie dann nicht von den Fähigkeiten des Mädchens profitiert. Es gibt einen erbitterten Kampf zwischen der jungen Frau und der Familie. Schließlich verläßt sie einfach heimlich Olympia und begibt sich nach Athen zu ihrem Liebsten.

Die beiden Verliebten feiern ein glückliches Wiedersehen, sind voller Lust und Liebe und freuen sich auf die gemeinsame Zukunft. Sie verleben eine ekstatische Zeit und sind voller Pläne für ihre Praxis. An einem Tag gehen sie ins Theater. Als sie abends zurückkehren, werden die beiden überfallen, und sie wird von seiner Seite geraubt. Sie wehrt sich und wird dabei getötet.

Es ist meine Familie, ich weiß es sofort. Sie wollen mich unbedingt zurückhaben. Jedes Mittel ist ihnen recht. Sie haben Leute ausgeschickt, die mich zurückholen sollen. Ich wehre mich, beiße, trete und schreie. Es nützt nichts. Mein Mann kann auch nichts ausrichten. Er wird mit Gewalt und Drohungen weggejagt. In der Fuchtelei mit den Waffen schneidet etwas Scharfes in meine Halsschlagader, und ich verblute in kurzer Zeit. Aber es tut gar nicht weh! Verstehst du das?

„Aus welcher Perspektive siehst du die Szene denn, Lynn?" frage ich.

Von oben, und es tut gar nicht weh! Ich betrachte das ganze Drama von oben und auch noch mit völliger Gelassenheit, als hätte ich nichts damit zu tun!

Lynns Seele hat den Körper also schon verlassen, deshalb „sieht" ihr Bewußtsein alles von oben, und die Gelassenheit kommt aus dem reinen Seelenbewußtsein, das mit dem Körper und dem Drama nicht identifiziert ist.

Bei der Wiederholung kommt Lynn aber doch noch in Kontakt mit ihren Gefühlen, mit der Traurigkeit, von ihrem Geliebten weggerissen worden zu sein, mit der Wut und dem Haß auf ihre Familie, mit der Enttäuschung, die schöne Liebe und die Zukunftspläne mit ihrem Liebsten nicht leben zu können, mit dem Entsetzen über die Gewalt, Gemeinheit und Lieblosigkeit ihrer Familie.

Danach wenden wir uns ihren Schlußfolgerungen aus diesem Erlebnis zu:

- Wenn ich meinem Herz und meiner Lust folge, wenn ich mich dem Mann meiner Wahl völlig öffne und hingebe, dann sterbe ich.
- Ich bin der Besitz meiner Familie.
- Meine Familie bestimmt über mein Leben und meinen Tod.
- Sie lassen mich nicht los.
- Ich hasse meine Familie.
- Eine Frau darf nicht frei sein und ihr Leben selbst bestimmen.
- Lieber bringen sie mich um, als daß sie mir erlauben, frei zu sein, meine Liebe und Lust zu leben, mich mit dem Mann meines Herzens und meiner Wahl zu vereinigen, mit ihm gemeinsam meine Kräfte zu entfalten und zu nutzen.
- Liebe und sexuelle Ekstase sind mein sicherer Tod.
- Damit ich daran nicht wieder sterbe, gebe ich mich nie wieder derartig der Lust und Liebe hin. Ich will mich nie wieder so weit öffnen!

Die Vaginalkrämpfe sind also der unbewußte Versuch, sich geschlossen zu halten, aus Todesangst. Diese Todesangst hat jetzt aber gar keine Realität mehr, denn Lynns Familie in diesem Leben ist friedlich. Aber die Todesangst betrifft ja nicht nur ihren körperlichen Tod, sondern auch den Tod des Ego. Wenn sie sich wirklich in sich mit ihrem Inneren Mann vereinigt, dann ist sie keine gespaltene Person mehr, dann geht sie aus dem Theater der Masken nach Hause, Arm in Arm mit ihrem Inneren Mann.

Das will ich Ihnen ein bißchen genauer erklären. Das griechische Wort *persona* ist das Wort für die Masken, die die Schauspieler im griechischen Theater vor dem Gesicht tragen. Was wir also für unsere Persönlichkeit halten, ist eine Sammlung von Masken des Ego. Sie werden je nach Bedarf hervorgeholt, funktionieren auf Abruf, genau nach den alten Gefühlen und Glaubenssätzen.

Auf dem Hintergrund dieses Wissens schlage ich Lynn vor, auch noch den folgenden Glaubenssatz aufzugeben:

• Wenn ich aus dem Theater der Masken mit meinem Mann vereint nach Hause gehe, muß ich sterben.

Sie gibt ihn gern auf, weil sie den Zusammenhang gut verstehen kann. „Mensch", sagt sie, „mit so einem Glaubenssatz würde ich ja meine Erleuchtung blockieren!" Wir lachen.

Aber wir sind noch nicht fertig. Bei Todeserlebnissen lohnt es sich immer, nach dem Tätersatz zu suchen. „Könntest du dir aus irgendeinem guten Grund diesen Tod gewünscht haben, Lynn?" frage ich sie. „Hm", meint sie, „irgendwie war das ja ein geradezu schöner Tod. Vielleicht habe ich gedacht:

• Es gibt nichts Schöneres, als in der liebenden Vereinigung zu sterben.

„Holla", sage ich, „diesen Glaubenssatz lohnt es sich auf jeden Fall aufzugeben! Denn sonst wirst du unbewußt immer versuchen, die liebende Vereinigung zu verhindern, ob beim Sex oder bei der Vereinigung deiner Inneren Frau und deines Inneren Mannes in dir selbst. Und dann ist all dein Tantra umsonst, weil du aus Todesangst sowohl beim Sex als auch in gemeinsamen tantrischen Meditationsübungen, wo euer Energiefeld verschmelzen könnte oder ihr in tiefe Stille kommt, die ähnlich wie der Tod ist, immer das Verschmelzen verhindern wirst."

„Aber das verstehe ich noch nicht so ganz", sagt sie. „Wieso ist die tiefe Stille der Meditation wie der Tod?" „Ganz einfach", antworte ich, „in dem Moment, wo du nicht mehr denkst, bist du aus dem Ego heraus. Das Ego besteht nur aus Inhalten, aus Gefühlen und Gedanken. Wenn du die hinter dir läßt, ist das für das Ego wie der Tod."

Lynn ging dann im Leben wie in der Sexualität durch einen sehr tiefen Prozeß, in dem ihre Vaginalkrämpfe vollkommen verschwanden und ihre Yoni sich für schmelzendes Fließen öffnete. Hand in Hand dazu lernte sie, zu empfangen und zu *sein*.

Übung: Wenn auch Sie unter Vaginalkrämpfen leiden, dann suchen Sie nach der zentralen Situation in diesem Leben, als Sie beschlossen haben, sich als Frau nicht mehr zu öffnen. Erinnern Sie diese Situation genau, und dann erforschen Sie all Ihre Glaubenssätze zu dem Thema und befreien Sie sich davon. Sollte es sich in diesem Leben um eine Vergewaltigung handeln, dann bearbeiten Sie diese auf keinen Fall allein! Damit sind zu viele schmerzhafte Gefühle verbunden. Dazu brauchen Sie professionelle Hilfe! Ebenso, falls Sie in diesem Leben nichts finden und Sie frühere Leben erforschen wollen.

■ Die Frau ohne Klitoris

Wir denken, Klitorisbeschneidungen kommen nur in Afrika, Ägypten oder anderen orientalischen Ländern vor. Aber auch bei uns geschehen Dinge, die solche physisch-psychischen Dramen unvorstellbaren Ausmaßes sind.

In eine meiner Tantragruppen für Frauen kommen zwei Frauen, die seit drei Jahren eine Beziehung miteinander haben. Ich will sie Mary und Cathy nennen. Mary ist eine zarte, hübsche Frau, die weiblichere von den beiden. Cathy ist groß, schlank, verschlossen, eine stolze Erscheinung. Sie verbirgt ihre schöne Weiblichkeit. Die Beziehung zwischen ihnen ist sehr leidvoll. Das Thema Trennung steht schon lange im Raum, aber irgendwie schaffen sie das nicht.

Mary hat Cathy in die Tantragruppe eingeladen, weil sie sich von Herzen wünscht, daß sie irgendwie aus ihrer Verstrickung herauskommen. Sie hat schon eine Tantragruppe für Frauen mitgemacht, diese sehr genossen und den Wert der Rückführungen erkannt. Bei einer Rückführung in ein früheres Leben meinte sie, ihre Freundin an den Augen zu erkennen. In jenem Leben war die Freundin jedoch ein Mann, und die Beziehung war auch damals höchst dramatisch.

Cathy bucht jedoch vor der Tantragruppe Einzelsitzungen, weil sie als Kind eine sehr schmerzhafte Verletzung erlitten hat, die ihr viel zu schaffen macht. Als sie drei Jahre alt war, ließ ihre Mutter ihre Klitoris operativ entfernen. Obwohl sie auch so Orgasmen erleben kann, also erfahren hat, daß sie mit ihrer sexuellen Lust nicht von der Klitoris abhängig ist, fühlt sie sich sexuell minderwertig, ja kastriert.

Ihre Mutter und ihr Vater hatten sich Kinder sehr gewünscht. Der Vater war Kinderarzt. Die Mutter erlitt jedoch sieben Fehlgeburten. Schließlich unterzog sie sich einer Hormonbehandlung, damit sie das achte Kind behalten konnte. Dieses Kind war Cathy, das erste und letzte Kind. Der Vater starb anderthalb Jahre nach ihrer Geburt an Herzversagen, und die Mutter hat bis heute noch ständig Angst vor einem Herztod.

Das Baby Cathy kam mit einer übernatürlich großen Klitoris auf die Welt, vermutlich wegen der Hormonbehandlung. Die Mutter macht sich deswegen Sorgen und läßt Cathys Klitoris im Alter von dreieinhalb Jahren entfernen. Bei dieser Operation bekommt Cathy vermutlich zuviel Narkosemittel. Das EEG zeigt hinterher jedenfalls eine starke Gehirnstromveränderung an. Sie ist sehr unruhig, hat Krämpfe, kann nicht schlafen. Bis in die Schulzeit hinein bekommt sie Valium. Sie fühlt sich sehr alleine.

Daß das kleine Kind diesen Eingriff als unglaubliche Gewalt und Verstümmelung erlebte und sich deshalb so verkrampft haben könnte, konnte und wollte wohl niemand wahrnehmen.

In der Pubertät ist Cathy oft verliebt, aber immer unglücklich, auch später in den Frauenbeziehungen. Erst zu dieser Zeit berichtet Cathys Mutter ihr von der Klitorisoperation, bis dahin hat sie sich für normal gehalten. Sie verschafft sich dann mehr

Selbstbewußtsein durch politische Aktivitäten statt durch Beziehungen, ist Schulsprecherin, aktiv im Schülerbund und später in der Frauenbewegung. Aber jetzt ist all das zu Ende für sie. Sie hat ein Universitätsstudium abgeschlossen, danach ein zweites begonnen, das sie jetzt schleifen läßt. Es hat alles keinen Sinn mehr.

Schon bis hierhin ist erkennbar, daß für Cathys Seele die Themen Weiblichkeit, Männlichkeit, Liebe, Nähe, Beziehungen und Sexualität ein Puzzle ohne Ende sind. Diese Seele hat sich Eltern ausgesucht, bei denen diese Themen höchst dramatisch wirken. Was sich da auf der äußeren Ebene austobt, ist das innere Drama ihrer Eltern: Frau und Mann können ihre Liebe nicht richtig leben. (Der Vater stirbt an Herzversagen, die Mutter hat ebenfalls Angst davor.) Sie können das Weibliche und Männliche nicht kreativ in sich selbst und miteinander fließen lassen (sieben Fehlgeburten).

Sie können ihr Inneres Kind nicht leben, suchen unbewußt danach, auf der äußeren Ebene (Kinderwunsch und Kinderarzt). Die Mutter hat Schwierigkeiten mit der mütterlichen Weiblichkeit, kann das Kind nicht austragen. Diese Eltern sind bereits Spiegel von Cathys eigenem Dilemma mit den Themen Frau, Mann, Kind, Vater, Mutter, Liebe und Nähe. Wir suchen uns unsere Eltern nach unseren eigenen Bewußtseinsinhalten aus, auch wenn wir bewußt etwas ganz anderes wollen.

Schon während Cathy mir ihr Schicksal erzählt, bevor wir überhaupt anfangen, zu dem Thema „Beziehungen" Rückführungen zu machen, weil dieses Thema am umfassendsten die anderen Themen enthält, sprudelt Cathy Glaubenssätze hervor, die aufzugeben wichtig für sie ist:

- Ich kriege nicht genug.
- Ich kriege von allem nur ein ganz kleines bißchen.
- Wenn ich mich verliebe, ist es immer unglücklich.
- Ich werde immer verlassen.
- Ich bin unerträglich, also müssen die anderen gehen.
- Mein materielles Leben, Erfolg, Karriere usw., das interessiert mich alles nicht mehr.
- Ich muß alles zerstören.
- Ich muß mich zerstören.

Als erstes bearbeiten wir ein Erlebnis, welches sich noch auf der Reise zur Gruppe ereignet hat: Die Freundinnen reisen mit dem Auto und machen auf einem Rastplatz Pause. Cathy, die ganz gesund aussieht, tut der ganze Körper weh, alle Gelenke, alle Knochen. Sie weint vor Schmerzen. Mary ist von ihr genervt, möchte spazierengehen, während Cathy das Gefühl hat, sie muß um Verständnis, Liebe und Zuwendung betteln. Sie findet zu dieser Situation folgende Glaubenssätze und gibt sie auf:

- Ich werde abgelehnt.
- Mein Begehren wird nicht erfüllt.
- Um Liebe und Nähe muß ich betteln.
- Es hat alles keinen Sinn mehr.
- Ich muß mich umbringen.
- Ich kann und mag nicht mehr.
- Freude gibt es nicht.
- Ich muß mich von Mary trennen, es geht einfach nicht mit uns.
- Wenn ich was Schönes mit ihr teilen und glücklich sein will, wird alles zerstört.

Ich frage Cathy schon an dieser Stelle nach Tätergedanken, denn sie muß ja Gründe haben, warum sie Liebe und Nähe nicht will. Kann sie sich solche Gründe vorstellen? ... Ja, das kann sie:

- Vor Liebe und Nähe muß ich weglaufen.
- Liebe und Nähe bedrohen mich, dann muß ich was tun, was ich gar nicht will.
- Liebe und Nähe töten mich.
- Ich will keine Liebe und Nähe.
- Ich will diese Beziehung nicht mehr.

Diese Glaubenssätze haben sehr viel zu tun mit Cathys Mutter, deren Liebe sich ja in enormen Übergriffen ausgedrückt hat, aber auch mit Cathys eigener Angst, in einer Beziehung die Freiheit zu verlieren, was sich sehr stark in Mary, ihrer Freundin spiegelt, die erbittert um ihre Freiheit kämpft. Wenn wir später die früheren Leben sehen, wird ganz deutlich, warum Liebe und Nähe für Cathy zu gefährlich sind.

Nun verfolgen wir das Thema „Beziehungen" weiter zurück. Cathys Seele wählt ein Erlebnis aus einer früheren Liebesbeziehung mit einer Frau aus. Eigentlich hatten die beiden sich schon vor einem Jahr getrennt, aber auch diese Trennung zieht und zieht sich hin. Die Freundinnen machen noch politische Arbeit miteinander, obwohl sie sich getrennt haben. Eines Tages ist die Freundin stocksauer auf Cathy, weil die ein Flugblatt geschrieben hat, das ihr nicht gefällt. Sie beschwert sich, daß sie alles alleine machen muß. Sie streiten. In dem Streit wird die Freundin so sauer, daß sie aggressiv wird und Cathy mit der hölzernen Rückseite einer Haarbürste auf den Kopf schlägt. Cathy sitzt am Boden, schreit, aber wehrt sich nicht. Die Freundin reißt sie an den Haaren, reißt ihr sogar Haare aus. Cathy schützt sich mit den Händen über dem Kopf, hinterher sind ihre Hände blau.

Dann hat sie Kopfschmerzen, aber sie sagt, es sei ein Schmerz, der nicht physisch weh tut. Es sei wie ein großer, schwarzer Ball, der durch ihren Kopf geht. Der alles wegnimmt. Das erlebt sie oft, daß Schmerz nicht auf der körperlichen Ebene weh tut, dann schneidet sie sich manchmal selbst, damit der Schmerz körperlich wird. Das ist leichter zu ertragen. Diesen schwarzen schmerzlosen Schmerz beschreibt sie so: „Es ist, als ob alle Energie auf einmal zwischen Haut und Körper als schwarzer Strom durchzischt und alles wegspült." In dieser Leidenssituation zieht Cathy folgende Schlüsse:

- Immer muß ich leiden.
- Ich genüge nicht, deshalb muß ich geschlagen werden.
- Ich bin immer das Opfer.
- Das Leiden gehört zu mir. Was anderes kann gar nicht sein.
- Immer wird an mir rumgemeckert. Nie bin ich richtig.
- Von Meckern kann ich mich nicht abgrenzen, entweder muß ich aggressiv oder ganz klein werden.
- Ich muß mich schneiden, mir körperlich weh tun, damit der unsagbare Schmerz physisch wird, faßbar wird.
- Das andere kriege ich nicht zu fassen.
- Ich muß mich auslöschen, damit das Leid aufhört.
- Wenn ich leide, werde ich geliebt, dann kriege ich alles, was ich will.
- Ich kriege nicht, was ich will.
- Ich kann leiden bis zum Anschlag und kriege nicht, was ich will.

- Leiden ist der Weg, um in die Welt zu gehen.
- Nur durch Leiden werde ich frei.
- Ich muß von meiner Freundin weg.
- Ich kann nicht weg.

So läuft die (Nicht-)Beziehung noch über zwei Jahre weiter. Einmal sollte Cathy am Buß- und Bettag(!) Essen kochen, hatte aber vergessen, daß Feiertag war und nichts eingekauft. Nun klappert sie Geschäfte ab, die sonntags geöffnet haben, bekommt aber nichts. Sie beschreibt sich als gefühllos dabei, „trotzdem läuft was durch mich durch, wie verdichtete Gefühle". Sie geht durch die Stadt, hat dabei solche Phantasien, daß sie sich eine Pistole kaufen und ins Bein schießen will, damit sie ins Krankenhaus kommt, oder daß sie sich langsam unter ein Auto wirft, und zwar so, daß sie sich nur ein paar Knochen bricht. Schließlich besorgt sie sich Tabletten, Apotheken haben ja Notdienst, geht in eine Kneipe am Bahnhof, nimmt die Tabletten zusammen mit Alkohol und bringt sich bewußt in einen solchen Zustand, daß sie ins Krankenhaus kommt. Von dort geht sie freiwillig in die Psychiatrie. „Da sind alle nett zu mir."

Was sie in solch extremes Verhalten getrieben hat, sind Gedanken wie:

- Entweder die sind jetzt alle nett zu mir, oder ich muß irgendwie gehen.
- Ich schaffe das einfach nicht, den Anforderungen zu genügen.
- Ich muß mich verletzen oder krank oder irre sein, damit alle nett zu mir sind und ich gehen kann.
- Ich weiß nicht, wie ich gehen soll, wie ich mich auslöschen soll, ich kann das nicht.
- Wenn's mir dreckig geht, dann sehen die andern endlich, daß sie nicht nett zu mir sind.
- Beziehungen sind gewalttätig.
- Um sicher zu sein, brauche ich andere, die mich beschützen, und Mauern, Gitter und Schlösser um mich herum.

Beim ersten Besuch der Freundin „bin ich mit Valium vollgepumpt und high und happy. Alles ist egal." Beim zweiten Besuch geht es ihr schon besser, sie können zusammen spazierengehen.

Dabei erzählt die Freundin ihr aber, daß sie alte Liebesbriefe von Cathy an eine andere Frau gefunden und weggeschmissen hat. Cathy ist fassungslos, hat wieder solche Impulse, sich vor ein Auto zu werfen, fast hätte sie es getan. Ihre Glaubenssätze klingen verzweifelt:

- Ich muß mich selbst zerstören, damit sie merken, was sie mir antun.
- Um zu gefallen, muß ich das, was ich bin, all meine Liebespoesie wegschmeißen, muß mich davon abschneiden.
- Meine Liebe wird nicht gewollt.
- Mein Begehren wird nicht gewollt.
- Deshalb muß ich leiden.
- Wenn ich meine Liebespoesie frei fließen lasse und wenn andere sie entdecken, werde ich verletzt, nicht gewollt und zerstört.
- Ich bin verletzbar.
- Ich muß meine Liebespoesie beschützen, verteidigen, verschließen.

Der Schmerz, sagte Cathy, fühlte sich an wie Wellen von Energie, die über die Knochenhaut reiben. Es war ein Schmerz, den sie gut kennt. „Eigentlich", sagt Cathy, „war das genau noch einmal die Geschichte meiner Operation. Meine Liebespoesie wird mir mit Gewalt weggenommen." (Auch diesen Glaubenssatz gibt sie natürlich auf.)

Ja, so wiederholen sich unsere Dramen immer wieder nach demselben Muster, wenn auch in abgewandelter Form. Und wir wissen nicht, wie wir da herauskommen. All die Glaubenssätze, bei denen es darum geht, sich umzubringen, sich zu zerstören, wegzugehen, sich auszulöschen, zeigen mir deutlich, daß Cathy an einem verzweifelten Punkt ist. Sie wünscht sich sehnlichst, aus dem Leid und der Verzweiflung herauszukommen, aber sie weiß nicht, wie. Sie weiß, es muß etwas mit Sterben zu tun haben, und sie weiß vielleicht auch schon, daß nicht das körperliche Sterben damit gemeint sein kann. Selbstmord ist keine Lösung, weil sie dann als Seele in einem neuen Körper von vorn anfangen muß.

Den Glaubenssatz „Ich weiß nicht, wie ich gehen soll, ich kann das nicht" finde ich besonders interessant, weil ich darin fühle, daß Cathy unbewußt ahnt, daß sie „sich zerstören, gehen muß", ohne zu wissen, wie sie das positiv tun könnte. Ich mache ihr klar, daß es eine heilsame Art gibt, „sich zu zerstören", nicht, indem sie ihrem Körper etwas antut, sondern indem sie ihr Ego auflöst, das aus alten Gefühlen und Glaubenssätzen besteht, die sie in einer Realität gefangenhalten, die auf unbeschreibliche Weise weh tut. Ich denke, daß Cathy in den unbeschreiblichen schmerzlosen Schmerzen noch immer den Schmerz des ohnmächtigen, narkotisierten, sprachlosen Kindes fühlt, das sich seiner Klitoris, seiner „Liebespoesie" beraubt fühlt.

Als nächstes führt Cathys wahres Selbst uns zu einer sexuellen Begebenheit mit derselben Freundin in einer noch früheren Zeit zurück. Sie liegt mit ihrer Freundin im Bett, aber sie streiten. Die Freundin wirft ihr vor, daß Cathy sie im Stich läßt und nur an sich denkt. Sie schimpft und sagt wütend: „Du mit deiner doofen Klitoris."

Das schlägt bei Cathy ein wie der Blitz. Sie ist so wütend, sie möchte zuschlagen, die Freundin vernichten, damit sie aufhört, sie zu quälen. Die Freundin wird zur Feindin. Aber Cathy hält an sich und schlägt nur mit Worten zu: „Und du mit deiner doofen Narbe." Die Freundin ist tief verletzt. Sie hat nämlich eine große Narbe von einer Herzoperation, eine Narbe, für die sie sich sehr schämt.

Wütend steht die Freundin auf, sagt, sie wolle die Beziehung nicht mehr, und geht raus. Cathy sitzt im Bett und weint bitterlich. Sie nimmt eine Rasierklinge und beginnt, an ihrem Arm in der Nähe der Pulsader herumzuschneiden. Es tut überhaupt nicht weh! Die Freundin merkt was, kommt zurück, nimmt ihr alles weg. Cathy macht mit der kleinen Klinge aus einem Anspitzer weiter, ohne sich jedoch die Pulsader aufzuschneiden.

In der Zeit, die darauf folgt, läuft sie hinter der Freundin her, damit sie sich wieder mit ihr verträgt. Auf diese Weise kommen wir an Cathys Glaubenssätze, die sich gegen die Liebe richten:

- Den Menschen, die ich liebe, muß ich hinterherrennen.
- Damit sie mir gut sind, muß ich lieb sein.
- Wenn ich böse bin, werde ich nicht geliebt.
- Ich darf meine Gefühle nicht zeigen. Wenn ich sie rauslasse, zerstöre ich, bringe die, die ich liebe, um.

- Ich kann machen, was ich will, ich kann die Liebe einfach nicht leben.
- Aggression wäre das letzte.
- Ich kann die Aggression höchstens gegen mich selbst richten.
- Damit ich den inneren Schmerz nicht fühlen muß, brauche ich einen äußeren.
- Ich will an meinen inneren Schmerz nicht ran.
- Ich kann mit meinem ganzen Körper nach Liebe schreien und schreien, ich kriege sie einfach nicht.
- Liebe ist bedrohlich, ich will keine Liebe. (Tätersatz)
- Meine Sexualität ist armselig.
- Ich nerve die anderen, bin ihnen zuviel.

Ich frage Cathy, wie sie sich ohne Klitoris überhaupt als sexuelles Wesen fühlt, und so kommen wir zu folgenden Glaubenssätzen:
- Wegen meiner Klitorisoperation bin ich minderwertig, in meiner Lust, Ekstase, meinem Orgasmus eingeschränkt.
- Ich bin damit alleine, für andere eine Last.
- Keiner kann mich verstehen, es ist für andere schwierig bis unangenehm, mich zu berühren.
- Niemand will sich damit auseinandersetzen.
- Für eine Frau mit Klitoris bin ich nicht attraktiv.
- Deswegen kann ich meine Lebendigkeit nicht zeigen und leben.
- Ich muß neidisch sein.
- Ich bin nicht normal, nicht vollständig, andere haben Angst vor mir.
- Ich kann meine Erotik nicht genießen.
- Ohne Klitoris kann ich nicht abfliegen und Lust mit dem ganzen Körper haben.

An dieser Stelle ist bereits deutlich zu beobachten, daß Cathy sich für Liebe und Lust extrem abhängig macht. Leider tun das die meisten Menschen. Wir glauben, daß Liebe uns gegeben werden muß, und uns fehlt die Erfahrung, daß Liebe ein Seinszustand ist, in dem wir alle ständig sein könnten, auch ganz ohne eine Geliebte oder einen Geliebten. Aber für solche Erlebnisse müssen sich bei den meisten von uns der Körper und das Herzchakra erst einmal öffnen. Das sehen wir immer wieder in den Tantragruppen. Es ist eine Frage der Bereitschaft unseres Herzens, ob wir Liebe als Seinszustand, als Süßigkeit in unserem Herzen erfahren, und keine Frage von Beziehungen.

Ich erkläre Cathy, daß sie mit der Rasierklinge ihre Freundin erpressen will und daß sie auf diese Weise keine zwanglose Liebe, keine Liebe, die ein Geschenk ist, bekommen kann. Wir gehen daher weiter ihrem Glaubenssystem über Liebe nach:

- Wenn ich meine Liebste verliere, verliere ich meine Lebendigkeit, dann bin ich einsam, dann gibt's keine Liebe mehr für mich, dann bin ich so einsam, daß ich sterben muß.
- Nur in einer Beziehung blühe ich auf.
- Ich brauche Menschen, die mir Liebe geben, damit ich aufblühen kann.

Schließlich frage ich auch in diesem Bereich nach dem Tätersatz, warum Cathy allein sein *will*, und sie sagt:
- Ich brauche das Alleinsein, um Ruhe zu haben.

Wie oft verfallen Menschen in solche Irrtümer! Wenn sie doch schneller mit Meditation in Kontakt kämen! Dann könnten sie lernen, auch in Beziehungen allein zu sein. Und wenn sie in Kontakt mit Tantra kämen, könnten sie lernen, sich selbst viel Lust und Liebe zu schenken, bis sie in Ekstase sind, auch wenn ihre Liebste oder ihr Liebster sie gerade verlassen hat. Dann wären sie frei. Das erscheint Ihnen, liebe Leserin, lieber Leser, unmöglich? Nein, das ist es nicht. Lassen Sie mich Ihnen zu diesem Thema etwas aus meinen eigenen Erfahrungen schildern.

Nachdem ich schon ein paar Jahre lang in Kontakt mit Tantra war und auch begonnen hatte, es mit meinem Mann zu leben, kamen wir an eine Schwelle, die uns zu neuen Dimensionen führen sollte. An solchen Stellen inszeniert das Ego gern irgendein Drama, das uns davon abhalten soll, die Grenzen zu überschreiten. Schließlich haben wir uns das Ego ja zugelegt, um uns zu schützen, wie wir meinten. Mein Mann und ich fabrizierten also einen Streit, und er trennte sich von mir, zog einfach aus.

Ich weinte und marterte mich tagelang, bis ich Kopfschmerzen vom Weinen hatte, verquollene Augen, ein verquollenes

Gesicht. Es ging mir nur noch schlecht. Aber dadurch kam er auch nicht zurück, daran war nichts zu machen, er wollte nichts mehr mit mir zu tun haben und war mit Argumenten nicht mehr erreichbar.

Schließlich sagte ich mir: So geht es nicht! Kein Mensch, ob Frau oder Mann, ist es wert, daß ich mein Wohlergehen so abhängig von ihr oder ihm mache. Ich hatte schon genug im Tantra erfahren und gelernt, um zu wissen, wie ich mich mit tantrischen Mitteln in Ekstase versetzen kann. Gut, sagte ich mir. Dies ist der Test, ich werde erforschen, wie autonom ich bin und wie mächtig tantrische Techniken sind. Also begann ich jeden Tag mit ungefähr drei Stunden Meditation, Joggen, Selbstliebe, den Beckenboden energetisieren, die Energie in mein Herz atmen, was immer mir nützlich erschien. Wenn ich dann aufgeladen war, tanzte ich in unserem Meditationsraum. Es dauerte nur etwa fünf Tage, dann war ich so weit: Ich war in Ekstase. Die Traurigkeit war auch da, sie durfte auch ihren Raum haben, aber sie durfte mich nicht beherrschen.

Ich war ganz stolz auf mich. Wenn ich um den Nikolassee in Berlin spazierenging, genügte das Glitzern der Sonne auf dem Wasser, um mein Herz in Freude explodieren zu lassen. Das war Autonomie für mich. Ich wußte nun: Ich bin nicht abhängig. Liebe ist in mir, was immer um mich herum los ist. Ich brauche nur zu lernen, sie in mir zu finden, das Feuer der Liebe in mir zu entzünden und am Brennen zu halten. Es war ein solches Gefühl von Stärke und Freiheit!

Und raten Sie mal, was passierte? Es dauerte gar nicht lange, bis mein Mann wieder zu mir zurückkam, ohne ein Wort von mir. Und dann gingen wir Schritt für Schritt gemeinsam in die neue Dimension unseres Lebens.

Diese Geschichte erzähle ich gern allen Menschen, die meinen, Liebe müsse ihnen gegeben werden und sie brauchten unbedingt eine Frau oder einen Mann, um Liebe zu bekommen. In Wirklichkeit ist es so, daß Liebe überhaupt erst richtig zu uns kommen kann, wenn wir uns dafür öffnen, uns selbst zu lieben. Nachdem ich viele solcher „dämonenbewachter" Schwellen überschritten habe, gebe ich im Tantra natürlich gern die Werkzeuge für solche Heilungs- und Wachstumsprozesse weiter.

Zurück zu Cathy. In der nächsten Rückführung kommt sie in Kontakt mit einem Erlebnis in der Pubertät, als sie einen wunderschönen Freund hatte. Sie ist verliebt. An einem schönen heißen Sommertag gehen sie spazieren. Sie suchen sich in einem Kornfeld einen lauschigen Platz, küssen sich, streicheln sich und berühren sich vorsichtig sexuell. Aber Cathy hat Angst weiterzugehen, hat Angst, etwas Verbotenes zu tun. Sie ist sehr stolz auf ihren schönen Freund, aber mehr will sie nicht. Sie fühlt sich jedoch minderwertig, denn die anderen Mädchen aus ihrem Freundeskreis haben schon mit Jungs geschlafen. Als sie aus ihrem Versteck herausgehen, wird ihr schwindelig, alle Farben verändern sich, sie wird ohnmächtig. Sie meint, weil sie den ganzen Tag nichts gegessen und getrunken hat. Der Freund führt sie zum Waldrand, ist sehr besorgt um sie und lieb und fürsorglich. Am Waldrand wird sie noch einmal ohnmächtig.

In der Woche nach diesem Spaziergang will der Freund sie auf einmal nicht mehr. Er sagt, er sei nicht mehr verliebt, hätte keine Lust mehr. Cathy ist sehr traurig, weint, fühlt sich verlassen und einsam. In jener Zeit wußte sie noch nicht offiziell, d.h. von ihrer Mutter, daß ihre Klitoris operativ entfernt worden war. Unbewußt wußte sie es natürlich, weil die Seele alles wahrnimmt und im Körper aufzeichnet, auch Dinge, die unter Narkose geschehen oder während einer Ohnmacht oder während einer Hypnose, ja selbst im Tod, wie uns die Berichte von Menschen zeigen, die schon einmal klinisch tot waren. Als junges Mädchen hat Cathy damals in dieser Situation folgende Schlußfolgerungen gezogen:
- Wenn ich nicht mit einem Mann schlafe, bin ich minderwertig, nicht eingeweiht, keine Frau.
- Ich muß das jetzt tun, um normal zu sein.
- Das wird von mir erwartet.
- Um Liebe zu bekommen, muß ich tun, was erwartet wird.
- Wenn ich ohnmächtig und bewußtlos bin, dann werde ich am allerliebevollsten verwöhnt und geliebt.
- Wenn mein Bewußtsein sich verändert und die große Ruhe kommt, bin ich ohnmächtig und in der Hand des Mannes.
- So ein schöner lebendiger Mensch kann mich auf Dauer nicht lieben.
- Ich werde zurückgestoßen.

Während wir die dazugehörigen Gefühle bearbeiten, bekommt Cathy von ihrer Seele noch zwei weitere Bilder geschickt, die uns Aufschluß über weitere Dimensionen dieses Erlebnisses geben. Das erste Bild ist ein Hirschhornkäfer mit großen, bedrohlichen Zangen. Dazu gibt Cathy folgende Glaubenssätze auf:

- Wenn eine Frau sich dem Mann hingibt, ist das bedrohlich.
- Eine Frau, die sich hingibt, wird verletzt.
- Frausein heißt ohnmächtig, dem Mann unterlegen und seiner sexuellen Gewalt ausgeliefert sein.

Das zweite eingeschobene Bild ist: Cathy sieht einen Weg, der zu einem großen schwarzen Tunnel führt. Sie spürt dabei Angst vor etwas Ungewissem. Ich interpretiere dieses Bild so: Cathy weiß unbewußt, daß der Weg der Selbstverwirklichung, wozu auch die Unio Mystica, die Vereinigung ihres Inneren Mannes und ihrer Inneren Frau gehört, eine Art Neugeburt, eine spirituelle Geburt ist. Auch sie führt symbolisch durch einen dunklen Tunnel. Zu unserer Selbstverwirklichung ist es nötig, daß wir Schritt für Schritt all die Grenzen überschreiten, die im Ego als Schutzprogramm gespeichert sind. Das wirkt bedrohlich, macht angst. Das Ego als Schutzmechanismus löst viele Alarmreaktionen aus. Die spirituelle Geburt ist auch eine Art von Tod, genauso wie die körperliche Geburt eine Art von Tod ist. Die nächste Angst, die dazu kommt, ist die Angst vor dem Ungewissen, was danach kommt. Wir können uns das Leben nach dem Tod des Ego nicht vorstellen. Was sind wir denn noch, wenn wir weder Frau noch Mann, wenn wir neutral und trotzdem beides sind? Ich schlage Cathy also vor, dazu noch folgende Glaubenssaätze aufzugeben:

- Ich weiß nicht, was ich wirklich bin.
- Eine Frau kann kein Mann sein.
- Ein Mann kann keine Frau sein.
- Es ist gefährlich und bedrohlich, sich selbst zu verwirklichen.
- Ich schaffe das nicht.

In der nächsten Rückführung kommt Cathy mit einem Erlebnis aus ihrer Kindheit in Kontakt, an dem exemplarisch sichtbar wird, daß und wie Cathys Mutter sie auch in vielen Kleinigkeiten und Alltagssituationen von ihrer männlichen Seite abgeschnitten, also – symbolisch gesprochen – kastriert hat.

Cathy erlebt sich noch einmal, wie sie als Achtjährige mit einem Spielfreund hoch oben in einem Baum sitzt. Die beiden hatten sich eine Klettereiche gesucht, die sie schon öfter hinaufgeklettert sind. Cathy sprang sonst immer von dem untersten Ast auf die Erde. An diesem Tag kann sie es plötzlich nicht mehr. Der Freund sitzt über ihr und schimpft sie aus. Sie soll springen, wie immer. Ihr wird schwindelig. Sie kann einfach nicht mehr springen. Es ist schon gegen Abend, es wird dunkel. Die Kinder fangen an zu schreien, um sich bei irgend jemanden bemerkbar zu machen. Nach einer Stunde kommen der Vater des Jungen und Cathys Mutter und holen Cathy aus dem Baum. Cathy schämt sich entsetzlich vor dem Jungen. Er konnte schon immer höher klettern als sie, darauf war sie schon früher neidisch, aber jetzt ist es ganz aus.

- Ich kann nicht mehr, was ich früher konnte und was ich eigentlich kann.
- Ich bin nicht so gut wie ein Junge.
- Der Junge ist über mir, und ich bin ohnmächtig.

Wodurch war nun dieser Bruch in Cathy entstanden? Durch die Mutter, sie hatte vor kurzem mit Cathy geschimpft und ihr verboten, auf den Baum zu klettern. Es wäre zu gefährlich. Außerdem sollte sie auch nicht mehr in den Wald gehen, da wären böse Männer.

- Meine Mutter verbietet mir die Sachen, die mir Spaß machen, sie will mir *alles,* was Spaß macht, wegnehmen. (An dieser Stelle zucken Cathys Schenkel ganz heftig, wie wenn die Angst vor der Mutter seit der Operation als Reflex in den Schenkeln einprogrammiert wäre, aber das merkt sie selbst gar nicht.)
- Ich muß lügen, damit sie mir nicht *alles* verbietet.
- Wenn ich wild, lebendig, stark und fähig bin, ist es gefährlich, und ich werde von meiner Mutter nicht geliebt.
- Als Mädchen/Frau muß ich auf der Hut sein. Es gibt böse Männer, die mir was tun wollen.
- Ich muß Angst haben.

- Ich darf nicht wild und lebendig sein. Es ist strengstens verboten.
- Meine Mutter ist groß und mächtig. Sie kriegt mich irgendwie immer.
- Sie bestraft mich und sperrt mich ein, wenn ich nicht tue, was sie will.

Solche Erziehungsmaßnahmen sind lieb und fürsorglich gemeint, aber was sie anrichten können, kann sich niemand ausmalen. Cathy gibt diese Gefängnissätze gerne alle auf.

Nun ist es soweit. In der nächsten Rückführung gehen wir zu der Operation zurück. Cathy meint, sie könne sich an nichts erinnern, alles, was sie darüber wisse, stamme von ihrer Mutter. Ich mache ihr klar, daß die Seele alles registriert und aufzeichnet, einschließlich aller Sinneseindrücke, auch wenn sie unter Narkose war. Ich helfe ihr, ein paar Glaubenssätze darüber aufzugeben, und erkläre ihr auch, daß ihre Seele die Schmerzgefühle steuern und dosieren kann, sie müsse keine Angst haben, daß es zu schlimm würde. Sie sieht dann auch tatsächlich die Scheinwerfer vom Operationssaal.

Ich bin ein einziger Krampf. Ich kann mich an nichts erinnern. Ich würde gern heulen, aber kann nicht, weil in mir alles verkrampft ist.

Ihre Schenkel zucken wieder mehrfach, und in ihrem Gesicht sehe ich Verletztheit, Trauer und Zumachen. Das sind mit Sicherheit schon all die Gefühle des dreijährigen Kindes. Bei manchen Menschen kommen die Gefühle leichter in die Erinnerung als die Bilder.

Ich führe Cathy also noch einmal an den Anfang dieses Erlebnisses und fordere sie auf, nun zu den Gefühlen die dazugehörigen Bilder ins Bewußtsein aufsteigen zu lassen. Es geht immer nur bruchstückhaft weiter, aber nach und nach ergibt sich folgendes Geschehnis:

Die Mutter hat Cathy vorbereitet, ihr gesagt, das sei alles zu ihrem Besten, das müsse jetzt gemacht werden. Es würde nicht weh tun usw.

*Ich bin umringt von Menschen in weißen Kitteln, schemenhaft,
sie wirken bedrohlich. Meine Beine werden auseinandergeris-
sen. Ich habe ein Gefühl, als wäre ich über dem Bauch festgebunden, die Arme und Beine auch. Eine kühle Hand legt sich
auf meine Stirn. Ich habe das Gefühl, keine Luft mehr zu kriegen. Narkose mit Äther? Rot, Blut. Es brennt in meiner Scheide.
Weiß nicht, was passiert. Habe so große Angst, daß sich alles,
Beine, Rumpf, Hals, Gesicht und auch die Nervenstränge zum
Gehirn, völlig zusammenkrampft. Auch die Gegend um die
Eierstöcke krampft sich total zusammen. Auf dem Flur wird
geredet, drinnen nicht. Ich fühle Flüssigkeit auf meiner Möse.
Zeug zum Desinfizieren, Blut ...? Ich will nur noch weg von
den Menschen. Gefühl, als irrte ich durchs Krankenhaus,
Gänge, Irrgarten, laufe wütend drin herum, will raus, komme
nicht raus, weil alles so zugemauert ist. Bin voller Haß, aber
kann die Wut und den Haß in keiner Weise rauslassen.*

Die Glaubenssätze, in denen das Kind, und d.h. auch Cathys
Seele, sich hier noch mehr verfängt, sind:
- Ich will weg von den Menschen.
- Ich komm nicht weg, ich muß mich ganz in mich zurück-
  ziehen.
- Ich will nicht weinen! Wenn ich weine, kommen sie.
- Ich will mit all diesen Menschen nichts zu tun haben.
- Sie stecken alle unter einer Decke und wollen mir was Böses,
  sie fesseln mich, legen mich lahm, betäuben mich, bringen
  mich fast um, beschneiden und kastrieren mich, und nachher
  tun sie so, als würden sie mich mögen.
- Ich muß mißtrauisch sein, kann niemandem mehr trauen.
- Erst erzählen sie mir ein Zeug, daß sie mich lieben und daß
  nichts Schlimmes passiert, und dann verüben sie die grausamsten Gewalttaten an mir.
- Ich kann meine Wut und meinen Haß nicht rauslassen. Sie
  sind zu groß, und ich bin so klein und kann sowieso nichts
  machen, weil ich gefesselt bin.
- Den physischen Schmerz fühle ich nicht, und den inneren
  Schmerz kann ich in keiner Weise ausdrücken und beschreiben. Daran ist auch niemand interessiert.

- Ich kann immer nur gegen Mauern rennen.
- Mit meiner Wut verletze ich mich nur selber.
- Ich bin ausgeliefert. Alles ist sinnlos.
- Meine Mutter ist falsch. Ihrer Liebe kann ich nicht trauen.

Ich frage Cathy, was es mit ihr gemacht habe, als die Mutter ihr die Klitorisoperation erklärt hat. Die Klitoris sei zu groß gewesen, sagte sie, durch die Hormonbehandlung, und das hätte sich bis zum dritten Lebensjahr auch nicht von selbst gegeben, wie sie erst gedacht hätte. Mit anderen Worten, die Mutter hatte Angst, Cathy würde später die Geschlechtsmerkmale von Mädchen und Junge haben. Auch das hat Cathy geprägt:
- Als Mädchen kann und darf ich kein Junge sein, darf keine Eigenarten und Geschlechtsmerkmale eines Jungen haben.
- Damit ich ein richtiges Mädchen sein kann, muß alles Männliche von mir abgeschnitten werden.

Schließlich, nachdem Cathy durch Wut und Haß, Angst und Ohnmachtsgefühle hindurchgegangen ist, frage ich sie nach ihrem Tätersatz. Kann sie sich einen Grund, einen Gedanken vorstellen, mit dem sie sich dieses Erlebnis gewünscht haben könnte? So schrecklich diese Frage, dieser Gedanke auch ist, sie forscht in sich, sie nimmt sich Zeit, lange in sich hineinzufühlen, und dann sagt sie: „Ich glaube, ich muß für irgend etwas Buße tun. Ich muß irgendwas getan haben, wofür ich kastriert werden muß."

Ich bitte sie, auch diesen Glaubenssatz aufzugeben, denn was immer sie auch in einem früheren Leben getan haben mag, es gibt keine Schuld, denn sie hat einem anderen Lebewesen einen Wunsch erfüllt, auch wenn der Wunsch unbewußt war.

Schon vor dieser Rückführung hatte Cathys Freundin Mary mich angerufen. Sie brauche unbedingt eine Sitzung, in ihr kämen Gefühle und Bilder hoch, die ihr angst machten. Weil sie es so dringlich macht, vereinbaren wir einen baldigen Termin, der noch vor der Rückführung von Cathy in die Operationsszene liegt. Ich berichte erst jetzt davon, damit Sie, genau wie Cathy, erst einmal ganz unbefangen die eine Seite der Geschichte erfahren konnten. Mary hatte, wie schon erwähnt, in einer früheren Tantragruppe ihre Freundin Cathy als jemanden erkannt, der ihr etwas getan hatte. Sie sagt, während Cathy jetzt an sich arbeite, kämen bei ihr noch einmal so starke Wut und Haßgefühle hoch, daß diese gar nicht mehr an irgendwelchen Alltagskrächen ableitbar wären. Sie berichtet, sie könne zum erstenmal fühlen, daß sie unbedingt wolle, daß Cathy abhängig, ja kastriert sei. Sie ist völlig geschockt über sich selbst, deshalb hat sie auch Cathy nichts davon erzählt, sondern mich angerufen. Sie kennt das frühere Leben ja aus der Tantragruppe und sagt, ihr käme das alles wie Rache vor. Sie wolle sich immer noch an Cathy rächen. „Ich kann auch sehen", sagt sie, „daß ich mit meiner Rache an sie gebunden bin."

Also führe ich jetzt Mary noch einmal in das frühere Leben zurück, welches in der Tantragruppe zum Thema Sexualität auf-getaucht war.

Es ist im Jahre 1217. Sie sieht sich auf einem primitiven gynä-kologischen Stuhl.

Ich bin festgebunden. (Das habe ich auch von außen gesehen an der Art, wie sie sich im Sessel wand, ohne die Arme und Beine bewegen zu können. Die Arme blieben auf der Sessel-lehne wie festgeklebt.) *Meine Vagina wird mit medizinischen Geräten auseinandergehalten, auseinandergezogen. Dazu habe ich Vergewaltigungsbilder. Der Mann dringt mit dem Penis in mich ein. Ich werfe meinen Kopf hin und her. Ich kann nicht sprechen oder schreien, weil mir der Mund zugestopft ist.* (Auch das stimmlose Schreien habe ich von außen gesehen.) *Schließlich werde ich ohnmächtig. Trotzdem fühle ich noch, daß ich mit einem Messer geschnitten werde, in meiner Vagina und auch an meiner Brust. Ich habe Würgegefühle im Hals, aber vom Hals abwärts keine Gefühle mehr. Ich überlebe diese Tortur, aber ich schweige, unternehme nichts gegen den Mann. Ich habe sehr ambivalente Gefühle: Wut, Haß, Rache, aber auch Scham und Schuldgefühle und Selbsthaß dafür, daß ich mich darauf eingelassen hatte. Ich hatte meine innere Stimme übergangen, die mich davor gewarnt hatte.*

„Warum?" frage ich sie. Sie forscht in sich, bekommt als Antwort ein Bild. Sie sieht ein Kind auf einem Schaukelpferd.

Er war wohl mein Mann. Ich hätte ihn verlassen müssen, da er solche Dinge mit mir machte, aber ich konnte und wollte nicht. Ich wollte das Drumrum nicht aufgeben. Ich wollte mein Zuhause nicht aufgeben. Ich behielt alle meine Gefühle in mir und blieb bei ihm. Er war mein Mann, der Vater des Kindes.

Mary findet folgende Glaubenssätze und gibt sie auf:

- Ich will nichts fühlen.
- Das ist ein guter Weg, um Schmerzen zu umgehen und meine Macht zu haben. Wenn ich dem Mann meine Lust und meinen Schmerz vorenthalte, habe ich die Macht.
- Wenn ich meine Gefühle zurückhalte, kann ich ihm meine Verachtung zeigen.
- Ich muß stark bleiben.
- Ich bin ganz allein.
- Der Mann zerstört mich.
- Er fesselt mich, macht mich ohnmächtig, zum Opfer, stopft mir den Mund, mißbraucht und vergewaltigt mich, dringt in mich ein, verletzt mich, zerschneidet mich.
- Ich muß alles über mich ergehen lassen und meine innere Stimme überhören, damit ich mein Zuhause nicht verliere.
- Für mein Zuhause und für meine Sicherheit muß ich mich aufgeben.
- Damit ich mein Zuhause nicht verliere, darf ich keine Gefühle zeigen, muß mich dem Mann, der Gewalt, Folter und Qual hingeben, muß mich fesseln und erniedrigen lassen und obendrein zu allem den Mund halten.
- Du kriegst mich nicht!
- Weil du mir so weh tust, mache ich eben noch mehr zu!
- Du sollst auch kastriert sein! Ich will, daß du dasselbe erlebst und erleidest wie ich, daß du genauso gequält, ohnmächtig und erniedrigt bist wie ich. Du sollst verrecken! Das ist die einzige Lösung, wie ich aus dem Schlamassel rauskomme!

Wie gut, daß Mary sich von all dem lösen kann und will. Sie wird jetzt freier sein, nicht mehr durch die Rache gebunden. Ihre wichtigste Strategie, mit der sie ihre Freundin zur Raserei bringt, ist die, mit Weglaufen vor der Beziehung um ihre Freiheit zu kämpfen. Aber mit dem Racheschwur war die Unfreiheit etwas Inneres, vor dem sie gar nicht weglaufen konnte.

Was könnte der Tätersatz dieser Frau gewesen sein? Ich denke, diese Frau war in einer polaren Strategie des Ego gefangen. Einerseits wollte sie ihm alles vorenthalten, das war ihr einziges Machtmittel, andererseits glaubte sie, ihn zu brauchen:

- Der Mann muß in mich eindringen, damit ich wieder ganz sein kann, damit ich *zu Hause* (d.h. ich selbst) sein kann.

Das hat den Mann zur Raserei gebracht, und sie hat sich und ihm sehr weh damit getan. Offensichtlich wollten die beiden Seelen in diesem Leben noch einmal versuchen, in der Gestalt von zwei Frauen aus dieser unglücklichen Verkettung herauszukommen, aber dann fanden sie sich doch wieder in demselben Programm verstrickt. Vielleicht haben sie jetzt die Chance, ihre Liebe und ihre Ganzheit zu leben.

Mary brauchte ein paar Tage, um das alles erst mal für sich zu verdauen, ehe sie ihrer Freundin alles erzählen konnte. Also tappte Cathy in der nächsten Sitzung immer noch im Dunkeln. Zu Beginn der Sitzung erzählt sie mir, wie wütend sie am Morgen geworden sei, als die Freundin sich von ihr zurückzog, kaum daß sie ein bißchen Nähe gelebt hatten.

„Was habe ich ihr bloß getan", fragt sie sich wiederholt, „daß sie so wütend auf mich ist?" Sie hat auch Angst gehabt, daß in der Rückführung von Mary etwas Schlimmes über sie ans Licht gekommen sein könnte. „Habe ich denn was Schlimmes getan? Kommt sie mir jetzt auf die Schliche?" Ich kann und will dazu nichts sagen, das ist Marys Aufgabe. Also helfe ich Cathy nur, all die Glaubenssätze aufzugeben, die sie so nebenbei noch von sich gibt:

- Mein Begehren wird zurückgewiesen. (Das paßt gut zu dem Mann aus dem 13. Jahrhundert, nicht?)
- Für mein Begehren werde ich kastriert. (Das auch! Das entspricht seinen/ihren Schuldgefühlen, was auch ablesbar ist an dem Happening, das sie einmal am Buß- und Bettag inszeniert hat.)
- Bestimmt habe ich was Böses gemacht.

- Entweder sie vernichtet mich, oder ich vernichte sie.
- Wenn ich nicht vernichtet werden will, muß ich sie vernichten.
- Entweder habe ich was Böses mit ihr gemacht oder sie was Böses mit mir.
- Wenn ich verlassen werde, ist das wieder der Beweis dafür, daß ich nichts wert, daß ich böse bin.
- Ich bin schuldig, blöd und unfähig.
- Mir wird jetzt mein Bösesein und meine Blödheit nachgewiesen und daß ich unfähig bin.
- Ich bin immer die Böse.

Es passiert selten, daß zwei Menschen genau dasselbe frühere Leben zu fassen bekommen, wenn ihnen ein gemeinsames Karma bewußt werden will. Deshalb beunruhigt es mich keineswegs, daß Cathy bei der Rückführung in ihr erstes früheres Leben zwar innerlich bei ihrer Schuldfrage geblieben ist, aber eine andere Geschichte erzählt.

Sie erlebt sich im Jahre 1635 als einen ziemlich finsteren Soldat im Krieg.

Ich vergewaltige ziemlich viele Frauen, auch Mary. Da sehe ich wieder dieses Kornfeld und wie ich mit anderen Soldaten herumalbere und angebe. Ich habe ein schlechtes Gewissen wegen ihr und versuch's mit Saufen und Gröhlen zu überspielen. Ich bin voller Angst und will alles, was mir fremd ist, vernichten. Ich will unbedingt groß und stark sein wie ein Mann. In Wirklichkeit bin ich ängstlich und schwach. Ich schwitze viel, kalter Angstschweiß. Ich habe Mary auch mit einem Messer bedroht. Ich wollte das Weiche, Schwache, Zarte und Weibliche unbedingt haben, hatte so tierische Sehnsucht danach, aber ich mußte es hassen und vernichten, um stark und ein Mann zu sein.

Sie ist gar nicht geschockt, als Lesbe und Feministin gleich in ihrem ersten früheren Leben ein Mann gewesen zu sein, und was für einer. „Nein", sagt sie, „das Männliche ist mir gar nicht fremd. In meiner Kindheit sagten die Leute von mir: „An der ist ein

Junge verlorengegangen." Nun fangen wir bei den Glaubenssätzen gleich damit an:

- An mir ist ein Junge verlorengegangen.
- Ich muß das Weibliche vernichten, vergewaltigen, damit ich stark, ein Mann bin.
- Ich muß die Frau verletzen und vergewaltigen, um zu bekommen, was ich brauche.
- Ein Mann, der schwach und ängstlich ist, ist kein Mann.
- Wenn ich die Angst der Frau spüre, bin ich mächtig als Mann. (Das, sagt Cathy, war für den Soldat wie ein Alkoholrausch.)
- Männer können mit ihrer Angst nicht umgehen und verwandeln sie in Gewalt und Töten, um anderen Angst zu machen.
- Frausein ist gar nicht schön, bedeutet Ohnmacht, Bedrohung, Schwäche, Erniedrigung, Opfer sein usw.
- Eine Frau, die eindeutig weiblich ist, muß Angst haben.
- Wenn ich eindeutig weiblich bin, habe ich keinen Schutz mehr.
- Weil meine Weiblichkeit (Klitoris) nicht eindeutig weiblich ist, wird sie vernichtet.
- Ich muß Mary um ihre Weiblichkeit beneiden.
- Ich will nicht eindeutig weiblich sein; dann kann ich nicht mehr männlich sein.

Das letzte frühere Leben, das wir in dieser Kette bearbeiten, ist ein ganz kurzes Leben aus dem Jahre 1413. Es dauert genau sieben Tage. Cathy kommt als weibliches Baby zur Welt, das aber verkrüppelt ist. Die ganze rechte Schulterseite ist zusammengezogen, zu klein, verkrüppelt. Abgesehen davon war sie aber auch irgendwie zuviel, sie konnte nicht ernährt werden. Die Mutter gibt der Schwester den Auftrag, das Baby zu ertränken, was der Schwester auch recht ist, sie wollte das Baby weghaben, wollte nicht, daß so ein Baby wichtiger wäre als sie. Das Baby ist völlig erstaunt über all die negativen Gefühle, die ihm entgegenschlagen, hat aber erst Angst, als es unter Wasser gedrückt wird und keine Luft mehr bekommt. Das Wasser ist kalt und schwarz.

- Irgendwas stimmt nicht mit mir.
- Für mich gibt's nicht genug Liebe und Nahrung.
- Ich soll weg! Ich muß vernichtet werden!

- Meine Mutter und meine Schwester vernichten mich.
- Ich verstehe das alles nicht.
- Ich soll keine Nahrung abkriegen.
- Wenn ich da bin, gibt's nicht genug für die anderen.
- Als Mädchen muß ich das Männliche in mir verkrüppeln. (Rechte Körperseite.)
- Ich habe keine Chance zu leben, schon von Anfang an nicht.
- Ich bin absolut nichts wert, mich kann man einfach wegschmeißen.
- Das Weibliche (Mutter/Schwester) ist mir fremd und feindselig.

Schauen wir und den Weg von Cathys Seele durch Frauen- und Männerkörper an, so können wir beobachten, daß diese Seele einiges versucht hat, um das Rätsel Frausein, Mannsein und Ganzsein zu lösen. Als Frau, die im 13. Jahrhundert gefoltert und verstümmelt wurde, hat sie soviel Negatives über Frausein gelernt, daß sie im nächsten Leben mit dieser Verstümmelung schon gleich zur Welt kommt. Im vorigen Leben *wurde* ihre eigene männliche Seite durch die Rollenerziehung so verkümmert, daß sie sich trotz der sexuellen Folter nicht traute, ihren Mann zu verlassen, eher erduldete sie noch weitere Verstümmelungen. Bei dem weiblichen Baby im 15. Jahrhundert *ist* die männliche (rechte) Körperseite dann schon gleich verkümmert, die Programmierung aus dem Frauenleben drückt sich von Geburt an in dem neuen Körper aus.

Als Cathys Seele sich dann in ihrem nächsten Leben, im 17. Jahrhundert, entschließt, ein Mann zu sein, können wir vielleicht daraus schließen, daß sie so versucht, das Dilemma zwischen Frau und Mann nun vom anderen Körper aus zu lösen. So wäre sie kein Opfer mehr. Aber nun unterliegt sie genau den Definitionen von Männlichkeit, die sie schon im 13. Jahrhundert gelernt hat: „Ich wollte das Weiche, Schwache, Zarte und Weibliche unbedingt haben, hatte so tierische Sehnsucht danach, aber ich mußte es hassen und vernichten, um stark und ein Mann zu sein."

Also war Mannsein auch keine Lösung für Cathys Seele. Es ist möglich, daß die beiden Seelen von Cathy und Mary sich für dieses Leben einen scheinbar genialen Ausweg aus dem Dilemma ausgedacht hatten: „Wir kommen einfach als zwei Frauen. Dann können wir uns endlich lieben, ohne daß diese schrecklichen Definitionen zwischen uns stehen."

Wenn das so einfach wäre. Das ganze Drama stand auch weiterhin zwischen ihnen, mit den ganzen Definitionen, mit den ganzen Verletzungen und mit den vergessenen Racheschwüren.

Ich war sehr froh, daß die beiden Freundinnen am Ende dieser Rückführungen noch eine ganze Tantragruppe vor sich hatten, um mit all den Gefühlen und Umwandlungen fertig zu werden. Am Ende reisten sie gemeinsam nach Hause, obwohl Mary starke Tendenzen gehabt hatte, erst mal für ein Jahr ins Ausland zu gehen.

Keine Übung: So ein schweres traumatisches Erlebnis sollten Sie auf keinen Fall allein bearbeiten. Holen Sie sich professionelle Hilfe.

▦ Die Frau ohne Vagina

Diese Geschichte kann ich nur in groben Umrissen erzählen, da sie viele Jahre zurückliegt, als ich noch keine Aufzeichnungen für dieses Buch machte. Ich denke, daß sie trotzdem hierher gehört, weil sie uns sehr deutlich zeigt, welche Folgen auch auf der körperlichen Ebene durch die Rollenteilung und die daraus folgende zwanghafte Sexualität auftreten können. Und den Biologinnen und Biologen unter meinen LeserInnen will ich gleich vorweg sagen: Die Ausschüttung der Hormone wird genauso vom Bewußtsein eines Menschen beeinflußt wie die genetischen Anlagen. Letztere entstehen aus den Informationen, die die Seele in den neuen Körper mitbringt. Da Informatik ja inzwischen ein neuer, bedeutender Wissenschaftszweig geworden ist, wird es wohl nicht mehr lange dauern, bis er sich mit der Biologie zusammentut und beide Bereiche dieses Feld erforschen. Vielleicht geschieht das auch schon längst, und ich weiß es nur nicht.

Patricia ist eine schöne, weiche, weiblich-mutterlich wirkende Frau Ende Dreißig. Sie ist Psychologin und meditiert seit Jahren.

Sie erzählte mir, daß es allein in der damaligen Bundesrepublik etwa 10.000 Frauen ohne Vagina gab. Eine stattliche Zahl, und sie selbst war eine davon.

Patricia ist traurig über ihr Problem, mit dem sie geboren wurde. „Die Beziehungen zu Männern, in die ich mich verliebe, sind dadurch unglaublich schwierig und halten einfach nicht, auch wenn ganz viel Liebe bei den Männern für mich da ist. Neulich habe ich mich in eine Frau verliebt, aber auch da war ganz viel Angst, so viel Angst, daß ich ganz lange nicht gewagt habe, sie etwas von meiner Liebe merken zu lassen."

Mit 21 Jahren hat Patricia sich operieren, d.h. eine künstliche Vagina machen lassen, so groß war ihre Sehnsucht, eine normale Frau zu sein. Dann erlebt sie ihre „Initiation" in die Sexualität ein Jahr später im Spanienurlaub. Es ist furchtbar für sie, und auch die Versuche, Sexualität zu leben, die in der Zeit danach kommen, bringen keine Verbesserung. So ist es denn kein Wunder, daß ihre neue Vagina bald wieder zuwächst.

Dies ist ein sehr drastisches Beispiel dafür, daß die unbewußten Programme mächtiger sind als ein chirurgischer Eingriff auf der rein materiellen Ebene.

Patricias Seele hat ihren Frauenkörper verschlossen, weil sie irgend etwas erlebt hat, wovon sie Gefühle und Glaubenssätze mit sich herumschleppt, die durch einen Eingriff auf der materiellen Ebene eben nicht gelöscht werden. Also setzen diese Informationen sich wieder durch, sowohl in den sexuellen Begegnungen als auch in der Materie, der Körper verschließt sich wieder.

In den Rückführungen in die früheren Leben fördern wir dann zwei Leben zutage, an denen Patricia erkennen kann, warum sie sich verschlossen hat und daß sie ihre eigenen, guten Gründe dafür hatte.

Zuerst erlebt sie sich im 19. Jahrhundert in einem Bordell. Dort ist sie eine Frau ohne jegliche Selbstbestimmung und fühlt sich einfach nur erniedrigt und benutzt. Nach mehrfachem Durchgehen durch das Erlebnis bekommt sie jedoch am Ende eine Art Heilungsbild, an dem sie erkennen kann, daß ihre Phantasie angefangen hat, ihr Schicksal, Vergangenheit, Gegenwart und Zukunft, umzumodellieren.[38]

In dem zweiten früheren Leben erlebt sie sich als Priesterin im Jahre 850 vor Christus, die geschändet wurde. Auch hier also eine Geschichte, wo eine Frau, auf der Suche nach dem Göttlichen, sich von den Männern, der Sexualität und dem normalen Leben so weit und so stark abspaltet, daß der abgespaltene Teil von ihr nur noch in Form von Gewalt zu ihr kommen kann.

An diesen beiden früheren Leben können wir aber sehen, was Seelen alles versuchen, um wieder in ihre ursprüngliche göttliche Freiheit zurückzukommen, die als unauslöschliches Ideal in uns allen existiert. In dem einen Leben hat diese Seele es mit „Heiligkeit" durch sexuelle Enthaltsamkeit versucht, zum Göttlichen zu kommen, und dann viele Jahrhunderte später durch „Hingabe", die in vielen Religionen als der Weg zum Göttlichen gelehrt wird. Nur, diese Art von Hingabe, sexuelle Unterwerfung, ist nicht gemeint. Diese Verwechslung findet aber häufig bei Frauen statt, die unbewußt auf einer religiösen Suche sind. In beiden Fällen hat diese Seele sich als Frau so sehr verletzen lassen, daß sie im Ego-Bewußtsein offensichtlich beschlossen hat, radikal zuzumachen. Und so hat sie sich diesen Körper ohne Vagina geschaffen.

Aber welche Heilungsmöglichkeiten hat diese Frau nun? War es nicht ihr Wunsch, eine Beziehung zu einem Mann zu leben? Besteht dafür denn die geringste Chance? O ja, denn inzwischen lebt sie, wie ich gehört habe, in einer Beziehung. Damals habe ich ihr gesagt, daß sie bei Tantragruppen mitmachen soll, bis sie vielleicht einen Mann findet, der genug Erfahrung mit Tantra und der *energetischen* Vereinigung hat, die ganz ohne sexuelle Vereinigung möglich ist. Dann ist es nicht mehr wichtig, ob sie eine Vagina hat oder nicht.

Keine Übung: Auch in diesem Falle empfehle ich Ihnen, sich Hilfe zu holen, wenn Sie solch ein sexuelles Karma haben und auflösen wollen.

■ Ich komme immer so schnell

Ebenfalls vor etlichen Jahren kam ein strahlend schöner Mann zu mir, der alles hatte, was man oder frau sich nur wünschen kann. Er war jung und schön, erfolgreich als Geschäftsmann und trotzdem an Meditation und Spiritualität interessiert. Er hatte schon einige Jahre meditiert und auch bei Tantragruppen mitgemacht.

„Aber dieses Problem habe ich auch mit den Tantragruppen bisher nicht lösen können", sagte er, „deshalb komme ich zu dir. Ich denke, unter diesem Automatismus muß sich eine ganz tiefe Angst vor irgend etwas verbergen, das mir völlig unbewußt ist."

Auch von seiner Geschichte habe ich leider keine detaillierten Aufzeichnungen mehr. Was jedoch bei der Rückführung in ein früheres Leben ans Licht kam, war, daß dieser Mann in jenem Leben als junger Mann in einem Volksstamm durch ein strenges und lebensgefährliches Initiationsritual gehen mußte. In diesem Ritual hatte er nur dann eine Überlebenschance, wenn er absolut schnell war. Hier treiben also Todesangst und der Beweis seiner Männlichkeit diesen Mann an, schnell zu kommen.

„Das paßt zu meinem jetzigen Leben", sagte er. „Ich bin in vielen Dingen schnell. Ich erzeuge ungeheuer viel Streß in meinem Alltag, weil ich immer alles so schnell machen muß."

Vielleicht wundern Sie sich, warum diese Geschichte in dem Kapitel „Sexuelle Verweigerung" steht. Dieser Mann hat gar keine Zeit, sein Liebespiel zu genießen, und die Frau dann ebenfalls nicht, was ja die Klage vieler Frauen ist. Somit ist dem Mann und der Frau gleichermaßen die Lust verweigert.

Bei vielen Rückführungen zum Thema Sexualität fällt mir überhaupt auf, wie schnell alles immer geht. Wenn ich vor der Rückführung frage: „Wie lange hat dieses Erlebnis gedauert?", bekomme ich Zeitangaben zwischen zehn und dreißig Minuten. Vom Tantra her gesehen, ist das ungeheuerlich. Keine Zeit für Spiel, keine Zeit für sinnliches Genießen, keine Zeit für den Körper, z.B. dafür, im Körper durch entspannende und aufladende Übungen Energie aufzubauen, keine Zeit für Feierlichkeit, keine Zeit für Meditation. Statt dessen werden nur ein wenig die erogenen Zonen stimuliert. Was die sexuelle Aufklärungsliteratur darüber schreibt, daß Frauen „mehr" Zeit für ihre Erregung brauchen, ist eine völlig beschränkte und einseitige Betrachtungsweise. Ich möchte behaupten, daß die normalen Orgasmen des Mannes alle „zu früh" kommen. Wieviel Angst und welche Traumata unter diesem Verhalten liegen, ist noch in keiner Weise ausgelotet.

Außerdem ist eine Ejakulation noch lange kein Orgasmus! Die Ejakulation ist lediglich ein genitaler Orgasmus, und das ist meist schon alles, was Männer kennen. Im Tantra kennen wir aber Orgasmen mit dem Herzen oder mit dem Bewußtsein oder die lange schwingenden Talorgasmen des ganzen Körpers. Für Frauen ist es oft leichter, diese Zustände zu erfahren, die auch völlig unabhängig von einer sexuellen Vereinigung aufgebaut werden können. Für Männer ist es oft ungeheuer schwer, sich für solche Erlebnisse zu öffnen, weil sie dermaßen auf die Formel *Orgasmus = Ejakulation* festgelegt sind, daß sie es ihrem Körper nicht erlauben können, *insgesamt* ein Ekstaseinstrument zu sein.

Männer befinden sich obendrein durch die Männerrolle noch in dem Streß, „etwas machen, etwas bieten" zu müssen. Auch darin fixieren sie sich dann viel zu sehr auf ihren Penis. Dadurch verzichten sie auf ihren *ganzen* Körper als Instrument für Ekstase und auf langanhaltende orgasmische Zustände. Tantra kann da viele Türen in neue Dimensionen öffnen, und zwar für beide Geschlechter.

Übung: Wenn Sie als Mann beim Sex auch meist schnell kommen, dann durchforsten Sie einmal Ihre Kindheits- und Pubertätserinnerungen, ob es da ein Erlebnis gab, das Sie so konditioniert hat. Wenn nicht, will ich Ihnen eine etwas ungewöhnliche Übung empfehlen: Sehen Sie sich einen harten Krimi an, in dem viel und schnell geschossen wird, und entprogrammieren Sie sich von diesem Männer- und Heldensyndrom. Aber auch Sie können tiefe traumatische Erlebnisse aus diesem oder früheren Leben mit sich herumschleppen. Um sich davon zu befreien, sollten Sie sich allerdings professionelle Hilfe holen.

Mißbrauch und Vergewaltigung

Vom allgemeinen gesellschaftlichen Bewußtsein her gesehen, ist es sicher ein Schock, sich vorzustellen, daß Mißbrauch und Vergewaltigung auch selbst erschaffene Geschehnisse sein sollen. Dennoch sind sie es. Die Menschen, denen so etwas geschieht, haben ihre Gründe, warum sie sich so etwas wünschen, auch wenn diese Gründe *völlig* unbewußt sind. Es liegt mir sehr am Herzen, dieses Material zu präsentieren, damit sichtbar wird, welche Rolle z.B. religiöse Erziehung bei diesen unbewußten Wünschen spielt. Opfer zu sein, vergewaltigt zu werden, ist manchmal der einzige Ausweg, um Sexualität *unschuldig* zu leben. Es ist besser, religiöse Vorstellungen von Schuld abzuwerfen, als den Ausweg durch Gewalt zu suchen.

■ Vergewaltigung

Gwen ist Unternehmerin, Hausfrau und Mutter von zwei Kindern. Mit ihrem Mann zusammen betreibt sie ein kleines Unternehmen. Er ist ihr zweiter Mann, von ihrem ersten Mann hat sie sich vor mehreren Jahren scheiden lassen. Sie kommt zu mir, weil sie schon sehen kann, daß ihre zweite Beziehung wieder in ähnliche Muster hineintreibt. „Wenn wir keine Hilfe finden", sagt sie, „ist auch diese Liebesbeziehung bald kaputt." Sie hat keine Lust mehr an der Sexualität, hat Schmerzen dabei, und sie hat auch Depressionen. Gelegentlich fühlt sie sich ihrem Mann gegenüber auch sehr aggressiv. „Manchmal", sagt sie, „kann ich meine Angriffslust mit Humor in Schach halten oder kann sie verspielt ausleben, aber nicht immer." Sie wagt sich allein kaum auf die Straße, hat immer Angst, verfolgt zu werden. Bei Nacht würde sie nicht allein durch eine Straße gehen. Als Teenager wurde sie vergewaltigt.

In den ersten Rückführungen bearbeiten wir ihre gegenwärtige Beziehung und ihre erste Ehe. Darüber will ich aber nicht weiter berichten, sondern gleich zu der Vergewaltigungsgeschichte gehen und dann zeigen, was darunter liegt. Um jedoch wenigstens zu zeigen, wie sie sich in der gegenwärtigen Ehe fühlt und wie sich darin die Vergangenheit widerspiegelt, bringe ich hier ein paar Glaubenssätze aus ihrer zweiten Ehe:

- Wenn mein Mann seine Sexualität mit mir nicht ausleben kann, ist er unausgeglichen und übel gelaunt, und das Klima wird immer schlechter.
- Mein Mann setzt mich mit allen Mitteln unter Druck, um mich sexuell zu kriegen.
- Er braucht mich.

- Ich muß mich opfern, damit er glücklich sein kann.
- Nur wenn ich allein lebe, kann ich machen, was ich will.
- Der Mann hat immer die Macht. Letztendlich kann er alles bestimmen.
- Je länger eine Beziehung dauert, um so größer wird die Kluft.

Diese Sätze sind wichtig, weil sie die Tendenz zur „Wiederholung" des Vergewaltigungserlebnisses in der Ehe zeigen.

Gwen war 17 Jahre alt, als sie vergewaltigt wurde. Sie geht abends im Dunkeln von der Sauna nach Hause. Sie ist nur noch etwa hundert Meter von ihrem Elternhaus entfernt, da wird sie von einem Mann angesprochen.

Er ist kleiner als ich, rundlich, fast vierzig Jahre alt, ein Däne. Normalerweise lasse ich mich nicht anreden. Er ist freundlich und sagt, er spüre, daß ich einsam sei. Das stimmt, ich fühle mich von Eltern und Freunden nicht verstanden. Damit kriegt er mich. Er lädt mich in eine Kneipe ein, wo wir uns unterhalten. Er ist mir nicht sympathisch. Er erzählt von Dänemark, da wäre alles spontaner. Ein Küßchen steck ich weg, na ja, der Alkohol macht mich lockerer. Er stellt sich als Künstler, Maler und Dichter vor. Er bemüht sich nett um mich. Mein Mißtrauen wird eingeschläfert.

Schließlich lädt er mich in seine Wohnung ein, sagt, es sei eine Wohngemeinschaft. Er wolle mir seine Bilder zeigen und Gedichte vorlesen. Ich gehe also mit.

Wir kommen zu einem gammeligen Haus, gehen eine schäbige Hinterhaustreppe hinauf. Die Tür seiner Wohnung geht auf, eine Frau stürzt heraus. Sie sieht ziemlich nuttig aus. Sie beschimpft ihn, staucht ihn zusammen. Er schrumpft, wird völlig klein. Schlagartig ist das Nette an ihm weg und mein Mißtrauen wieder wach. Ich mache kehrt und gehe. Ich schaffe es auch tatsächlich, fast bis zur Hauptstraße zu kommen. Er holt mich ein, verstellt mir den Weg, fleht mich zum Steinerweichen an, doch mit ihm zu gehen. Ich sage ihm, er solle mich durchlassen. Aber schließlich gelingt es ihm doch, mich durch Gejammer und flehentliche Bitten zu erweichen. Ich gehe wieder mit.

Im Treppenhaus sträubt sich alles in mir. Ich drehe wieder um. Da hält er mich fest, schleppt mich zur Tür. Ich rufe laut um Hilfe. Niemand hört mich.

Er zerrt mich durch die Tür in die Wohnung und schließt zu. Ich habe Herzklopfen wie verrückt, Panik, bin auch sauer. Er zeigt mir tatsächlich noch Bilder. Ich will die gar nicht sehen. Es sind düstere Bilder. Er schenkt mir eins. Er liest mir auch was vor, aber das will ich alles gar nicht hören. Ich fühle mich total gefährdet, die Angst, daß er mich umbringt, schnürt mir die Kehle zu.

Ich soll mich dann ausziehen und aufs Bett legen. Er legt sich auf mich, will mich küssen. Mir ist das nur noch ekelhaft, es schüttelt mich. Aber ich denke, ich muß mich locker machen, damit es nicht so weh tut. Ich dreh den Kopf zur Seite und wandere in meinen Gedanken weg. Der soll nix davon haben! Ich liege da wie eine leblose Puppe. In mir macht er ein paar Bewegungen, dann schläft er ein … ohne Orgasmus. Ich liege da und wage lange nicht, mich zu bewegen. Ich fühle mich völlig beschmutzt, erniedrigt und in den Schmutz getreten.

Als ich schließlich zur Toilette muß, verlange ich den Schlüssel, denn die Toilette ist auf der halben Etage. Ich rette mich zu der Wohnung einen Stock tiefer, aber verdränge schon, erzähle nichts! Mein ganzer Körper ist nur noch Schmerz, mein Herz fühlt sich ganz wund an.

Gwen braucht lange, um mit den Gefühlen fertig zu werden. Sie weint und weint, geht durch ganz viel Trauer und Verzweiflung. Sie braucht dafür drei Sitzungen. Ganz am Schluß gebe ich ihr die Chance, mit Hilfe der Dynamischen Meditation auch an ihre Wut und ihren Haß heranzukommen. Diese Geschichte ergibt viele Glaubenssätze, die ganz offensichtlich ihre Liebesbeziehungen zu Männern und ihre Sexualität beeinträchtigen:

- Ich bin in der Macht des Mannes.
- Ich komme da nicht raus, unmöglich.
- Ich bin ihm völlig ausgeliefert.
- Ob ich was mit seinem Sex und Penis zu tun haben will, interessiert ihn gar nicht.

- Ich werde nicht gefragt.
- Ich bin nicht wichtig.
- Der Mann mißbraucht mein Vertrauen, mein Mitgefühl, meine Einsamkeit.
- Der Mann nutzt meine Situation voll aus.
- Ich muß aus Mitleid mit dem Mann mitgehen.
- Ich kann einen Leidenden doch nicht einfach so stehen lassen.
- Der Mann spielt mir was vor, um mein Vertrauen zu gewinnen.
- Wenn ich mich öffne und Lust auf eine Begegnung habe, komme ich in Gefahr, dann kommt sofort ein Mann und bedrängt mich.
- Als Frau kann ich mich nachts auf der Straße nicht frei und ungehindert bewegen.
- Wenn ich *nein* sage, das zählt gar nicht.

Natürlich ergeben sich aus dem Erlebnis auch sehr viele Glaubenssätze über Männer:

- Männer sind Schweine, Miststücke.
- Der Mann sperrt mich ein.
- Der Mann ist viel stärker als ich.
- Ich kann mich dagegen überhaupt nicht wehren.
- Der Mann setzt sich einfach über meinen Willen hinweg.
- Der Mann beutet mich aus.
- Von Männern habe ich keine Liebe zu erwarten, eher immer was anderes.
- Wenn ich mich ihm nicht freiwillig ergebe, lockt er mich in eine Falle und nimmt mich mit Gewalt.
- Der Mann verfolgt mich überall, läßt mich nicht in Ruhe.
- Der Mann ist häßlich, eklig, gewalttätig, hinterhältig, aufdringlich und gefährlich. Er manipuliert und mißbraucht mich.
- Alle Männer sind nur geile Böcke, Steinzeitaffen, die wollen immer nur das eine, und zwar mit *allen* Mitteln, wenn's nicht anders geht mit Gewalt.
- Der Mann zwingt mich, ihn zu bestätigen.
- Ich habe gar keine andere Wahl, als ihn zu bestätigen. Wenn ich die Wahrheit sage oder zeige, wird er sofort gewalttätig.

- Der Mann erdrückt mich, lastet auf mir.
- Der Mann will mich besitzen.
- Wenn ich mich auf das Spiel mit dem Mann einlasse, komm ich nicht mehr weg, und es wird bitterer Ernst.
- Männer mißachten meine Grenzen.
- Ich darf keinen Mann mehr an mich ranlassen.
- Der Mann kriegt nichts mehr von mir!
- Der soll nix davon haben!
- Jetzt lasse ich Männer überhaupt nicht mehr an mich ran!
- Das verzeih ich dem Mann niemals!

Die emotional am stärksten belasteten Sätze kommen schließlich in der Wut- und Haßentladung während der Dynamischen Meditation ans Licht:
- Hau ab!
- Geh weg von mir!
- Verschwinde!
- Laß mich in Ruh!
- Ich will nix von dir!
- Ich bring dich um!
- Wenn ich *den* wieder treffe, murkse ich ihn ab.

Diese Sätze hängen wie Doppelvorhängeschlösser vor ihren Liebesbeziehungen mit Männern. Wie soll sie da in der Lage sein, eine Beziehung mit einem Mann zu leben? Sie haben schon ihre erste Scheidung bewirkt. Danach ist der Mann wirklich „verschwunden". Er starb bei einem Verkehrsunfall. Sie hat jahrelang deswegen Schuldgefühle gehabt.

Und so ist es denn kein Wunder, daß Gwen zwischen den Sitzungen einen heftigen Streit mit ihrem Mann hat. Und die Gipfelsätze aus dem Streit, den wir natürlich auch bearbeiten, sind:
- Wenn mein Mann sich von mir trennt, habe ich keinen Boden mehr unter den Füßen.
- Ich brauche dich nicht!
- Zwischen dem Mann und mir ist eine Mauer. Das Getrenntsein ist durch nichts zu überwinden.
- Ich bin unfähig, mit einem Mann zu leben.

Selbstverständlich hat dieses Erlebnis auch ihr Selbstverständnis als Frau und ihr Selbstbild überhaupt geprägt und schwer geschädigt:

- Als Frau habe ich kein Selbstbestimmungsrecht, der Mann tritt es mit Füßen.
- Als Frau bin ich hilflos und wehrlos. Ich brauche einen Mann, der mich beschützt.
- Ich kann mich nicht mehr achten. Der Mann hat mir die Selbstachtung weggenommen.
- Jetzt bin ich schmutzig, eine Hure.
- Ich bin jetzt so beschmutzt, das kriege ich nie wieder weg.
- Wenn ich mit einem Mann schlafe, bin ich erniedrigt und beschmutzt.
- Ich kann dem Mann keinen Willen entgegensetzen.
- Jetzt ist mein Leben zu Ende. Das *kann* ja überhaupt nicht mehr gehen.
- In meinem Leben ist eine Mauer. Ich komm' da nicht drüber weg.
- Ich kann mich nur noch umbringen.

Ebenso drastisch hat das Erlebnis auch ihre Vorstellungen von Sexualität geprägt. Trotzdem ist Gwen eine Frau, die Orgasmen mit Männern gehabt und auch schmerzfreie Zeiten in Beziehungen gelebt hat. Nachdem wir eine Zeitlang ihre erste Ehe bearbeitet hatten, hat sie sogar eine sehr schöne Zeit mit ihrem jetzigen Mann genossen und einmal dabei zwei Orgasmen hintereinander erlebt, was neu für sie war und worüber sie ganz glücklich war. Von dem Vergewaltigungserlebnis gibt sie nun die folgenden Glaubenssätze auf:

- Sexualität ist ekelhaft und schmutzig.
- Der Mann tut mir weh. Er dringt gegen meinen Willen in mich ein.
- Ich kann mich nicht wehren.
- Ich muß mich gefühllos machen, damit es nicht so weh tut, wenn der Mann in mich eindringt.

In der Nacht nach der Vergewaltigung läuft Gwen weinend nach Hause und erzählt den Eltern, was passiert ist, obwohl sie ganz

viel Angst hat. Sie wird ausgeschimpft und bekommt Dinge gesagt, die weitere Glaubenssätze bei ihr zurücklassen:
- Wenn ich nachts alleine rumziehe, muß das ja so kommen.
- Ich bin selber schuld.
- Ich kriege keinen Trost.
- Meine Mutter verrät und verurteilt mich.
- Wenn ich meine Lust und Liebe frei lebe, bin ich eine Hure.
- Ich kann mich über das Verbot meiner Eltern nicht hinwegsetzen.
- Ich bin völlig allein.

Trotz allem gehen die Eltern mit Gwen zur Polizei. Dort fragt man Gwen, ob sie mit dem Mann mitgegangen sei.

Als ich das bejahe, nehmen sie mich nicht mehr ernst und machen fast nichts. Mein Vater geht auch nicht zu dem Mann hin und stellt ihn zur Rede. Danach habe ich wochenlang Depressionen bis hin zu Selbstmordgedanken. Ich fühle mich ganz leer und leblos und träume immer wieder nachts, daß ich von einem Affen verfolgt werde. Aus Angst gehe ich nachts nicht mehr allein auf die Straße.

Aus dieser Reaktion nimmt Gwen noch zusätzlich ein paar saftige Glaubenssätze mit:
- Wenn ich nicht keusch bleibe und meine Sexualität nicht verdränge, dann werde ich nicht respektiert, bin nicht gut und heilig.
- Ich muß die unschuldige Jungfrau, Madonna bleiben.

Aus diesem Zusammenhang ergibt sich dann ihr Tätersatz:
- Wenn der Mann mir Gewalt antut, habe ich keine Verantwortung, nur so kann ich rein und unschuldig bleiben.

An dieser Stelle fällt Gwen ein, daß sie, wenn sie sexuelle Phantasien hatte, zu ihrem eigenen Entsetzen immer wieder Gewaltszenen sah, z.B. während sie an einen Pfahl oder Baum gefesselt war. Jetzt kann sie sich auf einmal verstehen: Wenn sie das hilflose Opfer war, konnte sie ihre Lust leben und gleichzeitig den religiös-moralischen Vorstellungen ihrer Kultur und ihrer katholischen Mutter genügen. Und natürlich glaubte sie auch, nur so ihre Heiligkeit, Heilheit und Göttlichkeit erreichen zu können.

Als Gwen 15 Jahre alt war, erlebte sie ihre erste große Liebe zu einem jungen Mann. Er aber trennt sich nach einiger Zeit von ihr. Sie kann das gar nicht verstehen, hat ganz andere Wünsche und Sehnsüchte. Für sie bricht eine Welt zusammen, was wir an ihren Glaubenssätzen ablesen können:

- Der Mann verläßt mich einfach.
- Es geht nicht mehr mit uns.
- Ich genüge dem Mann nicht.
- Wenn meine Lust aufblüht, würgt der Mann mich ab.
- Für den Mann bin ich ein Stück Dekoration hinten auf dem Sozius.
- Als Frau habe ich kein eigenes Leben, bin ein Anhängsel vom Mann.
- Zwischen Frau und Mann sind immer Mißverständnisse.
- Die schöne Liebe, das schöne Bild vom Mann läßt sich nicht halten.
- Es entstehen immer mehr Mißverständnisse und Mauern, bis nichts mehr geht und bis alles, was so schön war, weg ist.
- Ich lasse mich *nie* wieder auf die Liebe ein!
- Sowas passiert mir nicht nochmal.
- Liebe tut weh.
- Ich muß sie mir aus dem Herz reißen.
- Ich bin unfähig, ohne einen Mann zu leben.

Ein wenig früher, noch mit demselben Freund, hat Gwen folgende prägende Szene. Der Freund trifft einen anderen jungen Mann. Die beiden unterhalten sich über Frauen, und Gwen hört alles mit. Sie sprechen über ein Mädchen, das sich mit vielen jungen Männern eingelassen hat und beim Sex „geblutet hat wie ein Schwein". Für die Jungen ist sie ein Flittchen. Aber Gwen spürt ganz genau die Ambivalenz der Jungen, die natürlich auch ihre eigene ist. Auf der einen Seite ist da das Urteil, die Verachtung, die Aggression, der Ekel und auf der anderen Seite die Faszination.

Sie spürt genau, wie scharf die Jungen auf Mädchen sind und sie auch haben wollen:

- Nur, wenn ich den Männern meinen Körper gebe, werde ich geliebt.

Sie sieht in diesem Moment alles aus dem Blickwinkel der Männer und fühlt sich von dem Urteil der jungen Männer selbst schmerzhaft betroffen. Also beschließt sie:

- So mache ich das nicht, sonst werde ich von den Männern verachtet.
- Eine Frau, die sich den Männern, der Liebe und der Lust frei hingibt, ist schlecht und wird verachtet.
- Männer verachten Frauen.
- Wenn eine Frau blutet, ist sie besonders eklig.
- Ich kann Männern nicht mehr vertrauen.
- Frauen sind nur dazu da, daß sie die Beine breit machen. (In diesem Zusammenhang fiel ihr ein Schlager ein, den sie als Kind mal gehört hatte: „Fräulein, mach die Beine breit, Deutschland braucht Soldaten!")

Es gibt auch scheinbar harmlose Kindheitserlebnisse, die oft die Beziehungen zwischen Frauen und Männern prägen. Ein solches Erlebnis von Gwen will ich hier auch noch berichten: Gwen ist in dem Alter, wo sie in den Kinderhort geht. Sie hat eine Freundschaft mit einem kleinen Jungen. Sie spielen gern miteinander, schäkern und werfen sich Küßchen zu.

Einmal sieht Gwen, wie er mit den anderen Jungen über sie lacht und fühlt sich im Herz getroffen und völlig verraten:

- Auf die Liebe und auf den Jungen kann ich mich nicht verlassen.
- Er verrät mich und seine Liebe zu mir.
- Er lacht sogar noch über mich.
- Vor seinen Freunden muß der Junge mich runtermachen.
- Wenn er mich lieb hat, ist er kein richtiger Junge. Er muß sich von mir abwenden, mich verraten.

Und schon damals hat sie über sich selbst das Urteil gefällt:

- Ich bin nicht mehr rein und unschuldig.

Schließlich kommt Gwen auch noch in Kontakt mit einer Geschichte aus der Zeit, als sie etwa vier Jahre alt war. Sie sitzt im Bett mit ihrem Bruder. Beide Kinder sind nackend. Sie guckt sich ihren Bruder etwas genauer an, spielt neugierig an seinem Schwänzchen herum, fühlt sich harmlos und unschuldig.

Plötzlich kommt die Mutter ins Zimmer, sieht die Kinder und erstarrt zur Salzsäule. Aber dann wird sie schnell wieder lebendig und schimpft: „Was macht ihr denn da für Schweinereien! Pfui, das macht man nicht! Das ist eine ganz schlimme Sünde. Wer sowas macht, verliert seinen Schutzengel!"

Gwen ist von dieser Erinnerung völlig betroffen. Sie weint. „Ich wußte das gar nicht mehr! Hier habe ich die Wurzel all meiner Probleme gefunden! Jetzt verstehe ich meine ewige Angst und Gefühllosigkeit oder auch die Schmerzen!" Sie weint eine halbe Stunde lang, mehr als über die Vergewaltigung! Ich kenne dieses Weinen. Es ist der tiefste Schmerz, den wir ausgraben können, es ist der Schmerz über den Verlust des wahren Selbst, der Seele. Die Seele ist der Teil von uns, der uns in allem beschützen kann. In der christlichen Tradition ist sie als Schutzengel noch erkennbar. In diesem Erlebnis hat Gwen den Kontakt zu ihrer Seele verloren, und darüber weint sie herzerweichend.

Die Mutter hat auf diese Weise, wie Gwen meint, „ihre eigenen Schmutzgefühle an uns weitergegeben. Sie war selber so stark in der damaligen Sexualmoral gefangen, daß sie im Innersten die Sexualität als etwas ganz Schmutziges ansah", obgleich sie selber eine sinnliche und sexuell potente Frau war. Dieses Erlebnis hat jedoch nachhaltige Spuren bei Gwen hinterlassen:

- Wenn ich lustvoll und neugierig meinen Körper und den von meinem Bruder erforsche und genieße und wir miteinander spielen, dann bin ich schlecht und Mama schimpft, das sei eine Schweinerei, das sei ganz schlimme Sünde. (Und das Wort Bruder gilt im Bio-Computer für alle Männer!)
- Lustvoll mit dem Körper spielen ist was Böses, Verbotenes.
- Ich darf das nie wieder tun!
- Weil ich sowas Böses gemacht habe, verliere ich meinen Schutzengel. Jetzt beschützt er mich nicht mehr, paßt nicht mehr auf mich auf.

Diese Mutter hat irrtümlicherweise, aufgrund ihrer religiösen Vorstellungen, genau das Gegenteil von dem erreicht, was sie eigentlich erreichen wollte. Sie hat Gwen unheil gemacht. Sie hat Gwen beigebracht, daß es böse und sündig sei, den Körper, die Sinnlichkeit und Sexualität zu genießen. Das Heilige, vermittelt sie ihr, beschütze sie sonst nicht mehr. Da wir aber alle danach streben, wieder in das heile, ganze und heilige Sein unserer Seele zurückzukehren, hat Gwen unbewußt nach einer Strategie gesucht, wie sie beides verbinden kann, sexuell sein und unschuldig sein. Vergewaltigung schien der Ausweg zu sein!

Sie sehen an diesem Beispiel, wie eine unreflektierte religiöse Erziehung uns spalten kann. Sie trennt das Göttliche, Heilige von uns ab und erklärt unsere Sinnlichkeit und Sexualität für sündig.

Es ist an der Zeit zu erkennen, daß wir Seelen sind, die sich entschlossen haben, auf der Erde zu leben, herumzuspielen und uns zu genießen. Wir haben immer die Möglichkeit, das zu erkennen und uns nicht länger mit solchen lust- und seelenfeindlichen Lehren zu identifizieren.

Keine Übung: Ich rate Ihnen dringend davon ab, ein Mißbrauchs- oder Vergewaltigungserlebnis allein bearbeiten zu wollen! Sie waren damals schon allein! Tun Sie sich das nicht noch einmal an. Außerdem sollten Sie sich nicht allein in so tiefe Gefühle von Verletztheit hineinbegeben.

■ Der Mann, der kein Mann sein konnte und wollte

Eines Tages bekamen wir einen Anruf aus einer Klinik. Peter, 34 Jahre alt, ist dort, weil er einen Tumor in seinem rechten Hoden hat. In der Ultraschalluntersuchung haben sich zwar noch keine Metastasen gezeigt, aber der Druck in dem Hoden ist unangenehm, nimmt zu und macht angst. Der Hoden soll am nächsten Tag entfernt werden. Auch davor hat Peter Angst. Seine Freundin hat ihm geraten, mal bei uns anzurufen, weil sie eine Tantragruppe bei uns gemacht und von meiner Selbstheilung gehört hat.

Als er mich fragt, ob wir ihm helfen können, die Operation zu vermeiden, antworte ich: „Nein, das kannst du höchstens selbst, wir können dir nur helfen, bewußter zu werden." Ich erzähle ihm meine Heilungsgeschichte, wie Bewußtwerdung mir half, eine Operation zu vermeiden, und wie meine inneren Erkenntnisse die Tumore schließlich überflüssig machten – im wahrsten Sinne des Wortes.

Ich glaube, in jener Nacht hat Peter kein Auge zugemacht. Er war in einem riesigen Konflikt und mußte diese Entscheidung ganz allein fällen. Am nächsten Nachmittag ist er bei uns, stellt viele Fragen und beschließt dann, in einer Woche wiederzukommen und mit Hilfe von individuellen Rückführungen und mit Hilfe von Tantra zu erforschen, was hinter den Signalen seines Körpers steckt und was Körper und Seele ihn wohl lehren wollen. Den Tumor würde er weiter beobachten und regelmäßig mit Ultraschall untersuchen lassen.

Als wir mit unserer Arbeit beginnen, wird schnell deutlich, daß Peter überhaupt Probleme mit seiner Männlichkeit hat. Also machen wir genau das zum Thema der Rückführungen. Es zeigt sich, daß die Schwierigkeiten mit der Männlichkeit sich in vielen Bereichen auswirkten: im Beruf, in seinen Beziehungen, in seiner Sexualität und natürlich auch in seiner Selbstdefinition.

So will er z.B. mit einem anderen Mann zusammen eine Firma gründen. Um das Firmenzeichen, das Logo, soll er sich kümmern. Der Entwurf einer Künstlerin, der ihm gefällt, wird aber zurückgewiesen und durch einen Computerentwurf ersetzt.

Nehmen wir die Symbolik dieser Geschichte, so zeigt sich schon klar: Peter ist im Konflikt mit dem Männlichen. Eine berufliche Arbeit geht er lieber über seine weibliche, intuitive, künstlerische Seite an. Aber deren Leistung wird abgelehnt und durch eine technische Lösung ersetzt. Die aber ist nichts für ihn. Und in der Welt der Wirtschaft zählen die weiblichen Seiten nicht, werden vom Tisch gewischt. Er ist enttäuscht und entmutigt und zieht sich zurück.

Mit dem Mann, mit dem Peter die Firma gründen wollte, ist er auch befreundet. Einmal haben sie eine private Verabredung, zu welcher der Freund nicht kommt. Peter wartet. Schließlich ruft er den Freund an, der die Verabredung schlicht vergessen hat. Erst zwei Stunden später wird Peter wütend auf ihn.

In dieser harmlosen Rückführungsgeschichte zeigt das wahre Selbst, das die Geschehnisse ja auswählen kann, die zu dem Thema ins Bewußtsein kommen, daß Peters Beziehung zum Männlichen gestört ist: Der Mann nimmt ihn gar nicht ernst, so jedenfallls fühlt sich das für Peter an. Und in so einfachen und scheinbar belanglosen Alltagsbegebenheiten können Programmierungen sich ausdrücken.

Sie denken nun vielleicht: Na ja, das ist eine Lappalie, die jedem mal passieren kann. Richtig. Aber genau so wirken Programmierungen – bis in kleinste Alltagsbegebenheiten. Im Laufe der Jahre lernte ich, jede Erscheinung – in meiner eigenen wie in der Realität der Menschen, die zu mir kommen – so zu lesen, wie man einen Traum deutet. Im Traum hat jede Erscheinung eine symbolische Bedeutung, weil Träume die Gespinste unserer Phantasien sind. Und genauso ist unser Leben das Gespinst unserer bewußten oder unbewußten Gedanken. Natürlich ist diese Begebenheit nur eine Lappalie. Und doch zeigt diese Geschichte, daß wir schon viel früher aufmerksam werden könnten und nicht erst zu warten bräuchten, bis ein Tumor oder ein anderes gefährliches Symptom auftaucht.

Ein weiteres berufliches Erlebnis kommt in der nächsten Sitzung, welches uns zeigt, wie sehr Peter gegen all die sogenannten männlichen Qualitäten eingestellt ist. Er erlebt sich in der Rückführung noch einmal als Taxifahrer in der großen Stadt, in der er in dieser Zeit lebt. Er kann diesen Beruf nicht genießen, weil er die Erwartung der Kundschaft als großen Druck in seinem Nacken erlebt: Er soll entscheidungsfähig sein, den kürzesten Weg wählen, Verantwortung übernehmen, Führungsqualitäten zeigen, effektiv sein, darf keinen Fehler machen ... kurz, er soll „männlich" funktionieren. Das ist Streß für Peter.

Seine Erlebnisse mit Frauen sind ähnlich. Wieder bekommen wir zuerst ein scheinbar ganz belangloses Erlebnis präsentiert: Peter ist mit zwei Frauen im Urlaub in Italien. Sie machen einen Stadtbummel, und die Frauen verlassen sich einfach auf seine Orientierung. Das macht ihn ganz unmutig und verdirbt ihm das Vergnügen, weil er keine Lust hat, ein Führer zu sein. Die Frauen verhalten sich also nach dem antrainierten weiblichen Rollenklischee, aber er hat keine Lust, das männliche Klischee zu erfüllen.

Er muß das natürlich auch gar nicht, aber die Geschichte zeigt, wie fest die Rollenvorstellungen sind. Wie schön ist es, wenn Frauen auch mal führen und erforschen und wenn Männer sich auch mal leiten und treiben lassen können, wenn beide Geschlechter frei über das ganze Repertoire ihrer Fähigkeiten verfügen können.

Wieder denken Sie vielleicht: Solche Kleinigkeiten werden ja wohl keinen Tumor verursachen! Nein, das tun sie auch nicht. Aber bis ein körperliches Symptom entsteht, passieren viele solcher kleinen, scheinbar belanglosen Dinge – täglich. Sie summieren sich. Sie häufen sich an wie Kumuluswolken, sie werden erdrückend, und schließlich materialisieren sie sich als Symptom.

Peter hat seit vielen Jahren eine Freundin, mit der er zusammenlebt, doch Sexualität macht ihnen schon lange keinen Spaß mehr. Sie wohnen einfach nur noch zusammen. Einmal, vor einigen Jahren, ist er mit ihr und einer Freundin von ihr zusammen in Urlaub gefahren. Sie schlafen alle in einem Zimmer. Er spürt ganz viel Zärtlichkeit und ein süßes Verlangen nach der anderen Frau. Er unterdrückt alle Gefühle aus Rücksicht auf seine Freundin.

In demselben Jahr verliebt sich Peter, er war damals 31 Jahre alt, in ein 15jähriges Mädchen. Er nimmt all seine Gefühle, Sehnsucht, Liebe und Lust zurück. Sie darf nichts merken. Nach seiner eigenen Einschätzung ist das alles unmöglich. Er muß sich als Mann zurückhalten.

Dann bearbeitet Peter ein sexuelles Erlebnis, das er mit 28 Jahren mit seiner Freundin hatte. Sie läßt sich streicheln, hat auch einen Orgasmus, aber sie gibt nichts zurück, *er* bekommt keine Lust und keinen Orgasmus. Es ist Frust für ihn, und es macht ihn traurig und läßt ihn resignieren.

Mit 21 Jahren hatte Peter eine wunderschöne Freundin, in die er heiß verliebt war, und sie auch in ihn. Sie erleben das ganze Liebespiel eines verliebten Paares bis schließlich hin zur Sexualität. Aber *da* kommt dann der Punkt, an dem es nicht mehr weitergeht: Sie öffnet sich nicht für seinen Penis, und er fühlt sich als Mann zurückgewiesen.

Mit 16 Jahren hat Peter eine Art Vergewaltigung erlebt: In der Disco macht ihn eine Frau betrunken und schleppt ihn dann ab in einen Rohbau. Dort soll er dann zur Sache kommen. Er versagt.

Sie beschimpft ihn, läßt ihn liegen und geht. Peter ist völlig verstört und bekommt danach eine Infektion, d.h., er bestraft sich auch noch selbst. Hier hatte Peter viele Glaubenssätze, daß er es als Mann nicht bringt, daß Frauen mit ihm machen können, was sie wollen etc.

Aus der Kindheit bekommen wir ein ganz eigenartiges Erlebnis, das scheinbar wieder belanglos ist. Hier zeigen aber die Glaubenssätze, die er praktisch nebenbei, während er erzählt, ausspricht, wie tief traumatisiert dieser Mann in seiner Männlichkeit ist. Er erlebt sich als Neunjährigen, der abends mit seiner Schwester spielt. Sie hat irgendein Spielzeug, das er gern haben möchte, aber sie gibt es ihm nicht. Er kämpft, er weint und ist verzweifelt, Abend für Abend. Und Hilfe von der Mutter bekommt er auch nicht.

Die Glaubenssätze aus dem Erlebnis mit der Schwester zeigen deutlich, in welchem Programm Peter festhängt, obwohl es in diesem Spiel in keiner Weise um Sexualität ging:

- Sie gibt's mir nicht.
- Jetzt kriege ich es gar nicht. (Wenn er kämpft.)
- Ich kann mich nicht wehren.
- Ich kann mich nicht durchsetzen.
- Ich geb's auf, ich krieg's ja doch nicht.
- Ich komme bei den Frauen nicht an.
- Ich brauche das Spielzeug meiner Schwester, um glücklich zu sein. (Worte wie Schwester, Bruder, Mutter und Vater gelten im Bio-Computer immer für das ganze Geschlecht, betreffen also alle Frauen und Männer und dazu noch den jeweiligen Aspekt, also z.B. die mütterliche Weiblichkeit oder die väterliche Männlichkeit.)

Die Gefühle, die Peter in diesem Erlebnis als Junge hatte, waren natürlich viel mächtiger, als es dieser harmlosen Situation entsprechen würde. Das ist übrigens ein sicheres Zeichen für darunterliegende Erlebnisse aus früheren Leben und daraus resultierende Programme. Wenn Sie sich in diesem Leben über „maßlos übersteigerte'" Gefühle wundern, die einem Ereignis gar nicht angemessen zu sein scheinen, dann können Sie sicher sein, daß diese Gefühle nur die Spitze eines Eisbergs sind. Dann spricht man oft und leichtfertig von „hysterisch", insbesondere bei Frauen, und niemand ahnt, was für ein tiefes Trauma, vielleicht über Leben hinweg, darunter liegt.

Da die Angst und der Druck in dem Hoden immer noch stark sind, machen wir eine Phantasiereise in den Hoden, um Informationen von der Seele zu bekommen, in welchem Entwicklungsstadium die Krankheit ist und was sie ihm sagen will.

Peter sieht eine karstige Felslandschaft, versteinerte Lava, leblos, kalt, dunkel, ohne Vegetation. Darin findet er eine Höhle mit einem katzenartigen, bösen Tier. Es wehrt sich, es hat Angst, es will nicht rauskommen.

„Läßt sich die Landschaft und die Situation des Tiers verändern?" frage ich. „Ja", sagt Peter. Und dann verändert er die Landschaft mit reichlich Grün und lockt das Tier aus der Höhle. Ängstlich, vorsichtig, mit einer Sonnenbrille und einem Seidentuch bekleidet, kommt es hervor.

Die Sonnenbrille und das Seidentuch zeigen Ihnen zwei Eigenarten des wahren Selbst, an denen auch Sie Ihre Seele oder die Göttlichkeit in sich selbst und in anderen Menschen immer erkennen können: Humor und Liebe.

Alle Bilder aus der Phantasiereise geben uns Informationen darüber, wie dieser Mann seine Männlichkeit und seine Sexualität sieht und unter welchen Bedingungen er sie zeigen könnte. Also löschen wir folgende Glaubenssätze:

- Meine männliche Sexualität ist tierisch.
- Das Animalische ist böse, es darf nicht raus, es darf nicht gesehen werden, es darf sich nicht zeigen.
- Mein Leben als Mann ist hart, leblos, kalt, ausgedörrt, dunkel, kantig und trostlos.
- Wenn ich mich zeige, dann eher niedlich und weiblich. (Das war ein sehr sichtbarer Zug in seinem Auftreten. Manchmal, wenn er mich begrüßte, dachte ich: Jetzt macht er gleich einen Knicks wie ein Mädchen. Dabei hat er einen wunderschönen männlichen Körper, wirkt aber eher jungenhaft.)

Danach gehen wir mit den Rückführungen weiter, kommen zu seiner Geburt, die sich terminlich hinauszögerte. Außerdem gab es Komplikationen mit der Nabelschnur. Seine Seele hatte wohl keine Lust auf diese Welt. Immer wieder das alte Dilemma! Aber für die Seele gibt es keinen Weg daran vorbei. Sie muß zurückkommen, bis sie das Thema mit dem Frau- und Mannsein, der Sexualität und allen Gefühlen und Gedanken gelöst hat. Bis sie sich gelöst hat von allen Identifikationen, egal, ob es positive oder negative sind. In den Rückführungen bearbeiten wir nur die negativen Identifikationen, damit wir als Seelen frei werden, uns und die Welt zu genießen. Wir haben lange genug gelitten.

Dann kommen wir zu seinem ersten früheren Leben. Er erlebt sich im Jahre 1889 als jungen Mann, vielleicht ist er ein Soldat, und er erlebt noch einmal, wie er ein junges Mädchen vergewaltigt und ermordet. „Es" hat ihn überwältigt. Er ist zum wilden Tier geworden. Hinterher hat er solche Schuldgefühle, daß er der Sexualität abschwört:

- Nie wieder will ich meine männliche Sexualität zulassen.
- Wenn sie ausbricht, ist sie wie ein Vulkan, vergewaltigt und tötet die Frau.
- Sie ist zu gefährlich, tierisch und unkontrollierbar, sie muß ausgelöscht werden.

Wir gehen weiter zurück. Wieder erlebt er sich als Mann, im Jahre 1740, als jungen Knappen, der eine atemberaubend schöne Geliebte hat. Sie treffen sich heimlich, mal im Wald, mal in einer Wohnung. Aber er ist ein ängstlicher Mann. Eines Tages kommt der Vater der Frau. Der Knappe versteckt sich. Der Vater vergewaltigt seine Tochter, und der Knappe bekommt in seinem Versteck alles mit. Er ist aber zu feige, um aus seinem Versteck zu kommen und einzugreifen. Er hat Todesangst. Die Frau ist hinterher so enttäuscht von ihm, daß sie ihn wegschickt und nichts mehr mit ihm zu tun haben will.

- Als Mann bin ich nicht gut genug.
- Erwachsene männliche Sexualität ist gewalttätig.
- Wenn ich mich ihr entgegenstelle, tötet sie mich.
- Ich will kein erwachsener Mann sein.
- Jetzt ist meine Geliebte, die Frau unerreichbar für mich.

Noch früher, im Jahre 1680, erlebt er sich als Reiter im Dunkeln. Er ist schwach, krank, und hungrig und reitet in der Nacht auf ein Licht zu. Er kommt zu einem Bauernhof. Die Bauersleute nehmen ihn auf, und die Bauersfrau pflegt ihn gesund. Sie wirkt auf den kranken Mann wie eine Lichtgestalt, während ihm der Bauer als sehr bedrohlich erscheint. Nehmen wir allein die Symbolik dieser Geschichte, so können wir daran folgende Glaubenssätze des Mannes ablesen:

- Als Mann bin ich schwach, krank, hungrig und im Dunkeln verloren.
- Die Frau ist das lichte Wesen, der Mann das Dunkle, Bedrohliche, Lebensbedrohliche.
- Ich brauche die Frau, um gesund (geheilt = heil = ganz) zu werden.
- Aus eigener Kraft schaffe ich es nicht.

Schließlich kommen wir in den Rückführungen in die Zeit um Christi Geburt, als Peter sich als Reiter auf einem Schlachtfeld erlebt. Es gibt nur eins, verlieren oder gewinnen. Um zu gewinnen, müssen die Männer morden, töten, schlachten. Der Reiter kann und will nicht mehr. Er flieht und versteckt sich. Nach dem Gesetz und den Anschauungen seiner Truppe hat er damit sein Recht zu leben verwirkt.

- Ein richtiger Mann muß kämpfen, töten, morden, schlachten.
- Es gibt nur eins, gewinnen oder verlieren.
- Wenn ich das Männerspiel nicht mitmache, habe ich mein Recht zu leben verwirkt.
- Ich kann nur noch leben, wenn ich mich verstecke.

Ebenso wie dieser kollektive Wahnsinn sich in Kämpfen und Kriegen ausdrückt, zeigt er sich im Körper dieses Mannes als selbstzerstörerischer Tumor.

Tiefenpsychologisch gesehen, ist dieser Mann in einer aussichtslosen Lage: Ein gewalttätiger Mann will er nicht sein, also muß er sterben. Unbewußt weiß er irgendwie, daß er die Frau braucht, um heil und ganz zu werden. Vereint er sich aber mit der Frau, ist sein Leben auch bedroht. Außerdem ist die Frau für ihn in dem Knappenleben unerreichbar geworden. Das zeigen die vielen Situationen in diesem Leben, wo er sich als Mann zurücknimmt, und auch der Verlauf der Beziehung mit der Freundin, mit der er „zusammenlebte". Wenn die Frau auf diese oder eine andere Weise aber für den Mann unerreichbar geworden ist, dann sieht sein unbewußtes Bewußtsein (Egobewußtsein) manchmal nur noch eine Lösung: Gewalt. Der Gewalt hat er aber auch abgeschworen. Bleibt ihm also nur noch Selbstzerstörung? Er ist im Labyrinth der Gefühle, Glaubenssätze und falschen Vorstellungen verloren.

Peter ging ein Licht nach dem anderen über sich auf. Er war tief beeindruckt über die Hintergründe und Komplexität seiner Krankheit. Nun war er gespannt, welche Auswirkungen die Arbeit auf seine Beziehungen und Begegnungen, seine Sexualität und natürlich nicht zuletzt auf seinen Tumor haben würde.

Also entschloß er sich an dieser Stelle, mit Tantra weiterzumachen. In unseren Tantragruppen war es ihm möglich, weiterhin mit Rückführungen an seinen Programmen und Vorstellungen über Männlichkeit, Weiblichkeit und Sexualität zu arbeiten. Darüber hinaus konnte er im lebendigen Kontakt mit Menschen sehen, ob es ihm möglich wäre, seine Verhaltensweisen zu ändern, das Weibliche und Männliche in sich integriert zu leben, Kontakte zu Frauen und Männern auf neue Art zu leben, ganz neue Möglichkeiten im Umgang mit sexueller Energie kennenzulernen und vieles mehr. Er wollte auf dem Weg seiner Transformation möglichst schnell vorankommen, um sich aus den „eingefleischten" Verhaltensweisen zu lösen und sich zu heilen.

Nun lernte er Schritt für Schritt, Frauen und Männern neu zu begegnen, Kontakt und Nähe mit ihnen zu haben und zu genießen, sich zu zeigen und vieles mehr, was ich hier gar nicht alles schildern kann. Jedenfalls war er von der Rückführungsarbeit so beeindruckt, daß er sich nach einiger Zeit sogar entschloß, das Past-Life-Training mitzumachen, was ihm ein weiteres gründliches Verarbeiten von Themen wie Mutter, Vater, Beruf, Sexualität, Liebe, Geburt und Tod, Kreativität, Erfolg und anderem erlaubte.

So konnten wir in Kontakt mit ihm bleiben und seinen Heilungsprozeß weiterverfolgen. Seine Erlebnisse und Verwandlungen und sein Wachstum beeindruckten ihn zwar, aber das, worauf er sehnlichst wartete, nämlich daß auch der Tumor oder wenigstens der Druck im Hoden verschwinden würde … das geschah nicht. Nach gut einem Jahr ließ er ihn doch operativ entfernen, was uns alle traurig stimmte.

Es hatte alles so gut angefangen, aber nach einiger Zeit schien es nicht weiterzugehen, sein Heilungsprozeß stagnierte. Mich beschäftigte das, weil er ja einiges eingesetzt hatte für seine Selbstheilung, und ich dachte, da könnte und sollte eigentlich mehr passieren. In dieser Phase, als mich die innere Frage bewegte, warum es wohl nicht richtig weiterging, tanzte Peter eines Abends beim meditativen Tanz in unserer Runde. Und wieder sah und fühlte ich das Mädchen. Ich dachte: Da tanzt ein Mädchen in einem Männerkörper. Das ist weder ein männlicher Tanz noch ein Tanz, wo weibliche und männliche Bewegungen integriert sind und miteinander fließen. Da tanzt einfach ein Mädchen!

Am nächsten Morgen während der Meditation stand immer der Tanz vor meinem inneren Auge. In der Morgengruppe fragte ich ihn dann, ob er bereit sei zu untersuchen, ob sich eine andere Seele in ihm eingenistet hätte. Er hatte Lust und auch den Mut dazu. Wir bildeten also einen Energiekreis für ihn, und nach vielen liebevollen und schützenden Vorbereitungen, zu denen auch das Lichtatmen gehört, versuchte er dann mit meiner Hilfe festzustellen, ob eine andere Seele heimlich von seinem Körper Besitz ergriffen hatte. Dem war tatsächlich so, und wir bekamen Kontakt mit einem Mädchen. Es war das Mädchen, das Peter in seinem letzten Leben zusammen mit anderen Soldaten vergewaltigt und ermordet hatte.

Wir baten das Mädchen, uns durch Peters Mund zu antworten, da sie ja in seinem Körper wohne. Sie erklärte sich bereit dazu. Sie war sehr verletzt, verbittert und voller Haß. Sie gab zu, daß sie sich Peter ausgewählt hätte, weil sie in ihrem entsetzlichen Tod Rache geschworen hatte. Von ihm konnte sie leicht Besitz ergreifen, weil er die meisten Schuldgefühle hatte. Da auch Peter glaubte, er müsse bestraft werden, war er für ihren Übergriff offen gewesen. (Eine andere Seele kann nämlich nur dann von uns Besitz ergreifen, wenn wir dieselben Anschauungen haben wie sie!) Selbstverständlich wollte sie seinen Körper noch nicht verlassen, sie wollte noch mehr Rache, er sollte als Mann ganz zerstört werden.

Ich fragte sie, ob sie glücklich sei da drinnen. – Nein, das sei sie nicht, aber ihre Rache, die müsse sie haben. – Nun, sie hatte ja schon ein ganz schönes Stück Rache verübt, ein Hoden war ihr schon geopfert worden. Wir mußten lange mit ihr reden und ihr verständlich machen, daß sie mehr Spaß und wieder Freiheit und Freude haben könnte, wenn sie den Rachegedanken loslassen würde. Wir mußten ihr helfen, viele Irrtümer, d.h., Glaubenssätze über Frauen, Männer, Menschsein, Seelesein, Sexualität usw., aufzugeben.

Aber das Mädchen blieb, verständlicherweise, immer etwas mißtrauisch und wollte sich nicht überzeugen lassen. Also mußte auch Peter seine Glaubenssätze aufgeben, daß er schuldig sei und bestraft werden müßte. Und schließlich mußten wir auch noch *ihren* Tätersatz suchen, also ihren unbewußten Wunsch, warum sie vergewaltigt werden wollte. Das dauerte. Sie war voller Mißtrauen und Widerstand, und sie hatte auch gar keine Lust, die Verantwortung für das, was ihr geschehen war, zu übernehmen. Wir mußten ihr ganz genau erklären, wie das mit dem Bewußtsein ist und daß sie sich mit ihrem Tätersatz nur geirrt hatte und sie wieder frei und heiter leben und sich einen neuen Körper als Frau schaffen könne, wenn sie Lust dazu hätte, und daß sie etwas Besseres haben könne als den bitteren Genuß der Rache.

Nach einiger Zeit willigte sie schließlich zögernd ein, Peters Körper zu verlassen und ins Licht zu gehen. Hätten wir Peters Körper dabei nicht genau beobachtet, so hätten wir nicht gemerkt, daß sie uns täuschte. Sie kehrte zurück. Es war sichtbar, daß Peters Körper immer noch angespannt und nicht befreit war. Ich erklärte ihr und Peter also noch einmal ganz genau, wie der Zusammenhang mit dem Bewußtsein, dem Licht und unserer materiellen Realität funktioniert. Schließlich bekam das Licht doch die größere Anziehungskraft als die Rache, und sie ging nun wirklich. Erst jetzt ging, für uns alle sichtbar, eine riesige Entspannung, ein großes Loslassen durch Peters Körper, und wir konnten den Clearingprozeß mit allen Abschlußmaßnahmen beenden.

Ich war tief berührt und dankbar, daß uns ein solcher Heilungsvorgang geschenkt wurde. Gewiß war es manchen Leuten aus der Gruppe unheimlich. Aber wenn eine Rückführung vom wahren Selbst gesteuert wird, fühle ich das. Dann läuft Präzisionsarbeit ab, die ich mir mit meinem Kopf gar nicht ausdenken könnte, obwohl natürlich auch mein Verstand dabei gebraucht wird. Wenn ich also fühle, daß mein wahres Selbst mir etwas mitteilen will, übergebe ich mich der Führung meiner Seele, welche mir die notwendigen Impulse gibt.

Nun waren wir alle riesig gespannt. Wie würde es mit Peter weitergehen? In der nächsten Zeit veränderte sich sein ganzes Leben. Das geschieht oft bei so tiefgreifenden Heilungsprozessen. Deshalb haben viele Menschen auch Angst davor, sich darauf einzulassen. Peter bekam eine neue männliche Ausstrahlung, begann, ganz anders aufzutreten. Für mich war sichtbar, daß das unsichere Mädchen aus seinem Körper verschwunden war. Auch die immer leicht schuldbewußte Körperhaltung verschwand. Er verliebte sich in eine Frau, und sie sich in ihn. Er zog in ihre Stadt, begann eine neue Berufsausbildung und vieles mehr.

Auch in diesem Falle empfehle ich **keine Übung.** Bitte, suchen Sie sich professionelle Hilfe, wenn Sie eine Ahnung haben, daß mit Ihnen so etwas geschehen sein könnte.

▨ Mein Vater? Unmöglich!

Pat ist eine junge Frau, die zu uns kommt, weil sie mit Männern und mit Sexualität nicht klarkommt. Sie hat einen weichen, weiblichen Körper und strahlt eine schöne Sinnlichkeit aus. Von Beruf ist sie Tischlerin und steht kurz vor der Gesellenprüfung. Bei dieser Persönlichkeitsbeschreibung könnte man fast sagen: Mensch, die hat es geschafft, Weiblichkeit und Männlichkeit in sich zu integrieren! Dem ist aber nicht so. Obwohl sie einen kräftigen Körper hat, ist Pat eher schüchtern und zurückhaltend und öffnet sich nur ganz vorsichtig im Past-Life-Training, zu dem sie sich nach einer Tantragruppe entschlossen hat. Sie hat sich vorgenommen, sich genauer zu erforschen, mehr über sich zu erkennen und sich mehr um sich zu kümmern. Pats auffällige Weiblichkeit und ihr dazu konträrer Beruf zeigen mir, daß sie einen unbändigen Willen haben muß, diese beiden Seiten in sich zu befreien und voll zu leben.

Schon im Vorgespräch fallen viele Glaubenssätze, die ich immer gleich aufschreibe, wenn ich sie so nebenbei höre:

- Nähe ist gefährlich.
- Männer sind verletzend, wenn ich mich für sie öffne.
- Immer soll ich mich dem beugen, was der Mann will.
- Ich muß immer lieb und nett sein.
- Wenn ich nicht nett bin, gibt's furchtbaren Streit, Ärger und Schmerzen, das tut alles furchtbar weh.
- Ich darf von Männern nichts fordern.
- Wenn ich was fordere, kommt ein Schlag zurück.
- Ich muß mich vor dem Mann verschließen.
- Mit einem Mann kann ich mich nicht fallen lassen.
- Wenn ich mich mit einem Mann fallen lasse, dann nutzt er mich aus, benutzt mich, achtet mich nicht, nimmt mich nicht ernst, kommt mir nicht entgegen, versteht mich nicht.
- Mit Männern leben ist nicht möglich, das ist alles Illusion.

Da Pat ein viel sinnlicheres und verspielteres Liebesleben haben möchte, gibt sie diese Glaubenssätze gerne auf.

Als erstes durchlebt sie eine Szene aus einer Tantragruppe noch einmal. Sie fühlt sie ganz körperlich:

Wir liegen umarmt, mein ganzer Körper kribbelt vor Lust, ich drehe mich wie ein Hähnchen am Grill, möchte immer noch mehr, wage aber nicht, es zu sagen. Nach und nach werde ich traurig und schlafe ein.

Die Schlußfolgerungen aus dieser Situation sind:
- Meine Wünsche werden sowieso abgetan.
- Wenn meine Wünsche akzeptiert und erfüllt werden, ist es noch schlimmer, dann zeige ich mich zuviel, dann hat der Mann auch Freude daran, dann wird es noch toller – und dann wird alles viel zu lebendig.
- Meine Yoni ist was Schmutziges, ist peinlich.
- Männer ekeln sich vor meiner Lustflüssigkeit und vor meinem Blut.
- Wenn ich meine ganze Lebendigkeit zulasse, dann werde ich zu laut, dann gibt's Ärger.

Sie gibt diese Glaubsensätze gerne auf. Da sie ein sehr ruhiges Auftreten und auch eine leise Stimme hat, kann ich mir gut vorstellen, daß sie als Kind oft erlebt hat, „zu lebendig" zu sein und Dämpfer bekommen hat. Einmal, im Verlauf des Past-Life-Trainings, tanzt Pat am Tanzabend. Der Tanzabend ist ein besonderes Ereignis, mit meditativ-kreativem Tanzen, wo einzelne allein in der Mitte der Gruppe tanzen können. Bei diesem Tanz läßt Pat die ganze anerzogene Scheu fallen. Plötzlich tanzt sie so kraftvoll und lebendig, wie wir sie noch nie gesehen haben, und sie hat dabei eine starke erotische Ausstrahlung. Sie bekommt viel Applaus und viele schöne Komplimente. Wir alle wünschen ihr von Herzen, daß ihr ganzes Leben so wird wie dieser Tanz.

In dem nächsten Erlebnis, das wir mit Pat bearbeiten, ist sie 21 Jahre alt. Sie ist mit einer Freundin in die Disco gegangen. Dort trifft sie einen früheren Bekannten mit Freund.

Dieser Freund interessiert sich für mich. Erst finde ich ihn doof, meine anerzogene Scheu läßt mich zurückschrecken. Aber nachher ändert sich das. Wir sind verliebt, treffen uns öfter und erlauben uns auch sexuelles Zusammensein. Aber es ist alles nicht so, wie ich es mir gewünscht habe. Der Sex ist schwierig und verklemmt, und wir können beide nicht darüber reden. Er hat Asthma, und ich kriege Depressionen. Als ich nach einer Bustour zurück nach Hause komme, liegt bei mir zu Hause ein Abschiedsbrief von ihm. Ich bin erleichtert!

Pat bearbeitet ihre Frustration und Enttäuschung und gibt danach folgende Glaubenssätze auf:
- Ich darf Sex nicht schön finden.
- Liebe und Lust sind peinlich, niemand darf davon etwas hören und sehen.
- Liebemachen und Sex sind unangenehm.
- Wenn ich Lust und Liebe frei lebe, bin ich schlecht.
- Ich kann und darf nicht sagen, ja nicht mal wissen, was mir beim Liebemachen Spaß macht.
- Über den Körper und über Sex und Geschlechtlichkeit spricht man nicht.
- Ich muß mich zurücknehmen.

- Von Männern werde ich verschaukelt.
- Ich kann meine Liebe und Lust nicht ausleben.
- Wenn ich meine ganze Energie zulasse, habe ich mich nicht mehr unter Kontrolle.
- Ich muß mich unter Kontrolle haben.
- Wenn ich loslasse, dann bin ich zu wild und zu laut.
- Wenn ich lebendig bin, lähme ich den Mann.
- Dann wehrt er sich, und ich werde wieder eingeengt.

Als nächstes bearbeiten wir das Ende einer Beziehung mit einem Freund, als Pat 15 Jahre alt war. Es war ziemlich dramatisch, da der Mann immer wieder mit Selbstmord drohte, wenn sie nicht weiter für ihn da wäre, aber sie hatte einfach keine Lust mehr. Bei der Lust, Liebe und Sexualität erlebte sie den Mann grob, ungeschickt, ohne Gefühl. Wenn sie etwas sagte oder ihre Bedürfnisse anmeldete, gab es Streit und noch mehr Mißverständnisse. Am Ende fühlte sie sich nur noch blockiert, von Kopf bis Fuß, und hatte krampfartige Schmerzen im Herzchakra.

Nachdem sie sich von den Gefühlen befreit hatte, gab sie folgende Glaubenssätze auf:
- Eine natürliche, selbstverständliche Nähe mit dem Mann ist nicht möglich, alles ist verzerrt, verdreht, gemein, link und anstrengend. Es gibt nur Streit, Kampf und Mißverständnisse.
- Der Mann kann mit Liebe, Lust und Sinnlichkeit nicht umgehen, er ist nicht so weit.
- Männer sind cool und gefühlstot, können mit Gefühlen nicht umgehen.
- Eine Frau, die ihre Gefühle zeigt, ist hysterisch, übersensibel.
- Ich muß mein Herz zumachen.
- Ich muß mein Herz hart wie Stein machen.

In der nächsten Rückführung sieht Pat sich als Fünfzehnjährige. Sie steht in dem Wartehäuschen einer Bushaltestelle an der Straße ihres Dorfes. Zuerst nimmt sie sich gar nicht in dem Häuschen wahr, sondern sieht eine Frau auf einem Fahrrad vorbeifahren, die immer schneller und schneller fährt. Nachher ist das Fahrrad gar kein Fahrrad mehr, sondern ein Moped.

Eigenartig! Die Frau hat ein Tiergesicht. Doch dann sitze ich alleine in dem Buswartehäuschen.

Ja, ich bin alleine und warte ... ob auf den Bus oder auf eine Verabredung? Ich weiß es nicht. In der Zeit war ich oft kurz mit Jungs oder mit Männern zusammen, aber es war immer so enttäuschend. Ich erlebte immer wieder, daß sie keine Achtung vor mir haben. Weißt du, solche Szenen wie: Patsch, einen Schlag auf meinen Hintern und dann die Bemerkung: „Was haste für'n dicken Hintern!" Damals kam ich schon zu dem Schluß, daß Jungs blöd sind. Ich fühlte mich völlig mißverstanden und unverstanden und, wie in dem Bild, allein.

In dieser Zeit zieht sie Schlußfolgerungen wie:
- Jungs sind blöd!
- Keiner versteht mich.
- Es gibt keine netten Männer.
- Es gibt keine Männer, die Achtung vor mir haben, mich lieben und schätzen.
- Als Frau muß ich mich völlig verschließen.
- Mit Männern ist es immer so enttäuschend.
- Eine Frau, die bestimmt ist, natürlich, lebendig, in ihrer Kraft und bei sich selbst, macht Männern angst.
- Männer lieben Dummchen, die sich zieren, die immer nein sagen und dabei anhimmelnd und einladend die Augen aufschlagen!
- Eine natürliche Frau in ihrer ganzen Kraft können Männer nicht ertragen. Wenn ich meine ganze Kraft zulasse, werde ich häßlich und zum Tier. (Wobei das Moped sicher noch lange nicht all ihre Kraft symbolisiert.)
- Eine Frau muß sich dem Mann unterwerfen.
- Ich bin immer die Blöde.
- Das Leben als Frau ist total grau, langweilig, tot und verregnet, und ich kann nur ein Opfer von einem Ekelpaket werden.
- Der Mann hat immer recht.
- Er versteht noch nicht mal, warum ich wütend werde!

Pat gibt diese Schlußfolgerungen gerne auf, um frei für eine neue Qualität von Erfahrungen zu werden.

In der nächsten Rückführungssituation erlebt Pat sich als zehnjähriges Mädchen. Sie spielt mit ihrer Schwester und anderen Kindern.

Wir haben uns im Zimmer ein Büdchen aus Decken gebaut. Ich krabbel da rein. Weil es so schön warm und gemütlich ist, ziehe ich mich aus und streichle und berühre mich von Kopf bis Fuß. Das ist sehr schön. Meine Schwester soll bloß nicht gucken!

- Niemand darf meinen nackten Körper sehen.
- Niemand darf sehen, daß ich mich selbst liebe und genieße und daß mir mein Körper gefällt und Lust macht.

Natürlich kommt meine Schwester doch in mein Büdchen rein. Ich erschrecke mich ganz fürchterlich. Ein Schock, wie ein Druck auf meinem Herzchakra.

- Ich lasse sowas besser sein!
- Das kann ich mir nur erlauben, wenn ich sicher bin, daß sämtliche Türen, Fenster und Öffnungen total verschlossen sind.

Eine harmlose Situation, aber welch dramatische Glaubenssätze! Wenn eine Frau beschließt, sich selber nicht mehr zu lieben, ist sie schon in der elementarsten Beziehung gestört, die es gibt, in der Beziehung zu sich selbst. Und wie viele Menschen leben mit dieser Selbstbeschränkung!

Weiter zurück, mit neun Jahren, erlebt Pat einen Fernsehabend noch einmal.

Ich sitze neben meinem Vater, und wir sehen einen Fernsehfilm, Heidi. Ich sehe Heidi zuerst mit ihrem Großvater und dann, wie sie mit Peter auf der Wiese herumtobt. Voller Freude kullern sie auf der Wiese herum, und der Großvater schaut wohlwollend zu. Obwohl das ja nur ein Film ist, erlebe und fühle ich das Ganze, als ob ich das wäre. Es ist ein gutes Gefühl, kraftvoll, lebendig, leicht, fröhlich, ohne Gedanken, einfach drauflos spielen und leben. Ich kuschel mich bei meinem Vater

an, und er legt den Arm um mich. Aber das ist ja nur ein Film,
im Leben gibt es sowas nicht!

So eine harmlose Situation, aber was für Gedanken Pat dazu hat:
- Positive Männer gibt's nur im Film.
- Lebendige und natürliche kleine Mädchen gibt's auch nur im Film.
- Verständnis, Spielen, Freude und Spaß am Körper gibt's auch nur im Film.
- Einfach leben nach dem momentanen Gefühl geht auch nicht, dann wird das alles nicht so, wie ich es mir wünsche.
- Daß Mädchen und Jungen so unbefangen miteinander tollen und spielen, gibt's auch nur im Film.

„Und weißt du, ich konnte genau fühlen, daß meinem Vater unsere Nähe irgendwie zuviel wurde. Auch daraus zog ich meine Schlüsse."
- Ich muß mich zusammennehmen, meine Energie und Lebendigkeit zurücknehmen, sonst hält mein Vater das nicht aus.
- Mit meinem Vater kann ich nicht so tollen und spielen wie mit einem Jungen.
- Eine schöne Liebe zwischen Frau und Mann gibt es nur im Film oder im Roman, aber nicht in Wirklichkeit.
- Das Leben ist schwer, freudlos und traurig.

Zu der Zeit, als wir Pat kennenlernten, war sie auch schon depressiv, kein Wunder, bei dem Päckchen, das sie mit sich herumschleppte.

In der nächsten Rückführung erlebt Pat sich als vierjähriges Kind im Kinderbett.

Ich sehe eine schlafende Person. Es ist dunkel. Ich liege in meinem Kinderbett. Die Tür geht auf, und mein Vater kommt rein. Er berührt mich an verschiedenen Stellen, an meinem Kopf, an meinem Herz und im genitalen Bereich. Es ist nicht unangenehm! Es ist wohlig und warm. Aber ich zittere innerlich, denn ich bin so erschüttert. Ich will das nicht sehen! Das

*kann doch nicht wahr sein! Das ist unaussprechlich! Das kann
und darf ich nicht erzählen!*

Ich bitte sie, die folgenden Glaubenssätze gleich aufzugeben,
damit es weitergehen kann:
- Ich will das nicht sehen.
- Das kann nicht wahr sein.
- Das ist unaussprechlich.
- Ich darf und kann nichts sagen.
- Ich muß den Mund halten, muß ganz still sein.

Schließlich ist es ihr doch möglich zu erzählen.

> *Mein Vater sitzt auf einem Stuhl neben meinem Bett und
> streichelt sich selbst, angezogen. Ich kann gar nichts damit
> anfangen.*

Aber sie fühlt Angst, ja Panik dabei, die Kehle ist ihr wie zuge-
schnürt, und sie hat Bauchschmerzen.
   Diese Erinnerung wirkt, als ob eine Schleuse geöffnet wurde.
Nun fängt Pat bitterlich an zu weinen, aus tiefstem Herzen.
Zwischen ihren Schluchzern sagt sie manchmal Sachen wie:
- Das darf nicht wahr sein!
- Ich will nur noch schlafen, damit ich überhaupt nichts mehr
  mitkriege.
- Mich heiratet sowieso niemand!

Nachdem sie sich ein wenig beruhigt hat, schildert sie sich als
schlafendes Kind.

> *Mein Vater tanzt da rum. Die Hose ist ihm runtergerutscht.
> Plötzlich kommt Mutter ins Zimmer. Sie hat was gehört.
> Hastig zieht er seine Hose wieder hoch. Mutter ist entsetzt und
> sagt: „Faß das Kind nur nicht nochmal an!"*
>   *Tatsächlich, mein Vater hat mich später von sich aus nie
> wieder angefaßt, mit mir geschmust oder mich auf den Schoß
> genommen, wie andere Väter es tun. Das Fernseherlebnis war
> eine große Ausnahme.*

Bei der nächsten Wiederholung des Erlebnisses ist Pat ganz blaß.

Das waren vorhin alles noch Ausweichbilder! In Wirklichkeit hatte mein Vater mich auf den Arm genommen, während er sein Glied streichelte. Er hielt mich vor seiner Brust. Die Wärme ist schön, ich habe nur Angst vor dem großen Glied. Einmal paßt er nicht auf und läßt mich fallen, nimmt mich aber schnell wieder hoch. Ich darf nicht weinen, muß völlig still sein, das hat er mir gesagt, sonst passiert was. Ich werde ganz starr vor Angst.

Nachträglich muß Pat sehr viel weinen. Es scheint ihr aber keine rechte Erleichterung zu schenken, weil sie so fassungslos über ihre Entdeckung ist. Aber beim Weinen sagt sie immer wieder Glaubenssätze, die sie später aufgibt:

- Es ist besser, kein Vertrauen aufzubauen.
- Mein Vater darf mich nie wieder anfassen.
- Nähe zu meinem Vater, zu Männern ist gefährlich.
- Bei Männern habe ich keinen Halt.
- Ich darf nichts von meiner Panik, Angst und Wut rauslassen, sonst kommen Leute, und es passiert was.
- Ich kann nichts tun, kann mich nicht wehren. Ich bin zu klein, ich bin ohnmächtig.
- Nähe und Sex ist Vergewaltigung, Selbstaufgabe und Ohnmacht.
- Ich kann nur noch versteinern, um geschützt zu sein.
- Ich kann keinem Mann mehr vertrauen.
- Mein Vater nimmt mir mein Leben.
- Er nimmt mir alles, was ich habe.
- Ich bin vollkommen ohnmächtig.
- Ich werde groß und stark wie ein Mann, und dann bringe ich meinen Vater um!
- Ich will nicht mehr leben, ich will nicht mehr in meinem Körper sein!
- Weil in meinem Körper niemand ist, muß ich die Lücke, die Leere, das Loch füllen.
- Mit dieser Leere habe ich kein Gewicht, dann hebe ich ab.
- Ich muß mich voll und schwer machen.

- Ich bin viel zu dick, um geliebt zu werden.

Pat muß lange an ihren Gefühlen arbeiten. Das Schlimmste für sie ist die Fassungslosigkeit darüber, daß ihr Vater ihr so etwas angetan haben könnte und daß sie nichts mehr davon gewußt und geahnt hat. Sie ist dermaßen erschüttert darüber, daß sie nach diesen Erlebnissen nichts mehr mit Rückführungen zu tun haben will.

Am Ende der Sitzung frage ich sie jedoch noch, ob sie sich einen geheimen, unbewußten Wunsch vorstellen könnte, den ihr Vater ihr erfüllt hat, ich frage also nach dem Tätersatz. „Ja", sagt sie, „es könnte sowas wie eine Strategie von mir gewesen sein:
- Wenn ich so geschädigt bin, brauche ich den Rest des Lebens nichts mehr mit Sexualität zu tun haben."

Aber da das keine wirkliche Bewältigung des Konflikts ist und sich die Sehnsucht nach Ganzheit, Liebe, Freiheit und Kraft in uns nicht auslöschen läßt, war diese Strategie nicht effektiv. Wenn wir beschließen, auf kleiner Flamme zu leben, weil wir irgendeinen Konflikt scheinbar nicht bewältigen können, dann mahnt uns unsere Seele mit immer neuen Symptomen. Das kleine Mädchen hatte in seiner Hilflosigkeit beschlossen, „nur noch zu schlafen", aber für die Seele war *das* kein angemessenes Leben.

Trotz allem Widerwillen findet Pat sich bereit, wenigstens noch eine Art Urbild von ihrer Seele zu erbitten, damit wir die Arbeit von einer höheren Warte her abschließen können. Pat sieht eine Holzhütte, von schönem, warmem Kerzenlicht erhellt.

Da sind angenehme Schwingungen. Ich sehe eine Frau und einen Mann, die zärtlich miteinander schmusen. Alles ist romantisch, sinnlich und warm, Frau und Mann fühlen sich darin geborgen. Ich weiß aber nicht, ob ich die Frau oder der Mann bin. Außerdem dauert diese romantische Szene nicht lange. Das Haus brennt ab oder wird von außen zerstört. Ich bin traurig, daß die romantische, sinnliche, liebevolle und warme Atmosphäre zerstört wird.

Wir interpretieren die Geschichte so, daß das Haus mit allem darin Pat selbst ist. Sie ist die Frau, der Mann, das Licht, die

Wärme, die Geborgenheit. In ihr ist alles, aber das Denken hat diese Ganzheit – scheinbar – zerstört. Zwar kann das Denken die Ganzheit, die Seele, nicht wirklich zerstören, aber es kann uns von der Wahrnehmung unseres wahren Selbst weit wegführen und in die Irre leiten. Das Bild zeigt uns auch, welche Gedanken Pat weggeleitet haben:

- Als Mensch kann ich nur entweder ein Mann oder eine Frau sein.
- Ich kann nicht beides gleichzeitig sein.
- Als Mensch bin ich nicht das Licht.
- Die Liebe, das Feuer verbrennen mich.
- Wenn es nicht die Liebe und das Feuer sind, die mich/uns verbrennen, dann kommt bestimmt etwas Aggressives von außen und zerstört alles.

Ich wünsche Pat, daß sie inzwischen vieles von dem, was in ihr ist, integrieren und leben kann: Stärke und Weichheit, Kraft und Sinnlichkeit, Leere und Fülle, Frau und Mann, Kind und Vater, Tier und Mensch und ganz viel Lust und Liebe.

Keine Übung: Bitte holen Sie sich professionelle Hilfe, wenn Sie so ein ähnliches Erlebnis bewältigen wollen.

Weibliche und männliche Homosexualität

Lange Zeit mußte Homosexualität verschwiegen werden, weil sie als pervers betrachtet und gesellschaftlich geächtet wurde. Zum Glück sind diese Zeiten zum Teil zu Ende, weil die Frauen und Männer keine Lust mehr hatten und haben, sich zu verstecken und dadurch all die Probleme auf sich zu nehmen, die daraus resultieren. Aber die Zeit ist immer noch nicht reif dafür, daß *alle* Erscheinungsformen von Sexualität wirklich verstanden und akzeptiert und genossen werden, bis sie, durch die Selbstverwirklichung des Menschen, alle gleichermaßen transzendiert werden.

Wenn Homosexualität pervers ist, dann ist es Heterosexualität ebenso. Das muß in dieser Deutlichkeit einmal gesagt werden.

Sowohl die gleichgeschlechtliche als auch die auf das andere Geschlecht gerichtete Liebe sind Reaktionen auf die Spaltung in Frau und Mann durch die Rollenzwänge und sind unbewußte Versuche des Menschen, die Ganzheit wiederherzustellen.

Unsere Seelen verurteilen nicht und richten auch nicht. Die Seele ist immerwährende Liebe und Bewußtsein. Und deshalb akzeptiert sie auch all unsere unbewußten und hilflosen Fehlversuche mit liebevollem Verständnis.

So wie der Heterosexualität die Sehnsucht nach Ganzheit zugrunde liegt, so liegt der Homosexualität die Sehnsucht nach Freiheit von den Rollenzwängen zugrunde. Ich habe selbst ein paar Jahre in der lesbischen Subkultur gelebt und auch als Lehrerin schon am Verhalten von Kindern sehen können, daß homosexuelle Identifikationen unbewußte Rebellionen gegen den Rollenzwang sind. Ich bin mir dessen bewußt, daß diese Aussage erst einmal eine grobe Vereinfachung darstellt. In jedem Fall sind die darunterliegenden unbewußten Erlebnisse, Glaubenssätze und Gefühle individuell verschieden. Aber es gibt so etwas wie Hauptlinien in der Entwicklung.

Oft haben Frauen schon als kleine Mädchen keine Lust, in die Rolle der ohnmächtigen Frau hineinzuwachsen. Sie wehren sich mit ihrer ganzen Kraft dagegen. Dann kann es sein, daß sie sich sehr mit der männlichen Seite identifizieren und ihr Frausein ablehnen. Eine solche Frau weiß dann, daß sie Frau ist, gibt sich jedoch männlich und verbirgt das Weibliche ihres Körpers. Weiter gibt es Frauen, die zwar weiblich identifiziert sind, aber – aus welchen Gründen auch immer – Angst vor dem Männlichen haben und es deshalb ablehnen. Oft bilden dann zwei solche Frauen ein Paar. Das heißt, daß es häufig auch in Frauenbeziehungen – insgeheim oder offensichtlich – eine Heterostruktur gibt.

Ähnlich sieht es auf der männlichen Seite aus: Es gibt Männer, die schon als kleine Jungen und später auch als Männer aus unterschiedlichen Gründen mit ihren Identifikationen mehr zur weiblichen Seite neigen und dann große Schwierigkeiten haben, dem gesellschaftlich definierten männlichen Ideal zu entsprechen. Ja, manchmal blockieren oder zerstören sie sogar das Männliche in sich. Weiter gibt es Männer, die unbewußt das Weibliche stark ablehnen und ganz extrem auf die männliche Seite mit ihrer Identifikation gehen. Auch zwei solche Männer bilden oft ein Paar, so daß die Heterostruktur von Beziehungen auch bei Männerpaaren zu finden ist.

Zwischen diesen beiden extremen Identifikationen auf der lesbischen wie der männlichen homosexuellen Seite gibt es unendlich viele Variationen.

Dieses Thema wäre es auch vom Standpunkt der Past-Life- und Seelenarbeit her gesehen wert, in einem Buch für sich behandelt zu werden. Dann könnte ich deutlicher zeigen, wie solche Identifikationen und Schicksale sich in der Wanderung einer Seele durch verschiedene Leben aufbauen. Es wäre auch spannend, ein Forschungsprojekt über die Entwicklung gleichgeschlechtlicher Beziehungen unter dem Einfluß von Tantra zu machen. Aber dies erfordert viel mehr Zeit und eine systematische Forschung. In folgenden Kapitel habe ich Geschichten aufgeschrieben, die ich zufällig in meiner Praxis erfahren habe. Sie sind also nicht repräsentativ, sondern können Ihnen nur einen ersten Eindruck von der Entstehung solcher Identifikationen geben und auch von den vielen verschiedenen Problematiken, die solch einer Identifikation zugrunde liegen können.

■ Ablehnung der eigenen Weiblichkeit

Silvia ist eine junge Frau, die sehr weiblich wirkt und sehr männerbezogen, geradezu abhängig von männlicher Zuwendung und männlicher Sexualität ist. Obendrein befindet sie sich in einem gehörigen Konflikt mit dem Thema Frausein und Mannsein. Zum Glück ist sie eine *so* sinnliche Frau, daß ihre Sinnlichkeit sie entgegen ihrer streng moralischen Erziehung in eine Tantragruppe gelockt hat. Diese schöne Sinnlichkeit und ihre Liebe zum Leben und Lachen haben ihr viel geholfen, durch sehr schwierige Zeiten den Weg der Heilung zu gehen.

In ihrer weiblichen Identifikation ist sie aber eher das Opfer der Rollenerziehung. Man könnte sagen, sie ist auf Männer abgerichtet. Alle Frauen, die sich der Rollenerziehung beugen, sind auf Männer abgerichtet, und alle Männer, die sich der Männerrolle beugen, sind auf Frauen abgerichtet. Gleichzeitig aber werden wir dazu erzogen, das eigene Geschlecht, d.h. auch Menschen des eigenen Geschlechts, und außerdem uns selbst abzuwerten. Das soll uns die folgende kurze Rückführungsgeschichte von Silvia zeigen.

Als Silvia ihre Schuppenflechte als Ausdruck ihrer Angst vor Nähe mit Rückführungen bearbeitet, kommt ihr eine Situation ins Bewußtsein, die sie am Ende einer Rückführung in einer Tantragruppe erlebte. Sie machte diese Rückführung mit einer Frau als Gegenüber. Am Ende der Arbeit wünschte sich die andere Frau, sich in Silvias Schoß legen zu dürfen, um sich auszuruhen. Silvia freute sich zwar, daß diese Frau so viel Vertrauen zu ihr hatte, aber sie war auch verwundert, und sie hatte Angst, Grummeln im Bauch. Aus dieser Situation findet sie viele Glaubenssätze, die sie von Frauen trennen:

- Ich kann keine Frau streicheln.
- Es geht nicht.
- Es ist unglaublich, daß eine Frau auf mich zukommt.
- Ich bin nicht attraktiv und liebevoll genug für andere Frauen.
- Mit Frauen kann ich nicht fließen.
- Körperliche Nähe mit Frauen kann ich nicht frei teilen und genießen.
- Liebe und körperliche Nähe mit Frauen ist Lesbischsein.
- Lesbischsein ist was Schlimmes, ist ekelhaft, krankhaft, pervers.
- Ich darf die Liebe zu Frauen und die Nähe, die ich zu ihnen fühle, nicht leben.
- Zärtlichkeit, Erotik und Sexualität gehören nur zu Beziehungen mit Männern, die darf ich nur in Männerbeziehungen leben.
- Wenn ich mich für Nähe öffne und dann fallen gelassen werde, dann sterbe ich, das verletzt mich zu sehr.
- Wenn ich es doch tue, werde ich beschimpft und bestraft.
- Frauenliebe wird zutiefst verachtet.
- Andere Frauen finden mich sowieso abstoßend, mögen mich nicht.
- Wenn ich eine Frau in den Arm nehme, dann will sie mehr, und dann werde ich sie nicht wieder los.
- Körperkontakt, Erotik und Sexualität dürfen sich nur zwischen Frau und Mann abspielen.

Frauen, die sich wie Silvia mit solchen gesellschaftlichen Anschauungen identifiziert haben, und das sind bestimmt die meisten, haben damit nicht nur eine Störung im Kontakt zu anderen Frauen verinnerlicht, sondern auch eine Störung zu ihrer eigenen Weiblichkeit und im Kontakt zu sich selbst. Unbewußt schien Silvia dies schon zu wissen, denn sie hatte ein ganz besonderes Hobby: den Bauchtanz. Bauchtanz ist ein wunderbares körperliches Mittel, um sich von einer gestörten Weiblichkeit zu heilen, weil sich dabei alles um den Bauch, das weibliche Zentrum, dreht. Silvia hatte sich also unbewußt ein Hobby gesucht, in dem sie anfangen konnte, spielerisch um ihre Weiblichkeit zu kreisen. Ja, sie hatte sogar schon begonnen, Bauchtanzgruppen für Frauen zu geben.

Übung: Schreiben Sie eine Liste von Urteilen, die Sie gegen Frauen hegen. Ich gebe Ihnen ein paar Beispiele für den Anfang:
- Frauen sind meine Konkurrentinnen.
- Frauen kann ich nicht trauen.
- Frauen kann ich nicht ernst nehmen.

Durchforschen Sie Ihr Bewußtsein nach solchen Glaubenssätzen. Es lohnt sich, daß Sie sie aufgeben, denn sie richten sich gegen Sie selbst.

Dann schreiben Sie eine Liste von Glaubenssätzen, die Sie über Frauenliebe hegen. Da der Körper als Bio-Computer alle Gedanken wörtlich nimmt, richten sich solche Gedanken gegen Ihre Liebe zu sich selbst! Zum Beispiel:
- Wenn Frauen sich lieben, ist das unnatürlich.
- Daß Frauen sich lieben, wird gesellschaftlich geächtet.

Geben Sie all die Glaubenssätze aus Ihren zwei Listen auf und verbrennen Sie sie.

■ Der Mann nimmt mir meine Würde

Wenn ich eine ganze Kette einer Seelenentwicklung nacherzähle, tue ich dies gewöhnlich in der Reihenfolge, in der wir in den Rückführungen zurückgehen, von diesem Leben aus rückwärts.

In diesem Falle will ich den umgekehrten Weg gehen. Ich denke, für viele Leserinnen und Leser wird dadurch ein klares und einfaches Bild darüber entstehen, wie eine Seele Karma, d.h. einprogrammierte Gefühle und Gedanken, ansammelt und sich immer mehr darin verstrickt.

Grace ist eine schöne weibliche Frau. Sie hat auch stark jungenhafte Anteile, aber ihre weibliche Seite ist stärker ausgeprägt. Sie hat schon viel mit Tantra und Rückführungen gearbeitet. An dem Punkt, wo sie zur Zeit dieser Rückführungen ist, möchte sie nachforschen, welches Programm sie daran hindert, ihre sexuelle Energie, d.h. auch ihre fundamentalste Lebensenergie, zu leben. Dieses Programm möchte sie auflösen.

In ihrem Uranfang erlebt Grace sich als ein Wesen zwischen Materie und Licht. Doch sie fühlt sich schon „festgewachsen", obwohl sie sich noch gar nicht dafür entschieden hat, in die Materie zu gehen.

Ich sitze auf etwas, bin festgewachsen, aber mehr auf der Lichtseite. Ich soll mich für irgendwas entscheiden, in einen Tunnel reingehen. Obgleich ich sage, ich „soll", drängt mich niemand. Ja, ich glaube, ich bin sowas wie ein Atom im Weltall, und ich soll mich entscheiden, ob ich mich weiter materialisieren oder entmaterialisieren will. Aber ich habe Angst, mich zu entscheiden.

En passant sagt sie schon etliche Glaubenssätze, die sie später aufgibt:
- Ich weiß nicht, wer oder was ich bin.
- Ich muß mich entscheiden.
- Ich habe ja noch Zeit.
- Ich kann ja noch warten.
- Meine Position ist langweilig, weil ich nirgendwo richtig bin.
- Wenn ich hier losgehe, falle ich.
- Aber ich weiß auch gar nicht, wohin ich gehen sollte, wenn ich aus meiner festgewurzelten Position rausgehe.

Ich frage sie also, was sie über die beiden Seiten, materielles und nichtmaterielles Sein, denkt:

- Die Materie ist Dunkelheit und starkes Eingebundensein.
- Die andere Seite ist die Lichtseite, aber die ist die Auflösung.
- Ich will nichts von beiden.
- In beiden verliere ich die Identität.
- In der Verbindung mit allen anderen werde ich nicht mehr gesehen.

Irgendwie hat sie das Gefühl, daß ihr damaliger Standort oder Seinszustand schon eine Festlegung ist, die sie unfrei macht:
- Um wieder frei zu werden, muß ich mich von meinen Wurzeln abschneiden.

In diesen ersten Glaubenssätzen steckt schon so viel Aberglauben, daß ich einzeln auf einige von ihnen eingehen möchte, um all diese Irrtümer aufzuklären:

Ich weiß nicht, wer oder was ich bin. Alle Menschen wissen ganz genau, was sie als Seelen sind. Aber dieses Wissen auf der Seelenebene ist dem Alltagsbewußtsein unbewußt. Es kann jedoch ganz leicht zutage gefördert werden. Ich brauche Menschen, die so einen Satz sagen, nur zu bitten, eine Phantasielandschaft in ihr Bewußtsein kommen zu lassen. Wenn wir uns dann die Symbolik der Landschaft anschauen, können wir genau entschlüsseln, was dieser Mensch alles über ihre oder seine Seele weiß.

Ich muß mich entscheiden. Dieser Glaubenssatz ist der Fall aus dem Paradies der Einheit in die Welt der Polarität, aus der mystischen Existenz der Ganzheit in die verzweifelte Welt der Gegensätze, des Entweder/Oder. Nein, wir müssen uns gar nicht entscheiden, wir können *alles gleichzeitig* sein, weiblich *und* männlich, hell *und* dunkel, still *und* bewegt usw. Das haben uns die Mystikerinnen und Mystiker aus allen Jahrtausenden und aus allen Kulturen und Religionen zu erklären versucht, denn sie sprechen aus der Erfahrung der Ganzheit, die wir alle leben könnten. Aber wir haben sie nicht verstehen können, weil unser Verstand in Gegensätzen denkt. Von diesem polaren Denken lassen wir uns beherrschen. So fallen wir aus dem „Paradies" unserer Ganzheit.

Die Materie ist Dunkelheit und starkes Eingebundensein. Zum Glück leben wir in einem Zeitalter, wo die Teilchenphysik an den Punkt gekommen ist, wo sie erkennen mußte, daß Materie nichts Festes, Starres, sondern ein Tanz kleinster energetischer Teilchen ist. Betrachten wir einmal Albert Einsteins Formel E=mc² ein wenig genauer:

$$E = \text{Energie}, \ m = \text{Materie}, \ c = \text{Geschwindigkeit}.$$

Wenn wir nun die obige Formel umstellen, erhalten wir:

$$m = E : c^2$$

Das bedeutet: *Materie ist bewegte Energie!* Und das haben uns auch die Mystikerinnen und Mystiker seit Jahrtausenden gesagt, ebenso Menschen, die LSD genommen hatten. Durch ihr verändertes Bewußtsein konnten sie sehen, daß ein Tisch oder eine Pflanze – kurz: die Materie – bewegtes, tanzendes Licht ist. Von diesen Erkenntnissen her gesehen, ist der Glaubenssatz „Die Materie ist Dunkelheit und starkes Eingebundensein" nichts als Aberglauben.

Die Lichtseite ist die Auflösung. Auch diese Idee stimmt nicht, wenn sie auch eine Wahrheit enthält. Wenn ich mit meinem Bewußtsein ins Licht gehe, so weiß ich aus eigener Erfahrung, bleibt Bewußtsein erhalten, nur ohne „ich". Das Ich, das Ego, der Verstand mit all seinen Inhalten lösen sich dabei allerdings auf, als Bewußtsein bleiben wir existent und handlungsfähig. Ein Bewußtsein kann sich ja jederzeit wieder mit irgend etwas identifizieren. Wenn das Ich in der Leere oder im Nichts verschwindet, kann mein Körper trotzdem da sein, und auch mein Bewußtsein ist da, eben nur leer, ohne Gedanken. Mein Denken kann jedoch an jeder beliebigen Stelle wieder auftauchen, wie die Teilchen, die zum Erstaunen der Physiker aus dem Nichts kommen. Das ist meine, unser aller Freiheit. Aber die Physiker und unser Verstand finden es schwierig, sich vorzustellen, daß etwas aus dem Nichts kommen kann.

Schließlich muß dieses Bewußtsein, das heute als Grace verkörpert ist, sich wohl doch für die Materie entschieden haben, denn in dem nächsten Bild sieht sie sich als eine Art Tuaregfrau etwa 8000 Jahre vor Christus, eine große, schöne, stolze und freie Frau. Sie fühlt sich heiter und erhaben und androgyn. Anfangs kann Grace nicht gleich ausmachen, ob sie eine Frau oder ein Mann ist.

Während ich einmal allein am Feuer sitze und in die Flammen schaue, begegne ich mir selbst als Lichtwesen. Ich bin so beglückt, habe das Gefühl, das muß ich den Menschen weitererzählen. Ich erzähle es den Leuten in unseren Zelten. Da ist das in Ordnung, niemand stört sich daran.

Ich habe aber das Gefühl, ich muß es noch viel mehr Menschen weitererzählen. Also reite ich durch die Wüste in die Stadt. Während ich durch die weite, lichtvolle Wüste reite, wird mir die Lichterfahrung immer wieder bestätigt, und ich fühle mich so stolz und schön, mir kann eigentlich nichts passieren.

Ich komme zu einer Stadt. Das Tor wird mir aufgemacht. Ich stelle mich auf den Platz und rede und erzähle von meinem Lichterlebnis. Plötzlich geschehen Dinge, die ich erst überhaupt nicht verstehe, die mich fassungslos machen und erniedrigen und entwürdigen. Von meinem heutigen Bewußtsein aus passiert folgendes: Daß eine Frau sich frei bewegt und öffentlich redet, gehört sich in dieser Stadt wohl nicht. Meine Androgynität wird nicht gesehen oder beachtet oder sie ist sogar eine Provokation. Und was ich sage, scheint den Leuten eher angst zu machen. Außerdem interessiert sich ein Mann sehr stark für mich, der mich besitzen möchte. Aber er interessiert mich gar nicht. Ich werde gepackt und ins Gefängnis geworfen. Das ist schon absolut unter meiner Würde. Zwischendurch muß ich immer wieder diesem Mann die Füße küssen. Ich erzähle weiter, erzähle und erzähle, um mich vor dem Mann zu schützen. Schließlich schneiden sie mir die Zunge raus. Nun kann ich nichts mehr sagen, fühle mich völlig gebrochen.

Sie gibt am Ende folgende Glaubenssätze auf:
- Ich muß den Menschen unbedingt von meinem Lichterlebnis erzählen.
- Als Frau darf ich mich nicht so frei bewegen, schon gar nicht öffentliche Reden halten.

- Reden und meine Erfahrungen weitergeben ist das Wichtigste für mich.
- Wenn ich nicht mehr reden kann, gibt es keine Kommunikation mehr.
- Ohne Sprache kann ich mein wunderbares Wissen den Leuten nicht vermitteln.
- Ohne Reden hat das Leben keinen Sinn mehr.
- Ich habe nur die Sprache als Mittel, um meine Lichterfahrung weiterzugeben.
- Der Mann will mich besitzen.
- Er fängt mich ein, hält mich gefangen, entwürdigt und erniedrigt mich.
- Ich muß ihm die Füße küssen.
- Er nimmt mir mein Leben, meine Macht, meine Selbstbestimmung, meine Würde, meine Freiheit und meine Sprache.
- Reden ist meine einzige Waffe, um mich vor ihm zu schützen.
- Nur über Reden kann die Energie wirklich fließen.
- Ich muß mich vor dem Mann schützen.
- Der Mann interessiert mich nicht oder nur, solange er mir zuhört.
- Über meine Erfahrung als Lichtwesen, über mein wahres Sein, darf ich nicht reden, sonst wird es gefährlich für mich. (Auch das ist ein Irrtum. Sie kann schon darüber reden, aber sobald sie denkt: „Ich *muß* es den Menschen erzählen", ist sie nicht mehr frei.)
- Als Frau kann ich nur begrenzte Zeit frei sein. Irgendwann nimmt mich der Mann gefangen.
- Meine Androgynität und mein Lichtwesen werden nicht gesehen.
- Ich werde nur als Frau gesehen.
- Der Mann interessiert sich nur für meine Wurzel, meinen Sex; mein Herz, mein Wohlergehen, mein Licht, das interessiert ihn alles nicht.
- Meine Botschaft bedroht die Leute.

Hier ist bereits sichtbar, daß der Glaubenssatz des atomähnlichen Wesens „Um wieder frei zu werden, muß ich mich von meinen Wurzeln abschneiden" bei ihr als Tuaregfrau gleich wieder

gewirkt hat, denn in ihrer Seligkeit blendet die Tuaregfrau vielleicht zu sehr ihre körperliche Wirklichkeit, ihre Wurzeln, aus.

Nun hatte diese Seele wohl erst einmal genug davon, Mensch
zu sein. Frausein war nicht so attraktiv, das Männliche war ihr
abstoßend begegnet, und beides zusammen, die klar gefühlte
Androgynität, zu leben, schien nicht zu gehen. Aber an der Materie schien Graces Seele immer noch interessiert zu sein. Außerdem hatte sie sich – unbewußt – über die Erfahrungen und Glaubenssätze schon reichlich damit verwickelt. Also materialisierte
sie sich in ihrer nächsten Existenz als Baum. Sie wird zu einem
schönen, prächtigen Baum.

Ich spüre meine Wurzeln und die Ruhe, auch das Mächtige.
Vor allem aber ist da diese wunderbare Ruhe, egal ob es
stürmt oder ob die Sonne scheint.

Sie können sich vielleicht schon denken, was passiert? Männer
kommen und fällen den Baum, trennen ihn von seinen Wurzeln
ab, benutzen ihn als Bauholz. Das ergibt natürlich noch mehr
Glaubenssätze gegen Männer:
• Männer sind gewalttätig.
• Sie sind dunkle, krabbelnde Schatten, die mich von meinen
  Wurzeln abschneiden.
• Sie genießen mich nicht, wenn ich lebendig, schön, groß und
  stark bin. Sie töten mich und benutzen mich dann für ihre
  Zwecke.

Diese Existenz als Baum war noch vor Christi Geburt. Nun
scheint diese Seele so weit durch Identifikationen mit dem
Menschsein verhaftet zu sein, daß sie wieder als Mensch inkarniert. Vielleicht liegen noch ein paar Inkarnationen dazwischen,
aber zu unserem Thema bekommen wir als nächstes eine Situation im 18. Jahrhundert. Grace ist wieder eine Frau. Sie ist reich
und schön und lebt in einer Familie in einem Dorf. Irgendwie
genügt ihr das normale Leben nicht, sie möchte „Gott" finden.
Gegen den Willen ihrer Familie geht sie in ein Kloster. Offensichtlich hat sie durch ihre Erlebnisse und ihre Identifikationen
so weit den Kontakt zu ihrem inneren Licht, ihrer eigenen

Göttlichkeit, verloren, daß sie es nicht mehr erlebt. Aber so viel scheint sie zu wissen: Es gibt noch mehr. Es gibt etwas Göttliches, das sie suchen will, denn auch die wunderbaren Erlebnisse der Tuaregfrau sind ja noch in ihr gespeichert, nur vergessen.

Eines Morgens steht sie ganz früh auf, packt einen Koffer und verläßt heimlich ihre Familie und das Dorf. Sie geht erst zu Fuß, dann fährt sie mit einer Kutsche weiter. Die Bilder bleiben stehen: „Ich weiß nicht genau, wo ich hin will."

Ein ähnlicher Satz wie der des atomähnlichen Wesens. Ich frage Grace, ob sie ihn aufgeben kann, denn er hindere sie momentan daran, weitere Bilder zu sehen. Sie gibt ihn auf, und dann geht es mit den Bildern weiter.

Sie fährt in ein Kloster, hat dabei schon ein ängstliches Gefühl und den Gedanken: Ich darf das gar nicht! In dem Kloster bekommt sie eine enge Kammer und komische Kleider aus Sackleinen. Zu ihrem Zimmer führt eine enge Stiege. Überhaupt ist alles eng.

Ich fühle mich elend. Meine frühere Lebendigkeit verschwindet in dem Sackleinen und in dem kargen, fest regulierten Lebensstil. Alles staut sich in mir.

Sie hält das eine Zeitlang aus, weil sie sich ja so danach sehnt, das Göttliche wiederzufinden. Aber nach anderthalb Jahren verläßt sie das Kloster enttäuscht und mit dem Glaubenssatz:
• Ich kann nicht umsetzen und leben, was ich wirklich bin.

Sie kehrt in ihr Dorf zurück und findet es leer. Es sind keine Menschen mehr da, niemand mehr. Eine Krankheit oder Seuche hat alle hinweggerafft, so vermutet sie.

Nun, diese Geschichte bringt uns viele Glaubenssätze, die es sich aufzugeben lohnt:
• Wenn ich zu Gott will, gilt mein ganzes Leben nichts mehr, dann muß ich alle Schönheit, Reichtum, Luxus, Lebendigkeit, Kreativität und Kultur aufgeben und in Armut und Enge leben.
• Wenn ich dahin zurückgehe, von wo ich aufgebrochen bin, ist niemand da, der Platz ist leer.

Dieser letzte Satz ist sehr wichtig. Er sollte im doppelten Sinne verstanden werden, nicht nur äußerlich, sondern auch auf der inneren Ebene. Als „Ich" kommt sie aus dem „Nichts". Und sie, wie wir alle, hat die Sehnsucht, in den Ursprung, aus dem sie gekommen ist, zurückzukehren.

Das „Nichts" ist ihr Ursprung, aus dem heraus sie sich mit Gedanken identifiziert hat. Grace hatte aber schon als atomähnliches Wesen Angst, loszulassen und sich ins „Nichts" zurückfallen zu lassen. Nach diesem Erlebnis mit dem menschenleeren Dorf ist das göttliche „Nichts" für sie als Seele natürlich noch negativer besetzt:

- Das hast du nun davon: Wenn du „Gott" suchen gehst, verlierst du alles, alle Menschen, alle Kontakte, alles, was dir lieb ist.
- Wenn ich zu Hause ankomme, ist da nichts mehr.
- Wenn ich bei mir selbst ankomme, bin ich total einsam.

An dieser Stelle fällt ihr ein, daß sie als Kind einmal sehr geweint hat, als sie in der Bibel las: „Du mußt Vater und Mutter verlassen, wenn du mir folgen willst." Also gibt sie in diesem Zusammenhang noch auf:

- Ich muß Vater und Mutter verlassen, wenn ich zu Gott kommen will.
- Um zu Gott zu kommen, muß ich mich gegen Lust, Liebe, Sex, Lebendigkeit, Sinnlichkeit und gegen meinen Körper entscheiden.
- Ich muß viele Umwege gehen, um zu Gott zu kommen. Es gibt keinen direkten Weg dorthin.

Die Seele von Grace hat mehr und mehr negative Eindrücke über Menschsein, Frausein, Mannsein, das Göttliche usw. gesammelt. So ist es denn kein Wunder, daß sie wenig Lust hatte, sich in diesem Leben zu inkarnieren, und nicht aus der Gebärmutter heraus wollte.

Das heutige Leben steht dann schon unter den gesammelten negativen Vorzeichen und nimmt den entsprechenden Verlauf: Mit vier Jahren wird sie von ihrer Mutter erwischt, wie sie völlig heiter und unschuldig mit ihrem Körper spielt und sich selbst

Lust schenkt. Sie wird bestraft. Mit zwölf Jahren wird sie von ihrem Vater zu ihm ins Bett beordert ...

Mit 17 Jahren versucht ein Onkel, sie und ihre Freundin zu verführen. Sie läßt dabei ein bißchen Lust und Streicheln zu, bekommt dann aber so viel Angst, daß sie ihn wegschickt. Nun hat sie entdeckt, daß Neinsagen Macht ist. Das Männliche sieht sie jetzt so:

- Der Mann ist für mich ein Buch mit sieben Siegeln.
- Diese dunkle, schweinische, gewalttätige, grobschlächtige, gierige Seite will ich nicht haben.
- Die will mich auffressen und umbringen.
- Die lauert dauernd auf mich.
- Ich muß sie einsperren.
- Wenn ich sie frei zulasse, tötet sie mich.
- Diese Kraft muß kleingemacht, domestiziert und zurückgehalten werden.
- Wenn diese Bombe losgeht, macht sie alles kurz und klein.

Logischerweise hat Grace sich dann von Männern ferngehalten. Und nach und nach hat Grace entdeckt, daß sie sich in Frauen verlieben und Lust mit Frauen leben kann. Auch da ist es manchmal schwierig, Herz und Sex zusammenzubekommen. Aber mit Frauen kann sie sich entspannen, glücklich sein, Lust zulassen, total verliebt sein, tanzen, lachen, sich zeigen. Mit Frauen kann sie kreativ und stark sein.

Übung: Gehören Sie zu den Frauen, die von Männern Gewalt erlebt haben, als Frau oder als Kind, oder gehören Sie zu den Frauen, die als Kind die Gewalt gegen die Mutter oder den Geschlechterkampf der Eltern beobachtet haben und sich deshalb lieber in Frauen verlieben, dann können Sie auf jeden Fall Ihre Glaubenssätze über die Gewalt der Männer schreiben, aufgeben und verbrennen. Aber ich denke, wenn Sie die Angst vor der Gewalt der Männer verlieren wollen, dann sollten Sie nach therapeutischer und tantrischer Hilfe suchen. Aber das ist Ihre Wahl.

Gehören Sie zu den Frauen, die schon als Kind die Machtverhältnisse zwischen Frau und Mann schmerzhaft gefühlt und von Anfang an beschlossen haben, so eine ohnmächtige Frau nicht zu werden? Dann sind Sie vielleicht eine Frau geworden, die in der Frauenszene Urlesbe genannt wird. Durchforschen Sie Ihr Denken nach Glaubenssätzen über die „Ohnmacht der Frau" und die „Macht des Mannes". Geben Sie diese Glaubenssätze auf und verbrennen Sie sie. Sie bestätigen mit diesem Denken, auch wenn Sie dagegen rebellieren(!), unbewußt diese Machtverhältnisse.

■ Die Frau ist böse

Jane ist eine 42jährige, schöne und erfolgreiche Psychotherapeutin, die eine Frau liebt, mit ihr lebt und mit ihr zusammen in die Tantragruppe gekommen ist.

Sie erlebt sich in einem früheren Leben als etwa zwanzigjährigen Mann, der gern zu einer Männerclique gehören möchte. Die Clique besteht auf einen Aufnahmeritus. Die Männer sagen ihm, eine bestimmte alte Frau sei so böse, daß sie umgebracht werden müsse. Der junge Mann ist so naiv, daß er das einfach glaubt. Er bekommt den Auftrag, sie umzubringen. Um zu der Clique zu gehören, führt er ihn aus. In dem Augenblick, in dem er die Frau umbringt, begegnen seine Augen denen der Frau. Er erkennt, daß sie nicht böse ist. Er ist völlig schockiert und fühlt sich derartig schuldig, daß er sich auch umbringt.

In ihrem jetzigen Leben als Frau lernt Jane von innen, daß Frauen nicht böse sind. Jetzt liebt sie Frauen. Aber sie selbst steht mehr auf der männlichen Seite, ist mehr männlich-rational orientiert. Und das ist auch kein Wunder, weil sie allein aus dem Leben des jungen Mannes eine ganze Menge negative Glaubenssätze über Frau und Mann gesammelt hat, z. B.:

- Die Frau ist böse.
- Man muß sie umbringen.
- Männer haben das Recht, die böse Frau umzubringen.
- Was böse ist, muß umgebracht werden.
- Ich bin ein böser Mann.
- Weil ich der Frau Unrecht getan habe, muß ich mich umbringen.

Was für eine Zwickmühle! Weder als Frau noch als Mann kann diese Seele „gut" sein. Natürlich ist sie stets gut geblieben, egal, was sie gemacht hat, aber das weiß sie nicht mehr. Sie lernt jetzt zwar, daß Frauen nicht böse sind, aber identifiziert ist sie mehr mit der männlichen Seite, weil da für sie die Macht angesiedelt ist. Aber gleichzeitig ist das Männliche durch ihre Tat auch so böse, daß sie es in sich ablehnen, umbringen muß. Dadurch jedoch wird es zu ihrem Schatten und beherrscht sie unbewußt.

Wenn sie nun lernt, daß sie als Seele von Natur aus unendlich gut, frei, göttlich, gleichzeitig Frau und Mann, mächtig, klein und groß, wild und lieb, zart und stark sein kann, dann braucht sie sich nicht mehr zu bestrafen und zu quälen. Dann kann sie das Labyrinth der Verwirrung über das, was sie wirklich ist, verlassen.

Übung: Wenn Sie ein Mann sind, mit welcher geschlechtlichen Identifikation auch immer, der klar in sich fühlt, daß er das Weibliche nicht wirklich lieben kann (weil Sie es per Rollendefinition ja auch nicht dürfen), dann durchforsten Sie Ihr Denken nach Glaubenssätzen, mit denen Sie das Weibliche ablehnen. Geben Sie diese Glaubenssätze auf und verbrennen Sie sie.

Wenn Sie eine Frau sind, die die Frauenverachtung verinnerlicht hat, machen Sie die Übung ebenfalls.

■ Ein Mann sein oder einen Mann haben?

Rita ist eine junge Frau, der ich in einer Frauen-Tantragruppe begegnete, eine attraktive und ungewöhnliche Frau, die, wenn ich mich recht erinnere, Frauen und Männer liebt. In einer Rückführung bin ich „zufällig" bei ihr. Sie erlebt eine schmerzhafte, aber sehr interessante Geschichte noch einmal, die uns zeigt, wie verwirrt ihre Seele über die ganze Frau-Mann-Spaltung ist und daß sie wohl schon einige Leben lang versucht, das Ganze zu sortieren.

Rita erlebt sich im Jahre 1830 als einen noch jungen Mann. Er ist verzweifelt. Er ist der Sohn einer Gutsherrin, der unter dem Druck steht, eine „gute Partie" machen zu müssen. Er soll eine Frau heiraten. Dabei zieht es ihn in keiner Weise zu Frauen hin. Er selbst fühlt sich weder als Mann noch als Frau, fühlt sich aber zu Männern hingezogen. Er heiratet dann doch eine Frau, die seine Mutter für ihn aussucht. Er wagt es nicht, sich gegen die

Mutter und die Familientradition zu wehren und sein eigenes
Leben zu führen. Er wird dabei von Glaubenssätzen gefangenge-
halten wie:

- Ich kann kein kräftiger Bursche sein, muß es aber.
- Wenn ich weich und zart bin, kann ich nicht kraftvoll und
  stark sein.
- Wenn ich mich nicht anpasse, muß ich auf den ganzen Luxus
  verzichten.
- Ich kann mir nichts Eigenes aufbauen.
- Die Familientradition ist stärker als ich.
- Ich will es recht machen.
- Ich muß in der Familie bleiben.
- In der Familie engen mich die Gebote und Ansprüche ein.
- Ich muß eine Frau heiraten.
- Ich muß eine Frau heiraten, die mich nicht interessiert.
- Ich muß eine gute Partie machen.
- Ich muß gut sein. Wenn ich mache, worauf ich Lust habe, bin
  ich nicht gut.

Er heiratet also diese Frau, und das Verhängnis nimmt seinen
Lauf. Mit der Frau ist er völlig kalt und impotent. Er ist in einen
Mann verliebt, aber der ist völlig unerreichbar für ihn. Weil er so
frustriert ist, geht er öfter in den Puff und beginnt zu trinken.
Aber dadurch werden seine Glaubenssätze auch nicht besser:

- Jetzt bin ich im Gefängnis.
- Als Mann darf ich mich nicht als Frau fühlen.
- Der Mann, den ich liebe, und ich, wir werden nie zusammen-
  finden.
- Meine Sehnsucht nach dem Mann ist unstillbar.
- Ich darf meinen Körper nicht leben.
- Ich lebe im falschen Körper zur falschen Zeit.
- Als Mann darf ich mich nicht verführen lassen.
- Ich bin impotent.
- Ich kann der Frau kein Kind machen.
- Ich muß mich zerstören, um die Lust zu unterdrücken.
- Ich muß meine Lust ertränken.
- Ich kann der Frau nichts geben und dem Mann auch nicht.
- Ich kann und will nichts mehr fühlen.

- Wirkliche Liebe finde ich nicht.
- Das einzige, was hilft, ist Alkohol.
- Alle haben nur Ansprüche an mich.
- Ich habe zu funktionieren, bei Fuß zu gehen.
- Ich tobe, wenn ich nicht kriege, was *ich* brauche.
- Weil ich gewalttätig bin, kriege ich erst recht nichts.
- Ich muß mir alles bieten lassen.
- Meine Mutter ist mächtig, sie beherrscht und drangsaliert mein Leben.
- Ich kriege nicht, was ich brauche.
- Nur im Puff bekomme ich, was ich brauche.
- Ich will/muß gequält werden.
- Mein ganzes Denken und Fühlen dreht sich um einen Mann.
- Wenn er mich quält, macht mir das Lust.
- Ich komme nur, wenn ich auf meinen Penis geschlagen werde.
- Das Übel muß aus mir herausgepeitscht werden.
- Ich brauche die letzten Spiele.
- Solche Sexualität macht mir Spaß, aber Liebe nicht.
- Wenn ich keine Zuwendung bekomme, zerfalle ich.
- Nur über extreme sexuelle Praktiken kann ich was fühlen.
- Über meine sexuellen Wünsche muß ich einen Schleier legen.
- Tanzen ist untersagt, ich muß das Gut führen.
- Für Sex und Zuwendung muß ich bezahlen.
- Ich habe zu wenig Rückgrat.

Er beginnt, sich für seine „Perversionen", wie Rita sagt, zu hassen.
- Meine sexuellen Wünsche sind pervers.
- Ich hasse mich.

Auch diese Glaubenssätze gibt Rita auf. Für den Mann von damals ist das allerdings zu spät. Weil er seine „Perversionen" nicht mehr aushält, reitet er schließlich in einen Abgrund.
- Ich muß mich umbringen, anders hört dieser Wahnsinn und die Qual nicht auf.

Diese Geschichte zeigt sehr genau auf, wie eine homosexuelle Identifikation entstehen kann: Eine starke, dominante Mutter unterdrückt den Mann in ihrem Sohn. Der möchte gern beides, weiblich und männlich vereinen. Statt das *in* sich zu tun, läßt er sich zwingen zu heiraten. Da er zu wenig männlich ist, hat er natürlich eine große Sehnsucht nach dem Männlichen. Folglich verliebt er sich in Männer, die das repräsentieren, was er aus sich verbannt hat, das Rauhe, Starke, Männliche usw. Und da er es gar nicht positiv in sich aufnehmen kann, erscheint es jetzt in der Negativform.

Ich möchte noch etwas zu dem Begriff „Perversionen" sagen. Es bringt uns überhaupt nichts, wenn wir irgendein Verhalten von uns und anderen verurteilen, egal wie abartig es erscheinen mag, weil wir mit dem Urteilen weiter abspalten. Und Spaltung ist ja sowieso schon das Problem. Wir müssen akzeptieren, was ist, und verstehen, wie dieses Verhalten gewachsen ist. Nur so können wir es auflösen!

Wenn wir verstehen, wie diese ganzen Verhaltensweisen aus nichts anderem als aus verzweifelten Irrtümern entstanden sind, dann brauchen wir niemanden mehr zu verurteilen. Ich erlebe immer wieder, daß im Laufe von Rückführungen ein tiefes Verstehen zwischen den Menschen entsteht, und aus dem Verstehen heraus wachsen in kürzester Zeit auch Freundschaft und Liebe.

Auch die Glaubenssätze, die wir aufgeben, werden, wie ich schon erwähnte, in keiner Weise abgelehnt oder verurteilt. Nein, auch sie werden angenommen, als Irrtümer erkannt und einfach wertfrei losgelassen, weil sie einschränkend sind.

Da wir im Tantra darum wissen, daß die Abspaltung vom eigenen Geschlecht bei den meisten Menschen eine Wunde ist, gibt es in vielen Tantragruppen, nicht nur bei uns, manchmal reine Frauen- und Männertage, an denen dieser Punkt geheilt werden kann. Für die Frauen ist es meist eine freudige Überraschung, wenn wir diesen Tag ankündigen, außer für die Frauen, die ohne Männer und deren Anerkennung „nicht leben können". Aber bei den Männern löst der Männertag oft eine große Angst aus. Ich kann sie verstehen, weil ich als Lehrerin in der Schule beobachten konnte, daß es bei den Streitigkeiten unter den Jungen auf dem Schulhof kein schlimmeres Schimpfwort gab als „schwul". Damit konnte jeder Junge erledigt werden.

Wenn Männer lernen, einfach einmal offen und persönlich miteinander zu reden, wenn sie anfangen, über Gefühle, Lust und

Unlust und Sexualität zu sprechen oder sich einmal gegenseitig ganz vorsichtig eine Massage geben, tritt eine solche Entspannung und Erleichterung ein, wie sie sich das vorher niemals hätten träumen lassen. Endlich brauchen sie nicht länger vor den anderen Männern die Fassade wahren, den Kerl spielen und stark sein. Endlich können sie mal echt sein. Endlich können sie mal ganz einfachen Körperkontakt haben, ohne für eine Frau etwas leisten zu müssen! Am Ende des Männertages hat sich für sie eine neue Welt geöffnet.

Ich bin auch schon öfter gefragt worden, ob ich meine, daß männliche und weibliche Homosexualität krankhafte Erscheinungen sind und ob sie als solche nur durch Heterosexualität geheilt werden können. Sie sind genauso „krankhafte" Erscheinungen, wie die Heterosexualität.

Es geht im Tantra nicht darum zu lehren, daß nur in der neuen tantrischen Heterosexualität die göttlichen, mystischen Erlebnisse stattfinden können. Sondern es geht darum, *sexuelle Energie in welcher Form auch immer fließen zu lassen und mit Meditation zu verbinden.* Dann bekommt jede Seele die Chance, ihren ganz individuellen Heilungsweg auszuarbeiten. Es gibt nämlich keinen generellen Heilungsweg, weil es keinen generellen Entwicklungsweg der Seelen in der Materie gibt. Natürlich gibt es, solange es ein kollektives Bewußtsein gibt, in unseren Entwicklungen auch Massenphänomene.

Ein Beispiel hierfür ist die patriarchalisch definierte Heterosexualität in den letzten 4000 bis 6000 Jahren. Dadurch gibt es viele gemeinsame Identifikationen, die die Menschen haben. Aber die Rückführungen zeigen mir immer wieder, daß es unendlich viele Möglichkeiten für individuelle Variationen gibt, weil das Bewußtsein trotz aller Beeinflussung einzigartig bleibt und individuelle Wege geht.

Ich denke, daß für diejenigen Frauen oder Männer, die aufgrund sehr negativer Erfahrungen mit dem anderen Geschlecht homosexuell geworden sind, der Weg der Heilung durch die Heterosexualität geht. Der Grund dafür ist, daß die Angst durch Entprogrammierung und dann in Begegnungen von neuer Qualität überwunden werden kann. So findet die Versöhnung mit dem abgespaltenen Weiblichen oder Männlichen statt.

Aus meiner Praxis heraus kann ich sagen, daß ich mir durchaus tantrische Heilungen ohne Heterosexualität vorstellen kann. Nehmen wir z. B. die Geschichte von Jane, der „Frau, die Frauen liebt". Da Jane in einem früheren Leben ein Mann war, der eine Frau getötet hat, genügt es vielleicht, daß sie in diesem Leben die Erfahrung macht, daß Frausein gut und schön ist, daß sie Frauen lieben kann und daß sie auch in einem Frauenkörper weibliche und männliche Eigenschaften leben kann, wie sie dies ja schon weitgehend tut.

Neulich bekam ich einen Brief von Janes Freundin, in dem sie mir mitteilte, daß sie und Jane nach der Tantragruppe endlich in der Lage waren, die Angst vor dem Zusammenziehen zu überwinden, und daß sie jetzt eine gemeinsame Wohnung haben.

„Und siehe da, die Ängste und Befürchtungen sind verflogen und haben sich als Hirngespinste erwiesen, sind in weiten Teilen dem Genuß und der Freude gewichen", schrieb sie. Ich denke, daß es für Jane sehr wichtig ist, ihren Frauenhaß durch Frauenliebe zu überwinden. Es ist also durchaus denkbar, daß Frauen und Männer sich in gleichgeschlechtlichen Beziehungen heilen.

Meine Erfahrung ist es, daß ein tiefes Aufatmen und eine tiefe Entspannung folgen, wenn wir unserer Seele erlauben, in unserem Körper endlich eine Heilung durchzuführen, die sie von ihrem höheren Bewußtsein her sehen kann. Dafür brauchen wir Meditation, damit wir uns Zeit und Ruhe geben, auf die Stimme der Seele in uns hören zu lernen.

Auch ist es von der tantrischen Praxis her gesehen überhaupt nicht nötig, daß sich eine Frau und ein Mann sexuell vereinigen müssen, damit sie als Paar eine tiefe energetische, mystische Vereinigung erleben können. Sie kann zu einem wunderbaren mystischen Erlebnis werden, aber nötig ist sie nicht. Eine energetische Vereinigung kann stattfinden, indem die beiden Menschen einfach nebeneinander liegen oder eine Augenmeditation miteinander machen oder indem sie umarmt stehen und so miteinander verschmelzen. Vielleicht berühren sich sogar nur ihre Hände oder Fingerspitzen!

Außerdem sind dazu auch nicht Frau und Mann als Partner nötig. Solche Erlebnisse, tiefe Erfahrungen der energetischen Vereinigung und des Orgasmus mit dem ganzen Körper sind bei einem Frauenpaar ebenso möglich wie bei einem Männerpaar, das habe ich selbst erlebt und oft in Tantragruppen beobachten können – auch bei Menschen ohne homosexuelle Neigungen.

Aufgrund dieser Zusammenhänge und weil das ganz wichtige Entdeckungen für uns sind, habe ich mich bezüglich meiner Tantragruppen entschlossen, Tantra nicht so schnell mit sexueller Vereinigung zu lehren, damit *solche* Erfahrungen möglich werden und Menschen ihre Autonomie und Freiheit entdecken können. Die jahrtausendealte Überzeugung, daß wir in Lust, Liebe und Sexualität von anderen abhängig sind, hat lange genug gewährt. Können Sie sich vorstellen, welch ein Durchbruch in ein neues Leben es sein kann zu erfahren, daß Sie einen Orgasmus mit dem ganzen Körper haben können, völlig ohne Sex, völlig ohne Partnerin oder Partner, einfach nur durch Atmen und Bewußtsein? Und wenn Sie offen dafür sind, können Sie ein orgastisches Erlebnis geschenkt bekommen, das vielleicht alle Ihre Erfahrungen mit Sexualität übersteigt!

Da mein innerer Kontakt mit Osho mir geholfen hat, mich für solche wunderbaren Erfahrungen zu öffnen, möchte ich ihn an dieser Stelle zitieren:

„Laut Tantra muß man total darin (im Sex) aufgehen – vergeßt euch einfach, vergeßt eure Zivilisiertheit, eure Religion, eure Kultur, eure Ideologien. Vergeßt alles und entspannt euch im Liebesakt. Seid total bei der Sache, haltet nichts zurück. Werdet absolut gedankenlos. Nur dann könnt ihr wahrnehmen, daß ihr eins mit jemandem geworden seid. Und daraufhin kann dieses Gefühl der Einheit vom Partner losgelöst und dem ganzen Universum entgegengebracht werden. Ihr könnt im Liebesakt mit einem Baum, mit dem Mond, mit einer Blume, mit dem Wind oder den Sternen, mit sonstwas sein. Wißt ihr einmal, wie der Energiekreis hergestellt wird, könnt ihr ihn ohne alle Hilfsmittel erzeugen.

Du kannst diesen Kreis in dir selbst herstellen, denn ein Mensch ist beides – sowohl ein Mann als auch eine Frau. (…) Du kannst alles andere vergessen und den Kreis in deinem eigenen Inneren schließen. Sobald das geschehen ist – sobald dein Innerer Mann deiner Inneren Frau begegnet –, befindest du dich in einem Liebesakt mit dir selbst. (…) Nur wenn der Kreis im eigenen Inneren geschlossen wurde, ist man frei.

Das ist es, was die tantrische Lehre sagt: Sex ist die größte Fessel, und dennoch kann genau diese Fessel als Instrument zur höchsten Freiheit benutzt werden. Tantra sagt, daß Gift als Medizin benutzt werden kann, wenn man weise genug ist."[39]

Obwohl es sich in diesem Zitat so anhört, als sei die Erfahrung von Einheit zuerst durch die sexuelle Vereinigung nötig, ehe ein Mensch die Erfahrung des ekstatischen Einsseins mit sich allein erleben kann, kann ich aus meiner Praxis sagen, daß die *sexuelle* Vereinigung für so wunderbare mystische Erlebnisse keine Voraussetzung ist.

Augenmeditation, die Berührung von zwei Fingern oder Händen, das stille Zusammenliegen in einer Umarmung – es gibt viele Möglichkeiten, wie zwei Menschen auch äußerlich verschmelzen können. In meinen Tantragruppen wird genau deshalb keine Sexualität praktiziert, damit Menschen diese anderen Möglichkeiten erforschen und erleben können.

Wenn das erst einmal eine verbreitete gesellschaftliche Erfahrung ist, und das ist nur noch eine Frage der Zeit, dann wird dies weitreichende persönliche und gesellschaftliche Veränderungen zur Folge haben. Dann werden Menschen lernen, sich und andere zu genießen, wie sie gerade sind.

Übung: Schreiben Sie sich eine Liste all der Gründe, warum Sie glauben, eine Frau oder einen Mann zu brauchen. Zum Beispiel:

- Ich brauche eine Frau/einen Mann, um Lust, Liebe, Sinnlichkeit, Zärtlichkeit, Erotik , Sexualität oder auch Ekstase etc. leben zu können.
- Ich brauche eine Frau, um mich entladen und entspannen zu können.
- Ich brauche einen Mann, um mich beschützt und nicht allein zu fühlen.
- Ich brauche eine Frau und das Eindringen in eine Frau, um mich als Mann zu fühlen.
- Ich brauche einen Mann, um mich als Frau zu fühlen.
- Ohne Mann/Frau kann ich nicht leben.
- ...

Machen Sie sich bei all diesen Glaubenssätzen klar, daß Sie sich mit solchen Vorstellungen als halb und als abhängig definieren. Das widerspricht Ihrer inneren Vollständigkeit oder Ganzheit und raubt Ihnen die innere Freiheit. Sie können aus Spaltung und Abhängigkeit aussteigen, indem Sie dieses Glaubenssystem aufgeben und verbrennen. Wenn Sie diese Glaubenssätze aufgeben, heißt das nicht, daß Sie all das nicht mehr leben können! Es heißt nur, daß Sie frei sind, in jedem Moment Neues zu wählen und zu erleben.

Transsexualität

■ **Interviews aus der** *Emma*

Transsexuelle sind meiner Erfahrung nach Menschen, die mit den Rollen für das jeweilige Geschlecht und mit der Spaltung in Frau und Mann nicht zurecht kommen.

„Transsexuelle sind Menschen, deren Seele ein anderes Geschlecht hat als ihr Körper", schreibt Alice Schwarzer in ihrem einleitenden Kommentar zu einem Artikel im Frauenmagazin *Emma*. „Männer, die sich wie Frauen fühlen. Oder Frauen, die sich wie Männer fühlen. Ihr Konflikt ist so groß, daß auch der Gesetzgeber seit 1980 die Anpassung des Körpers an die Seele erlaubt (...). Denn umgekehrt geht es nicht: die Seele ist stärker als der Körper – was nicht ohne Komik ist in einer Kultur, die steif und fest das Gegenteil behauptet."

Da Alice Schwarzer Journalistin ist und nicht Seelenforscherin, unterliegt sie dem weitverbreiteten Irrtum, der auch noch größtenteils von der heutigen Psychologie kultiviert wird, daß die Gefühle eines Menschen die Seele sind. Als Seelen sind wir aber weder unser Körper noch unsere Gefühle, noch unsere Gedanken, sondern das leere göttliche Bewußtsein. Das ist ganz neutral, auch geschlechtsneutral, trägt aber sämtliche Fähigkeiten beider Geschlechter in sich und kann sie auch sowohl in einem weiblichen als auch in einem männlichen Körper entfalten.

Der obengenannte Artikel greift dieses heiße Thema einfühlsam und mutig auf. Die Fotos von Waltraud Schiffels, einer Frau, die keine Lust mehr hatte, ein Mann zu sein, und von Florian Thirolf, einem Mann, der keine Lust mehr hatte, eine Frau zu sein, sind wunderschön. Und genauso einfühlsam und verständnisvoll ist das dazugehörige Interview mit den beiden, ohne daß dabei ein Blatt vor den Mund genommen wird.

Mit meinem Wissen von der Seele des Menschen würde ich Transsexualität wie folgt definieren: *Transsexuelle sind Menschen, deren Seelen sich nicht mit der Einengung in eine Geschlechterrolle abfinden können, die zwar den einen Körper gewählt haben, aber von ihrer gefühlsmäßigen Identifikation her mehr zu dem anderen Geschlecht neigen. Sie korrigieren ihre Wahl des Körpers dann durch einen medizinischen Eingriff, was aber ein unbewußter Versuch ist, die verlorene Einheit herzustellen, der auch nicht zum Ziel führt.* (Wie sie diesen Körper trotz der anderen Gefühlsidentifikation wählen konnten, ist mir noch ein Rätsel, weil der Körper ja durch Identifikation entsteht. Soweit ich das jetzt sehen kann, müssen diese Seelen also eine gehörige Identifikation von beiden Seiten mitbringen. Die Gründe für die Wahl des „falschen Körpers", der nicht zu ihren Gefühlen paßt, sind wahrscheinlich individuell verschieden, liegen aber sicher in früheren Leben.)

Ich denke, daß der Transsexualität genau wie allen anderen Formen der Sexualität eine tiefe Sehnsucht danach zugrunde liegt, die Ganzheit der Seele, die wahre menschliche Natur, zu leben und keinen Abklatsch von Frau und Mann, wie die Rollendefinitionen uns dies vorschreiben. „Gäbe es überhaupt Transsexuelle, wenn die Geschlechterrollen nicht so enge Käfige wären und die moderne Medizin den Körperwechsel überhaupt erst denkbar und möglich machen würde?" fragt Alice Schwarzer. Sicher nicht, denn dann würden wir unser Seelenpotential leben und diese Art von Medizin überhaupt nicht benötigen!

Die *Emma*-Frauen sind sich dessen zum Teil bewußt, und so lassen sie ihre LeserInnen nicht im unklaren darüber, daß die „Hilfe" der Medizin eine Verstümmelung des Körpers ist, und dennoch geben sie den Interviewten den Raum, daß sie sagen können: „Wir sehen das nicht so." Natürlich ist es für die beiden Interviewten eine Lösung, mit der sie erst mal klarer nach ihren Gefühlen leben können. Aber eine Lösung im Sinne von tiefer innerer Heilung und Befreiung ist es nicht, das zeigt sich an verschiedenen Stellen in dem Interview.

Waltraud Schiffels, die vorher ein Mann war, macht sich nichts vor, was die Operation als körperlicher Eingriff bedeutet: „Ich hatte diese Kastration – denn das ist ja der Geschlechtswechsel für uns Mann-zu-Frau-Transsexuelle – offenbar nötig, um ein für allemal mit diesem Teil von mir …

Emma: Mit der sexuellen Gewalt?

Schiffels: … ja, damit fertig zu werden."

Aber sie ist gar nicht damit fertig geworden, sie ist einfach von der männlichen Täterseite, die sie in sich fühlte und ablehnt, zur weiblichen Opferseite übergewechselt. Nun kann sie sich, ja sogar ihren Körper lieben, aber bewältigt hat sie die Spaltung und das Rollenproblem keineswegs. So ist es dann gar keine Ironie des Schicksals, daß sie gleich drei Monate nach ihrer operativen Umwandlung in eine Frau von einem Mann vergewaltigt wurde. Es ist das Ergebnis ihrer eigenen Identifikationen. Sie ist nicht aus den Rollen ausgestiegen, sondern ist nur zur anderen Seite übergewechselt, weil sie so ein negatives Männerbild hatte, daß sie dieses verachtete männliche Wesen nicht sein wollte. Prompt hat das negative Männerbild gegen sie als Frau zugeschlagen.

Trotzdem wirkt die Umwandlung erleichternd für sie und ihren Inneren Mann: „Im gesellschaftlichen Leben bin ich übrigens als Frau viel männlicher geworden, als ich es als Mann je war." Das ist nur folgerichtig, denn nun kann sie sich als Frau sicherer fühlen, daß der eigene innere Gewalttäter nicht rauskommt, wenn sie männlich handelt.

Diese Seele braucht mehr als Transsexualität. Sie braucht eine wirkliche Erlösung aus dem Käfig beider Rollenklischees. Waltraud Schiffels weiß das auch insgeheim, denn zum Schluß sagt sie: „Ich bin heute so wenig eine Frau wie früher. Ich weiß jetzt, daß ich zwei bin. Ich war Er und bin jetzt Ich. Und das sind zwei völlig verschiedene Menschen. Beide sind weiter in mir."

Diese Erkenntnis ist ehrlich und positiv von ihr gemeint. Der Lernweg war Wachstum. Wenn sie weitergehen würde, könnte sie gegen Ende ihres Heilungsprozesses vielleicht sagen: „Ich war als Mann schon so weiblich, wie ich es heute bin. Jetzt kann ich Weiblichkeit und Männlichkeit frei leben, in welchem Körper ich alle meine Fähigkeiten lebe, ist nicht mehr so wichtig. Ich habe beide erlöst, die Frau als das Opfer und den Mann als den Täter. Und jetzt kann ich sowohl richtig Frau, als auch richtig Mann sein, denn als transsexuelle Frau war ich nur ein kastrierter Mann. Diese Narbe des kastrierten Mannes blieb unbewußt in mir und hemmte dann im Frauenkörper auch meine männliche Seite wieder. Und nun weiß ich sogar noch mehr: Ich habe erfahren, daß ich in meiner Essenz weder Frau noch Mann bin, sondern eine ewige, göttliche Seele, die Frau und Mann in sich vereint, die sich nicht für das eine oder das andere entscheiden muß (außer körperlich, aber das ist nicht schlimm). Ich lerne jetzt, dieses Potential in meinem Körper zu leben. Ich kann *Er* sein, ich kann *Sie* sein und darüberhinaus vor allem *Ich-Selbst*. Das einzige, das mich daran hinderte, war das *Ich*, das *Ego*, das all die Rollenvorstellungen in sich aufgenommen hatte, in dem ich aber auch dagegen rebellierte. Aber wenn zwei Egoseiten miteinander streiten, kommt nichts Gutes dabei heraus. Heilung ist viel einfacher, das wußte ich nur nicht, ich brauche nur in meine mir innewohnende Ganzheit zu gehen."

Aber wie Frau oder Mann das macht, das ist halt das Geheimnis. Tantra ist über viele Jahrtausende in vielen Kulturen eine Geheimwissenschaft gewesen. Das hat sich verändert, denn das allgemein menschliche Bewußtsein ist reifer geworden. Wir haben lange genug gelitten und es gibt viele suchende Frauen und Männer, die keine Lust mehr haben, sich mit der alten Rollenzuweisung abzufinden. Heilung für mehr Menschen ist möglich und in Aussicht.

Die *Emma*-Geschichte des Mannes, der eine Frau war, ist ebenso spannend. Ihn störte vor allem, als schöne Frau dauernd Sexobjekt für Männer zu sein. Außerhalb ihrer Beziehung konnte sie noch dagegen rebellieren, aber „zu Hause hab' ich die Beine breitgemacht, um Anerkennung zu kriegen." Jetzt geht es ihr besser. „Ich kann als weiblicher Mann sehr gut leben, besser als vorher. Ich konnte aber nicht als burschikose, draufgängerische Frau leben. Aber ich möchte auf keinen Fall ein typischer Mann sein. (…) Ich bin als Mann weiblicher, als ich es als Frau je sein konnte." Also auch hier eine Art Erleichterung: Nun kann Florian Thirolf – im

Schutz des Mannseins – Weiblichkeit leben, ohne zum Sexobjekt zu werden. Sie/er genießt es. Und unter den Männern kann er/sie endlich „Kumpel" sein.

Aber auch das ist keine Erlösung und wirkliche Heilung. Florian fühlt das, fühlt sich als Mann noch nicht komplett, denkt natürlich äußerlich, denkt, ihm fehlt der Penis. Die Medizin versucht, jetzt auch den Frauen einen Penis aufzubauen, und auch Florian hat sich das gewünscht: „Ja, das war für mich sehr wichtig. Aber es ist keine Erektion möglich. Ich sage immer, ich bin ein impotenter Mann (er lacht)."

Der letzte Satz: „Ich bin ein impotenter Mann", ist aber bestimmt ein wunder Punkt in diesem Mann. Mit einem Lachen rettet er sich über das schmerzhafte Eingeständnis weg. Mit diesem Gedanken in seinem Bio-Computer wird er sich aber nie als richtiger Mann vorkommen. Er, wie alle anderen, ist der Definition aufgesessen, daß der Penis den Mann zum Mann macht. Der Penis ist aber ganz sachlich gesehen zum Besamen, zur sexuellen Vereinigung und zum Lust haben da. Lust haben kann Florian endlos auch ohne Penis, und die Vereinigung mit dem abgespaltenen Geschlecht kann er in sich vollziehen. Wenn er diesen Punkt in seiner Entwicklung erreicht, wird er so ganz sein, daß er keine Vereinigung mehr braucht, und er wird so ekstatisch sein, daß das bißchen Lust mit dem Penis keinen Verlust darstellt.

Alice Schwarzer und die Frauen in der *Emma* sehen es schon richtig, die medizinische „Lösung" ist keine Lösung, aber manchen Menschen hat sie das Leben wieder lebenswert gemacht oder das Leben gerettet. In dem obengenannten Artikel wird ein Mann zitiert, der in dem Buch von Waltraud Schiffels und Barbara Kamprad *Im falschen Körper* zu Wort kommt: „Manchmal werde ich gefragt, ob ich den gleichen Schritt wieder tun würde. Es war für mich die einzige Möglichkeit. Sonst gäbe es mich nicht mehr."

Ich wünsche mir von ganzem Herzen, daß der Ruf und die Wirkung von Tantra und Past-Life-Arbeit sich schnell verbreitet, damit die Menschen begreifen, daß sie das, was sie suchen, längst und seit Ewigkeiten *in* sich haben.

„In einer Gesellschaft, in der Männlichkeit und Weiblichkeit festgelegt sind, tauscht der Transsexuelle lediglich ein Stereotyp gegen das andere aus und trägt so zur Bestätigung der sexistischen

Gesellschaft bei. In einer solchen Gesellschaft erscheint es nur logisch, den Körper des Transsexuellen an sein Bewußtsein anzupassen, wenn er sich außerstande sieht, sein Bewußtsein dem Körper anzupassen", schreibt Janice Raymond in dem *Emma*-Artikel.

Obwohl Janice Raymond haarscharf analysiert, wie ein medizinischer Eingriff an der Lösung des Problems vorbeigeht und daß dieser Eingriff keine wirkliche Hilfe, sondern systemkonform in einem patriarchalisch definierten Rollensystem ist, weiß auch sie keine Lösung.

Und Alice Schwarzer beendet dann ihre Einleitung zum Dossier über Transsexualität mit einem Wunsch: Transsexuelle „wollen im anderen Geschlecht nicht zu Gast sein, sie wollen das andere sein. Das ist eine Tatsache – auch wenn es wünschenswert bleibt, daß ein Mensch seinen Körper nicht verändern muß, damit er zur Seele paßt.“

Damit Menschen in Körper und Seele zusammenpassen, brauchen sie nicht die Körper zu ändern, sondern lediglich das Bewußtsein, das ist die Lösung. Ich habe durch die Past-Life- und Tantra-Arbeit entdeckt, daß Menschen aus den alten Gedanken und Gefühlen, die aus früheren Leben herrühren, ohne weiteres aussteigen können. Ich habe entdeckt, daß die Gefängnisse der Rollenklischees Bewußtseinsgefängnisse sind. Wenn wir hieraus aussteigen, lösen sich auch die äußeren Bedingungen in Beziehungen, Sexualität und auch im sozialen Bereich auf. In meinem eigenen Fall haben sich sogar materielle Brusttumore aufgelöst! Tiefste Veränderung und Heilung ist möglich. Es ist allerdings ein Prozeß, zu dem Mut und Selbsterforschung gehören. Wenn dann mit Hilfe von Rückführungen die Gitterstäbe der Gedanken- und Gefühlsidentifikation gelöst wurden, dann kann Tantra uns Schritte in ganz neue Dimensionen der Lust zeigen.

Die Formen von Lust und Sexualität, die heute meist gelebt und von den Medien verstärkt werden, sind von einem genauso engen und gewalttätigen patriarchalischen Bewußtsein geprägt wie so vieles andere in unserer Gesellschaft. Und wir brauchen nicht zu glauben, daß die Männer von dieser enormen Verstümmelung verschont geblieben sind. In der Fixierung auf den Penis als Lust- und Machtinstrument haben sie ihren *ganzen Körper als Lustorgan* verloren. In den Tantragruppen erlebe ich immer wieder, daß es für die Frauen viel leichter ist, langanhaltende Ganzkörperorgasmen zu erleben als für die Männer. Ja, es ist sogar oft eine große Erleichterung und Entdeckung für die Frauen, daß sie ausgedehnte Orgasmen ohne sexuelle Vereinigung haben können. Den Männern verursacht das Angst. Das ist völlig unnötig. Der Penis ist ein *kleines* Lustorgan im Vergleich mit dem ganzen Körper. Die Ejakulation ist ein Sekundenhappening im Vergleich zu der Lust, die mit dem ganzen Körper möglich ist! Und nach diesem Sekundenhappening ist der Mann meist müde, während er nach den orgastischen Schwingungen mit seinem ganzen Körper energetisch aufgeladen ist und sein Herz auch Energie abbekommen hat.

Ebenso sind auf der weiblichen Seite der klitorale und der vaginale Orgasmus reduzierte Formen des Orgasmus – und selbst die dürfen und können nicht mal alle Frauen erleben. Diese Einschränkung ist eine Verstümmelung des Menschen. Wir haben im Tantra immer wieder erlebt, daß jeder Mensch, egal ob Frau oder Mann, stundenlang orgastische Vibrationen im ganzen Körper, schmelzende Liebe im Herz und vielleicht noch dazu die unglaublichsten Seelenerlebnisse von Licht, Stille und erweitertem Bewußtsein haben kann. Und solche Erlebnisse sind möglich mit dem eigenen Geschlecht, mit dem anderen Geschlecht oder auch ganz allein. Der ganze Streß mit Frau und Mann und Sex kann endlich mal aufhören, und wir können lernen, mehr Spaß zu haben, als wir je zu hoffen wagten. Nach solchen Erlebnissen sind wir aufgeladen, und die Energie trägt uns – auch in neue Dimensionen im Alltagsleben. Diese Energie ist Schöpfungskraft, die in alle Aktivitäten des praktischen Lebens hineinfließen kann.

Die Lösungen sind da. Die Menschen brauchen sie nur zu ergreifen.

Sadistische und masochistische Neigungen

■ Lust durch Leidensphantasien

Lana ist eine attraktive junge Frau, die zwar Beziehungen mit Männern lebt, aber ihre derzeitige Beziehung ist ihr zu lau und langweilig, und andere Begegnungen organisiert sie sich unbewußt so, daß sie ihr nicht zu nahe rücken. Sie kommt in eine Tantragruppe, um zu ergründen, was mit ihr los ist, und um aus den unbefriedigenden Mustern herauszukommen. Sie möchte sich neue Türen zur Liebe und Lust öffnen. Sie macht viele schöne Erfahrungen in etlichen Tantragruppen. Es macht ihr Spaß, bestehende Grenzen aufzulösen.

Nachdem sie uns schon eine Weile kennt, nimmt sie sich eines Tages ein Herz und bittet um eine Einzelsitzung zu einem für sie heiklen Thema. Sie schämt sich sehr, als sie mir erzählt, daß sie sich leicht Lust durch Qual-, Mord- und Folterphantasien verschaffen kann und daß solche Bilder manchmal beim Liebemachen in ihr aufsteigen. Sie möchte gern frei davon werden.

In der ersten Rückführung erlebt sie sich als zwölfjähriges Mädchen sonntags in der Kirche. Die Leute wirken alle adrett, nett, fromm und steif. Sie sitzt in einer Bankreihe unten im Kirchenschiff.

Ich fühle die Männerblicke von der Empore in meinem Rücken, auf meinen Haaren. Sie hat wunderschöne schwarzgelockte Haare.

Es macht mich ganz unruhig, nervös, rebellisch. Am liebsten würde ich nackt schreiend durch die Kirche laufen. Nach außen tun sie alle so fromm, und innen ist die Hölle. Ich kann es spüren!

Lana findet dazu folgende Glaubenssätze und gibt sie auf:
- Lust ist Sünde.
- Kein Mensch kann einfach offen, ehrlich, natürlich und frei sein.
- Fromm sein geht nur, wenn man was vorheuchelt.

In der zweiten Rückführung erlebt sie sich als sechs- bis achtjähriges Mädchen in seinem Bett. Es hat eine Phantasie, daß ein Schmied sie zur Lust quält.

Immer ist es ein Schmied oder ein Bauer oder ein Küster oder sogar ein Metzger, auch in all den Jahren danach.

Lanas Glaubenssätze werden Ihnen mehr von ihren Gefühlen und Gedanken zeigen:

- Je mehr es weh tut, desto besser ist es.
- Ich muß leise sein.
- Wenn ich nicht zumache und meine Lust kontrolliere, überrollt sie mich, dann passiert was Schlimmes, oder ich sterbe.
- Ich darf nichts zeigen.
- Ich zeige euch nichts mehr von mir!
- Ich bin vollkommen eingeschränkt.
- Wenn ich meine Wut und Kraft rauslasse, ist sie zerstörerisch.
- Sex und Lust tun wahnsinnig weh, und für mein Herz fällt nichts dabei ab.
- Nein, ich will keine Lust mehr!
- Die Vitalität darf man nicht zeigen, man muß sie verstecken oder durch Arbeit ablassen und ein heiliges Mäntelchen drüber tun.
- Als Mädchen darf ich meine Kraft und Lust schon gar nicht zeigen, das dürfen ja nicht einmal die Männer.
- Die Männer können ihre Kraft wenigstens noch ritualisieren durch Kirche, Quälen, Schlachten, Krieg und Töten.
- Als Frau habe ich nicht die geringste Möglichkeit, meine Kraft nach außen zu leiten, ich kann sie nur gegen mich selbst richten.
- Je mehr ich leide und krank bin, desto mehr Aufmerksamkeit bekomme ich.

Auf zwei Glaubenssätze dieser Serie möchte ich noch besonders eingehen: „Wenn ich meine Wut und Kraft rauslasse, ist sie zerstörerisch" ist ein Glaubenssatz, der viele Menschen, aber besonders viele Frauen einschränkt. Frauen sind systematisch dazu erzogen worden, lieb zu sein. Lana ist eine sehr liebe Frau, zu lieb. Ihre Geschichte zeigt, daß ihr das gar nicht gut tut. Sie kann ihre sogenannten bösen Anteile, nämlich Wut, Ärger und Aggression, nicht leben, außer, indem sie sich Negatives gegen sich selbst gerichtet vorstellt.

Ihr Heilungsprozeß von dieser Einschränkung hatte schon angefangen, ehe sie sich zu dieser Sitzung entschloß. In all unseren Tantragruppen gibt es nämlich die Dynamische Meditation nach Osho, die ein wundervolles kathartisches, d.h. reinigendes Instrument ist. Sie bietet Menschen die Möglichkeit, lange aufgestaute Wut und Aggression *bewußt* – in einem Schonraum und konstruktiv, nicht zerstörerisch – auszuleben.

Und ebenso bieten sich in den Tantragruppen fast immer Gelegenheiten für schöne Wutausbrüche als Encounter-Meditation. Ich nenne bewußt angeleitete Wutausbrüche in einem Schutzraum von Sicherheitsregeln, z.B. daß niemand tätlich angegriffen werden darf, Encounter-Meditation. Das bewußte Beobachten erlaubt anschließend einen Prozeß von tief reinigender Gedankenheilung, und während des bewußten Wutausbruchs geschieht eine emotionale Klärung. Lana wurde im Laufe der Tantragruppen immer mutiger und erlaubte sich öfter, Menschen einmal ehrlich und wütend die nackte Wahrheit zu sagen. Das tut so gut mitanzusehen, wie Menschen durch solche Prozesse immer schöner werden, weil sie lebendiger werden.

Der zweite interessante Glaubenssatz, der unsere Aufmerksamkeit verdient, ist: „Nein, ich will keine Lust mehr." Die Angst vor dem Schmerz und der Sünde lassen Lana zu diesem Entschluß kommen. Aber, sie hat ja einen Körper, es ist einfach unsinnig zu versuchen, dem Körper die natürlichen lustvollen Ausdrucksmöglichkeiten zu rauben. Die Folge davon ist nun, daß die Lust nicht mehr frei, sondern nur noch in Form von Gewalt zu ihr kommen kann. Dieser Entschluß band sie also an Gewalt.

Wir bitten ihr wahres Selbst nun, Lana in ein früheres Leben zurückzuführen, wo sie mit einem Erlebnis in Kontakt kommt, das ihr helfen kann, diese Konditionierung weiter aufzulösen.

Es ist das Jahr 1625. Lana erlebt sich als junge Frau in einem Volksstamm. Sie ist in einen Mann aus einem anderen Stamm verliebt. Aber diese beiden Stämme liegen in tiefster Fehde miteinander. Sie versucht, ihre Liebe heimlich zu leben, wird aber entdeckt. Ihr Stamm betrachtet sie als Verräterin, ächtet und verurteilt sie zum Tod: Sie wird mit einem Pfeil erschossen, er geht geradewegs durch ihr Herz. Die junge Frau steht völlig fassungslos und hilflos all dieser Gewalt gegenüber und zieht folgende Schlüsse:

- Ich leide und leide, und mein Herz verblutet.
- Ich kann den Mann, den ich liebe, nicht erreichen.
- Ich darf (ihn) nicht lieben.
- Wenn Lust und Liebe in mir aufsteigen, wird alles zerstört.
- Wenn ich liebe, werden mein Herz und mein Leben zerstört.
- Liebe bringt mir nur Kummer, Schmerz, Qual, Einsamkeit, Ohnmacht und Tod.

Da sie die Liebe und die Lust aber bis zuletzt gefühlt hat, beides fühlte sich ganz schön und unschuldig an, zieht sie auch den Schluß:
- Nur mit Schmerzen und Qualen sind Liebe und Lust legitim.

Lana gibt all diese Schlußfolgerungen nur zu gern auf, denn sie kann gut sehen, wie sie ihr gegenwärtiges Leben immer noch bestimmen, beispielsweise in der Distanz zum Mann und der Angst vor wirklicher Intensität in Liebe, Lust und Beziehungen.

Schließlich frage ich Lana, warum sie sich so ein Geschehen vielleicht gewünscht haben könnte. Gibt es ein Ziel, das sie durch Leiden, Folter und Qual erreichen möchte? Lana braucht nicht lange nachzudenken, sie findet ihren Tätersatz leicht:
- Durch leiden, mich quälen, büßen und mich opfern komme ich zu Gott.

Und so schließt sich der Kreis zu dem Mädchen am Beginn unseres Rückführungszyklus, das in der Kirche sitzt und Frömmigkeit und Lüsternheit überhaupt nicht vereinbaren kann. Das christliche Symbol für den Weg zu „Gott" ist der leidende, sterbende, gottverlassene Jesus am Kreuz.

Ich erlebe in Rückführungen oft, daß am Anfang der Sitzung Material kommt, mit dem wir zunächst wenig anfangen können. Im Laufe der Zeit habe ich aber gelernt, daß unsere Rückführungen von der Seele regelrecht geleitet werden und sich der Sinnzusammenhang am Ende der Sitzung deutlich zeigt.

Ein bis zwei Jahre später schrieb Lana mir: „Nach dieser Sitzung war ich sehr erlöst, und meine Phantasien sind fast verschwunden. Wichtig ist auch, daß ich keine Schuld- und Schamgefühle mehr darüber habe. Ich kann die Phantasien jetzt verstehen, und es ist mir möglich, versöhnlicher mit mir zu sein. Ich fühle mich seitdem viel freier und gelöster und kann mich selbst und meine Sexualität und Liebe besser annehmen und ausleben. Die Rückführungen haben einen wichtigen Knoten im sexuellen und im Liebesbereich gelöst."

Keine Übung: Auch in diesem Fall möchte ich keine Übung geben, sondern Ihnen empfehlen, die Entstehungsgeschichte Ihrer schmerzhaften Lust mit therapeutischer Hilfe zu erforschen und sich davon zu befreien. Schmerzhafte Lust ist unnatürlich. Aber es ist wichtig für Sie, sie zu verstehen und aufzudecken, wie diese Neigung entstanden ist. Sie haben dafür Gründe, die in der Vergangenheit liegen. Sie können sie aus Ihrem heutigen Leben beseitigen und sich für freudige Lust und Liebe öffnen lernen.

▧ Die Qual

Ein Paar kommt zu uns und bittet um Hilfe. Sie haben sich in einer unserer Tantragruppen kennengelernt und ineinander verliebt, aber die schöne Liebe des Anfangs hat sich zu einer fast alltäglichen Quälerei entwickelt. Können wir ihnen helfen? Wir wissen es nicht, aber zumindest können wir ihnen bewußtmachen, was unter der Qual für Gefühle und Bewußtseinsinhalte liegen, und wir können helfen, diese Identifikationen zu beseitigen. Den Rest müssen sie in dem folgenden Transformationsprozeß in ihrem Leben selbst bearbeiten, und wenn es nicht weitergeht, müssen sie vielleicht wiederkommen. Die Probleme dieses Paares sind tief und heftig, so daß es sein kann, daß sie ein paar Jahre Begleitung brauchen, ehe sie diese ganzen Identifikationen aufgedeckt und bereinigt haben. Vorerst können wir nur punktuell an dem Problem arbeiten. Eine ganze Serie von Sitzungen wäre in diesem Falle vielleicht dienlicher gewesen.

Es handelt sich um ein extrem gegensätzliches Paar. Die Frau ist sehr lieb und mütterlich, sinnlich, verspielt und hingebungsvoll. Der Mann ist sehr rational, intellektuell, ein Geschäftsmann, der sehr in Ideen, im Kopf lebt. Er hat einen zarten knabenhaften Körper, während die Frau sinnlich beleibt, schmusig, erdhaft wirkt.

Der Mann braucht täglich die sexuelle Vereinigung mit einer Frau und auch ihre Gegenwart, allein fällt er in tiefste Verlorenheit, Unruhe und Depression. Seine Abhängigkeit hat ihn schon in viele unangenehme Situationen gebracht, so ist es schön für ihn, nun eine feste Beziehung zu haben, in der er sich ausruhen kann.

Aber natürlich rächt er sich für die Abhängigkeit und macht die Frau klein, erniedrigt sie auf vielerlei Art und Weise, besonders auch verbal, indem er ihr Selbstwertgefühl auf Null bringt. Die Frau schildert diese verbal ausgelöste emotionale Qual so: „Es ist, als wenn er mit glühenden Eisen in mich eindringt und mich verbrennt."

An dieser Geschichte wird sehr deutlich, wohin die Rollenkonditionierung in diesem Falle führt: in die gegenseitige Abhängigkeit. Da das aber kein Mensch ertragen kann, finden beide Seiten Wege, um ihre Überlegenheit zu zeigen. Das ist unbewußte Selbstbehauptung.

Die Frau bearbeitet aus der gegenwärtigen Situation ihre Gefühle und gewinnt Distanz zu ihnen, dann gibt sie folgende Glaubenssätze auf:

- Der Mann will meinen Sex und meinen Körper.
- Ich muß ja sagen und tun, was der Mann will.
- Wenn ich nein sage, werde ich gequält.
- Wenn ich nicht mache, was er will, verläßt er mich, oder ich muß gehen.
- Ich bin ihm ausgeliefert. (In ihrer Verliebtheit hat sie sich auch wirtschaftlich von ihm abhängig gemacht, indem sie mit ihm in seinem Unternehmen arbeitet, und sozial und emotional ebenfalls, indem sie in seine Stadt gezogen ist.)
- Er kann mit mir machen, was er will.
- Er quält mich jeden Tag immer mehr.
- Er schreckt vor keiner Grausamkeit zurück.
- *Er kriegt mich nicht!*
- Seine psychischen Quälereien fühlen sich an, als ob er mit glühenden Eisen in mich eindringt.
- Der Mann verbrennt mich.
- Der Mann ist der Stärkere.
- Ich kann mich nicht durchsetzen.

- Wir finden keine Basis der Verständigung.
- Ich bin für ihn der Klotz am Bein.
- Ich kann seinem Unternehmen und ihm gar keine Impulse geben.
- Es gibt keine Lösung, außer endgültig zu gehen.

Das ist dann einige Zeit später passiert, denn die Frau ist in ihre Stadt und ihre Wohnung, die sie behalten hatte, zurückgegangen. Auch wenn diese Beziehung nicht gerettet werden konnte, beide werden von der Auflösung der extremen Rollenklischees profitieren, selbst wenn sie es noch nicht gleich sehen können.

Die Glaubenssätze der Frau zeigen, daß sie durch ihre extreme Rollenanpassung an das weiblich-mütterliche Ideal abhängig und süchtig nach dem abgespaltenen männlichen Teil ist, denn sonst wäre sie schon längst gegangen, hätte sich auch nicht die kleinste Erniedrigung gefallen lassen. Und mit ihrem emotional geladenen „Er kriegt mich nicht!" hat sie zwar ein Machtmittel gefunden, mit dem sie ihn auch zum Leiden zwingen kann, aber dieser Glaubenssatz fördert nun wieder ihre Sucht nach dem abgespaltenen Teil. Je größer ihr Nein wird, um so größer wird ihre Sehn-Sucht nach dem, was zu ihr gehört.

In der Rückführung in ein früheres Leben, die wir machen, um ihr Problem konzentriert und distanziert zu betrachten, erlebt sie sich im Jahr 1730 in einem Kerker. Sie ist eine Frau, die an eine Wand angekettet ist. Ein Mann kommt und sagt, daß er sie freilassen würde, wenn sie mit ihm ginge und sich ihm hingeben würde.

Er faßt sofort an meinen Busen, unverschämt. Ich bin total wütend, sauer, hilflos. Ich sage: Nein. Nun kettet er mich höher, ich hänge, habe keinen Boden mehr unter den Füßen. Jeden Tag macht er meine Situation schlimmer. Ich sage immer nein. Schließlich kommt er mit einer Fackel und stößt sie in mich rein. (Das erklärt ihr heutiges Gefühl, daß er verbal wie mit glühenden Eisen in sie eindringt.) *Ich sehe es noch, werde dann aber ohnmächtig, bewußtlos. Ich fühle mich völlig ausgeliefert, aber sehr stark in meinem Willen, nicht nachzugeben. Täglich kann ich die Qual besser ertragen, bis ich nichts mehr spüre.*

Wir bearbeiten zuerst ihre Angst, Wut, Ohnmacht, Qual und ihren Schmerz, dann findet und löscht sie folgende Glaubenssätze:

- Der Mann hat die Macht und das Recht, mich zu quälen.
- Ich sage nicht *ja*, egal, was passiert.
- Nur wenn ich *nein* sage, kann ich mich behaupten, kann ich ich selbst sein.
- Ich muß *ja* sagen, sonst werde ich gequält.
- Der Mann bringt mich um.
- Der Mann hält mich gefesselt, nimmt mir die Luft, bestraft, foltert und quält mich, bis ich nichts mehr spüre. Er nimmt mir den Boden unter den Füßen.
- Er bestimmt, ob ich frei sein kann oder nicht.
- Und ich tue *nicht*, was der Mann will!
- Der Mann kann machen, was er will, ich sage *nein*.
- Das *Nein* gibt mir Kraft, das *Nein* ist *meine* Macht.

Wenn das Männliche nicht etwas wäre, das zu ihrer eigenen Natur gehört, wäre das ja vielleicht eine brauchbare Strategie. Doch so sagt sie immer zu einem Teil von sich selbst *nein*, den sie ja gerade wieder zurückhaben will, um wieder ganz und sie selbst zu sein. Auch die folgenden Glaubenssätze zeigen, daß ein solches Leben geradezu verrücktmachend ist, und tatsächlich wundere ich mich, daß nicht viel mehr Menschen aufgrund dieses Frau-Mann-Konflikts verrückt werden. Aber es gibt natürlich noch viele andere unbewußte Wege, das Problem nicht zu lösen und das Leiden anders auszudrücken: durch Krankheiten, Alkoholismus, Ablenkung, durch Macht und Erfolg, Mord und Totschlag, Krieg und globale Zerstörung usw. Es gibt unendlich viele Ausdrucksformen dieses ungelösten Problems. Die Glaubenssätze der Frau gehen so weiter:

- Ich muß mich dem Mann beugen, denn wenn ich *nein* sage, muß ich sterben.
- Ich bin in der Gewalt des Mannes.
- Ich habe nichts als mein *Nein*, was ich gegen den Mann und seine Gewalt einsetzen kann.
- Der Mann ist ein Scheusal und Folterknecht.
- Ich will mit diesem Scheusal nicht leben.

- Als Frau kann ich kein Mann sein.
- Ich muß so sein, wie der Mann mich haben will, sonst werde ich gequält.
- Ich bin vom Wohlwollen des Mannes abhängig.
- Ich darf keinen eigenen Willen haben.
- Wenn ich meinen eigenen Willen habe und dazu stehe, quält mich der Mann.
- Freiheit und Leben bekomme ich nur, indem ich mich und meinen Körper dem Mann hingebe und alles tue, was er sagt.
- Dann gehe ich doch lieber, damit er mich nicht kriegt.
- Sterben ist die einzige Art, wie ich gehen kann.
- Der Mann bringt mich um.

Hier haben wir also eine Art Tätersatz, denn indem der Mann sie tötet, hilft er ihr zu gehen. Ich frage die Frau aber noch weiter, ob sie vielleicht einen Grund sehen kann, warum sie es wählt zu leiden. Sie erkennt ihn:
- Ich kann alles, ich kann *jede* Qual, aushalten. Durch Qual erfahre ich meine Kraft.

In diesem Leben hat sie zum Glück eine bessere Wahl getroffen. Sie ist in ihre Kraft gegangen, indem sie aus der Abhängigkeit in die Unabhängigkeit zurückging. Sie ist so voller Energie und Liebe, sie hat beste Chancen, diese Kraft auch noch in einer Beziehung zu erfahren.

Wie sieht nun die Seite des Mannes aus? Auch er leidet unter der Frau, und das ist auch kein Wunder, denn sie ist ja der exakte Gegenpol zu seiner extremen „Männlichkeit", ein Gegenpol, gegen den er in seiner Anpassung ans männliche Ideal gerichtet ist. Sein Leid sieht folgendermaßen aus: Er schämt sich für die Frau, denn er findet, daß sie seiner Rationalität und seinem geschäftlichen Auftreten nicht gewachsen ist.

Aber er liebt und braucht sie ja, also versucht er, sie zu erziehen. Sie können seine Situation und seine Gefühle gut aus seinen Glaubenssätzen ablesen:
- Weil ich sie will, muß ich in Kauf nehmen, wie sie ist.
- Ich brauche sie.

- Sie erpreßt mich.
- Weil ich das nicht aushalten kann, muß ich mich von ihr trennen.
- Ich finde einfach keine Frau, die so integer ist, daß ich es auf Dauer mit ihr aushalten kann.
- Damit ich kriege, was ich brauche, muß ich die Frau erziehen.
- Wenn ich alleine bin, bin ich traurig, bedrückt, verloren.
- Ich brauche die Liebe und den Körper einer Frau.
- Ich brauche sie, um mich sexuell zu entladen.
- Mit mir selbst kann ich keine Erfüllung finden.
- Alleine sein und alleine leben ist sinnlos.
- Ich muß mich ablenken, sonst halte ich es nicht aus.
- Selbstliebe ist langweilig.
- Ruhe ist, wenn ich meinen sexuellen Drang nicht mehr spüre.
- Ruhe finde ich nur durch eine Frau und wenn sie mich umarmt.
- Ich brauche eine Frau, um Ruhe zu finden.
- Ohne meine Mutter bin ich mutterseelenallein.

Ich frage ihn, ob er denn eine gute Beziehung zu seiner Mutter gehabt habe, aber das ist nicht so, kann es bei dieser Konditionierung auch nicht sein, denn sie gehört ja absolut nicht zu seiner männlichen Definition.

Also braucht uns der folgende Glaubenssatz gar nicht zu wundern:
- Nur alleine, ohne meine Mutter, kann ich meine Ruhe haben, frei sein, entspannt sein und alles tun, was *ich* will.

Auch den Mann führe ich nun in ein früheres Leben, um Wurzeln von dem Problem zu finden und zu löschen. Er bekommt zwar ziemlich schnell die Jahreszahl 1715 als Botschaft, denn mit Zahlen umzugehen ist er als Geschäftsmann gewöhnt. Aber dann geht es nicht weiter, es kommen keine Bilder. Er hat also Schwierigkeiten, sich der Intuition seiner weiblichen Seite anzuvertrauen. „Es ist nichts da", sagt er. Ich bitte ihn, diesen Glaubenssatz aufzugeben, danach versuchen wir es noch einmal.

Diesmal sieht er ein Bild, das sich langsam zu einem Geschehnis ausweitet. Aber er sieht das Bild als Zeuge, von außen, hat anfangs noch Schwierigkeiten, sich selbst darin zu sehen und zu fühlen. Aber Schrittchen für Schrittchen kommen auch die Gefühle dazu. Er wagt sich in das Geschehen, und er wagt sich in die Intuition hinein:

Ich sehe das von außen, als Zeuge. Ich sehe einen finsteren Raum ohne Fenster, darin einen jungen Mann oder Jüngling. Vielleicht ist es auch eine Frau? Da ist nur der Kopf, alles andere ist ausgeblendet. Er hat einen langen Hals, um den etwas ganz eng gebunden ist, es schneidet ein. An einer Wand ist eine Fackel. Nun kann ich sehen, daß der junge Mann, es ist doch ein junger Mann, mit gefesselten Händen dasitzt, vorgebeugt, aber seine Füße sind nicht auf dem Boden, sondern sind irgendwie wie ein Fischschwanz. Das ist das einzige, was er bewegen kann. Der junge Mann ist kostbar gekleidet, aber an die Wand gebunden. Er hört den Klang einer tiefen Männerstimme. Sie hallt. Sie urteilt, belehrt. Es ist ein formaler Prozeß, wie vor einem Richter. Aber der junge Mann wird nicht verurteilt. Er sagt keinen Ton.

Betrachten wir die Geschichte bis hierher als Bild für das Lebensgefühl dieses Mannes, so ergibt sich folgende Interpretation: Er fühlt sich an einem finsteren Ort gefangen, ist gefesselt und kann nicht sehen. Er weiß nicht, ob er Mann oder Frau ist, und er kann entweder nur das eine oder das andere sein. Er ist nur Kopf, ist von seinem Körper abgeschnitten. Er hat keinen Kontakt zur Erde. Er hat einen überdimensionalen Schwanz, das einzige, was sich noch bewegen kann. Er ist reich, aber sein Reichtum nützt ihm auch nichts. Er soll irgend etwas lernen, aber er versteht es nicht.

Wenn Sie nachher die Glaubenssätze dieses Mannes lesen, werden Sie sehen, daß dies genau die Situation dieses Mannes in diesem Leben darstellt.

Natürlich erhebt sich die Frage: Was ist passiert? Wie ist der junge Mann in diese Lage gekommen? Ich bitte den Mann vor der nächsten Wiederholung der Rückführung, zu einem früheren

Zeitpunkt dieses Erlebnisses zu gehen. Er bekommt dazu folgende Informationen:

> *Ich bin einer wunderschönen Frau in einem weißen Kleid gefolgt. Sie schwebte vor mir, aber weit entfernt, und schaute mich an. Ich bin ein junger Mann, schlank und leptosom. Ich bin wie eingefangen von ihrer Schönheit und gehe auf sie zu. Sie weicht immer weiter zurück, und ich folge ihr. Plötzlich weicht sie zur Seite, eine Falltür geht zu, und ich bin gefangen. Ich bin völlig fassungslos, denn ich habe der Führung, der Schönheit, dem Locken und dem Leuchten der Frau vertraut. Ich hatte mir davon erwartet, daß sie mich an den Ort der Erfüllung und des Lichts führt, bin ihr dafür in die Dunkelheit gefolgt und sitze jetzt in dieser finsteren Falle.*

Was der Mann mit diesen Worten schildert, ist sein Seelendrama. Es spiegelt sich in den Bildern der äußeren Realität und ist für mich direkt ablesbar. Von dem finsteren Ort des Mannes, des männlichen Rollenklischees aus erscheint ihm die leuchtende Schönheit der Frau als die Erlösung. Als Seele weiß er ganz genau, daß ihm diese Schönheit, das Licht und die Weiblichkeit fehlen und daß er genau das auch braucht, um zurück ins Licht und in die Liebe zu kommen, die sein Ursprung sind. Aber da er all diese Dinge nicht durch Meditation *in* sich sucht, sondern durch Sex mit der Frau, landet er in der Falle. Vereinigung von Frau und Mann ist nicht gleich Sex. Leider ist dies aber ein weltweit herrschender Aberglaube.

Dieser Mann ist sehr stark auf der Suche nach Erfüllung. Er hat von seinen Eltern einen Vornamen bekommen, der Licht bedeutet. Aber da er die Vereinigung mit der Frau mit Sex gleichsetzt, rennt er immer hinter der Frau her, und sie weicht immer weiter zurück. Ich möchte nicht wissen, wie viele Männer dieses Martyrium seit Jahrtausenden mitmachen und aushalten. Die Stimme in dem Kerker, die ihn belehrt, interpretiere ich als die Stimme seines höheren Bewußtseins, denn dieses unser göttliches Bewußtsein richtet nicht, sondern gibt uns nur alle erdenklichen Hilfestellungen, damit wir endlich begreifen, wo die Erfüllung liegt, nämlich *in* uns.

Nachdem der Mann seine Gefühle verarbeitet hat, findet er folgende Glaubenssätze und gibt sie auf:

- Erfüllung ist, wenn ich mich mit der Frau vereinige.
- Die Frau legt mich immer wieder rein.
- Ich bringe sie um!
- Die Frau muß mich an den Ort führen, wo unsere Vereinigung stattfindet.
- Ich kann der Frau nicht vertrauen, sie lockt mich in die Falle und legt mich immer wieder rein.

Was die Seele dieses Mannes ihm immer wieder in seiner Sehnsucht nach der Frau signalisiert, ist, daß er das Weibliche für seine Selbstverwirklichung braucht. Also zieht ihn das Weibliche magnetisch an. Es weicht aber gleichzeitig immer weiter vor ihm zurück, weil es zum Rollenklischee des Mannes gehört, das Weibliche in sich auszulöschen. Er muß die Frau in sich töten, und damit wird sie unerreichbar. Wenn er dann in der Falle sitzt, weil er auf der falschen Ebene gesucht hat, dann ist er so enttäuscht, daß er Rache schwört. Er muß die Frau umbringen. Schon hat er die nächste Mauer um seine Falle gebaut. Die Frau wird immer unerreichbarer.

Dieser Mann hat noch viele Glaubenssätze aufgegeben, die ihn in dieser Falle hielten:

- Als Mann darf ich nur Kopf und Schwanz sein, alles andere muß ich ausblenden.
- Wenn ich der Frau ins Dunkle folge, komme ich nicht ins Licht.

Vielleicht erscheint es Ihnen seltsam, daß der Mann diesen Glaubenssatz aufgibt, aber er bestand darauf, daß es so richtig sei. Ich begreife erst jetzt, wie wichtig es für den Mann ist, diesen Gedanken aufzugeben, denn sonst kann er seiner ‚weiblichen' Intuition nicht in die Dunkelheit des Unbewußten folgen, was ihm beim Beginn der Rückführung ja auch Schwierigkeiten machte. Dann kann er nicht all die Gefühle und Gedanken ins Licht seines Bewußtseins holen, die ihn im Martyrium und in der Hölle des Frau-Mann-Dramas halten, kann sich nicht befreien, kann nicht ins Licht kommen.

Diese Hölle ist für den Mann nicht nur mit sieben Siegeln versiegelt, sondern auch mit zig Glaubenssätzen und Gefühlen:

- Der Mann kann die spirituelle Erfüllung nur *ohne* die Frau finden.
- Es geht letztendlich nur ohne die Frau.
- Wenn ich meiner Sehnsucht und dem Licht und der Frau folge, dann sitze ich in der Falle, finde mich gefesselt, geknebelt, blind und verdammt wieder.
- Wenn ich der Frau folge und ins Licht gehe, verliere ich den Boden unter den Füßen.
- Mannsein bedeutet: Leistung, Anstrengung und mit „beiden Füßen auf dem Boden stehen", und nicht, tanzend und spielend durchs Leben gehen.
- Mein Schwanz ist das einzige, was sich noch bewegen kann.

Mit diesem schonungslos klaren Glaubenssatz sagt ein Mann selbst, was mir viele Frauen immer wieder beschrieben haben: In der männlichen Rolle ist der Mann so von seiner Ganzheit, seinem Körper, seinem Herzen, von seiner Lebendigkeit und vielem anderem abgeschnitten, daß die Sehnsucht nach Sex und dem Körper der Frau wie ein gieriger Hunger nach Leben ist. Aber welche Frau könnte einem Mann das Leben geben, das er sich selbst nicht gibt und geben darf? Die letzten Glaubenssätze dieses Mannes waren:

- Ich kann die Frau und die Erfüllung niemals erreichen.
- Nur wenn ich mich auflöse, körperlos werde, finde ich die Erfüllung.

Also auch er wollte insgeheim sterben, das schien die einzige Lösung. *Das* ist aber keine Lösung, weil die Seele dann in einem neuerlichen Leben versuchen muß, das Rätsel zu lösen und einen Weg zu finden, der aus dem Labyrinth der Gefühle und Glaubenssätze herausführt.

Auch hier gebe ich **keine Übung,** sondern empfehle Ihnen, sich therapeutische Hilfe zu holen und sich damit aus Ihrer Qual zu befreien.

■ Die Domina

Eines Tages kommt eine schöne rassige Frau zu mir und sagt, sie wolle durch Rückführungen mehr über sich erfahren. Sie könne sich Rückführungen und frühere Leben eigentlich nicht vorstellen und zweifele, ob es frühere Leben überhaupt gebe und ob Rückführungstechniken bei ihr auch nur das Geringste zutage bringen könnten. Aber sie möchte gern besser verstehen, warum sie so ist, wie sie ist. Sie ist eine erfolgreiche Domina.

Ich versichere ihr, daß fast alle Menschen sich erinnern können, außer sie sind extrem rational orientiert oder haben extrem viel Angst. Wir vereinbaren zwei Probesitzungen, damit sie die Methode und mich erst einmal kennenlernen kann.

Sie möchte ergründen, ob Männer ihr wohl mal etwas getan haben, ob sie deshalb eine Art Naturtalent für ihren Beruf hat. Sie ist in diesem Leben nie vergewaltigt worden, zumindest hat sie keine Erinnerung daran.

Trotzdem beginnen wir mit den Rückführungen in diesem Leben, weil sich das nach meiner Erfahrung immer lohnt. Dana, so will ich sie nennen, sieht sich als Fünfjährige. Es ist ein kurzes Erlebnis.

Sie hat sich mit ihrem Bruder verabredet, daß sie sich einander nackt zeigen wollen. Sie treffen sich in einer kleinen Toilette. Dana zieht sich aus und zeigt sich zuerst, ist stolz auf sich. Als der Bruder an der Reihe ist, zeigt er sich nicht.

Es verschlägt mir die Sprache. Ich bin enttäuscht, fühle mich hinters Licht geführt, verletzt, unterlegen, entblößt, verlassen. Ich sinne auf Rache. Diese Gemeinheit soll er mir büßen. Ich erzähle alles der Mutter, und er wird geschlagen.

Mag dieses Erlebnis auch noch nach einem harmlosen Kinderstreich aussehen, es hinterläßt seine Spuren, und die sind gar nicht so ohne:

- Mit meinem Bruder will ich nichts mehr zu tun haben.
- Als Frau muß ich immer auf der Hut sein.
- Ich muß aufpassen, daß ich zu meinem Recht komme, dafür muß ich kämpfen.

- Wenn ich so schlau bin, daß ich immer weiß, was die anderen denken, dann werde ich nicht mehr reingelegt. (So ist Dana dann zu einer sehr rationalen Frau geworden. Unsere Rückführungsarbeit geht dadurch etwas langsamer voran.)
- Mein Bruder enttäuscht mich. (Denken Sie daran, daß alle Sätze über Brüder für *alle* Männer gelten!)
- Mein Bruder legt mich rein.
- Wer mich reinlegt, wird bestraft, der soll das spüren.
- Ich bin unterlegen.
- Wenn ich unterlegen bin, räche ich mich.
- Wer mich verletzt, der wird bestraft.

In einem früheren Leben sieht Dana sich in einer Gruppe von Frauen. Sie trägt einen langen Rock. Die Frauen werden durch die Straßen getrieben und öffentlich ausgepeitscht – wegen Ehebruchs.

Wir sind machtlos. Den Männern macht das Spaß.

Auch diese Frau fühlt sich wieder sehr verletzt und erniedrigt. Aber so richtig wagt Dana sich an die Gefühle nicht heran.
- Eine Frau darf nicht frei sein.
- Eine Frau darf ihr Leben nicht bestimmen, sie darf nicht machen, was sie will.
- Als Frau bin ich machtlos.
- Wer peitscht, hat die Macht.
- Der Stärkere hat die Macht.
- Wenn ich bewaffnet bin, bin ich gleich stark.

Ich schlage Dana außerdem noch vor, folgende Sätze aufzugeben:
- Ich hasse Männer.
- Von euch kriegt mich keiner mehr!
- Was ihr könnt, kann ich auch!
- Das werdet ihr mir büßen!
- Das macht ihr nicht nochmal mit mir, dafür werde ich sorgen!
- Wer den anderen unterwirft, hat die Macht.
- Macht ist Herrschaft.

Ich frage auch nach dem Tätersatz, aber im Moment kann Dana sich nicht vorstellen, daß sie sich das gewünscht haben könnte.

Das Schöne an den Rückführungen und der Gefühls- und Gedankenheilung ist für mich, daß ich ein immer tieferes Verständnis und Mitgefühl für die Menschen bekomme. Wir brauchen *nichts* mehr zu verurteilen, wenn wir verstehen können, wie alles gewachsen ist. Alle unsere Verhaltensweisen sind das Ergebnis unbewußter Wachstumsprozesse und irriger Schlußfolgerungen.

Und glücklicherweise ist der Bio-Computer des Körper-Seele-Systems so geartet, daß all die Irrtümer wieder entprogrammiert werden können, damit wir endlich das freie, liebe- und lustvolle, ja ekstatische Leben leben können, das unsere wahre Natur ist.

Übung: Die Machtfrage ist in Beziehungen und in der Sexualität oft ein wichtiges Thema, auch wenn wir sie nicht in solchen Extremen wie in dieser Geschichte leben. Nehmen Sie sich eine halbe Stunde Zeit mit Ihrem Block und erforschen Sie Ihr Glaubenssystem über Macht. Viele von uns denken, daß Macht gleich Herrschaft ist.

Sie können sich auch ein Sado-Maso-Video aus dem Verleih holen, wenn Sie solche Tendenzen in sich spüren, und Ihr Glaubenssystem über Macht und Ohnmacht daraus herausfiltern. Egal, ob Sie selbst auf der Sado- oder auf der Masoseite stehen, es lohnt sich, Herrschaft und Quälen, Unterwerfung und Leid für ein freies Spiel mit der Lust zu verändern.

Sie können auch einen Politfilm über das Dritte Reich im Fernsehen einschalten oder aus dem Video-Verleih holen. Daraus werden Sie, nach all dem Bewußtseinstraining mit diesem Buch, sicher viele Glaubenssätze über Macht und Ohnmacht herausdestillieren können, z.B.:

- Macht haben heißt, andere beherrschen, andere quälen, andere runtermachen, andere erniedrigen, andere verletzen, vernichten, töten zu können.
- Macht ist, über Leben und Tod anderer entscheiden zu können.

Aber eigentlich wollen wir weder eine solche sexuelle noch politische Macht. Unter solch irrigem Machtverständnis liegt der unbewußte Wunsch, die Macht über das eigene Leben zu haben, das eigene Leben selbst bestimmen zu können. Schreiben Sie alle Ihre Glaubenssätze über Macht und Ohnmacht auf, die Sie finden können, geben Sie sie dann auf und verbrennen Sie sie.

6. Teil

Tantrische Heilung

Tantrische Heilung ist etwas Großartiges. Jahrtausendealte Irrtümer und Konditionierungen, festeingeprägte Gefühle, Glaubensvorstellungen und Verhaltensweisen halten uns sehr gefangen. Doch es lohnt sich, sie zu überwinden, Schritt für Schritt. Die Past-Life- und Tantra-Arbeit hat schon Beziehungen gerettet, sie erst möglich gemacht, neu belebt, Menschen neuen Lebensmut gegeben. Allein einen Lichtstreifen am Horizont zu sehen, von Möglichkeiten zu hören, wie Sinnlichkeit, Lust und Liebe wiedergefunden werden können, hat Menschen geholfen, unglaubliche Hürden zu überwinden und ihr Leben lebendig, lustvoll, kreativ, sinnlich, verspielt, feierlich, frei, offen und sinnvoll zu machen.

Ich könnte über tantrische Heilung ein Buch für sich schreiben. Hier will ich nur einige wenige exemplarische Geschichten herausgreifen. Zur Vertiefung empfehle ich Ihnen das Buch *Feuer der Sinnlichkeit, Licht des Herzens* von Plesse/St. Clair (siehe Literaturliste). Es zeigt am deutlichsten und am ästhetischsten, was ich unter tantrischer Bewußtseins-, Körper- und Energiearbeit verstehe. Mit seinen Bildern und Texten gibt das Buch einen guten ersten Eindruck und ist ein nützliches und wirklich lebbares Buch für Menschen, die das Gelesene auch ins Leben umsetzen wollen.

Die Heilungserlebnisse, von denen ich nun zum Schluß berichten möchte, ereigneten sich entweder direkt in einer Tantragruppe

(„Wir überwinden Männerhaß und Frauenhaß") oder wurden von den betroffenen Menschen selbst geschrieben oder ergänzt.

■ Wir überwinden Männerhaß und Frauenhaß

In einer Tantragruppe für Fortgeschrittene hatten wir die Frauen und Männer für drei Tage getrennt. Mein Mann arbeitete und spielte mit den Männern, ich mit den Frauen. Im Sharing des letzten getrennten Tages („Sharing" ist eine Gesprächsrunde, in der alle Teilnehmerinnen und Teilnehmer ihre Gefühle und Probleme mitteilen können) wurde plötzlich ganz klar, daß die Frauen innerhalb der drei Tage an einem solchen Punkt von Männerhaß angekommen waren, daß eine Zusammenführung der beiden Gruppen an diesem Abend undenkbar schien. Ich hatte noch drei Stunden mit den Frauen. Was sollte ich tun?

In dieser Situation entschloß ich mich zu einer ausagierten Rückführung. Ich wußte, der Prozeß würde sehr schmerzhaft sein, und ich hatte eine Heidenangst davor. Während die Frauen dynamisch atmeten, holte ich weinend vor Angst die Matratzen aus dem Keller. Dabei rief ich innerlich alle unsere Seelen zu Hilfe, damit diese Rückführung gelingen möge. Dann bat ich die Frauen, sich einzeln auf eine Matratze zu setzen, um dort in der Rückführung – jede für sich allein – alles auszuagieren, was in ihr Bewußtsein kam. Und dann führte ich die Frauen in ein Männerleben zurück (sofern es das für sie gab), in eine Situation, wo sie mit einer Frau Sex haben wollten. Ich hatte ihnen dieses Thema vorher nicht gesagt.

Ich habe selber viel mitgeweint, weil die Frauen so ehrlich und so mutig waren. Ich sah zehn Filme auf einmal, und in diesen Filmen wurde (fast) nichts beschönigt. Eine Frau, die vorher am aggressivsten und voller Haß gewesen war, agierte einen Frauenmörder aus. Sie/er genoß es in vollen Zügen. Und gleichzeitig konnte ich an ihren Bewegungen und der Mimik ablesen, daß dieser Frauenmörder aus Wut, Verzweiflung und Frauenhaß handelte. Diese Frau war schon ein ganz schönes Stück ihres Weges mit uns gegangen, hatte sogar schon das Past-Life-Training absolviert, aber man braucht seine Zeit, um sich an einen so erschreckenden Punkt der Selbsterkenntnis vorzuwagen.

Andere Frauen agierten in dieser Rückführung mit schonungsloser Offenheit aus, wie der Mann, ihr Innerer Mann, zu der Frau geht: Er braucht sie, benutzt sie, ist kein bißchen zartfühlend dabei. Ein Männerbild, das es lohnt „umzubringen", zu löschen, damit die nach außen projizierte Angst vor dem Mann aufhören kann.

Nach all diesen Selbsterkenntnissen und der nachfolgenden Arbeit mit Gedankenheilung war es vorbei mit dem Männerhaß. Die Frauen hatten in sich gespürt, wie tief die Geschlechterspaltung sie in Haß und Verzweiflung getrieben hatte und daß sie in verschiedenen Leben versucht hatten, dieses Problem zu lösen, mal als Frau, mal als Mann, und *nie* war es ihnen gelungen. Sie kamen an den Punkt, wo sie erkannten, daß sie sich und den Männern verzeihen konnten, und sie begriffen, daß die ganzen Dramen, egal von welcher Seite aus sie gespielt wurden, nur aus dem Mißverständnis der Rollenspaltung entstanden waren. Das Verzeihritual dieses Abends, in dem wir die Frauen und Männer zusammenführten, war ein großes Ereignis voller Verstehen, Bedauern, Ehrlichkeit, Verantwortung, Verzeihen, sich selbst und dem anderen Geschlecht, und aus all dem erwuchs in diesem Ritual ein tiefes Gefühl von Liebe. Die Vergangenheit war bewältigt, zumindest einmal an diesem Abend.

Die wirkliche Bewältigung, der wirkliche Heilungsprozeß kann und wird dann im Leben passieren. Aber eine rituelle Heilung in einer Gruppe ist ein großes energetisches Ereignis, von dem wir tiefe Veränderungen in unser Leben mitnehmen. Der endgültige Transformationsprozeß kann ganz sachte und leise vonstatten gehen, und meist merkt man erst hinterher, daß man ihn bewältigt hat.

■ Läßt sich der asketische Gottsucher verführen?

In einer Tantragruppe begegneten wir einem jungen Mann, sehr hager, leise, gehemmt, mit Sprachfehler. Bei der Rückführung zum Thema „Weiblichkeit" in diesem Leben kommt er mit einer sehr eigenartigen Geschichte in Kontakt. Zu Beginn der Rückführung sitzt er da, scheint blockiert und sagt:

- Ich kann nichts, niemand sehen.
- Niemand ist da, ich auch nicht.

„Kannst du gar nichts sehen?" frage ich. Doch, er kann schon was sehen, einen Garten, in den er hineinschaut. Aber da drin passiert nichts, und er ist auch nicht zu sehen. Da ich immer jegliches Material akzeptiere, das kommt, ermutige ich ihn, die Szene, so wie sie ist, anzunehmen und die Gefühle dazu kommen zu lassen.

Dann geht es besser. Bei der Wiederholung der Rückführung durchlebt er folgende Szene: Er ist ein zehnjähriger Junge, der für ein schönes, lebendiges Mädchen schwärmt. Er weiß, sie spielt manchmal in dem Garten. Er steht hinter der Hecke, darf natürlich nicht gesehen werden(!) und schaut in den Garten, voller Sehnsucht nach ihrer Lebendigkeit, Schönheit, Freiheit und ihrem Lachen. Aber gleichzeitig hat er wenig Vertrauen, daß das, was er sich wünscht, geschehen wird.

Daß er sich zeigen, auf das Mädchen zugehen und mit ihr spielen könnte, ist völlig undenkbar. Er wird immer trauriger und hoffnungsloser. Er schämt sich auch dafür, daß er da hinter der Hecke lauert und sich nicht freier bewegen kann.

Wenn ich ihn so anschaue, denke ich, daß das auch heute noch haargenau seine Situation ist. Nachdem er mehr Distanz zu seinen Gefühlen bekommen hat, gibt er die folgenden Glaubenssätze auf:

- Das Mädchen, nach dem ich mich sehne, kommt nicht.
- Immer, wenn eine Frau auftaucht (im Erwachsenenleben), traue ich mich nicht, auf sie zuzugehen.
- Wenn ich das tue, werde ich ausgelacht.
- Wenn ich mich frei zeige, werde ich ausgelacht.
- Ich darf nicht gesehen werden.
- Ich bin minderwertig.
- Ich kann mich nur zurückziehen und mit meinen Spielsachen spielen.
- Erotik kann ich nur für mich alleine genießen. (Satz aus dem Erwachsenenleben)
- Das lachende, freie, schöne, lebendige, tanzende, spielende Mädchen, nach dem ich mich sehne, gibt es nicht für mich.
- Ich bin an meine Mutter gebunden.
- Die einzige Frau, die ich haben kann, ist meine Mutter.
- Nur bei ihr bekomme ich die Geborgenheit, nach der ich mich sehne.

Soll das alles sein? Da sind ja noch die beiden eigenartigen Sätze vom Anfang, als er meinte, der leere Garten, das wäre keine Geschichte. Ich frage ihn vorsichtig, ob Religion oder Gott sehr wichtig für ihn sind. „Ja, sehr", sagt er. „Ich war in diesem Leben sogar eine Zeitlang eine Art Mönch in einem asketisch lebenden Männerorden, weil ich so eine Sehnsucht danach habe, Gott zu finden. Aber ich konnte es nicht aushalten, irgendwie konnte ich das alles nicht, konnte die Sexualität in mir nicht ersticken."

Ich erzähle ihm, daß ich aufgrund seiner Erscheinung und den beiden Anfangssätzen annehme, daß er in einem oder mehreren früheren Leben gelernt hat, daß er, um zu „Gott" zu kommen, auf Liebe, Sexualität, Frauen, ja, auf alles verzichten müsse, um nichts und niemand zu sein.

Das macht ihm Sinn. Ja, diese Tendenzen könne er gut in sich fühlen. Daraufhin findet er noch die folgenden Glaubenssätze und gibt sie auf:

- Erst wenn ich *nichts* und *niemand* bin, habe ich mein Ziel erreicht.
- Um *nichts* zu sein, darf ich keine Bedeutung haben, nicht gesehen werden, nicht da sein, nicht anerkannt werden. Ich muß ein Nichts sein, muß allem entsagen.
- Wenn ich *nichts* bin, gibt es mich nicht mehr.

Ich verrate ihm dann das Geheimnis, des Rätsels Lösung, wie er *nichts* sein und alles haben kann, indem er sich mit nichts, was er hat, identifiziert.

Bei diesem jungen Mann wurde der Heilungsprozeß für mich so gut sichtbar, weil er einige Zeit später wieder in eine Tantragruppe kam. Er war freier und offener geworden, er konnte sich besser zeigen, sein Sprachfehler ließ nach. Frauen waren allerdings immer noch nicht erreichbar für ihn, obwohl es sogar eine Frau in dieser zweiten Gruppe gab, die sich stark für ihn interessierte. Er mochte sie, spielte auch mit ihr und genoß ihre Lebendigkeit. Sie war eine sehr aktive Frau, die alles versuchte, ihn nachts zu verführen. Aber sexuell verführen konnte sie ihn nicht. Das ging noch nicht.

Die Situation war eigentlich recht witzig, denn das Bild mit dem Garten, dem Paradiesgarten, aus dem er ausgeschlossen war, hatte sich jetzt so weit verwandelt, daß das „Mädchen" da war, auch mit ihm spielte und sogar noch viel mehr mit ihm machen wollte, aber das ging für ihn noch nicht. Solche Ereignisse sind typisch für tantrische Heilungsprozesse. Es geht immer Schritt-chen für Schrittchen, bis wir durch die Transformation hindurch sind. Jeder Mensch hat sein individuelles Heilungstempo. Diese Geschichte zeigt auch ein Phänomen, das ich häufiger in solchen Heilungsprozessen beobachtet habe: Wenn wir auf einer Stufe der Umwandlung noch nicht in der Lage sind, unser eigenes Ver-halten zu verändern, weil das Muster so stark ist, dann kommt manchmal Hilfe von außen, ob von Freunden oder auch von Fremden, die uns eine Brücke bauen. Noch war der junge Mann nicht in der Lage, die Hilfe anzunehmen. Vielleicht beim näch-sten Mal? Ich wünsche ihm jedenfalls, daß er inzwischen am Ziel seiner Wünsche angekommen ist und seine Sexualität leben kann.

■ In ein heileres Leben tanzen

Ich benutze im Tantra und auch im Past-Life-Training gern eine sehr schöne und tiefgehende Tanzmeditation, um Körper und Seele eine Chance zu geben, sich ganzheitlicher auszudrücken, Altes zu verarbeiten und abzuwerfen und Neues auszuprobieren. Diese Form der Tanzmeditation lernte ich bei Dr. Günter Ammon, dem bekannten Berliner Arzt und Psychoanalytiker, kennen, schätzen und lieben, und sie hat mich in seinen Tanz-gruppen selbst gehörige Schritte nach vorn gebracht und mir Dinge über die Seele gelehrt, daß ich nur staunen konnte. Dr. Ammon setzte diese Tanzmeditation sogar für sehr kranke Pati-enten ein, die mit Sprache gar nicht mehr zu erreichen waren, und erzielte damit wunderbare Heilungserfolge, wie ich selbst beob-achten und erleben durfte.

In Dr. Ammons Tanzgruppen habe ich zwei Tänze erlebt, die viel mit dem Thema „Seele und Sexualität" zu tun hatten, wes-halb ich hier davon berichten will.

In diesen Tanzmeditationen sitzt die ganze Gruppe im Kreis, und wer immer möchte, kann sich eine selbstgewählte Musik auf-legen lassen und dazu in dem Kreis tanzen. Jede Art von Musik kann gewählt werden, Discomusik wie klassische Musik, Jazz oder Meditationsmusik. Die Gruppe kann auch für die Tanzenden trommeln, oder es kann in Stille getanzt werden, oder jemand singt sich selbst ein Liedchen. Genauso selbstbestimmt ist alles andere: Wir können uns anziehen, wie wir wollen, wir können den Raum und die Zeit, die wir uns nehmen, selbst bestimmen, wir können stehend, kniend, sitzend, liegend, wie immer wir wollen, tanzen. Wir können leise und laut, zart und wild, aggressiv und sachte tanzen, was immer wir gefühlsmäßig ausdrücken wollen. Es geht nicht darum, gelernte Tänze vorzuführen, eine Show zu machen. Es geht darum, das, was im Moment an Gefühlen da ist und sich ausdrücken will, in freiem Ausdruckstanz geschehen zu lassen. Oft warten wir am Anfang still, bis wir in Kontakt mit unseren Gefühlen sind oder bis wir spüren, was der Körper mit dieser Musik machen will. Im Grunde üben wir dabei, uns leer zu machen und das, was geschehen will, geschehen zu lassen. Wir lernen, das hohle Bambusrohr zu werden, was ja Ziel aller Meditationen ist, das einfach alles durch sich hindurchlaufen läßt.

In den Tänzen, von denen ich hier berichte, agierten die Seelen zweier Männer ein altes Problem aus, überwanden es tanzend: Etwas Gespaltenes wurde vereint. Das ist Heilung im echten Sinn.

Der erste Tanz war der eines großen und hageren, asketisch-mönchshaft wirkenden Mannes. Er war sehr gehemmt und stotterte stark, dabei war er der liebenswürdigste Mensch. Nur hatte er selbst gar kein Gefühl von seiner Liebenswürdigkeit, und so war es ihm ziemlich unmöglich, Beziehungen zu Frauen und Sexualität zu leben.

Für jenen denkwürdigen Tanz nun hatte er sich Gregorianische Gesänge auflegen lassen. Als er dann zu tanzen begann – er war schon eine ganze Weile in der Tanzgruppe, hatte also schon gelernt, sich der Musik und den momentanen Gefühlen zu überlassen –, entwickelte sich ein sehr stark männlicher, ja sogar erotischer Tanz aus ihm heraus, mit einer starken sexuellen Schwingung. Sie ging uns geradewegs ins Sexual-Chakra. Das kribbelte. Die Gruppe saß staunend da. So männlich, so lebendig, so erotisch und sexuell hatten wir diesen Mann noch nie gesehen. Rauschender Applaus folgte. Die Gruppe war begeistert. Einige fielen ihm nach dem Tanz vor Freude um den Hals.

In diesem Tanz integrierte der Mann zwei Dinge, die er bisher nicht zusammenbekommen hatte: Religiosität und Sexualität. Für mich war sichtbar, daß er mindestens in einem früheren Leben versucht hatte, durch Askese und als Mönch zu Gott zu kommen. Der Versuch, die Sexualität in sich zu unterdrücken, hatte ihn zu diesem verklemmten Mann gemacht, den er von damals noch mit sich führte. In diesem Tanz nun hatte die Seele die Regie übernommen. Natürlich hatte der Mann sich zu der Musik vorher keinen sexuellen Tanz ausgedacht. Er hatte diese Musik intuitiv ausgewählt, weil er sie liebte, und er hatte seinem Körper und seiner Seele erlaubt, mit diesen religiösen Gesängen kreativ zu werden. Dadurch hatte seine Seele nun die Chance, die in ihm gespaltenen, religiösen und sexuellen Gefühle zusammenzubringen und ihm zu demonstrieren: Mann, deine Sexualität ist genauso heilig wie alles andere! Dieser Tanz war ein Wunder und ein Kunstwerk, und er zeigte uns, wie übrigens viele dieser Tänze, daß wir alle Künstlerinnen und Künstler sind, wenn wir nur unserer Seele erlauben, aktiv zu werden. Wenn wir das auf unser ganzes Leben ausweiten können, dann wird auch dieses Leben zu einem tiefen, schönen, wunderbaren Kunstwerk. Und dieser Mann war keineswegs ein ausgebildeter Tänzer! Er ist Computerspezialist.

Solche Tänze sind nicht nur ein Heilungsgeschehen in sich, sondern sie haben auch eine Auswirkung im Leben. Die Seele des Mannes hatte im Tanz etwas zusammengefügt, was auch im Leben zusammengehört. Und so hatte dieser Mann schon bald eine Freundin. Natürlich ging es für die beiden durch Höhen und Tiefen, aber das war ein großer Fortschritt und gehörte zu dem weiteren Heilungsgeschehen.

Die nächste Geschichte ist genauso wunderbar, handelt auch von einem Mann und hat dasselbe Thema: Sexualität und Religiosität. Wir waren mit Dr. Ammons Tanzgruppe in Paestum in Italien, wo die Gruppe in dem zauberhaften Haus und Garten von Dr. Ammon stattfinden konnte. Es gab in dieser Gruppe einen Franzosen, einen großen, stattlichen Mann mit langem Haar. Er trug nur weiße Kleidung und war so entsetzlich gehemmt, daß er immer mit gesenktem Blick herumging und niemandem in die Augen schaute. Deshalb konnte er Menschen natürlich auch nicht ansprechen, und er wagte überhaupt nicht, in die Mitte zu gehen und zu tanzen. Seine Kleingruppe ermutigte ihn tagelang dazu.

Nach den Geschehnissen in den Tänzen der ersten Tage, wo er wie alle anderen sehen und fühlen konnte, wieviel Neues und wieviel Liebe durch diese Tänze entstanden, wagte er sich schließlich doch in die Mitte. Inzwischen hatte er erlebt, daß alles Schwere und Schmerzhafte genauso liebevoll aufgefangen und wertgeschätzt wurde wie die Durchbrüche.

Dieser Mann bat die Gruppe, für ihn zu trommeln. Dieser Wunsch wurde ihm mit Begeisterung und Feingefühl erfüllt. Der Tänzer und die TrommlerInnen tasteten sich langsam vor, und es entwickelte sich ein richtig wilder und befreiender Tanz. Der Mann wagte sogar, die Menschen, die um ihn herum saßen, anzuschauen. Schließlich zog er seine weißen Kleider aus, um noch freier tanzen zu können. Die Trommler und die ganze Gruppe gingen völlig mit, alle waren begeistert.

Während der Mann tanzte, formten sich alle meine Eindrücke zu einem Verstehen: In seiner Sehnsucht, Wildheit und Natürlichkeit mit Religiosität zu vereinen, war dieser Mann in einem früheren Leben als Missionar nach Afrika gegangen. (Die weiße Kleidung des Missionars trug er immer noch.) Er fühlte sich von dem wilden Leben in der Natur unbewußt angezogen, meinte aber, er könne den Schwarzen die christliche Religion, seine eigene unbewußte Suche nach dem Göttlichen, nahebringen. Aber wie will ein Mensch, der das Göttliche nach außen verlagert, also „Gott" von sich abgespalten hat, diesen finden und anderen Menschen nahebringen, wenn er selbst den Kontakt dazu verloren hat? Das war eines seiner Probleme. Seine ganze Religiosität war im Kopf, bestand aus Hirngespinsten.

Das andere Problem war seine Lust, seine Sexualität. Die hatte er als Missionar ja züchtig zu überwinden. Aber das Wilde hatte ihn nicht nur nach Afrika gelockt, sondern als es ihm dann in Afrika begegnete, entzündete es ihn. Also hatte er heimliche sexuelle Affären mit Frauen, die in dieser überschaubaren Kultur aber gar nicht heimlich bleiben konnten und die seiner eigenen Moral eigentlich nicht entsprachen. Lust, Sucht und Schuldgefühle wechselten sich in ihm ab. Als er jenes Leben beendete, fühlte er sich sehr schuldig und von Gott für seine Ausschweifungen und Sünden verdammt. Deshalb konnte er in diesem Leben niemandem mehr in die Augen schauen.

In jenem Tanz hat er all dies verarbeitet und überwunden. Seine Seele war in seinen Körper geströmt, hatte ihm seine eigene Wildheit und Unschuld zurückgeschenkt. Die Natur und Sinnlichkeit des mediterranen Gartens, in dem wir im Freien tanzen konnten, trugen sicher das ihre zu diesem Tanz bei. Das Mitgehen der Gruppe, die Begeisterung, der Applaus, die Umarmungen hinterher, die Kontakte, die er nun haben konnte, das alles zeigte ihm: Du wirst so akzeptiert, wie du bist, deine Sexualität ist genauso okay wie alles andere. Um göttlich zu sein, brauchst du nicht scheu, edel und weltabgewandt und verklemmt wie ein Heiliger rumzulaufen!

Nach dem Tanz sagte Dr. Ammon zu dem Mann: „Dieser Tanz hat Ihnen zehn Jahre Analyse erspart! Ich gratuliere Ihnen." Danach war es einfach schön, die Veränderung dieses Menschen in den nächsten Tagen weiter beobachten zu können. Er konnte sich frei und offen in der Gruppe bewegen, Kontakte und Spaß haben. Er war wie umgewandelt.

■ Zwei Nonnen genießen Lust und Liebe

Im Tantra haben wir einen beliebten wie gefürchteten Spieltag, den Yin-Yang-Tag, wo wir uns in der Yin-Rolle (weiblich-empfangend) erlauben, Wünsche in unser Bewußtsein aufsteigen zu lassen und die Partnerinnen oder Partner in der Yang-Rolle (männlich-gebend) bitten, uns diese Wünsche zu erfüllen. Auch bei diesem Spiel bekommt die Seele oft Raum, Dramen aus früheren Leben umzuwandeln und etwas zu heilen, was gespalten, getrennt, verboten und vielleicht sogar heftig bestraft worden war.

Einmal wünschten sich zwei Frauen, sich beide als Nonnen zu verkleiden und sich dann gegenseitig zu verführen. Sie spielten sinnlich und erotisch miteinander. Damit erlaubte sich die eine der beiden Frauen etwas, wofür sie in einem früheren Leben schwer bestraft worden war. Gekürzt schildert sie die Situation folgendermaßen:

Als gottesfürchtige Frau sitze ich in schwarzen Kleidern draußen vor einem Kirchenportal und muß zur Strafe die Beschimpfungen, Beleidigungen, Schmähungen und Fußtritte als Buße über mich ergehen lassen. Ich werde als Hure verschrien, bis ich selbst so viel Ekel vor mir habe, daß ich Harakiri mache.

An jenem Abend war es einfach wunderbar, die beiden Frauen zu erleben. Sie glühten vor Liebe und Lust und hatten die Schmach, die Schande, die Verbote, die Angst, all das Negative abgelegt. Sie wirkten beide sehr erleichtert.

Jetzt, etwa zwei Jahre nach diesem Erlebnis, schrieb mir die Frau, die bestraft worden war, wie sich ihre Selbstverachtung und Selbstzerstörungswut verändert haben: „Nun habe ich das Gefühl, durch die vielen Tantra-Übungen, durch Meditation und auch durch reale Konfrontationen in meinem Alltagsleben und meiner letzten Beziehung aus diesem Programm ausgestiegen zu sein! Ich kann mir jetzt das *Ja* zum Leben erlauben, das *Ja* zu mir, das *Ja* zu meiner Lust und Unlust, ich kann mich jetzt achten und mir trauen. Natürlich rutsche ich manchmal noch ab, aber wenn ich das nicht so ganz mitkriege, so merke ich es spätestens körperlich dann, wenn ich beginne, an meinen Fingernägeln zu kauen! (…) Und bei meinen Patientinnen bemerke ich diese selbstzerstörerischen Anteile deutlich, wenn sie mit starken Eß- oder anderen Suchtproblematiken zu mir kommen."

■ Ich entdecke meine Männlichkeit

Wenn wir Frauen und Männer in den Tantragruppen trennen, verursacht das vor allem bei den Männern, erstmal große Angst. Was sollen wir denn mit Männern anfangen? Ohne Frauen, das ist doch nichts! Ob da was Schwules gemacht wird? Einen Mann streicheln, das ist doch schon schwul!

Das sind so in etwa die Ängste, die sich dann melden. Männer sind, wenn die Rollenerziehung geklappt hat, was Nähe,

Zärtlichkeit und Liebe angeht, völlig auf Frauen fixiert. Untereinander können sie sich gerade mal kumpelhaft auf die Schulter hauen, das ist schon viel. Das bedeutet aber, daß sie sich selbst und anderen Männern wenig geben können und daß sie letztendlich von Frauen abhängig sind, was Liebe, Nähe, Zärtlichkeit, menschliche Gefühle und Umgangsmöglichkeiten betrifft. Die folgende Geschichte schildert die heilenden Erlebnisse eines Mannes an diesem Männertag.

Joe ist ein sehr weicher, eher weiblich wirkender Mann, schön, mit langen Locken. Er ist Steinmetz, aber sehr unzufrieden damit, daß er immer nur Grabsteine herstellen muß. Er fühlt einen Künstler in sich, weiß aber nicht, wie er den zum Leben erwecken soll. Er schildet sein Erlebnis mit dem Männertag selbst:

„Ich muß ein wenig eher anfangen, nicht gleich beim Männertag, weil der ganze Prozeß, den ich durchlaufen bin, länger war. In meiner ersten Tantragruppe 1987/88 hatte ich schon ein wichtiges Erlebnis mit Wut. Meine Wut rauslassen, *Nein, Nein, Nein* schreien, das war für mich eine richtige Emanze. Das hieß für mich, in männliche Energie gehen. Ich stampfe wütend mit dem rechten Fuß auf. Aua!!! Ein stechender, mich lähmender Schmerz in meinen Warzen, die an der Innenseite des rechten Fußes eine fünfmarkgroße Fläche bedecken. Kurz darauf habe ich Todesängste, sehe meiner Mörderin aus einem früheren Leben in die Augen, die ich in einer Frau im Raum plötzlich erkenne. Ich sprühe alle meine Wut und meinen Haß aus, befreie mich. Erlösung, und das Wissen von vergangener tiefer Bindung.

Das war also in der Weihnachts-Tantragruppe 87/88. Im Jahr darauf versuche ich mit herkömmlichen und mit seltsamen Methoden, meine Warzen zu heilen: Im Urlaub auf Gomera, dieser schönen Insel mit intensiver Vulkan- und Wasserenergie, fühle ich Linderung und den Beginn eines Heilungsprozesses. Aber danach sind die Warzen doch wieder in ihrem Normalzustand. Ich versuche es mit Warzentinktur, lasse sie von einem Arzt auslöffeln, halte sie eine Stunde lang in den Vollmond. Die heilenden Hände eines Mannes schließlich, in einer weiteren Tantragruppe, 88/89, geben mir das Gefühl: Da ist was Heilendes passiert.

In dieser Tantragruppe mit dem für mich so bedeutsamen Männertag sind Frauen außer meiner Freundin seltsamerweise nicht wichtig für mich. Ich freue mich, daß endlich mal viele Männer in einer Gruppe sind. Diesmal muß ich nicht kämpfen, sondern beobachte viel.

In einer Rückführung in ein früheres Leben erlebe ich mich als Mann. Ich bin ein schöner junger Mann im Mittelalter, der von vielen Frauen begehrt wird. Aus irgendeinem Grund aber sind die Frauen für mich verboten, sie gehören nur bestimmten Männern. Weil so viele von ihnen mich aber begehren, werde ich von den Männern gehaßt."

(Was für eine Konstellation seines Inneren Mannes und seiner Inneren Frau: Die Männer hassen ihn, d.h. er haßt das Männliche, und die Frauen sind unerreichbar, was bis zu einem gewissen Grad auch in der Beziehung zu seiner Freundin der Fall ist.)

„Irgendwie schaukelt sich das Ganze hoch. In ihrem Haß fangen die Männer mich, und ich werde entmannt und geviertcilt. Meine wichtigsten Glaubenssätze, die ich damals aufgegeben habe, waren:

- Männer stellen mich bloß, rauben mir meine Männlichkeit und töten mich bestialisch.
- Frauen sind mir verboten.
- Wenn sie mich begehren, entsteht ein solcher Haß der Männer, daß sie mich entmannen und töten.

Nach dieser Rückführung spüre ich einen Ring aus Stein um meinen Bauch in Höhe der Nieren. Ein halbes Jahr zuvor hatte ich einen Nierenstein, der sehr schmerzhaft abging. Der ganze Ring um meinen Bauch fühlt sich jetzt an wie aus Stein."

Nun fühlt Joe also zum ersten Mal, wie er seinen Unterleib „versteinert" hat, um seine Männlichkeit lahmzulegen, damit sie ihn nicht wieder so gefährdet. Jetzt wird auch verständlich, warum er von Beruf Steinmetz ist und warum er von den Grab-steinen nicht wegkommt, obwohl er es sich wünscht. Sie sind die Gedenksteine seiner versteinerten Männlichkeit.

„In den darauffolgenden Übungen und Ritualen blubbert und rieselt es in meinen Harn- und Samenleitern, es löst sich, etwas in mir öffnet sich. Trotzdem habe ich genau in der Zeit starke

Widerstände gegen alles, was gemacht wird, z.B. riesigen Widerstand gegen vorgemachte Rituale."

(Das Machen siedeln wir auf der aktiv-männlichen Seite an.)

„Dann kommt der Männertag. Ich erstarre. Striptease unter den Männern. Jetzt muß ich meine Männlichkeit vor Männern zeigen! Ich habe irre Angst. Hamido fängt an zu tanzen. Ich bin erstarrt, kann mich nicht bewegen. Aber plötzlich weiß ich, jetzt, jetzt muß ich raus, jetzt muß ich tanzen. Und auf einmal löst es sich wieder, wieder rieselt und blubbert es in mir – ständig.

Nachdem wir alle getanzt haben, setzen wir uns in einen Kreis, und jeder *Lingam*, unser tantrisches Wort für Penis, erzählt seine Lebensgeschichte. Manche Lingams sind froh, daß sie auch mal sprechen und das Leben aus ihrer Perspektive erzählen dürfen, aber den meisten Männern fällt es schwer. Für mich ist es jetzt schon etwas leichter, aber im Hintergrund spüre ich immer noch das Gefühl: Die wollen was von mir! Die wollen mir was tun!

Am Abend Herzbegegnung. Die ganze Gruppe geht mit geschlossenen Augen, die Hände auf dem Herz, durch den Raum. Ich, völlig im Kopf, hoffe sehnlichst, auf meine Freundin zu treffen. Ich begegne einer Energie, einem Mann, der bei mir stehen bleibt. Ich erkenne Hamido. Für mich war er bisher *der* Macher in Sachen Tantra. Ich war ganz schön auf Widerstand gegen ihn in dieser Rolle, obwohl ich ihn sonst mochte. In diesem Moment fällt alles von mir ab, mein Herz öffnet sich, der Kampf ist vorbei. In Tränen liegen wir uns in den Armen. Dann habe ich plötzlich keine Kraft mehr für irgendwelchen Widerstand, und es rieselt wieder in meinem Körper, diesmal bis in meine Warzen. Ich weiß, daß sie jetzt heilen. Der Kampf mit der Männlichkeit und die Verhärtung gegen die Männlichkeit sind vorbei. Einen Monat später waren die Warzen vollkommen verschwunden, und ich hatte nur noch kleine Narben!"

Diese Heilungsgeschichte ist schon wunderbar genug, aber sie hat auch noch weitere Auswirkungen gehabt. So hat sich Joe z.B. eine kleine Privatwerkstatt eingerichtet, was er bis dahin zwar gewollt, aber nie verwirklicht hatte, aufgrund seiner Widerstände gegen *Macher und Machen*, was eine Verneinung der männlich-aktiven

Seite in ihm selbst war. In dieser Werkstatt begann er nun, künstlerisch zu arbeiten. Und was ich von seinen Werken gesehen habe, paßt sehr gut zu dieser Heilungsgeschichte: Er brachte in seinen Arbeiten den Stein zum Fließen, indem er Steine zu Springbrunnen mit Pflanzen verarbeitete oder indem er reliefartig-fließende Strukturen in die Form und Oberfläche des Steins hineinarbeitete.

Der Sinn gelebter Beziehungen und gelebter Sexualität im Heilungsprozeß

Oft wissen wir nicht, wer oder was wir sind. Wir kennen weder alle Gefühle und Glaubenssätze, die uns vom Unbewußten, vom Bio-Computer her steuern, noch kennen wir unser wahres Selbst, unsere Seele.

Das bedeutet, daß wir wohl an den Erscheinungsformen leiden, die der unbewußte Energie- und Informations-Output des Körpers als Bio-Computer erzeugt, aber wir nehmen nicht wahr, wieso das so ist. Die Welt aber ist unser Spiegel, der Spiegel unserer unbewußten Bewußtseinsinhalte, die wir aussenden, denn der Output gestaltet unsere gesamte private Welt mit allen Akteuren, die auf die Bühne unseres Lebens treten. Richard Bach, der Autor des Buches *Die Möwe Jonathan*, hat diesen Zusammenhang so formuliert: Es gibt so viele Welten, wie es Menschen gibt. Das heißt, jeder Mensch gestaltet mit seinem Bewußtsein seine eigene Welt.

Wir können also all unsere Probleme in der Welt benutzen, um uns selbst zu erkennen! Unsere Beziehungs-, Liebes- und sexuellen Probleme genauso wie alle materiellen Erscheinungsformen. Wenn wir es lernen, die Probleme zu „lesen", die Erscheinungsformen als Symbole für die Inhalte zu erkennen und zu verstehen, dann können wir unser Leben lesen wie einen Traum oder wie einen Roman. Dann können wir den Traum verstehen lernen, können ihn, wenn er uns nicht gefällt, wenn er z.B. ein Alptraum ist, umwandeln in einen besseren „Traum", eine bessere Wirklichkeit. Wir sind alle selbst die AutorInnen unserer Lebensromane, schreiben unser eigenes Script, sind selbst die

RegisseurInnen, die HauptdarstellerInnen und sämtliche Neben-figuren!

Weil das so ist, können wir alle Beziehungs-, Liebes- und sexuellen Probleme in ein Geschenk verwandeln. Wir können erkennen, daß die Frauen und die Männer, die auf die Bühne unseres Lebens treten, das Ergebnis unserer inneren Bilder von Frau und Mann sind. Diese Bilder projizieren wir mit unserem Licht, unserer Aura nach außen in die Welt, und das Leben, der Film, der dann läuft, ist ein Film aus unserer inneren Traumwerk-statt. Was da drinnen für Bilder, Gedanken und Gefühle herr-schen, wissen wir aber nicht. Erst an der äußeren Realität, an den Ereignissen im Leben können wir sie erkennen. Deshalb brau-chen wir gelebte Realität und Beziehungen, um uns selbst darin zu erkennen.

Selbstbefreiung in der Abgeschiedenheit eines Klosters stelle ich mir daher schwierig vor. Ich würde daher eher sagen: Stürz dich ins Leben, wo immer du gerade bist, und erkenne *dich selbst* in allen deinen Erscheinungsformen. Das heißt auch: Lebe Bezie-hungen, lebe die Liebe, wo immer sie dir begegnet, lebe die Sexualität. Alle Erscheinungen zeigen dir, wo du bist. Du ver-liebst dich, und deine neue Flamme lebt 800 Kilometer von dir entfernt? Du bist traurig und wütend darüber? Du fragst dich, warum dein Herzenswunsch nach einer gelebten Beziehung nicht in Erfüllung geht? Nun, dein Wunsch geht nicht in Erfüllung, weil du es nicht willst. So viel Distanz, 800 Kilometer, glaubst du zu brauchen. Wenn du herausfindest, wie, auf welchen Erfahrun-gen dieser Glauben gewachsen ist und wovor du Angst hast, dann kann die Distanz kleiner werden. Vorerst bist du genau 800 Kilo-meter von deiner Inneren Frau oder deinem Inneren Mann ent-fernt.

Ich wünsche mir, daß dieses Buch ein Lesebuch ist, das dich in deinem Leben, in deinen Beziehungen, in allen Erscheinungsfor-men der Welt lesen lehrt wie in einem Buch.

Literaturverzeichnis

Anand, Margo (Margo Naslednikov): *Tantra. Weg der Ekstase.* Berlin 1985.

Anand, Margo: *Tantra oder Die Kunst der sexuellen Ekstase.* München 1989. Ein Übungsbuch für Fortgeschrittene.

Ash, David und Hewitt, Peter: *Wissenschaft der Götter.* Frankfurt 1992.

Bach, Richard: *Die Möwe Jonathan.* Berlin 1989.

Bruyere, Rosalyn: *Chakras, Räder des Lichts.* Essen 1989.

Capra, Fritjof: *Der kosmische Reigen. Physik und östliche Mystik – ein zeitgenössisches Weltbild.* Bern 1983.

Dethlefsen, Thorwald: *Das Erlebnis der Wiedergeburt. Heilung durch Reinkarnation.* München 1984.

Dethlefsen, Thorwald: *Schicksal als Chance.* München 1984.

Dethlefsen, Thorwald und Dahlke, Rüdiger: *Krankheit als Weg.* München 1990.

Findhorn-Gemeinschaft: *Der Findhorn Garten.* Berlin 1981.

Galahad, Sir: *Mütter und Amazonen.* München 1932.

Gould-Davis, Elizabeth: *Am Anfang war die Frau.* Berlin 1987.

Griscom, Chris: *Die Frequenz der Ekstase.* München 1988.

Griscom, Chris: *Die Heilung der Gefühle – Angst ist eine Lüge.* München 1991.

Haich, Elisabeth: *Einweihung.* Ergolding 1997.

Lilly, John C.: *Das Zentrum des Zyklons.* Frankfurt 1979.

MacLaine, Shirley: *Zwischenleben.* München, 1985.

MacLaine, Shirley: *Tanz im Licht.* München 1986. Mit Herz geschrieben für ein unterhaltsames Schmökerwochenende.

Mandel, Peter: *Esogetik, Sinn und Unsinn von Krankheit und Schmerz.* Sulzbach 1991.

Mandel, Peter: *Lichtblicke in der ganzheitlichen (Zahn-)Medizin.* Sulzbach 1990.

Markides, Kyriacos C.: *Feuer des Herzens.* München 1991.

Mead, Margaret: *Mann und Weib.* Frankfurt/Berlin 1991.

Miller, Lana: *Der Ruf der Delphine.* Bergisch Gladbach 1999.

Mishlove, Jeffrey: *The Roots of Consciousness.* New York 1979.

Monroe, Robert A.: *Der zweite Körper. Außerkörperliche Erfahrungen und Reisen.* München 1989.

Moody, Dr. med. Raymond: *Leben nach dem Tod.* Reinbek 1993.

Mulford, Prentice: *Unfug des Lebens und des Sterbens.* Frankfurt, 1986. Ein Buch, das Humor und Tiefe verbindet.

Naimy, Mikhail: *Das Buch des Mirdad.* Haarlem 1986.

Plesse, Sunito und St. Clair, Bijo: *Feuer der Sinnlichkeit, Licht des Herzens.* Vaduz, 1988. Das beste Buch für Menschen, die noch nichts über Tantra wissen und etwas darüber erfahren möchten. Mit schönen ästhetischen Fotos, die Tantra anschaulich machen.

Powers, Rhea: *Aufruf an die Lichtarbeiter.* Planegg 1987.

Powers, Rhea: *Reinkarnation.* Seeon 1989. Ein schönes, klares, einfaches und doch tiefes Buch.

Powers, Rhea: *Heimkehr ins Licht.* Seeon 1991 Achtung, Tiefgang!

Rajneesh, Osho: *Tantrische Liebeskunst.* Margarethenried 1979. Ein Buch, das direkt ins Herz geht.

Rajneesh, Osho: *Die tantrische Vision.* München 1985.

Rajneesh, Osho: *Jenseits der Grenzen des Verstandes.* Köln 1989. Ein Lehrbuch erster Klasse!

Rajneesh, Osho: *Morning Contemplation.* Köln o.J.

Rajneesh, Osho: *Contemplation Before Sleep.* Köln o.J.

Rajneesh, Osho: *Das Zen-Manifest.* Köln 1990

Raphaell, Katrina: *Wissende Kristalle.* Interlaken 1990.

Renate: *Mein Erwachen.* London 1991.

Roberts, Jane: *Gespräche mit Seth.* Genf 1980.

Roberts, Jane: *Überseele Sieben.* München 1992. Dies ist ein lustiger Roman und gleichzeitig das beste Past-Life-Buch, das Sie finden können.

Roberts, Jane: *Die Natur der Psyche. Ihr menschlicher Ausdruck in Kreativität, Liebe und Sexualität.* München 1989.

Roberts, Jane: *Seth und die Wirklichkeit der Psyche. Band 2. Reinkarnation und Reisen des Selbst.* München 1989.

Rodewald, Dr. Rosemary: *Magie, Heilen und Menstruation.* München 1977.

Sannella, Lee: *Kundalini Erfahrung und die neuen Wissenschaften.* Essen 1989.

Sharamon, Shalila und Baginski, Bodo: *Das Chakra Handbuch.* Durach 1989.

Sherfey, Jane: *The Nature And Evolution Of Female Sexuality.* New York 1973.

Starrett, Barbara: *Ich träume weiblich.* München 1977.

Tansley, David V.: *Energiekörper.* München 1985.

Tompkins, Peter und Bird, Christopher: *Das geheime Leben der Pflanzen.* Bern/München 1973.

Wambach, Helen: *Leben vor dem Leben.* München 1979.

Weinberg, Steven Lee: *Ramtha.* Burggen 1989.

Yogananda, Paramahansa: *Autobiographie eines Yogi.* München 1983.

Anmerkungen

1   Alle im Text erwähnten Titel finden Sie im Literaturverzeichnis mit vollständigen bibliographischen Angaben.

2   Osho Rajneesh: *A Must For Contemplation Before Sleep*, S. 70 (Übersetzung durch die Verfasserin).

3   Osho Rajneesh: *Das Zen-Manifest*.

4   David Ash und Peter Hewitt: *Wissenschaft der Götter*, S. 37.

5   Fritjof Capra: *Der kosmische Reigen*, S. 220 f.

6   Die Kirlian-Fotos entstammen dem Buch *The Roots of Consciousness* von Jeffrey Mishlove.

7   So war vor einigen Jahren noch in *Psychologie heute* zu lesen: „Dieses ärgerliche Traktat (…) ist der beste Kandidat für eine Bücherverbrennung seit vielen Jahren." (In: *Psychologie heute*, Mai 1984, Seite 52, nach einem Artikel von Robert Anton Wilson zu Rupert Sheldrakes Erforschung der morphogenetischen Felder in der Zeitschrift *Nature*.)

8   Aus: Fritjof Capra: *Der kosmische Reigen*, S. 200 f.

9   ebenda, S. 202.

10   Peter Tompkins und Christopher Bird: *Das geheime Leben der Pflanzen*.

11   Katrina Raphaell: *Wissende Kristalle*, S. 96.

12   Lana Miller: *Der Ruf der Delphine*.

13   Peter Mandel, *Esogetik*, S. 87.

14   Eine gute Zusammenfassung der Forschungsergebnisse finden Sie in: *Kohärentes Licht. Grundlage des Lebens*. In: *Trendwende* Nr. 5, 3. Jhrg., S. 1 f.

15   Sie können sie nachlesen in: Peter Mandel: *Lichtblicke in der ganzheitlichen (Zahn-)Medizin*.

16   ebenda, S. 3.

17   Kyriacos Markides: *Feuer des Herzens. Heiler, Weise und Mystiker*.

18   Robert A. Monroe: *Der zweite Körper*.

19   Osho Rajneesh: *A Must For Contemplation Before Sleep*, S. 196 (Übersetzung durch die Verfasserin).

20   Zitiert aus: David Ash und Peter Hewitt: *Wissenschaft der Götter*, S. 57.

21   ebenda, S. 59

22 Osho Rajneesh in einer Lecture über *Buddha. Das Dhammapada. Die ersten Sutras.* Zitiert aus: *Osho Times International*, Nr. 2, 16. Januar 1991, S. 9 f.

23 Mikhail Naimy: *Das Buch des Mirdad*, S. 147 f.

24 John C. Lilly: *Das Zentrum des Zyklons.* S. 106.

25 Osho Rajneesh, *A Must For Contemplation Before Sleep*, S. 103 (Übersetzung durch die Verfasserin).

26 Rhea Powers: Reinkarnation, S. 9.

27 Jane Roberts: *Seth und die Wirklichkeit der Psyche*, S. 277 f.

28 Nike Sangeet Büchel, in einem Channeling vom 25. Februar 1994.

29 Mikhail Naimy: *Das Buch des Mirdad*, S. 83.

30 Griechisch „andros" bedeutet „Mann" und „gynäka" bedeutet „Frau". Ein androgyner Mensch verbindet das sogenannte Weibliche und Männliche in sich.

31 Elemire Zolla, *The Androgyne, Fusion of the Sexes* (London 1981) zeigt in 130 Illustrationen, wie KünstlerInnen immer wieder versucht haben, dieses Wissen anschaulich zu machen.

32 Sir Gahahad, *Mütter und Amazonen.* München 1932; Elizabeth Gould-Davis, *Am Anfang war die Frau.* Berlin 1987.

33 Jean Gebser stellt in seiner Kulturgeschichte des Bewußtseins dar, daß das rationale Bewußtsein in den frühen Kulturen noch unterentwickelt war, das intuitive, mythische Denken jedoch stark ausgeprägt.

34 Mikhail Naimy: *Das Buch des Mirdad*, S. 83.

35 Osho Rajneesh, *Morning Contemplation*, S. 193 (Übersetzung durch die Verfasserin).

36 Osho Rajneesh: *Tantrische Liebeskunst.*

37 Chakren sind Energiewirbel, die im Lichtkörper des Menschen beginnen und tief in den materiellen Körper hineinreichen. Mehr darüber bei Rosalyn Bruyere und Sharmon/Baginsky.

38 Osho Rajneesh: *Die tantrische Vision.* S. 221.

39 Zum Thema der Gleichzeitigkeit aller Zeiten empfehle ich allen Leserinnen und Lesern den lustigen und spannenden Roman *Überseele Sieben* von Jane Roberts.

40 Osho Rajneesh: *Tantrische Liebeskunst.* S. 53 und 56

Lotus Tantra® · Jovana Wex

Über die Autorin und das Lotus Tantra® Institut

Wir alle werden im Schlamm des Unbewußten
geboren und leben darin.
Aber wir tragen die Möglichkeit in uns,
genau wie die Lotusblume,
ans Licht der Sonne zu wachsen
und voll zu erblühen.

Nach fast 20-jähriger Praxis mit Rückführungen und Tantra eröffnet Jovana Wex im September 2000 das erste Tantra Haus in Köln, das Lotus Institut als Lehrinstitut für Liebe, Lebensfreude und Ekstase. Darin verbindet sie in einzigartiger Weise tantrische Energie- und Ritualarbeit mit Rückführungen.

Es ist ihr Lebensziel, das wertvolle Lotus Tantra® professionell an so viele Tantra-LehrerInnen wie möglich weiterzugeben. Lotus Tantra® soll fruchtbar auf der Welt verankert werden. Es soll Menschen helfen, sich aus Leid, Schwere, unglücklichen Beziehungen zu anderen und zu sich selbst und aus unerfüllter Sexualität zu befreien, damit sie sich ihre Wünsche nach einem Leben erfüllen können, das reich ist an Liebe, Lust, Lebensfreude, Kreativität, tiefen und glücklichen Beziehungen und an Ekstase.

Lotus Institut · Jovana Wex
Thürmchenswall 23 · 50668 Köln

Tantra-Schule mit Andro
Videos

Die Orgasmusschule

Lust und Sex werden im Tantra verehrt. Dieses Video stellt viele Übungen vor, die unsere Liebesenergie steigern und unsere Beziehungen lustvoller machen.

Video, ca. 35 Minuten
DM 39,80/SFr 36,50/ÖS 289,–
ISBN 3-929475-27-8

Tantra Massage

Tantra Massage gibt nicht nur dem Körper, sondern auch dem Geist neue Kraft. Sie schafft die Entspannung, die uns unsere Lust noch intensiver erleben läßt.

Video, ca. 45 Minuten
DM 39,80/SFr 36,50/ÖS 289,–
ISBN 3-929475-30-8

Maithuna

Maithuna sind die tantrischen Rituale der sexuellen Vereinigung. Andro zeigt Wege, die eigene sexuelle Energie zu beherrschen und gezielt einzusetzen, um Körper und Seele gleichermaßen zu erfreuen.

Video, ca. 35 Minuten
DM 39,80/SFr 36,50/ÖS 289,–
ISBN 3-929475-31-6

Tantra-Gym

Übungen für die körperliche Fitness und zur Vitalisierung der Energiezentren. Entwickelt und vorgestellt von Andro.

Video, ca. 60 Minuten
DM 39,80/SFr 36,50/ÖS 289,–
ISBN 3-929475-29-4

Tantra Yoga

Das Video zum Buch. Alle Einzel- und Paarübungen werden von Andro und Devatara demonstriert.

Video, ca. 50 Minuten
DM 39,80/SFr 36,50/ÖS 289,–
ISBN 3-929475-28-6

Tantra – Der Film

Die Kunst der sexuellen Ekstase. Ein sinnlicher, humorvoller und aufregender Einblick in die Geheimnisse der jahrtausendealten fernöstlichen Weisheitslehre.

Video, ca. 90 Minuten
DM 49,80/SFr 46,–/ÖS 369,–
ISBN 3-929475-26-X

Tantra-Schule mit Andro
Bücher / Videos

Berühre mich

Lieben lernen heißt vor allem berühren lernen. Denn Berührungen sind die Sprache des Körpers und der Schlüssel zur Welt der Sinne. 1001 Anregungen für den lustvollen Umgang miteinander.

128 S., gebunden, zahlr. Fotos
DM 34,80/SFr 32,50/ÖS 254,–
ISBN 3-929475-19-7

Tantra Yoga

Tantra Yoga ist eine Schule der Bewegung, der Atmung und der Körperwahrnehmung. Er läßt uns Sexualität mit mehr Lust und Energie erleben. Andro stellt 33 Einzel- und 24 Paarübungen Schritt für Schritt vor.

128 S., gebunden, zahlr. Fotos
DM 34,80/SFr 32,50/ÖS 254,–
ISBN 3-929475-13-8

Die Orgasmus-Schule

Die Übungen in diesem Buch sind dem Tantra entlehnt. Sie sind konfrontierend, denn sie gehen an die Wurzel unserer Un-Lust; sie sind befreiend, denn sie lehren uns Humor und Gefühl. Ein praktisches Handbuch.

208 S., kartoniert, zahlr. Fotos
DM 29,80/SFr 27,50/ÖS 218,–
ISBN 3-929475-14-6

Die fünf Tantrika

Eine hintergründige Geschichte zwischen Fiktion und Tatsachenbericht über den Weg zu einer erfüllten Sexualität. Mit fünf Übungen.

128 Seiten, kartoniert
DM 19,80/SFr 19,-/ÖS 145,–
ISBN 3-929475-16-2

Dreamtime

Eine sinnliche und gefühlvolle Einführung in die Kunst der erotischen Massage.

Video, ca. 45 Minuten
DM 79,95/SFr 76,70/ÖS 584,–
ISBN 3-929475-17-0

Yin-Yang Massage

Andro gibt eine erste Einführung in diese Synthese aus traditionellen Massagetechniken verschiedener Kulturen und moderner Körperarbeit.

Video, ca. 60 Minuten
DM 59,95/SFr 57,–/ÖS 438,–
ISBN 3-929475-18-9

Erotische Kultur

Eva Szabo
Aman Peter Schröter
Gabriele ten Hövel

erotische kultur

Verführung zur Ekstase

Tantrische
Gespräche über Liebe, Leib
und Lust

HANS-NIETSCH-VERLAG

Der tantrische Weg zur Geistigkeit führt über und durch den Körper. Der Leib gilt als Tempel der Seele, als blühender Garten, in dem Früchte der Lust und Herzensliebe gedeihen.

Tantra ermuntert zur Sinnenfreude, anstatt sie als Versuchung und Abweichung vom reinen Weg der Geistigkeit zu verdammen. Spiritualität beginnt im Tantra nicht erst oberhalb der Gürtellinie – der Lotus hat seine Wurzeln im Sumpf.

In *Verführung zur Ekstase* werden Sie eingeladen auf eine tantrische Reise zu den Mysterien des Körpers. Eva Szabo und Aman Peter Schröter arbeiten seit vielen Jahren als Tantralehrer für Frauen, Männer und Paare. Sie haben neue Wege gefunden, wie wir westlichen, emanzipierten und aufgeklärten Menschen die natürliche Verbindung zwischen Sex und Herz, zwischen körperlicher Liebe und spiritueller Erfahrung erleben können.

176 Seiten, Efalin mit Schutzumschlag
DM 32,– / SFr 29,50 / ÖS 234,–
ISBN 3-929475-98-7

Bitte fordern Sie unser Gesamtverzeichnis an:
Hans-Nietsch-Verlag, Poststraße 3, D-79098 Freiburg